O Direito dos Gastos Públicos no Brasil

O Direito dos Gastos Públicos no Brasil

2015

Emerson Cesar da Silva Gomes

O DIREITO DOS GASTOS PÚBLICOS NO BRASIL
© Almedina, 2015

AUTOR: Emerson Cesar da Silva Gomes
DIAGRAMAÇÃO: Almedina
DESIGN DE CAPA: FBA
ISBN: 978-858-49-3017-3

Dados Internacionais de Catalogação na Publicação (CIP)
(Câmara Brasileira do Livro, SP, Brasil)

Gomes, Emerson Cesar da Silva
Direito dos gastos públicos no Brasil / Emerson
Cesar da Silva Gomes. – São Paulo :
Almedina, 2015.
ISBN 978-85-8193-017-3
1. Direito financeiro - Brasil
2. Finanças públicas - Brasil
3. Responsabilidade administrativa - Brasil
4. Responsabilidade fiscal - Brasil
5. Tribunais de Contas - Brasil
I. Título.

15-02724   CDU-354.078.3(81)

Índices para catálogo sistemático:
1. Brasil : Gestão pública : gastos : Controle :
Direito administrativo 354.078.3(81)

Este livro segue as regras do novo Acordo Ortográfico da Língua Portuguesa (1990).

Todos os direitos reservados. Nenhuma parte deste livro, protegido por copyright, pode ser reproduzida, armazenada ou transmitida de alguma forma ou por algum meio, seja eletrônico ou mecânico, inclusive fotocópia, gravação ou qualquer sistema de armazenagem de informações, sem a permissão expressa e por escrito da editora.

Julho, 2015

EDITORA: Almedina Brasil
Rua José Maria Lisboa, 860, Conj. 131 e 132, Jardim Paulista | 01423-001 São Paulo | Brasil
editora@almedina.com.br
www.almedina.com.br

"Un Estado responsable no puede tomar decisiones sin tener un mínimo de interés por las consecuencias que éstas conllevan más allá del corto prazo" (André--Nöel Roth Deubel)

APRESENTAÇÃO

O gasto público interfere diretamente na vida dos cidadãos. A qualidade dos serviços públicos básicos, que promovem a dignidade da pessoa humana, depende do bom e regular emprego dos recursos públicos. O funcionamento da rede de proteção social, por exemplo, que assegura o mínimo existencial às pessoas, e a previdência pública, que atende os idosos e os desafortunados, requer finanças públicas sólidas que garantam o poder de compra dos benefícios. A qualidade de vida de quem vive na cidade depende de intervenções do poder público (em mobilidade, no lazer, iluminação, saneamento básico, meio ambiente, etc.) que, por sua vez, exigem do Estado recursos financeiros, humanos e tecnológicos, todos bem empregados.

No âmbito do Estado, também vale o dilema econômico elementar: Os recursos públicos são escassos para atender as necessidades sociais que são ilimitadas!

Por um lado, novas necessidades surgem, as demandas da sociedade aumentam e, por outro, sobra pouco espaço para aumento da carga tributária. A conta não fecha e o Estado só tem um caminho a percorrer: utilizar racionalmente os recursos de que dispõe, focando sua atenção no atendimento das necessidades básicas e gerais dos cidadãos, deixando de lado o supérfluo.

Infelizmente, isso não é o que está a acontecer no Brasil. Por aqui, o Estado vive uma era populista-demagógica, capturado por grupos de pressão, e marcado pela má gestão dos recursos públicos. Ao mesmo tempo em que traz megaeventos ao país (Copa do Mundo e Olimpíadas), oferece aos seus cidadãos serviços públicos precários de transporte, educação e saúde, que degradam a condição humana.

Observa-se, ainda, o crescimento de políticas e do volume de gastos voltados a grupos de pressão, a segmentos específicos da sociedade, a movimentos sociais e a categorias profissionais e econômicas que fornecem suporte político aos governantes, em detrimento dos serviços públicos *uti universi*.

Há uma visão imediatista, de curto prazo, nas medidas governamentais, negligenciando o longo prazo e os efeitos colaterais das políticas públicas, tendo por objetivo, tão somente, maximizar o capital político do governante de plantão.

O Distrito Federal é um triste exemplo desta realidade. Após investir R$ 1,8 bilhão na construção do Estádio Mané Garrincha, para a Copa do Mundo do Brasil, o DF encerra o exercício financeiro com as finanças em frangalhos[1]. A falta de pagamento de fornecedores e o atraso no pagamento de funcionários tem afetado os serviços de educação e de saúde, prejudicando seriamente a população do Distrito Federal[2]. A falta de repasse às empresas de ônibus, que, por sua vez, deixam de pagar os seus funcionários, tem provocado greves no serviço de transporte urbano, afetando mais de 700 mil pessoas no Distrito Federal[3].

No âmbito federal, a situação não é diferente. A crise fiscal é a pior em 12 anos. De janeiro a outubro de 2014, o déficit primário do governo federal, mesmo considerando o ingresso de receitas extraordinárias, foi de R$ 11,57 bilhões[4], para uma meta fiscal de R$ 116 bilhões de superávit, nos orçamentos fiscal e da seguridade social (art. 2º, Lei nº 12.919/2013 – LDO 2014). O déficit nominal, por sua vez, gira em torno de 4,9% do Produto Interno Bruto, mais do que o dobro do déficit nominal de dois anos atrás (2,43% do PIB), em janeiro de 2013. A dívida bruta do governo geral[5], que era de 56,7% do PIB em dezembro de 2013, pulou para 61,7% do PIB em setembro de 2014 (5 pontos percentuais do PIB em menos de um ano)[6].

Neste quadro, foi promulgada a Lei nº 13.053/2014, de iniciativa e de interesse do Poder Executivo Federal, que altera a LDO 2014, modificando a forma de cálculo do resultado primário, para permitir a dedução de gastos com ações do Programa de Aceleração do Crescimento – PAC e com desonerações tributárias[7]. Com isso, o governo altera um indicador fiscal importante para, numa

[1] Cf. Site da Revista Veja. http://goo.gl/cx4cgi.
[2] Cf. Site do Jornal Correio Braziliense. http://goo.gl/qMhalu.
[3] Cf. Reportagem de Capa do Jornal Correio Brasiliense, de 9/12/2014.
[4] Cf. Portal G1. http://goo.gl/qMhalu.
[5] Abrange os governos federal, estaduais e municipais, exclui o Banco Central do Brasil e as empresas estatais.
[6] Cf. Site Brasil, Economia e Governo. http://goo.gl/wkwVlf.
[7] Cf. Site da Câmara dos Deputados. http://goo.gl/yY79ai.

alquimia contábil, transformar um déficit num superávit. Com as deduções aprovadas, já no final do exercício financeiro, diga-se de passagem, os conceitos de "meta fiscal" e de resultado primário perdem o sentido. O superávit primário deixa de medir a capacidade do governo de efetuar o pagamento da dívida pública. Mas, como diria o economista Raul Velloso, "quebrar o termômetro não diminui a febre".

Na mesma linha, os recentes escândalos envolvendo estatais como a Petrobrás, apurados na operação "Lava Jato" da Polícia Federal, ultrapassam todos os limites do absurdo e do imaginável. O banco americano Morgan Stanley estimou que os desvios na estatal alcançaram o montante de R$ 21 bilhões, conforme revela o Jornal O Estado de São Paulo[8].

Além do setor público empresarial, deve-se chamar atenção, também, para outros tipos de entidades paraestatais, tais como, os conselhos profissionais, entidades do sistema S, fundos de pensão de servidores públicos, fundo soberano, empresas supranacionais, que estão potencialmente sujeitas aos mesmos problemas de gestão mencionados, uma vez que estão submetidas a um controle social mais escasso. Deve-se levar em conta ainda os novos relacionamentos entre o Estado e as entidades do terceiro setor, tais como, ONGs, OSCIPs, Organizações Sociais (OS), etc. e as novas operações financeiras que, pelo volume e importância que vem ganhando ultimamente, devem ser objetos de preocupação da sociedade e dos órgãos de controle governamental.

Há muito a se fazer no tocante ao controle das finanças públicas no Brasil. Uma das primeiras coisas é transformar os parâmetros de controle em diretrizes a serem seguidas pelos administradores públicos.

Infelizmente, a legislação atinente aos gastos públicos é escassa e assistemática. A doutrina, por sua vez, trata de aspectos parciais da matéria sem a preocupação com o conjunto.

Por um lado, as dúvidas sobre a possibilidade de realizar ou não uma determinada despesa estão presentes no dia-a-dia do gestor de boa-fé. Por outro, a ausência de regras claras, ou de critérios para a sua determinação, facilita os desvios mencionados e dificulta a impugnação da despesa do controle financeiro. Para o gestor de má-fé, esta ausência é um convite à arbitrariedade na gestão dos recursos públicos.

No final, quem paga a conta é o cidadão!

---

[8] http://goo.gl/LXe7VS.

***

Este livro procura preencher este vazio na doutrina brasileira, sistematizando a matéria em torno de uma questão fundamental: os parâmetros que permitam identificar se a despesa pública está ou não de acordo com o ordenamento jurídico.

Busca, sobretudo, retratar o ponto de vista do administrador público, ou seja, as normas que disciplinam a sua conduta e a decisão de gastar. Deixa-se de lado, assim, as questões relativas à tramitação e à elaboração da lei orçamentária, pois, neste estudo, considera-se o orçamento como uma variável exógena.

Para responder a esta questão, a obra busca traçar os contornos do instituto jurídico, apresentar o contexto em que o gasto público está inserido, elencar as fontes do direito dos gastos públicos e definir os critérios de interpretação e integração das lacunas.

O texto propõe uma nova teoria para a despesa pública. Propõe uma concepção ampla da despesa pública, abarcando, não somente os gastos diretos, mas também as *off-budget expenditures*, tais como, o gasto tributário e os benefícios creditícios. Defende a existência de vários regimes jurídicos da despesa pública, atendendo às diferenças entre as entidades e às diferentes operações que podem ser alcançadas pelo conceito de gasto público. Sustenta que, apesar disso, os gastos públicos estão sujeitos a um núcleo de princípios comum, de status constitucional, que serve de alicerce para cada um dos diferentes regimes jurídicos.

Neste novo paradigma, o orçamento é visto, quando muito, como mais um dos condicionantes normativos do gasto público, pois o gasto está submetido a uma enorme gama de normas jurídicas de caráter permanente. Enfim, o direito dos gastos públicos não é um mero capítulo do direito orçamentário.

***

Este livro é fruto do conhecimento acumulado em 14 anos trabalhando como Auditor no Tribunal de Contas da União, e que resultou na Tese de Doutorado em Direito Financeiro defendida na Universidade de São Paulo. O texto foi reformulado e ampliado para esta publicação.

Nesta empreitada, recebi a ajuda de diversas pessoas, às quais não poderia deixar de, nesta oportunidade, manifestar meus mais sinceros agradecimentos. À minha família, minha esposa Luciana, minha filha Carolina, meu pai Wilson e minha mãe Ana, pela paciência, incentivo e compreensão durante a confecção desta obra. Ao Professor Livre-Docente Dr. José Maurício Conti, por acreditar na proposta e por orientar o trabalho, sempre disponível a prestar todo apoio necessário. Ao Dr. André Castro Carvalho, pelas observações detalhadas e cuidadosas que ajudaram no aperfeiçoamento da obra. Agradeço, por fim, aos diversos colegas de trabalho e aos colegas e Professores da USP pelas discussões e reflexões que ajudaram a compor a presente obra.

Ciente de que nenhum trabalho intelectual pode ser considerado finalizado, agradeço, desde já, as críticas, sugestões e comentários voltados ao aperfeiçoamento deste livro, os quais podem ser encaminhados para o meu e-mail pessoal (*emersonsg@estadao.com.br*).

Brasília, dezembro de 2014
EMERSON CESAR DA SILVA GOMES

PREFÁCIO

Não obstante o avanço que experimentou nas últimas duas décadas no Brasil, especialmente após a estabilização da moeda e edição da Lei de Responsabilidade Fiscal, o Direito Financeiro ainda é um ramo do direito que tem vasto campo para ser explorado com muitas questões que demandam estudos e debates.

Alguns desses temas, além de pouco explorados, nunca foram devidamente sistematizados, de modo a permitir que se possa estudá-los de forma didática, com clareza, coerência e precisão.

A despesa pública insere-se neste contexto. Embora seja um assunto central do Direito Financeiro, presente na disciplina desde que passou a ser estudada de forma autônoma, a despesa pública carecia de uma sistematização adequada de seus institutos, de modo a formar um todo lógico, coerente e abrangente.

Esta obra, uma das poucas que se dedica especificamente a tratar da despesa pública, preenche esta lacuna, permitindo que se possa compreender o tema e nele se aprofundar.

Em seu trabalho, Emerson Gomes delineia os contornos do direito dos gastos públicos no Brasil. Mostra a necessidade de se ampliar o conceito de despesa pública para abranger outras formas de despesas atípicas, tais como, os gastos tributários e os benefícios creditícios, que muitas vezes eram desconsideradas pela doutrina, não obstante sua relevância para as finanças do Estado e para a implementação das políticas públicas.

Destaca ainda que, embora dotada de forte componente político, não há como deixar de reconhecer o caráter jurídico da despesa pública, que se submete a uma série de regras e princípios jurídicos, cabendo aos juristas estudá-los e analisá--los, colaborando para uma melhor interpretação e compreensão do tema. E esse é o grande mérito do seu trabalho, como poderá ver o leitor.

Muitos são os pontos que merecem especial destaque, como se verá.

É sabida a importância da lei orçamentária em matéria de despesa pública, já foi reconhecida pela nossa Suprema Corte como a "lei mais importante depois da Constituição"[9].

As dotações orçamentárias nas quais ela se desdobra estabelecem uma série de condicionantes ao gasto público, e podem constituir-se em verdadeiros mandamentos legais, como destaca o autor, mas não são as únicas fontes normativas a que se sujeitam as despesas públicas.

Emerson, em seu texto, desmistifica a ideia de que a lei orçamentária anual – LOA é a origem das despesas públicas; traz à tona que os gastos públicos surgem e se perpetuam independentemente da lei orçamentária, o que acaba por relativizar a importância do orçamento público.

Outras leis de natureza orçamentária, como o plano plurianual e a lei de diretrizes orçamentárias, as normas gerais de direito financeiro, os princípios constitucionais da despesa pública, os princípios orçamentários, formam um conjunto em que se permite constatar haver um todo lógico e coerente de normas que vinculam a despesa pública, evidenciando existir um regime jurídico da despesa pública, que o autor identifica com notável precisão e clareza.

Ao fazê-lo, o autor chama a atenção para o fenômeno da "desorçamentação" (as despesas *off-budget*), tais como os gastos tributários (*tax expenditures*) e benefícios creditícios, mostrando que muito do que se gasta de dinheiro público não é visualizado nos orçamentos, evidenciando a necessidade de se analisar as normas que condicionam a despesa pública em uma dimensão que ultrapassa os limites das leis orçamentárias.

Mostra que a legislação sobre despesa pública no Brasil é complexa, assistemática, tem muitas lacunas, o que dificulta a ação do gestor público que pretenda conduzir-se seguindo o ordenamento jurídico, gerando insegurança jurídica e sujeitando-o a toda sorte de questionamentos pelas diversas formas e órgãos de controle da atividade financeira do Estado. Prejudica também o sistema de fiscalização, que se vê em dificuldades para promover a responsabilização dos maus gestores. E abre margem a toda sorte de manobras financeiras e contábeis que caracterizam verdadeira "contabilidade criativa", mitigando a confiança das contas públicas.

Aborda, à luz das ideias que lança e desenvolve ao longo do trabalho, os principais temas que integram este direito dos gastos públicos, como os princípios

---

[9] Ministro Carlos Ayres Britto, ADI-MC 4048-1/DF, j. 14.5.2008, p. 92 dos autos.

da legalidade e legitimidade, a qualidade do gasto público, a transparência, o controle, as transferências voluntárias e a destinação de recursos ao setor privado, de modo a analisar de forma abrangente seus principais aspectos.

Tudo isto colabora para que as atenções dos estudiosos se voltem à necessidade de dar mais atenção ao gasto público, especialmente no que tange aos aspectos jurídicos, de sorte a tornar mais precisos os princípios e normas que estabelecem o regime jurídico das despesas públicas.

Esta a proposta desta obra, que muito avançou nessa direção, trazendo inestimável colaboração para a doutrina, e fazendo dela referência obrigatória a todos os estudiosos e operadores do Direito que se interessam por esse assunto tão relevante e pouco explorado.

É uma grande satisfação poder apresentar ao leitor uma obra com esta qualidade, e também seu autor.

Emerson é bacharel em direito e engenharia, tendo sido meu aluno desde o curso de graduação da Faculdade de Direito da USP. Revelou-se um aluno intelectualmente destacado, que sabe unir a capacidade de compreender os fenômenos das ciências humanas que permeiam o Direito com a precisão do raciocínio de engenheiro capaz de lidar com as ciências exatas, e que lhe permitem dar uma colaboração ainda melhor ao Direito Financeiro, que não prescinde de ambas as formas de pensar.

Sua sede de conhecimento e vontade e aprender, características que devem estar presentes em todo cientista que busca incessantemente o aprimoramento intelectual, o levaram a prosseguir seus estudos no mestrado, tendo produzido dissertação, já publicada, sobre a responsabilidade financeira, obra de referência no assunto (*Responsabilidade Financeira* – uma teoria sobre a responsabilidade no âmbito dos tribunais de contas. Porto Alegre: Núria Fabris, 2011).

Não poderia o Direito Financeiro prescindir de sua capacidade, razão pela qual o doutorado foi o caminho natural, tendo logrado obter o título de doutor pela USP com a tese "Regime Jurídico da Despesa Pública no Brasil", que agora vem publicada na forma do livro que ora se apresenta.

A atuação profissional do autor junto ao Tribunal de Contas da União só agrega valor à sua obra, que não descuida dos problemas que afligem o operador do Direito nesta área, aproximando as questões teóricas da realidade subjacente, tornando ainda mais útil o texto por ele escrito.

Objetivo e direto, expõe de forma clara suas ideias e assim permite ao leitor compreender este tema que, embora não seja novo, somente agora passa a ter seus contornos bem delineados.

Autor dedicado e estudioso, capaz de escrever textos objetivos com grande competência, em um tema que exigia esta abordagem didática e sistematizada, resultaram nesta obra que guiará os futuros acadêmicos e profissionais que pretendam estudar a despesa pública, tornando-a de leitura indispensável.

JOSÉ MAURICIO CONTI
Livre-docente e Professor de Direito Financeiro da USP

ÍNDICE DE SIGLAS

ADCT/88 – Ato das Disposições Constitucionais Transitórias – CF/88
ADI – Ação Direta de Inconstitucionalidade
AgRg – Agravo Regimental
AGU – Advocacia-Geral da União
BHO – *Bundeshaushaltsordnung* (Alemanha)
BPC – Benefício de Prestação Continuada
BPS – Banco de Preços em Saúde
CadUnico – Cadastro Único dos Programas Sociais do Governo Federal.
CE – Constituição Espanhola
CF/88 – Constituição Federal da República Federativa do Brasil (1988)
CGU – Controladoria-Geral da União
CPGF – Cartão de Pagamento do Governo Federal ("Cartão Corporativo")
CRA – *Credit Reform Act* (Estados Unidos)
CTN – Código Tributário Nacional (Lei nº 5.172/1966)
DBT – Demonstrativo de Benefícios Tributários
EC – Emenda Constitucional
EResp – Embargos de Divergência em Recurso Especial (STJ)
FUNDEB – Fundo de Manutenção e Desenvolvimento da Educação Básica e Valorização dos Profissionais da Educação Básica
GAO – *Government Accountability Office* (Estados Unidos)
GG – *Grundgesetz* (Lei Fundamental – Alemanha)
GND – Grupo Natureza da Despesa
HGrG – *Haushaltsgrundsätzegesetz* (Alemanha)
IDOC – Identificador de Doação e de Operação de Crédito
IDUSO – Indicador de Uso
IN – Instrução Normativa

IPEA – Instituto de Pesquisa Econômica Aplicada
IQGP – Índice de Qualidade do Gasto Público
LAI – Lei de Acesso à Informação (Lei nº 12.527/2011)
LDB – Lei de Diretrizes e Bases da Educação Nacional (Lei nº 9.394/1996)
LDO – Lei de Diretrizes Orçamentárias (Brasil)
LEO – Lei de Enquadramento Orçamental (Portugal)
LGP – *Ley General Presupuestaria* (Espanha)
LICC – Lei de Introdução ao Código Civil (Decreto-lei nº 4.657, de 4/9/1942)
LINDB – Lei de Introdução às Normas do Direito Brasileiro
LOA – Lei Orçamentária Anual (Brasil)
LOAS – Lei Orgânica da Assistência Social
LOPTC – Lei de Organização e Processo do Tribunal de Contas (Portugal)
LRF – Lei de Responsabilidade Fiscal – Lei Complementar nº 101/2000 (Brasil)
MDE – Manutenção e Desenvolvimento do Ensino
MF – Ministério da Fazenda
MPOG – Ministério do Planejamento, Orçamento e Gestão
OBTV – Ordem Bancária de Transferências Voluntárias
OIT – Organização Internacional do Trabalho
OMB – Office of Management and Budget (Estados Unidos)
ONG – Organização Não-Governamental
ONU – Organização das Nações Unidas
OPI – Orçamento Plurianual de Investimentos
OSC – Organização da Sociedade Civil
OSCIP – Organização da Sociedade Civil de Interesse Público
PAC – Programa de Aceleração do Crescimento
PaEC – Pacto de Estabilidade e Crescimento (União Europeia)
PDG – Plano de Dispêndios Globais
PEC – Proposta de Emenda à Constituição
PIB – Produto Interno Bruto
PPA – Plano Plurianual (Brasil)
PSI – Programa de Sustentação do Investimento
PT – Programa de Trabalho (Lei Orçamentária Anual)
RDC – Regime Diferenciado de Contratações (Lei nº 12.462/2011)
RE – Recurso Extraordinário (STF)
Resp – Recurso Especial (Brasil)
RGF – Relatório de Gestão Fiscal
RITCU – Regimento Interno do Tribunal de Contas da União

RP – Resultado Primário

RREO – Relatório Resumido da Execução Orçamentária

SERPRO – Serviço Federal de Processamento de Dados (empresa pública federal)

SIAFEM – Sistema Integrado de Administração Financeira para Estados e Municípios

SIAC – Sistema de Acompanhamento de Contratos

SIAFI – Sistema Integrado de Administração Financeira (União)

SIAPE – Sistema Integrado de Administração de Recursos Humanos

SIASG – Sistema Integrado de Administração de Serviços Gerais

SIC – Sistema de Informações de Custos do Governo Federal

SICAF – Sistema de Cadastramento Unificado de Fornecedores

SICONV – Sistema de Gestão de Convênios e Contratos de Repasse

SICRO – Sistema de Custos Rodoviários

SIDOR – Sistema Integrado de Dados Orçamentários

SIGPLAN – Sistemas de Informações Gerenciais e Planejamento (PPA)

SINAPI – Sistema Nacional de Pesquisa de Custos e Índices da Construção Civil

SIOP – Sistema Integrado de Planejamento e Orçamento

SIOPS – Sistema de Informação sobre Orçamento Público em Saúde

SISAC – Sistema de Apreciação e Registro de Atos de Admissão e Concessões (TCU)

SPE – Secretaria de Política Econômica (Ministério da Fazenda)

SSA – Serviço Social Autônomo

STF – Supremo Tribunal Federal

STJ – Superior Tribunal de Justiça

TCU – Tribunal de Contas da União

UO – Unidade Orçamentária

1. Introdução

> "(...) la Constitución como primera de las normas realiza la función más importante de constituir limite jurídico ineludible a la voluntad del soberano. De ahí que no podamos admitir, en puridad de conceptos, que la consideración de los gastos públicos como um fenómeno de natureza exclusivamente política sirva de justificación al abandono doctrinal en que se encuentra el derecho de los gastos públicos" (Juan José Bayona de Perogordo).

Este trabalho tem por objeto a disciplina jurídica do gasto público no Brasil, ou seja, o estudo sobre o conjunto de regras e princípios que regulam este instituto jurídico no país[10].

O objetivo central da obra é desvendar os critérios ou parâmetros que permitam identificar se determinado gasto público está ou não de acordo com o ordenamento jurídico pátrio.

Este questionamento não é mera elucubração teórica. Está presente no dia-a-dia dos administradores públicos que enfrentam inúmeras situações para as quais a legislação, complexa e assistemática, não proporciona uma solução direta e expressa que possa orientar a sua conduta.

Sujeito aos questionamentos dos órgãos de controle, interno e externo, e do Poder Judiciário, o administrador público de boa-fé padece, portanto, de enorme insegurança jurídica. Foi essa a principal motivação para a elabo-

---

[10] Neste trabalho, utiliza-se a expressão "gasto público" como sinônima de "despesa pública".

ração deste estudo: guiar o gestor público de boa-fé neste "labirinto" que é a legislação dos gastos públicos.

A segunda motivação, decorrente da primeira, é relativa à ausência de estudos aprofundados e sistematizados sobre o direito dos gastos públicos, não só aqui no Brasil como também no exterior.

Os compêndios de direito financeiro limitam-se a tratar da conceituação da despesa pública, das suas classificações e, quando muito, abordam o procedimento geral de execução orçamentária (autorização, empenho, liquidação e pagamento) previsto na Lei nº 4.320/1964, um aspecto procedimental. Não nos ajudam, portanto, a responder a questão principal.

A carência de estudos jurídicos sistematizados constitui um incentivo ao uso irracional e o desvio de recursos públicos. Em muitos casos, a ausência de comandos claros sobre o que é permitido, sobre o que é proibido e sobre o que é obrigatório no tocante à gestão de recursos públicos facilita a conduta do gestor de má-fé e dificulta o *enforcement* das regras jurídicas pertinentes.

Se, em relação a algumas regras claras, é difícil executar o controle financeiro, imagine como é difícil impor o respeito aos princípios jurídicos do gasto público, que, pela sua própria natureza, são mais abstratos, vagos e indeterminados.

Um terceiro aspecto que deve ser ressaltado é que o gasto público costuma ser visto como uma fase do ciclo orçamentário e a sua disciplina jurídica é abordada como um mero apêndice do direito orçamentário, sem traços de autonomia científica.

Este trabalho pretende contribuir para a discussão sobre a **autonomia ou não da despesa pública em relação ao orçamento público** no Brasil. A tese aqui sustentada é de que o orçamento público é apenas um dos condicionantes do gasto público e, ainda assim, apenas na hipótese em que o gasto esteja sujeito à legalidade orçamentária.

Cumpre mencionar que o orçamento público tem importante papel na regulação do gasto público, ao prover limitações de natureza quantitativa, qualitativa e finalística às despesas orçamentárias e ao estabelecer metas e objetivos a serem alcançados pelas unidades orçamentárias.

Não se está aqui a desmerecer do papel do orçamento público, sim a reforça-lo onde deve ser reforçado! Com efeito, a dotação orçamentária provê autorização de gastos para uma determinada finalidade e esta finalidade deve ser cumprida. Infelizmente, muitos órgãos de controle relativizam um pouco esta exigência, permitindo, com base em dotações cujos títulos estão relacio-

INTRODUÇÃO

nados, a realização de despesas que não contribuem para o atingimento das metas e objetivos previstos na lei orçamentária.

Para muitos gastos de natureza pública, entretanto, a lei orçamentária anual simplesmente não se aplica, como se verá ao longo deste trabalho. Além disso, outras normas de natureza permanente também incidem sob o gasto público, o que relativiza a importância do orçamento no estudo do direito dos gastos públicos.

Foi na Espanha que o direito dos gastos públicos alcançou um maior desenvolvimento, com diversas obras específicas acerca do tema.

Na Constituição Espanhola, por exemplo, estão expressos os princípios do gasto público no artigo 31, apartado 2º (*"el gasto público realizará una asignación equitativa de los recursos públicos, y su programación y ejecución corresponderán a los critérios de eficacia y economia"*), diversamente da brasileira ou da alemã que os expressa como aspectos do controle (*Prüfungsmasstäbe*).

Juan José Bayona de Perogordo e María Teresa Soler Roch são alguns dos maiores defensores da instituição do gasto público autônomo em relação ao orçamento público (PEROGORGO; ROCH, 1989).

Esta tese é controversa (*vide* item 1.3.). Mesmo na literatura estrangeira, há quem inclua o Direito dos Gastos Públicos como ramo do Direito Orçamentário[11] e há quem apresente o Direito Orçamentário como ramo do Direito dos Gastos Públicos (por exemplo, José Pascoal Garcia).

No Brasil, crescem em importância as *"off-budget expenditures"*, gastos que não estão contemplados pelo orçamento público, tais como, o gasto tributário,

---

[11] José Juan Ferreiro Lapatza considera que o orçamento é a instituição central do estudo jurídico do gasto público. Segundo o autor (LAPATZA, 2004): "El gasto público está, a sua vez, normalmente disciplinado en nuestro ordenamiento, por una parte, por normas estables, permanentes, que regulan el contenido, la formación, la ejecución y el control de la ejecución del presupuesto, y por otra parte, por el propio presupuesto, que periódicamente determina, con carácter de norma jurídica, las cantidades a gastar y las finalidades del gasto. Tal determinación puede hacerse en forma más o menos flexible. Así, el presupuesto puede destinar una cantidad exacta y no ampliable a la realización de un gasto determinado, o bien puede, por ejemplo disponer que un gasto se realizará en la cuantía en que se realice un determinado ingreso. De cualquier forma es el presupuesto, son las normas juridicas que en él presupuesto, son las normas jurídicas que en él se contienen las que fijan los limites y fines del gasto para cada ejercício. *No es extraño así que el presupuesto se haya configurado como la institución central, como el núcleo en el estudio jurídico del gasto público, hasta el punto de que el Derecho del gasto público, el conjunto de normas que lo regulan, se ha entendido casi siempre como Derecho presupuestario"* (grifo nosso).

os gastos operacionais das empresas estatais não dependentes e os benefícios creditícios. Outra tese aqui defendida é que existe um núcleo comum de princípios jurídicos, tais como, os previstos no art. 37, *caput*, e art. 70, *caput*, da Constituição Federal, que incidem tanto sobre os gastos orçamentários, quanto sobre as *"off-budget expenditures"*.

Diante disso, impõe-se uma conceituação mais ampla de gasto público, que contemple, além dos gastos orçamentários, também os dispêndios ou desembolsos de recursos financeiros realizados por diversos entes que orbitam em torno do Estado e que se submetem ao controle financeiro exercido pelos Tribunais de Contas, tais como, as empresas estatais, as organizações sociais, as OSCIPs, o Sistema S (SESC, SENAC, etc.), entidades privadas que celebram convênios ou contratos de repasse com o Poder Público e os bancos públicos de fomento.

Trata-se, portanto, da criação de uma categoria jurídica mais ampla (despesa pública em sentido amplo), na qual estão inseridas categorias sujeitas a tratamentos jurídicos mais específicos (despesas realizadas por empresas estatais, por entidades paraestatais, gasto tributário, benefícios creditícios, etc.).

Uma última motivação deste estudo foi contribuir para a efetivação das responsabilidades na gestão pública, em especial da responsabilidade financeira[12] no âmbito dos Tribunais de Contas.

Com efeito, a violação ao regime jurídico da despesa pública constitui um pressuposto, uma condição necessária (e não suficiente) para a aplicação pelo Tribunal de Contas das sanções previstas em lei. Neste sentido, a Constituição Federal de 1988 estabeleceu, no art. 71, VIII, que compete ao Tribunal de Contas *"aplicar aos responsáveis,* **em caso de ilegalidade de despesa** *ou irregularidade de contas, as sanções previstas em lei, que estabelecerá, entre outras cominações, multa proporcional ao dano causado ao erário"* (grifo nosso).

Portanto, para a responsabilização do gestor por despesa ilegal ou ilegítima, é fundamental a existência de uma ou mais normas jurídicas que qualifique(m) aquela despesa como contrária ao ordenamento jurídico.

---

[12] A responsabilidade financeira foi definida como (GOMES, 2012, p. 35-36):"a obrigação de repor recursos públicos (imputação de débito) ou de suportar as sanções previstas em lei, no âmbito do controle financeiro exercido pelos Tribunais de Contas, em razão da violação de normas pertinentes à gestão de bens, dinheiros públicos ou dos recursos privados sujeitos à guarda e administração estatal".

INTRODUÇÃO

1.1. Premissa: Caráter Jurídico do Gasto Público

Um ponto de partida para o presente estudo é reconhecer o caráter jurídico do gasto público.

Alguns doutrinadores costumam ressaltar que o gasto público é fruto de uma decisão política. Nada obstante, o caráter político da despesa é relativizado ao longo desta obra.

É especialmente na etapa de realização da despesa pública que o elemento "jurídico" deve se sobrepor ao "político"[13]. De fato, a execução da despesa pública, mais precisamente, a decisão de gastar, é uma conduta humana, que se sujeita aos limites previstos no Direito, com vistas ao atendimento das necessidades públicas.

Num Estado Democrático de Direito, no qual o princípio da legalidade não está restrito às intervenções na liberdade individual[14], o gasto público não poderia pertencer a um "espaço livre de direito", nem poderia ser concedida ao gestor público uma margem de discricionariedade excessivamente ampla na alocação dos recursos públicos.

O fato de a maior parte dos recursos utilizados para fazer face aos gastos públicos ser de origem tributária e, portanto, de exigência compulsória dos cidadãos contribuintes, reforça a exigência de que a gestão destes recursos deve estar sujeita a determinadas regras e princípios jurídicos, com vistas a garantir o atendimento das finalidades públicas.

---

[13] Nesta fase, o componente "político" reduz a sua participação na decisão de gasto, mas não é desprezível, uma vez que as autorizações orçamentárias são estipulações genéricas, mas que conferem, ainda, grande margem de liberdade ao administrador. Existem, ainda, ações orçamentárias do tipo "guarda-chuva" que podem abarcar uma variada gama de projetos ou ações. A margem de remanejamento conferida nas Leis Orçamentárias ao chefe do Poder Executivo também evidencia da existência de um componente político na fase de execução orçamentária.

[14] Hartmut Maurer, ilustre administrativista alemão, salienta que "a limitação da reserva de lei à administração de intervenção está antiquada. O desenvolvimento da democracia parlamentar, o significado crescente da administração de prestação e a penetração jurídico-constitucional em todos os âmbitos estatais pela Lei Fundamental exigem sua extensão". Conclui que: "as decisões fundamentais e importantes para a coletividade assim como para o cidadão particular devem ser tomadas pelo dador de leis e ser por ele respondidas" (MAURER, 2006).

O DIREITO DOS GASTOS PÚBLICOS NO BRASIL

Diversos juristas reconhecem o caráter jurídico da despesa pública, destacando a pouca atenção que tem sido concedida a este instituto jurídico pela doutrina.

Segundo Germán Orón Moratal, as decisões do gasto público são frequentemente deixadas de lado pelo jurista sob pretexto de constituírem autênticas manifestações políticas. Utiliza-se, segundo autor, de um silogismo equivocado: **se a decisão do gasto público é adotada pelo órgão soberano ou os mandatários do povo, e estes, por sua condição, são essencialmente políticos, então, a decisão de gasto seria, também, uma decisão política** (MORATAL, 1995).

Considerações como esta, segundo Moratal, tem sido a razão pela qual as atenções estão voltadas preponderantemente aos procedimentos orçamentários, à elaboração do orçamento, à execução do gasto público, ao princípio da legalidade e às funções do controle externo e interno. Em escassas ocasiões, se tem abordado a legitimidade de determinados gastos ou a vinculação jurídica dos poderes públicos para atender certas necessidades ou atende-las de um modo determinado (MORATAL, 1995).

Para Moratal, **a decisão do gasto público, como manifestação da atividade financeira, é essencial, mas não exclusivamente, política, constituindo-se claramente em objeto do estudo do Direito Financeiro**. Por outro lado, este elemento jurídico do gasto não deve ser limitado aos aspectos formais, abarcando também critérios de justiça (materiais) que não poderiam ser ignorados ou substituídos por exigências de racionalidade econômica (MORATAL, 1995).

Maria d'Oliveira Martins, por sua vez, destaca que a despesa pública, em termos dogmático e jurídico, foi por muito tempo entendida como um tema menor. Segundo a autora, isto se deve, em parte, à influência da escola alemã de direito público, que remetia o tratamento da despesa pública para o domínio político, considerando as normas sobre despesa pública como internas ou de pura organização, as quais não tinham, como tal, natureza jurídica (MARTINS, 2012).

A autora também ressalta o hiato em termos de desenvolvimento entre os dois braços do direito financeiro: o das receitas, amplamente tratado, e o das despesas, com inúmeras matérias a desbravar (MARTINS, 2012).

Por fim, Martins destaca a importância do controle da despesa pública, nos dias atuais, muito por força da necessidade de cumprimento dos critérios de convergência do endividamento e déficit orçamentário, o que remete a matéria necessariamente para o plano jurídico (MARTINS, 2012).

INTRODUÇÃO

No Brasil, a disciplina do gasto público, ou melhor, da decisão de gastar, está sujeita às prescrições constantes de uma diversidade de fontes normativas.

A decisão de gastar vincula-se à **lei orçamentária anual** (LOA), na qual estão previstas dotações, que estabelecem os objetivos e as metas a serem perseguidos pela unidade orçamentária, atribuindo-lhes um teto de recursos financeiros para o atingimento de uma finalidade num determinado período de tempo (exercício financeiro). Estas dotações estão escritas na "linguagem das classificações orçamentárias", as quais estabelecem uma série de condicionantes ao gasto público, podendo constituir-se em verdadeiros mandamentos legais (*vide* item 8.1.3.).

Entretanto, a despesa não se vincula exclusivamente às condicionalidades contidas na lei orçamentária anual. Há uma série de regras contidas em outras fontes normativas, algumas de caráter permanente, que disciplinam a realização da despesa[15] (*vide* capítulo 6).

Por exemplo, a execução da despesa vincula-se à **lei de diretrizes orçamentárias** (LDO), que, no seu mister de orientar a elaboração da lei orçamentária anual, incide, indiretamente, na fase da execução da despesa pública[16] (*vide* item 6.4.2.).

Vincula-se às **normas gerais de direito financeiro**, tais como as constantes da Lei nº 4.320/64, que estabelece requisitos para a concessão de subvenções, sociais e econômicas, que define o procedimento geral para execução da despesa pública e que regula a contabilidade pública, inclusive da despesa.

Vincula-se aos **princípios constitucionais da despesa pública**, traduzidos na Constituição Federal como aspectos do controle exercido pelos Tribunais

---

[15] Neste estudo, foram identificados diversos traços de autonomia do instituto em relação ao orçamento e à receita pública, sem, entretanto, desconsiderar o papel do orçamento como determinante da despesa pública.

[16] A título de exemplificação, o art. 21 da Lei nº 12.017/2009 (Lei de Diretrizes Orçamentárias relativa ao exercício de 2010), dispõe que não poderão ser destinados recursos para atender despesas relativas a uma série de itens de gasto. Dirigido especialmente à elaboração do orçamento, este dispositivo impede que constem na LOA dotações orçamentárias específicas para o atendimento das despesas mencionadas na lei. Nada obstante, esta disposição aplica-se, também, à execução orçamentária, uma vez que não poderão ser gastos recursos públicos federais nestes itens de gastos, independentemente da rubrica orçamentária. Interpretação diversa seria uma forma de contornar a proibição e de desvirtuar o "espírito" da LDO.

de Contas (art. 70, CF/88) e aos princípios da Administração Pública (art. 37, *caput*, da CF/88).

Vincula-se, ainda, aos chamados **"princípios orçamentários"**[17], alguns dos quais de estatura constitucional, que podem incidir, por via reflexa, também na fase de execução da despesa pública[18].

O gasto público no Brasil, portanto, sujeita-se a todo um arcabouço jurídico, especialmente, no tocante à sua efetivação, o que permite contestar as teses sustentam o caráter meramente político da despesa pública.

1.2. Premissa: Orçamento Público não cria direitos subjetivos

A segunda premissa deste estudo diz respeito à lei orçamentária anual. **A lei orçamentária anual não cria direitos subjetivos aos administrados**.

Esta premissa está fundada no princípio ou regra orçamentária da exclusividade, segundo a qual o Orçamento

> "não conterá dispositivo estranho à previsão da receita e à fixação da despesa, não se incluindo na proibição a autorização para abertura de créditos suplementares e contratação de operações de crédito, ainda que por antecipação de receita, nos termos da lei" (art. 165, § 8º, CF/88).

Segundo o Professor Regis Fernandes de Oliveira, a exclusividade significa que *"não pode o texto da lei orçamentária instituir tributo, por exemplo, nem qualquer outra determinação que fuja às finalidades específicas de previsão de receita e fixação de despesa"* (OLIVEIRA, 2006, p. 326-327). As únicas exceções previstas na CF/88 são a autorização para abertura de créditos suplementares e a autorização para contratação de operações de crédito.

A lei orçamentária anual é aqui entendida como um mecanismo pelo qual a sociedade faz escolhas de que necessidades públicas serão atendidas num

---

[17] Antônio L. Souza Franco chama de "regras orçamentais" o que os textos de orçamento público costumam chamar de "princípios orçamentários"(FRANCO, 2002).

[18] Carrera Raya salienta que os "principios presupuestarios son un conjunto de reglas jurídicas que deben inspirar la elaboración, aprobación, ejecución y control del Presupuesto" (RAYA, 1995). No nosso entendimento, entretanto, nem todos os princípios orçamentários aplicam-se indistintamente a todas as fases do ciclo orçamentário. Sua aplicação, ademais, é indireta, tal como ocorre com a Lei de Diretrizes Orçamentárias (LDO). Será objeto de estudo a análise de como se aplicam os princípios orçamentários à fase de execução da despesa (item 7.5).

INTRODUÇÃO

cenário de escassez, não sendo veículo adequado para a instituição de direitos subjetivos.

A criação de direitos subjetivos exige definir, pelo menos, quem são os beneficiários, quais são os requisitos/condições para aquisição do direito, qual a prestação correspondente ao direito, as hipóteses em que há a perda daquele direito e contra quem o direito subjetivo é oponível.

O orçamento, por sua vez, está escrito na "linguagem das classificações orçamentárias" que não é apta a atender a estes requisitos e nem pode fazê--lo, por força do princípio da exclusividade supramencionado.

Portanto, a criação de direitos subjetivos, de natureza pecuniária ou não, deve ser feita por outras leis, preferencialmente, as de natureza permanente.

1.3. Posição Enciclopédica do Direito dos Gastos Públicos

No direito estrangeiro, nem sempre o direito dos gastos públicos é incluído como um ramo do direito financeiro. Por vezes, o gasto público é visto como um instituto do direito orçamentário.

Segundo Maria de la Luz Mijangos Borjas, no México, o direito financeiro é dividido nos seguintes ramos (BORJAS, 1997):

a) direito tributário;
b) direito orçamentário;
c) direito patrimonial.

O direito orçamentário refere-se ao conjunto de normas que regulam a elaboração, aprovação, execução e controle do orçamento (ciclo orçamentário). O direito patrimonial se refere à gestão e administração do patrimônio permanente do Estado. Na obra em questão, o gasto público é tratado de forma simplificada no capítulo referente ao direito orçamentário (BORJAS, 1997).

Em Portugal, Antônio Luciano de Souza Franco também não insere o direito dos gastos públicos como um ramo especial do direito financeiro. Insere-o no capítulo do direito orçamental. Segundo o autor, o conteúdo das normas de direito financeiro abrange as seguintes áreas normativas principais (FRANCO, 2002):

a) direito constitucional financeiro;
b) direito da administração financeira;
c) direito patrimonial;

O DIREITO DOS GASTOS PÚBLICOS NO BRASIL

d) direito orçamental;
e) direito das receitas;
f) direito processual financeiro.

O direito constitucional financeiro integra as normas relativas aos *"princípios fundamentais da organização e exercício do poder político em matéria financeira e aos princípios orientadores da estrutura e da actividade financeira do Estado"*. O direito da administração financeira *"rege a organização interna da administração financeira"*, como as demais normas relativas à organização e funcionamento de qualquer parte do aparelho administrativo. O direito patrimonial *"integra as normas financeiras relativas ao patrimônio do Estado"*. O direito orçamental *"integra o regime geral do orçamento e da sua execução – incluindo, portanto, o «direito das despesas» ou as normas relativas à realização de despesas, correspondente às áreas da contabilidade pública e controlo financeiro e integrando as normas relativas à tesouraria do Estado"*. O direito das receitas abrange o direito tributário e o direito do crédito público, que *"regula o conjunto das operações de crédito com regime especial de direito público praticado pelas entidades públicas"* (FRANCO, 2002).

Por fim, o direito processual financeiro *"regula a organização e funcionamento processual da Administração e dos Tribunais financeiros (fiscais ou de contas)"* (FRANCO, 2002, p. 98).

Na Espanha, onde o direito dos gastos públicos alcançou o seu maior desenvolvimento, ele nem sempre consta como um ramo do direito financeiro.

Mariano Abad *et al.* afirmam que, segundo a doutrina majoritária, o direito financeiro é configurado em quatro ramos ou grupos de normas (ABAD *et al.*, 1992):

a) direito orçamentário, que ocupa-se do aspecto jurídico do orçamento, ou seja, das normas relativas à previsão, justificação e controle dos ingressos e gastos públicos;
b) o direito tributário;
c) o direito patrimonial público, que regula a administração dos bens do Estado;
d) direito do crédito público, ou seja, as normas relativas aos recursos obtidos através do instituto da dívida pública e de outras figuras análogas que respondem ao conceito de crédito público.

Ainda para os autores, o direito monetário, conjunto de normas econômicas e jurídicas relacionadas com a moeda como instrumento de câmbio e

INTRODUÇÃO

como elemento das obrigações com ela vinculadas, não forma parte do direito financeiro (ABAD *et al.*, 1992).

Francisco José Carrera Raya também divide o direito financeiro em quatro ramos (RAYA, 1994):

a) o direito tributário;
b) o direito orçamentário;
c) o direito financeiro patrimonial;
d) o direito da dívida pública.

Segundo o autor, o direito orçamentário é o conjunto de normas e princípios jurídicos que regulam a preparação, aprovação, execução e controle dos orçamentos dos entes públicos. Este ramo do direito financeiro compreenderia (RAYA, 1994):

a) a gestão, emprego e contabilidade dos ingressos públicos;
b) o regime jurídico dos gastos públicos;
c) o regime jurídico do tesouro público;
d) a conformação da instituição orçamentária.

Raya salienta que o direito orçamentário não se esgota na regulação do orçamento, mas também deverá incluir a ordenação jurídica dos gastos públicos, estreitamente vinculados com o orçamento, uma vez que, enquanto o orçamento é uma mera previsão de ingressos que se regulam por leis permanentes, quanto aos gastos, o orçamento conserva o valor de uma autorização quantitativa, qualitativa e temporal. Por conseguinte, o procedimento de ordenação de gastos de pagamentos deveria ser objeto de análise dentro do marco da execução orçamental (RAYA, 1994).

José Juan Ferreiro Lapatza, na mesma linha, considera que o orçamento é a instituição central do estudo jurídico do gasto público. Segundo o autor (LAPATZA, 2004):

> "El gasto público está, a su vez, normalmente disciplinado en nuestro ordenamiento, por una parte, por normas estables, permanentes, que regulan el contenido, la formación, la ejecución y el control de la ejecución del presupuesto, y por otra parte, por el propio presupuesto, que periódicamente determina, con carácter de norma jurídica, las cantidades a gastar y las finalidades del gasto. Tal determinación puede hacerse en forma más o menos flexible. Así, el presupuesto puede destinar una cantidad exacta y no ampliable a la realización de un gasto determinado, o bien puede, por ejemplo disponer que

un gasto se realizará en la cuantía en que se realice un determinado ingreso. De cualquier forma es el presupuesto, son las normas juridicas que en él presupuesto, son las normas jurídicas que en él se contienen las que fijan los limites y fines del gasto para cada ejercicio. *No es extraño así que el presupuesto se haya configurado como la institución central, como el núcleo en el estudio jurídico del gasto público, hasta el punto de que el Derecho del gasto público, el conjunto de normas que lo regulan, se ha entendido casi siempre como Derecho presupuestario"* (grifo nosso).

Miguel Ángel Collado Yurrita, por seu turno, identifica o Direito dos Gastos Públicos como o Direito Orçamentário (YURRITA, 1996):

> "En efecto, el Derecho Presupuestario debe ser considerado como el Derecho de los gastos públicos, como El conjunto de normas que regulan la gestión, administración y erogación de los recursos económicos del Estado y demás entes públicos, teniendo presente que la realización de los gastos públicos aparece ligada a la ejecución de los fines de la comunidad, lo cual significa que la asignación de los recursos públicos está determinada por los principios, los objetivos y los fines que en un momento histórico dado la Constitución reconoce como fines y necesidades públicos".

Neste contexto, Juan José Bayona de Perogordo e María Teresa Soler Roch parecem ser vozes dissonantes a defender a autonomia do gasto público (PEROGORGO; ROCH, 1989):

> "Sin desconocer la conexión existente entre ambos institutos jurídicos creemos que el gasto público es susceptible de una ordenación jurídico--material que trascienda el ámbito jurídico-formal en que, sustancialmente, se desenvuele el régimen jurídico del Presupuesto".

Para os autores (PEROGORGO; ROCH, 1989, p. 79-80),

> "El derecho de los gastos públicos oferece, en nuestra opinión, una sustantividad propia que le hace objeto de tratamiento científico diferenciado de las demás parcelas del Derecho Financiero y, especialmente, del Derecho Presupuestario, con el que habitualmente se há encontrado confundido".

Os autores distinguem claramente o direito dos gastos públicos do direito orçamentário. É verdade que o direito orçamentário tem por objeto dos gastos públicos, e igualmente os recursos, mas só o tem para fins de habilitar a administração para comprometer e satisfazer os mesmos durante um período determinado. O direito dos gastos públicos, por sua vez, parte da análise das necessidades públicas, que são a fonte de utilização dos recursos públicos

INTRODUÇÃO

escassos, e estuda os sujeitos encarregados da satisfação destas necessidades, assim como os requisitos que deve reunir em cada caso o beneficiário do gasto público, tudo segundo um procedimento funcionalizado (PEROGORGO; ROCH, 1989).

Ademais, o direito orçamentário está centrado na análise do crédito orçamentário como habilitação a determinados órgãos para compromisso de determinados gastos, enquanto o direito dos gastos públicos estuda os gastos em si mesmos, desde as circunstâncias que os geram até a sua satisfação material mediante a saída de fundos públicos dos caixas do tesouro (PEROGORGO; ROCH, 1989).

No Brasil, é possível encontrar argumentos a favor e contra a inclusão do direito dos gastos públicos como um novo capítulo ao direito financeiro brasileiro.

Deve-se ter em mente que aqueles que incluem o direito dos gastos públicos no âmbito do direito orçamentário partem do pressuposto de que só existem as despesas orçamentárias, e, ainda assim, de que a lei orçamentária anual praticamente esgota a disciplina jurídica do gasto público. Entretanto, conforme será exposto ao longo deste trabalho, esta premissa não pode prosperar.

Relativizando a importância do orçamento público como fonte do direito, o gasto público sobressai-se como principal instituto do direito financeiro (excluindo-se o direito tributário). No setor público, é mais comum que a despesa condicione a receita e não o contrário, o que ressalta a importância da despesa frente à receita pública e sobre o próprio orçamento. Na prática, é a partir das despesas pretendidas pelo Estado (inclusive as obrigatórias por força legal, constitucional) que o Estado vai buscar fontes de recursos para lhes fazer face.

A existência de um conjunto próprio de fontes (capítulo 6), revelando um amplo leque de normas e princípios que disciplinam o gasto público, bem como a existência de particularidades na interpretação das suas normas reforçam a importância do instituto da despesa pública.

Portanto, numa visão preliminar, o direito dos gastos públicos é um ramo do direito financeiro e, portanto, do direito público, que versa sobre a disciplina jurídica da despesa pública de forma relativamente autônoma ao direito orçamentário.

Ocorre que, para responder à questão da juridicidade da despesa, questão central deste trabalho, será necessário recorrer ao processo de concretização da mesma (capítulo 3), tendo em vista o caráter instrumental do gasto público. Foi necessário adotar um conceito amplo de despesa pública que abarcasse este processo, incluindo os atos geradores de despesa pública e as políticas ou programas públicos, uma vez que a ilicitude nestes atos, políticas ou programas também contamina a despesa pública.

Entretanto, ao abarcar os atos geradores da despesa e as políticas públicas, o direito dos gastos públicos precisa recorrer aos princípios emprestados do direito constitucional e do direito administrativo e passa a contemplar institutos alheios ao direito financeiro.

É necessário reconhecer que, mesmo os princípios do art. 70 da Constituição Federal, incidem também sobre atos administrativos, processos administrativos e sobre as políticas públicas e não somente sobre a despesa pública em sentido estrito.

Portanto, é neste contexto que o direito dos gastos públicos deve ser visto, como um ramo do direito financeiro que disciplina a despesa pública, mas que não se esgota em si mesmo, pois se relaciona com institutos e princípios de outros ramos do Direito, em especial, do direito administrativo e do direito constitucional.

1.4. Delineando os Institutos Jurídicos do Direito dos Gastos Públicos

E o estudo do direito dos gastos públicos avançou ao ponto de já se encontrarem algumas tentativas de delinear institutos próprios, tais como, o poder de gasto público (*la potestad de gasto público*) e a relação jurídica de gasto público.

Segundo Bayona de Perogordo e Soler Roch (PEROGORGO; ROCH, 1989, p. 506):

> "Em su dimensión objetiva, la potestad de gasto público se traduce em la capacidade de comprometer el empleo de fondos públicos que se dirige a satisfacer una necesidad para cuya determinación y evaluación se há precisado igualmente esa potestade. Por último, la misma potestade se extiende al manejo efectivo de esos fondos públicos en el processo que se dirige hasta la satisfacción concreta de cada necessidad".

Por sua vez, a relação jurídica de gasto público seria, na visão de Perez de Ayala, um vínculo obrigacional que surge entre a administração e outro sujeito de direito por ocasião da realização de um gasto público. A fonte da referida relação pode ser uma lei, um contrato ou um ato administrativo e, neste sentido, teria um caráter legal ou voluntário. Em todos os casos, entretanto, o nascimento da relação vem determinado pela realização de um pressuposto

INTRODUÇÃO

de fato: o ato jurídico que origina uma obrigação determinada pela administração (PEROGORGO; ROCH, 1989).

Na mesma linha, Carretero Pérez afirma que o ato de contração de uma dívida ou obrigação pelo Estado é o antecedente necessário da relação financeira que compreende o procedimento para realizar o pagamento. Ambas, segundo o autor, integrariam a relação jurídica de gasto público, de conteúdo complexo (*apud* MOLINA, 2003).

Em Portugal, Carla Sofia Dantas Magalhães enxerga o conceito de relação jurídica de despesa pública de forma diversa que os referidos autores espanhóis. No seu entendimento (MAGALHÃES, 2011, p. 89):

> "As obrigações jurídicas financeiras em sentido amplo consistem, por um lado, no direito de o Estado exigir da colectividade a satisfação das necessidades financeiras mediante, por exemplo, a exigência aos cidadãos beneficiários de uma contribuição para as despesas públicas segundo a sua capacidade contributiva (relação jurídica tributária) e, por outra banda, no dever ou na obrigação de o Estado aplicar essas receitas na satisfação das necessidades públicas ou colectivas, ou seja, tem o dever ou a obrigação de realizar as necessárias, adequadas, eficientes, as justas despesas públicas (relação jurídica de despesa pública)".

Esta visão é a mesma de Salvatore Buscema, para o qual existe um vínculo único entre o Estado e a generalidade dos contribuintes, em virtude do qual estes tem direito subjetivo de que a totalidade dos ingressos públicos sejam destinados, através de uma correta gestão, à satisfação dos fins públicos (*apud* MOLINA, 2003).

Salvatore Buscema faz, assim, um paralelismo desta relação com o dever de contribuir, buscando assegurar uma unidade do Direito Financeiro. Na sua concepção, a relação jurídica de gasto público e o vínculo plurilateral de contribuição pública consistiriam de duas faces da mesma moeda (MOLINA, 2003).

Portanto, enquanto na primeira visão, o sujeito ativo da relação jurídica é o beneficiário direto do gasto público, na segunda, este sujeito é a própria coletividade.

Importante mencionar, entretanto, que ambas as visões sofrem severas críticas.

A construção de S. Buscema não seria satisfatória, uma vez que o direito da generalidade dos contribuintes a que os ingressos se destinem efetivamente aos fins públicos não é exercitável pelos seus titulares (MOLINA, 2003).

O DIREITO DOS GASTOS PÚBLICOS NO BRASIL

Por outro lado, Pedro Manuel Herrera Molina rechaça a primeira visão (Perez de Ayala e Carretero Pérez), pois não encontra critério claro para distinguir a obrigação material do ente público da relação jurídica de gasto público. Ambas nascem dos mesmos fatos (lei, negócios jurídicos, etc.), se estabelecem entre os mesmos sujeitos e recaem sobre o mesmo objeto (pagamento de uma quantia em dinheiro). Considera que, nesta pretendida "relação de gasto público", existem elementos tipicamente financeiros, mas que estas figuras não permitem reconduzir-se ao conceito de relação jurídica (MOLINA, 2013).

1.5. Estrutura do Trabalho

O presente trabalho é dividido em 4 partes.

A primeira parte visa introduzir o leitor no tema da despesa pública, sendo composta por três capítulos.

No capítulo 2, discute-se o conceito de despesa pública e os componentes deste conceito. O gasto público é visto sob vários aspectos: em sentido amplo ou estrito, em sentido agregado ou individual. A despesa pública em sentido amplo também deverá abarcar o gasto tributário, uma vez que este submete-se aos princípios da legalidade, legitimidade e economicidade (art. 70, CF/88). Por fim, são apresentadas apenas as classificações da despesa úteis ao desenvolvimento dos estudos.

No capítulo 3, destaca-se o caráter instrumental da despesa pública em sentido amplo no contexto da implementação de políticas públicas. Neste capítulo, o gasto público, para fins de solucionar a questão da sua conformidade com o ordenamento jurídico, é visto como um processo e não como um ato isolado de desembolso.

No capítulo 4, o gasto público é visto sob o ponto de vista de outras ciências extrajurídicas, tais como, a ciência econômica, a ciência da administração, a ciência política, e a contabilidade. Enfatiza-se a importância do estudo das ciências extrajurídicas para a interpretação das normas do direito dos gastos públicos.

Feita essa introdução, a segunda parte do trabalho busca construir as bases de um direito dos gastos públicos, sendo composta por 8 capítulos.

No capitulo 5, são estudados de forma simplificada os diferentes regimes jurídicos do gasto público. Estes diferentes regimes estão relacionados à diversidade de órgãos e entidades estatais e para estatais, que estão sujeitas a um núcleo comum de princípios do gasto público, bem como à variedade

INTRODUÇÃO

de operações financeiras que estão englobadas no conceito de gasto público em sentido amplo.

No capítulo 6, são estudadas as fontes do direito dos gastos públicos, incluindo as fontes diretas, que encerram a norma jurídica, e as indiretas ou de conhecimento, que ajudam a compreensão da norma, sem dar existências a elas.

No capítulo 7, traça-se um panorama geral sobre os princípios jurídicos do gasto público, ressaltando a sua importância na composição do sentido das regras jurídicas que disciplinam este instituto jurídico. O estudo detalhado de alguns destes princípios é deixado para os capítulos 8 a 11.

No capítulo 8, aborda-se a legalidade da despesa pública e os seus diferentes aspectos: legalidade orçamentária, legalidade global, legalidade procedimental e legalidade específica.

No capítulo 9, faz-se um estudo sobre o princípio da legitimidade da despesa pública, destacando-se o seu papel como veículo para que os demais valores, objetivos e princípios constitucionais se reflitam na disciplina do gasto público.

No capítulo 10, são discutidas as dimensões da avaliação de resultados da gestão pública (economicidade, eficiência, eficácia e efetividade) e é feita uma crítica ao conceito de qualidade dos gastos públicos.

No capítulo 11, é discutido o princípio da transparência da despesa pública, sua evolução no direito brasileiro, a sujeição ao controle e o dever de prestar contas.

No capítulo 12, são propostos alguns mecanismos e métodos para a interpretação e integração do direito dos gastos públicos.

Na terceira parte do trabalho, são discutidos alguns temas selecionados do direito dos gastos públicos: as despesas obrigatórias (capítulo 13), as transferências voluntárias (capítulo 14) e a destinação de recursos ao setor privado (capítulo 15).

A quarta parte discute a autonomia do direito dos gastos públicos em relação ao direito orçamentário (capítulo 16).

No capítulo 17, são apresentadas as conclusões do trabalho.

No capítulo 18, constam as referências bibliográficas, sítios da internet, legislação e jurisprudência consultadas durante a realização da presente pesquisa.

Parte 1
Prolegômenos

2. Conceito de Despesa ou Gasto Público

> "Formas atípicas de gastos públicos ocorrem quando o governo renuncia a um tributo, oferecendo isenção ou reduzindo o ônus por meio de um incentivo; quando deixa de cobrar, em um empréstimo, os juros e os encargos equivalentes àqueles que paga ao se endividar. Ou quando assume um encargo que caberia a terceiro, por meio de subsídio. Essas diferentes formas de benefícios concedidos pelo governo, quase sempre, não constam do orçamento tradicional – especialmente nos casos em que envolvem a receita, pois se deixa de arrecadar um imposto, uma contribuição, ou mesmo a receita financeira" (José Roberto Afonso e Érica Diniz).

Definir despesa ou gasto público não é tarefa simples, ainda que haja uma certa arbitrariedade na sua construção. Neste estudo, a importância de conceituar adequadamente o "gasto público" é evidente. Afinal, quando se pretende estudar as normas que disciplinam o gasto público, faz-se necessário, antes de tudo, definir o ponto central deste objeto de estudo.

No direito brasileiro, utiliza-se com frequência a expressão "despesa pública", presente em diversos textos doutrinários e na legislação. A expressão "gasto público" é mais comum nos textos de ciência econômica[19] e no direito

---

[19] *Vide*, por exemplo, a obra "Finanças Públicas" de Fernando Rezende, a obra coletiva "Gasto público eficiente – 91 propostas para o desenvolvimento do Brasil", organizada por Marcos Mendes e a obra "Economia do Setor Público" de Róbison Gonçalves de Castro e Luciano de

O DIREITO DOS GASTOS PÚBLICOS NO BRASIL

financeiro espanhol ou argentino[20]. Por vezes, são utilizados os termos "gasto" e "despesa" indistintamente para designar o mesmo objeto, tal como ocorre na Constituição Federal de 1988[21].

A única distinção entre os termos está presente na Ciência Contábil. Na Contabilidade de Custos (ou Industrial), costuma-se diferenciar os termos gasto, investimento, custo, despesa e perda. Gasto é um conceito amplo que envolve o sacrifício de algum ativo da entidade contábil. O conceito de gasto seria o gênero do qual os demais (investimento, custo, perda e despesa) são espécies. Despesa é o bem consumido, direta ou indiretamente, para a obtenção de receitas. É possível considerar, ainda, que investimento, custo ou despesa são momentos (fases) de um determinado gasto[22].

Souza Gomes. Na ciência econômica, utiliza-se também a expressão "gastos do governo" representada pela letra G (*vide* Manual de Economia, obra coletiva dos Professores da USP, organizada por Diva Benevides Pinho e Marco Antonio Sandoval de Vasconcelos).

[20] *Vide*, por exemplo, a obra "El derecho de los gastos publicos" de Juan José Bayona de Perogordo, a obra "La configuración constitucional del gasto público" de Germán Orón Moratal e a obra "Regimén Jurídico del Gasto Público – presupuestación, ejecución y control" de José Pascual García.

[21] Na Constituição Federal de 1988, há um predomínio do termo "despesa", tais como, no art. 29, VII; no art. 29-A, no art. 37, §§ 7º e 9º; no art. 63; art. 71, VIII; art. 72, *caput* e § 2º; art. 84, VI, a; art. 99, § 5º; art. 127, § 6º; art. 148. I; art. 148, parágrafo único; art. 165, §§ 1º, 2º, 6º e 8º; no art. 166, § 3º, II; art. 166, § 8º; art. 167, incisos II, III, IV, X, XI e § 3º; art. 169; art. 198, § 3º, III; art.204, parágrafo único; art. 216, § 6º, I e II; art. 234 e art. 235, XI. Entretanto, a Constituição também se utiliza do termo "gasto" para designar o mesmo instituto jurídico. É o caso do art. 29-A, *caput* (gastos com inativos) e § 1º (gastos com subsídios dos vereadores) e do art. 71, § 2º (gasto que possa causar dano irreparável ou grave lesão à economia pública).

[22] Segundo Professor Eliseu Martins (MARTINS, 2003, p. 24), gasto corresponde à "compra de um produto ou serviço qualquer, que gera sacrifício financeiro para a entidade (desembolso), sacrifício esse representado pela entrega ou promessa de entrega de ativos (normalmente dinheiro)". Por sua vez, o investimento é "o gasto ativado em função de sua vida útil ou de benefícios atribuíveis a futuro(s) período(s)". Nesta visão, os investimentos são "estocados" nos ativos da entidade para a baixa ou amortização quando de sua venda, de seu consumo, de seu desaparecimento ou de sua desvalorização (MARTINS, 2003, p. 25). O custo é o "gasto relativo a bem ou serviço utilizado na produção de outros bens ou serviços". O custo é reconhecido como tal no momento da utilização dos fatores de produção para a fabricação de um produto ou a execução de um serviço (MARTINS, 2003, p. 25). Desta forma, uma matéria prima foi um gasto na sua aquisição que imediatamente se transformou em investimento e é custo no

42

CONCEITO DE DESPESA OU GASTO PÚBLICO

Distingue-se, ainda, gasto e desembolso (pagamento). O gasto implica um desembolso, o qual pode ocorrer de forma defasada ou não em relação ao momento do gasto (MARTINS, 2003).

No setor público, não faz sentido a distinção entre gasto, custo e despesa presente na contabilidade de custos do setor privado, sendo necessária uma revisão conceitual[23] (CRUZ; PLATT NETO, 2007).

momento da sua utilização na fabricação de um um bem. Uma máquina, por sua vez, provoca um gasto na sua entrada, torna-se investimento (ativo) e parceladamente é transformado em custo, via depreciação, à medida que é utilizada no processo de produção de utilidades (MARTINS, 2003, p. 25). A Despesa é "bem ou serviço consumido direta ou indiretamente para a obtenção de receitas". Um equipamento usado na produção fora gasto transformado em investimento, posteriormente foi considerado parcialmente como custo, torna-se, na venda do produto, uma despesa (MARTINS, 2003, p. 25-26). As despesas reduzem o patrimônio líquido da entidade (fato contábil modificativo diminutivo) e tem esta característica de representarem sacrifícios no processo de obtenção de receitas. Por fim, a perda é o consumo anormal e involuntário de um bem ou serviço, não se confundindo, em razão destas características, com a despesa e muito menos com o custo (MARTINS, 2003). Na mesma linha, Sérgio de Iudícibus explica que: "Despesa, em sentido restrito, representa a utilização ou o consumo de bens e serviços no processo de produzir receitas. Note que despesa pode referir-se a gastos efetuados no passado, no presente ou que serão realizados no futuro. De forma geral, podemos dizer que o grande fato gerador de despesa é o esforço continuado para produzir receita, já que tanto despesa é consequência de receita, como receita pode derivar de despesa, ou, melhor dizendo, a receita futura pode ser facilitada por gastos passados ou correntes (ou futuros). Ressalte-se, todavida, que, quando bens ou serviços são consumidos na produção de bens que ainda não deixaram a empresa, incorporam-se ao custo do produto, não se caracterizando, ainda, despesa ou custo de período" (IUDÍCIBUS, 2006, p. 168).

[23] Flávio da Cruz e Orion Augusto Platt Neto, abordando a contabilidade de custos para entidades estatais, apontam que: "O primeiro esclarecimento passa pela noção de que aquilo que é considerado de forma genérica como gasto nas indústrias não faz o menor sentido diante do art. 12 da Lei Federal nº 4.320/1964. Na Contabilidade Pública, o termo que mais se assemelha é o da despesa orçamentária, no qual estão contidos: pessoal e encargos, juros e encargos da dívida, outras despesas correntes, investimentos e inversões financeiras e amortização da dívida. Uma revisão conceitual é, portanto, a porta de entrada para que se aborde os custos dentro do setor público estatal. Adaptar-se aos conceitos validados pela Lei nº 4.320/64 é a exigência que se faz a todos os contadores que já tiveram a oportunidade de trabalhar com custos em empresas industriais ou desejem aproveitar conceitos tradicionalmente envolvidos na literatura dos custos adotados em estabelecimentos empresariais" (CRUZ; PLATT NETO, 2007, p. 82).

O DIREITO DOS GASTOS PÚBLICOS NO BRASIL

A aquisição de um bem de consumo, por exemplo, enquanto não consumida, seria entendida como um gasto na contabilidade do setor privado, mas seria considerada despesa na contabilidade pública.

Diante disso, optou-se, nesta obra, por utilizar indistintamente as expressões "gasto público" e "despesa pública".

2.1. Conceito na Doutrina Pátria e Estrangeira

Feitas estas observações acerca da terminologia, cabe expor os conceitos apresentados por diversos autores, nacionais e estrangeiros, para, em sequência, debater cada um dos componentes do conceito, sua importância e propor uma conceituação que deverá ser utilizada ao longo da obra.

Segundo Aliomar Baleeiro[24], há dois conceitos para a locução "despesa pública". Em primeiro lugar, designa *"o conjunto de dispêndios do Estado, ou de outra pessoa de direito público para o funcionamento dos serviços públicos"*. Em segundo lugar, a despesa pública também pode ser definida como *"a aplicação de certa quantia em dinheiro por parte da autoridade ou agente público competente, dentro de uma autorização legislativa, para a execução de fim a cargo do governo"* (BALEEIRO, 1995, p. 65).

É importante mencionar que estes conceitos apresentados por Baleeiro são os mais citados pelos juristas brasileiros[25], provavelmente, pelo fato de traduzir de forma simples uma ampla dimensão do instituto jurídico.

Ricardo Lobo Torres define a despesa pública como a soma dos gastos realizados pelo Estado para a realização de obras e para a prestação de serviços públicos. Segundo o autor, são duas as características da despesa pública (TORRES, 1996):

a) os gastos envolvem sempre dinheiro;
b) as obras e os serviços devem ser realizados para a consecução dos objetivos do Estado.

Ruy de Souza cita Marco Fanno, segundo o qual, a despesa pública é o desgaste de bens econômicos que os entes públicos efetuam para a produção de

---

[24] Ex-Ministro do Supremo Tribunal Federal e ex-Professor Catedrático de Ciência das Finanças da Universidade da Bahia e do antigo estado da Guanabara.

[25] *Vide*, por exemplo, as obras de Kiyoshi Harada, Celso Ribeiro Bastos e Regis Fernandes de Oliveira.

CONCEITO DE DESPESA OU GASTO PÚBLICO

bens e serviços indispensáveis à satisfação das necessidades coletivas e para a obtenção de outras finalidades. Cita também Vicenzo Tangora, segundo o qual, a despesa pública é o desgaste de uma parte das rendas públicas para atingir uma finalidade qualquer da Administração (SOUZA, 1953).

Cláudio Martins destaca as diferentes acepções da palavra "despesa". No sentido comum, é a saída ou aplicação de recurso pecuniário à conta de um patrimônio. A despesa seria o emprego ou a "inversão" de uma importância em dinheiro, seja na satisfação de uma necessidade à guisa de consumo economicamente improdutivo, seja na produção ou aquisição de uma utilidade. Em finanças públicas, a despesa corresponde à aplicação pelo Estado de qualquer parcela de sua receita na produção do bem público (MARTINS, 1976).

José Juan Ferrero Lapatza apresenta uma definição sintética de gasto público: *"é todo gasto realizado por um ente público"*. Segundo o Professor espanhol, há quem diga que *"gasto público es todo gasto realizado por un ente público conforme las autorizaciones contenidas en el presupuesto"* (LAPATZA, 2004).

Lapatza argumenta que uma definição deste tipo é válida na medida em que o ordenamento espanhol responde a uma norma geral de que *"todo gasto público deve estar autorizado no orçamento do ente que o realiza"*. Ademais, todo gasto deve estar disciplinado por uma norma jurídica, enquadrada no orçamento, que fixe seus limites e objeto. Nada obstante, o autor admite a existência de gastos extraorçamentários (*extrapresupuestarios*), que não figuram como tal no orçamento do ente que os realiza, tais como, as operações de tesouraria (LAPATZA, 2004).

Antônio Luciano de Souza Franco ensina que as despesas públicas concretizam o próprio fim da atividade financeira do Estado. Elas consistem no gasto de dinheiro ou no dispêndio de seus bens por parte dos entes públicos para criarem ou adquirirem bens ou prestarem serviços susceptíveis de satisfazerem necessidades públicas (FRANCO, 2002).

Segundo o autor português, seriam três os elementos componentes da noção de despesa pública (FRANCO, 2002):

a) o **tipo de operação**: a afetação de recursos correntes de que um sujeito dispõe a uma determinada finalidade;

b) o **sujeito da operação**: o Estado ou outro ente dotado de poder de autoridade;

c) a **finalidade**: a despesa pública destina-se a satisfazer às necessidades públicas.

O DIREITO DOS GASTOS PÚBLICOS NO BRASIL

Souza Franco faz distinção entre "despesa pública" e "despesa do setor público". A despesa pública seria apenas aquela que o Estado efetua no exercício do seu poder de comando e para satisfação das necessidades coletivas, enquanto que a despesa do setor público abrangeria também os casos em que certas entidades ligadas ao setor público ou nele integradas efetuam as suas despesas em analogia com entidades privadas, como seria o caso de certas empresas públicas ou até mistas, ou de entidades privadas que resolvam satisfazer necessidades públicas (FRANCO, 2002).

Carlos M. Giuliani Fonrouge defende que gasto público é toda aplicação, geralmente em dinheiro, que incide sobre as finanças do Estado e que se destina ao cumprimento dos fins administrativos ou econômico-sociais[26] (FONROUGE, 1997).

O autor esclarece que, até a segunda guerra mundial, era fácil estabelecer uma distinção entre gasto público e gasto privado. A partir de então, foi desaparecendo a clara separação entre estes tipos de atividades tendo em vista que o Estado assumiu tarefas de ordem privada e que surgiram entes privados/semiprivados destinados a cumprir as funções que tradicionalmente estavam a cargo de organismos administrativos. Desta forma, teriam sido superados no aspecto financeiro os conceitos de "serviço público", de "utilidade pública" e de "interesse público" que antes serviam para caracterizar o gasto (FONROUGE, 1997).

Segundo Fonrouge, para caracterizar o gasto público não é necessário que a aplicação de dinheiro seja feita por organismos tipicamente estatais, com ou sem autonomia administrativa. O gasto também poderia ser realizado por entidades de tipo privado ou semiprivado das quais o Estado se valha para o cumprimento de seus novos fins de ordem econômico-social. A única condição admissível para distinguí-lo do gasto privado, sustenta, é que o ente privado possa mandar, ordenar, estabelecer obrigações para os habitantes e que tenha a recebido tal poder por delegação do Estado (FONROUGE, 1997).

Héctor B. Villegas define os gastos públicos como *"las erogaciones dinerarias que realiza El Estado em virtude de ley para cumprir sus fines consistentes em la satisfacción de necesidades públicas"*. Para o autor argentino, a necessidade pública

---

[26] "gasto público es toda erogación, generalmente em dinero, que incide sobre las finanzas del Estado y se destina al cumplimiento de fines administrativos o económico-sociales".

CONCEITO DE DESPESA OU GASTO PÚBLICO

exerce o papel de pressuposto de legitimidade do gasto público, pois sua existência é indispensável para que o gasto se materialize justificadamente. Villegas destaca que a evolução do conceito de gasto público está intimamente ligada à nova concepção sobre a missão do Estado. Na concepção clássica, o Estado era um mero consumidor de bens e os gastos públicos constituíam uma absorção de uma parte desses bens que estão à disposição do país. Na concepção moderna, o Estado não era um mero consumidor de bens, mas um redistribuidor de riqueza (VILLEGAS, 2001).

As características essenciais dos gastos públicos seriam as seguintes (VILLEGAS, 2001):

a) aplicações/dispêndios em dinheiro;
b) efetuadas pelo Estado;
c) em virtude de lei;
d) para cumprir os seus fins consistentes na satisfação das necessidades públicas.

Entretanto, não deixam de ser públicos os gastos realizados pelo Estado, com recursos públicos, se os gastos não respondem aos fins de satisfação das necessidades coletivas. Trata-se de gastos públicos ilegítimos, pois a necessidade pública é o pressuposto de legitimidade do gasto público, mas não o seu pressuposto existencial (VILLEGAS, 2001).

Annamaria Morlacchi define *"spese pubbliche"* como as aplicações de bens econômicos que o Estado e outros entes públicos efetuam para a produção de bens e serviços necessários à satisfação das necessidades da coletividade[27]. A autora destaca a multiplicidade de fins que a despesa pública visa realizar (MORLACCHI, 2010):

a) a produção e a condução dos serviços públicos essenciais à vida da comunidade;
b) a estabilização e o crescimento da renda dos indivíduos e empresas;
c) a redistribuição mais equânime da renda para melhorar o bem-estar geral.

---

[27] "Per spese pubbliche si intendono quelle erogazioni di Beni economici che lo Stato e gli altri enti pubblici effetuano per la produzione di Beni e servizi necessari al soddisfacimento dei bisogni della colletivittà".

Morlacchi salienta que os pressupostos econômicos que justificam as despesas públicas são (MORLACCHI, 2010):

a) a generalidade da necessidade: a despesa pública deve satisfazer uma necessidade pública tão generalizada quanto possível;
b) a conveniência e a oportunidade da despesa com a escolha da quantidade de meios mais idôneos para a satisfação da necessidade pública;
c) a proporcionalidade entre a despesa sustentada e o serviço ofertado aos cidadãos.

Gianni de Luca, por sua vez, define as despesas do Estado (*spese dello Stato*) como aquelas que devem ser suportadas pelo Erário nos termos das leis, decretos, regulamentos ou outros atos de qualquer espécie, e aquelas, em geral, necessárias para o funcionamento dos serviços públicos que dependem da administração do Estado (LUCA, 2008).

Luis Omar Fernández e Hernán Miguel D'Agostino, autores de finanças públicas, definem gasto público como *"o conjunto de aplicações que o estado realiza para adquirir bens e serviços; estas aplicações tem por finalidade financiar a prestação de serviços públicos e as transferências que o estado realiza em favor de pessoas físicas ou jurídicas"*[28] (FERNANDEZ; D'AGOSTINO, 2007).

Os autores salientam que não existem gastos públicos que sejam tais por si próprios. Os gastos são públicos porque é o Estado que os realizada e a seleção de quais deles serão realizados por aquele depende das ideias do grupo politicamente dominante no momento. Acrescentam que se algum bem ou serviço público prestado pelo Estado deixa de cumprir as finalidades estatais, porque elas mudam, o nível de governo que realizava o dispêndio deixará de realizá-lo e este gasto público desaparecerá. Isso não significa que a atividade desapareceu, mas, tão somente, que ela deixou de ser pública, podendo ser provida pelo mercado (FERNANDEZ; D'AGOSTINO, 2007).

Bayona de Perogordo e Soler Roch fazem uma análise estrutural do gasto público. O conceito de gasto público é visto pelos autores sob diversos planos ou perspectivas (PEROGORDO; ROCH, 1989).

---

[28] "El gasto público puede definirse como el conjunto de erogaciones que realiza el estado para adquirir bienes y servicios; estas erogaciones tienen como finalidade financiar la prestación servicios públicos y de las transferências que realiza el estado a favor de las personas físicas o jurídicas".

CONCEITO DE DESPESA OU GASTO PÚBLICO

Numa primeira perspectiva, o gasto é analisado como **um conjunto de institutos jurídicos na sua manifestação de necessidades públicas**. Neste nível, o gasto pode ser definido como o *"conjunto de necessidades públicas cuja satisfação exige o emprego de recursos públicos"* (PEROGORDO; ROCH, 1989, p. 472).

Uma segunda perspectiva, a das relações jurídicas de gasto público, aborda o conjunto de poderes atribuídos ao ente público em matéria de gasto a cujo exercício este está obrigado por mandato de lei. Salientam os autores que as relações jurídicas de gasto se unem com o resto do ordenamento jurídico-financeiro e, também, do direito em geral (PEROGORDO; ROCH, 1989).

Num terceiro nível de análise, o gasto público se apresenta como um fluxo monetário que representa uma saída de fundos dos caixas públicos, podendo ser definido, neste nível, como o conjunto de fluxos monetários que emanam do Tesouro Público para a satisfação das necessidades públicas (PEROGORDO; ROCH, 1989).

Bayona de Perogordo e Soler Roch sustentam que o gasto público apresenta as seguintes características (PEROGORDO; ROCH, 1989):

a) execução por um ente público;
b) execução por meio de um procedimento funcionalizado;
c) emprego de recursos públicos; se dirige à satisfação de uma necessidade.

No tocante à primeira característica, execução por um ente público, os autores sustentam que não se trata, necessariamente, da execução material do gasto, mas da titularidade desta execução. Consequentemente, a responsabilidade jurídica da execução do gasto deverá ser atribuída ao ente público. A participação de particulares na execução do gasto deve observada sob o ordenamento jurídico em geral e da execução de funções públicas por delegação (PEROGORDO; ROCH, 1989).

No tocante à terceira característica, os autores admitem, também, que o gasto público seja feito em espécie ou mediante a entrega de bens como forma de pagamento. Desta forma, a natureza pecuniária não seria uma característica essencial do gasto público. Nas palavras dos autores (PEROGORDO; ROCH, 1989, p. 474):

> "Tampoco creemos que pueda ser acogida como característica la naturaleza dineraria del gasto público, ya que el empleo de fondos públicos no implica necesariamente que los recursos consistan en dinero; si se admite la possibilidade de recursos en espécie y la entrega de bienes como pago incluso de prestaciones tributarias, no puede negarse la posibilidad de que esos mismos recursos se empleen en la satisfación de las necesidades públicas".

O DIREITO DOS GASTOS PÚBLICOS NO BRASIL

2.2. Conceito legal de despesa pública

Não há, no Brasil, uma definição legal de despesa pública. O art. 218 do Regulamento para a Execução do Código de Contabilidade Pública (Anexo do Decreto nº 15.783, de 8 de novembro de 1922), já revogado, definia as despesas da União como:

> "aquelas que leis gerais e orgânicas, leis especiais, decretos do Poder Executivo, regulamentos e outros títulos legais de dívida, determinam que fiquem a cargo do Governo Federal, seja para ocorrer aos compromissos da dívida pública consolidada ou flutuante, seja para atender às necessidades dos serviços públicos criados no benefício da nação, ou acrescimento de seus bens de domínio público ou patrimonial" (ortografia ajustada).

A Lei nº 4.320/1964, que estabelece normas gerais de direito financeiro e com status de Lei Complementar, também não define o que seja despesa pública. Não obstante, a lei apresenta nos seus artigos 12 e 13 uma importante classificação da despesa pública, a classificação por categorias econômicas, cujo detalhamento ajuda a compreender a dimensão do que é a despesa orçamentária no Brasil.

2.3. Conceito de Gasto Público: uma primeira aproximação

A partir das conceituações apresentadas, é possível extrair os seguintes possíveis componentes do conceito de gasto ou despesa pública:

a) aplicação de dinheiro público;
b) realizada por uma autoridade ou ente público;
c) finalidade de atendimento de necessidades públicas;
d) dentro de uma autorização legislativa;
e) fato contábil modificativo diminutivo.

2.3.1. Aplicação de dinheiro público

A aplicação de dinheiro público é o requisito essencial do gasto público. A despeito de a lei, para fins contábeis, considerar como pertencentes ao exercício financeiro as despesas nele legalmente empenhadas (art. 35, II, Lei nº 4.320/64), é com o pagamento que a despesa se materializa.

Entretanto, para fins de contabilização e para fins de verificação de cumprimento da autorização orçamentária, consoante mandamento contido no

CONCEITO DE DESPESA OU GASTO PÚBLICO

art. 167, II, da Constituição Federal, deve-se considerar o momento do empenho, conforme a regra constante do art. 35, II, da Lei nº 4.320/1964. Para fins de responsabilização, entretanto, deve-se considerar o momento do pagamento (*vide* item 2.9.).

A aplicação de dinheiro público é, portanto, requisito fundamental do conceito de gasto público (numa visão preliminar).

Nesta oportunidade, cabe indagar o que deve ser considerado "dinheiro público" ou "recurso público financeiro".

Não são poucas as questões e dúvidas suscitadas sobre o caráter público ou não de um "dinheiro", em especial quando se trata de recursos geridos por entidades como Sindicatos, Sistema "S", Conselhos de Fiscalização Profissional[29], Organizações da Sociedade Civil de Interesse Público (OSCIPs) e as empresas estatais, muitos dos quais percebem recursos de natureza tributária, ou seja, recolhidos compulsoriamente da sociedade ou determinados grupos.

Impende ressaltar, preliminarmente, que *"o caráter público ou não de um recurso financeiro não é atributo inerente ao recurso em si"*. Os dinheiros são sempre originários do setor privado (sejam receitas originárias ou derivadas), ingressam nos cofres públicos, e tendem sempre a retornar ao setor privado. A condição de público é, portanto, uma situação temporária do recurso financeiro. Enquanto ele permanecer nesta condição de "público", a gestão destes recursos deverá sujeitar-se às normas e preceitos de direito público (GOMES, 2012).

Nem sempre a transferência de recursos públicos ao setor privado acarreta perda da qualidade de público.

Carlos Hanssen Tallar, a propósito, distingue dois tipos de transferências de recursos: aporte de recursos em administração ou transferência em virtude de título translatício de domínio (TALLAR, 2007).

Segundo o autor (TALLAR, 2007, p. 39):

> "El aporte de bienes y recursos en administración supone siempre el cumplimiento de una finalidade pública; y a través de dicha entrega el Estado encomenda al receptor, sea público o privado, el cumplimiento de um determinado objetivo. La administración de bienes y recursos implica el manejo de patri-

---

[29] Os Conselhos de Fiscalização Profissional dispõem, inclusive, de capacidade tributária ativa, sendo o sujeito ativo na cobrança das contribuições de interesse da categoria profissional.

O DIREITO DOS GASTOS PÚBLICOS NO BRASIL

> monios de afectación, adstritos a um fin determinado que se identifica com uma necesidad pública y que, em definitiva, es siempre exigible al Estado, el que delega em otro sujeto, público o privado, la satisfacción de una determinada necesidad".

No caso da transferência em razão de título translatício de domínio, os recursos ingressam no patrimônio no receptor. Deixam, portanto, de ter a qualidade de públicos, desaparecendo a obrigação de prestar contas (TALLAR, 2007).

No primeiro caso, aporte de recursos em administração, não haveria a perda do caráter público dos recursos e os responsáveis são *"cuentadantes"*, estando sujeitos ao dever de prestar contas aos órgãos de controle.

O caráter público do recurso informa que, enquanto permanecer nesta condição, a sua gestão deve atender às normas de direito público, inclusive, o dever de prestar contas a que se refere o art. 70, parágrafo único, da CF/88. Quando ele deixar esta condição de "público", tais normas deixam de incidir sobre o referido recurso e este passa a ser gerido segundo os parâmetros do setor privado.

De qualquer forma, ainda permanece a dúvida sobre como identificar, no caso concreto, se um dinheiro é público ou não.

Na prática, é possível considerar públicos os recursos financeiros, se estes estiverem sujeitos ao dever de prestar contas e ao sistema de controle interno e externo previsto nos arts. 70 a 75 da Constituição Federal. A jurisprudência dos Tribunais de Contas indica que entidades devem prestar contas e que entidades estão sujeitas à jurisdição destas Cortes.

Neste caso, há um forte indicativo de que a gestão dos recursos está sujeita às normas de direito público, tratando-se, portanto, de dinheiros públicos.

Cumpre, entretanto, salientar que o controle financeiro é decorrência do caráter público do recurso e não o contrário.

2.3.2. Agente ou autoridade pública

A aplicação de dinheiro público não é mais atribuição exclusiva de agentes públicos. Este elemento, portanto, não é essencial à definição de gasto público. O Estado pode, por exemplo, transferir recursos públicos, subvenções sociais, a entidades privadas que prestem serviços de natureza assistencial, médica ou educacional (art. 16, *caput*, Lei nº 4.320/64).

Atualmente, a Lei de Acesso à Informação (Lei nº 12.527/2011) no seu artigo 2º deixa claro que a aplicação dos recursos recebidos por entidades sem

CONCEITO DE DESPESA OU GASTO PÚBLICO

fins lucrativos, diretamente do orçamento ou mediante subvenções sociais, contrato de gestão, termo de parceria, convênios, acordo, ajustes ou instrumentos congêneres, para a realização de ações de interesse público está sujeita à mesma publicidade dos gastos realizados pelos órgãos e entidades da administração pública, o que constitui um forte indicativo de que as despesas realizadas por estas entidades, nestas condições, também são despesas públicas.

É o aporte de recursos em administração, na visão de Carlos Hanssen Tallar, uma vez que se trata de uma espécie de "delegação" à entidade privada para administrar os recursos buscando o atendimento de uma finalidade pública.

Os recursos administrados por estas entidades permanecem na condição de públicos e a despesa realizada por estes entes com tais recursos (geralmente segregados dos demais recursos do ente) é considerada despesa pública.

2.3.3. Atendimento às necessidades públicas e Autorização legislativa

Não é necessário um debate aprofundado para concluir que nem sempre o gasto público atende à coletividade, não sendo raros os escândalos de desvio de recursos para atendimento a interesses egoísticos e particulares, ou ainda, do grupo político no exercício do poder. Ademais, nem sempre a finalidade prevista na dotação orçamentária é respeitada pelo gestor público.

Mesmo que não atenda às necessidades coletivas e que não cumpra a finalidade prevista na dotação orçamentária, o gasto realizado com recursos públicos financeiros não deixa de ser "gasto público". Na linha do que expôs Héctor B. Villegas, o atendimento à necessidade pública não é pressuposto existencial da despesa pública, mas, tão somente, pressuposto de legitimidade.

2.3.4. Fato contábil modificativo diminutivo

Um último elemento é a ocorrência de um fato contábil modificativo diminutivo. Fato contábil é todo fato que altera o patrimônio da entidade (no sentido contábil), devendo ser objeto de contabilização nas contas de patrimônio ou de resultado. Os fatos contábeis podem ser permutativos, modificativos ou mistos. Fatos permutativos representam alterações nos elementos do ativo ou do passivo da entidade, sem provocar variação no patrimônio líquido. Fatos modificativos provocam alterações no patrimônio líquido da entidade, podendo ser diminutivos, quando diminuem o patrimônio da entidade, ou aumentativos, quanto aumentam o patrimônio da entidade. Fatos

O DIREITO DOS GASTOS PÚBLICOS NO BRASIL

mistos são aqueles que envolvem um fato permutativo e um fato modificativo simultaneamente.

Na contabilidade empresarial (ou privada), despesa é o gasto necessário para a obtenção de receitas, constituindo-se em fato contábil modificativo diminutivo, pois reduz o patrimônio líquido da entidade.

Na contabilidade pública, por seu turno, admite-se a existência de despesas que constituem fatos permutativos, ou seja, que não alteram o patrimônio líquido da entidade, tais como, a maior parte das despesas de capital, definidas nos arts. 12 e 13 da Lei nº 4.320/64. Neste ramo da contabilidade, faz-se a distinção entre despesas efetivas e não efetivas. No primeiro caso, constituir-se-iam de fatos modificativos diminutivos e no segundo, de fatos permutativos.

Conforme ensina Francisco Glauber Lima Mota (MOTA, 2003, p. 128):

> "Há necessidade de se distinguir a despesa orçamentária efetiva das demais (não efetivas). As despesas efetivas são aquelas em que podemos identificar um desembolso financeiro ou assunção de obrigações financeiras sem a correspondente incorporação de elementos ativos ou desincorporação de elementos passivos. São caracterizadas, portanto, pela diminuição na situação líquida patrimonial, como é o caso de despesas com pessoal e encargos sociais, serviços de terceiros, etc. As despesas não efetivas sempre ocorrem por mutação patrimonial, ou seja, a situação líquida não se altera, como, por exemplo, a despesa com aquisição de material de consumo, material permanente, despesa de concessão de empréstimos a terceiros, etc. Nesses casos, o patrimônio líquido não sofre alteração porque na realidade ocorre apenas uma troca de elementos patrimoniais, sendo portanto oriunda de fatos permutativos".

A partir desta constatação, a diminuição no patrimônio líquido da entidade não pode integrar, como requisito essencial, os elementos da definição de despesa ou gasto público[30].

Isso posto, é preferível adotar a seguinte definição preliminar: *gasto público é toda aplicação de recursos financeiros públicos.*

---

[30] Impactar negativamente o resultado não é condição necessária para a operação ser considerada despesa, ante ao disposto nos artigos 12 e 13 da Lei nº 4.320/1964. Isso não quer dizer que transações que afetem negativamente o resultado do Estado não possam ser incluídas sob o conceito de gasto público, como será observado no item 2.7.

CONCEITO DE DESPESA OU GASTO PÚBLICO

2.4. Gasto Público em sentido agregado e no sentido individual

Aliomar Baleeiro, no seu conceito de despesa pública (item 2.1.), destacou dois aspectos do gasto público: um aspecto global, agregado ou macro e um aspecto micro, individual ou específico. No primeiro caso, despesa pública é o "conjunto de dispêndios", no segundo, "a aplicação de uma certa quantia".

Esta distinção é de fundamental importância no cenário atual, especialmente após a Lei de Responsabilidade Fiscal, em que se fortaleceram as normas para disciplinar o gasto público no seu aspecto agregado ou consolidado, tais como, as que estabelecem limitações às despesas de pessoal.

No primeiro caso, pode-se falar de uma legalidade global ou agregada, pois existem normas que disciplinam o montante total da despesa de pessoal da administração pública, tais como, o art. 169, *caput*, da CF/88 e os artigos 19 e 20 da Lei de Responsabilidade Fiscal. Existem normas, também, que obrigam o Estado a gastar um determinado volume de recursos, consistindo de um conjunto de despesas individuais, em determinadas áreas, tais como, a obrigatoriedade da União gastar, no mínimo, 18% e os Estados, Distrito Federal e Municípios 25% das receitas provenientes de impostos, incluídas as transferências, na manutenção e desenvolvimento do ensino (art. 212, *caput*, da CF/88).

No segundo caso, existem diversas normas que regulam a aplicação de certa quantia de recursos públicos, tais como, as relativas ao procedimento de execução da despesa orçamentária (Lei 4.320/64).

2.5. Aspecto Subjetivo: gasto público em sentido estrito e em sentido amplo

Nessa obra, defende-se a existência de regimes diferenciados para os gastos públicos com base na instituição que realiza o gasto (aspecto subjetivo), mas submetidos a um conjunto comum de princípios constitucionais, tais como, os princípios da legalidade, legitimidade, economicidade, os princípios da administração pública, dentre outros. O tema é tratado com mais detalhe no capítulo 5.

Diante disso, sob o ponto de vista subjetivo, propõe-se um conceito de gasto público em sentido amplo e um em sentido estrito.

O gasto público em sentido estrito abrange apenas os gastos realizados pela administração direta, autárquica e fundacional, bem como pelas empresas estatais dependentes, os quais integram os orçamentos fiscais e da segu-ridade social da lei orçamentária anual (art. 165, § 5º, incisos I e III, da CF/88).

O gasto público em sentido amplo abrange também o gasto realizado por entidades de direito público ou privado não integrantes do orçamento fiscal ou da seguridade social e que gravitam em torno da administração pública centralizada. Dentre estas entidades, podemos citar as empresas estatais não dependentes, os conselhos de fiscalização profissional, as entidades do sis-tema "S", fundações de apoio de universidades públicas e entidades privadas que recebem recursos públicos mediante convênios, contratos de repasse e termos de parceria, visando a execução de programas e serviços em parceria com o poder público.

No sentido amplo, o gasto público abarca das despesas realizadas pelos órgãos e entidades, públicos ou privados, que estão sujeitas ao controle finan-ceiro, ainda que não estejam sujeitas à legalidade orçamentária. Como foi mencionado no item 2.3.1., a sujeição ao controle é um indicativo de que os recursos geridos por estas organizações são de natureza pública e, portanto, sujeitas às normas de direito público, tais como, o dever de prestar contas (art. 70, parágrafo único, CF/88).

2.6. Aspecto material: gasto público em sentido estrito e em sentido amplo

No conceito preliminar, considera-se despesa pública todo desembolso de recursos públicos financeiros. Sob o aspecto subjetivo, vislumbrou-se o gasto público *stricto sensu*, aquele restrito aos órgãos e entidades públicas integrantes do orçamento fiscal e da seguridade social na lei orçamentária anual, e o gasto público *lato sensu* também aquele realizado por entidades paraestatais, enti-dades privadas que gerem recursos públicos, dentre outras entidades que gra-vitam em torno da administração centralizada.

Também sob o aspecto material, ou seja, quanto às diversas espécies de operações realizadas, é possível visualizar um conceito de gasto público em sentido amplo e um conceito em sentido estrito.

Sob o aspecto material, gasto público em sentido amplo é todo desembolso de recursos financeiros e abrange, também, os gastos atípicos, conforme ensi-nam e Érica Diniz e José Roberto Afonso (DINIZ; AFONSO, 2014, p. 2):

> "Formas atípicas de gastos públicos ocorrem quando o governo renuncia a um tributo, oferecendo isenção ou reduzindo o ônus por meio de um incen-tivo; quando deixa de cobrar, em um empréstimo, os juros e os encargos equi-

CONCEITO DE DESPESA OU GASTO PÚBLICO

valentes àqueles que paga ao se endividar. Ou quando assume um encargo que caberia a terceiro, por meio de subsídio. Essas diferentes formas de benefícios concedidos pelo governo, quase sempre, não constam do orçamento tradicional – especialmente nos casos em que envolvem a receita, pois se deixa de arrecadar um imposto, uma contribuição, ou mesmo a receita financeira".

Um conceito amplo, portanto, também deve abranger o chamado "gasto tributário" ou renúncias de receitas (*tax expenditures* em inglês, ou "despesa fiscal", em Portugal). Apesar de não se tratar propriamente de um desembolso, o gasto tributário pode ser considerado, por ficção, como duas operações seguidas: um ingresso e um desembolso no mesmo montante em relação ao sujeito passivo da obrigação tributária (item 2.7.2.).

Também deve abranger os benefícios creditícios que correspondem à diferença entre o que o custo de captação dos recursos pelo Governo e a remuneração que o Governo tem emprestando estes recursos (item 2.7.2.).

As renúncias de receitas e os benefícios creditícios assumem, atualmente, uma grande importância na implementação de políticas e programas públicos. Por isso, como quaisquer outras atividades governamentais, devem ser submetidas aos princípios da legalidade, legitimidade, isonomia, moralidade, impessoalidade, dentre outros, e ao controle financeiro do Tribunal de Contas.

Um conceito amplo de gasto público abrange, portanto, as despesas *off--budget* (item 2.7.).

Em sentido estrito, só serão consideradas despesas públicas as despesas orçamentárias, conforme relacionadas nos artigos 12 e 13 da Lei 4.320/64:

DESPESAS CORRENTES
    Despesas de Custeio
    Pessoa Civil
    Pessoal Militar
    Material de Consumo
    Serviços de Terceiros
    Encargos Diversos
    Transferências Correntes
    Subvenções Sociais
    Subvenções Econômicas
    Inativos
    Pensionistas
    Salário Família e Abono Familiar

O DIREITO DOS GASTOS PÚBLICOS NO BRASIL

Juros da Dívida Pública
Contribuições de Previdência Social
Diversas Transferências Correntes.

DESPESAS DE CAPITAL
Investimentos
Obras Públicas
Serviços em Regime de Programação Especial
Equipamentos e Instalações
Material Permanente
Participação em Constituição ou Aumento de Capital de Emprêsas ou
Entidades Industriais ou Agrícolas
Inversões Financeiras
Aquisição de Imóveis
Participação em Constituição ou Aumento de Capital de Emprêsas ou
Entidades Comerciais ou Financeiras
Aquisição de Títulos Representativos de Capital de Emprêsa em Funcionamento
Constituição de Fundos Rotativos
Concessão de Empréstimos
Diversas Inversões Financeiras
Transferências de Capital
Amortização da Dívida Pública
Auxílios para Obras Públicas
Auxílios para Equipamentos e Instalações
Auxílios para Inversões Financeiras
Outras Contribuições.

2.7. *Off-budget Expenditures*[31]

A existência de transações financeiras realizadas pelo Estado, pelas agências oficiais de fomento e pelas empresas estatais que não são levadas em conta

---

[31] A utilização da expressão "despesas extra-orçamentárias" deve ser evitada para que não se confunda com o conceito muito utilizado na Contabilidade Pública. Na Contabilidade Governamental, a expressão é utilizada para designar aqueles desembolsos que independem de auto-

pelo orçamento ou pela contabilidade pública nos leva a repensar o conceito de gasto público, especialmente, se considerarmos a materialidade (volume) das referidas operações[32].

O seu tratamento em conjunto com a despesa orçamentária se justifica, primeiramente, pela possibilidade de impacto nas finanças públicas[33], em especial, na receita e na dívida públicas.

Em segundo lugar, tanto as despesas orçamentárias, quando as *"off--budget expenditures"* são instrumentos de políticas ou programas públicos (capítulo 3).

Além disso, há um conjunto de princípios constitucionais que se aplicam igualmente a estas operações, tais como, os previstos nos arts. 37, *caput*, e 70, *caput*, ambos, da CF/88. A propósito, as renúncias de receitas submetem-se ao mesmo sistema de controle financeiro aplicável às subvenções e demais gastos do Estado (art. 70, *caput*, CF/88).

Ressalte-se que a maior preocupação dos juristas e economistas quanto às *"off-budget expenditures"* diz respeito à transparência e ao controle parlamentar, motivo pelo qual pregam a sua incorporação ao processo legislativo orçamentário.

Em inglês, estas operações são chamadas *"off-budget expenditures"*. Em Portugal, estas operações fazem parte do fenômeno chamado de *"desorçamentação"*.

Allen Schick aponta que os orçamentos públicos, na maioria dos países, excluem certas atividades governamentais. As *"off-budget expenditures"* abran-

---

rização orçamentária, tais como, a restituição de "receitas" ou ingressos extra-orçamentários (fianças, cauções, imposto de renda retido na fonte, etc.) ou ainda as retenções a pagar feitas pelo Estado. Estes desembolsos são apenas movimentos de caixa, não podendo ser considerados despesas propriamente ditas.

[32] O Relatório e Parecer Prévio sobre as Contas do Governo da República – Exercício de 2013 aponta, por exemplo, que o volume estimado de renúncia de receitas tributárias e previdenciárias cresceu 88% no período de 2009 a 2013, passando de 116 para 218 bilhões de reais. O documento salienta, ainda, que, no período entre 2010 a 2013, enquanto a carga tributária federal permaneceu aproximadamente constante em torno de 24% do PIB, o volume de renúncias de receitas tributárias e previdenciárias federais cresceu de 3,60% para 4,51% do PIB.

[33] Este impacto fiscal ocorre por intermédio da receita pública (redução) ou da dívida pública (aumento), por exemplo, e não pela despesa propriamente dita.

O DIREITO DOS GASTOS PÚBLICOS NO BRASIL

gem, dentre outras operações, o gasto tributário (*tax expenditures*), os empréstimos (diretos ou garantidos), a imposição de custos privados a particulares (regulação) ou, ainda, os gastos diretos realizados por entidades que estão excluídas do orçamento público, como é o caso das empresas estatais (SCHICK, 2007).

Segundo o autor (SCHICK, 2007)[34]:

> "As 'off-budget expenditures' podem se aplicar aos gastos diretos dos Ministérios, mas elas se aplicam mais provavelmente às transações especiais, tais como, as atividades de empresas estatais, ao crédito fornecido ou garantido pelo Governo ou a subsídios canalizados por meio do sistema tributário. Devido às suas características especiais, estes tipos de atividades são frequentemente excluídas das contas regulares" (tradução livre).

A desorçamentação é exceção ao princípio ou regra da plenitude orçamental (unidade e universalidade), que prega que o orçamento deve ser único e nele devem estar contidas todas as receitas e as despesas do Estado.

Vitor Bento discorre sobre o fenômeno da desorçamentação em Portugal. Bento cita o exemplo da constituição de empresas públicas que se destinam a prosseguir uma atividade de política social do Governo ou à construção de infraestruturas públicas. Afirma o autor que as condições que são proporcionadas a estas empresas nunca lhes permitirão ser autossuficientes financeiramente e elas apenas conseguem funcionar com sistemático recurso ao endividamento, que só poderá vir a ser pago algum dia, diretamente pelo Estado (BENTO, 2000).

Segundo o autor, para atender aos requisitos de transparência, basta que o endividamento destas empresas seja limitado e que os seus déficits de funcionamento sejam coberto por transferências do orçamento público (BENTO, 2000).

Vitor Bento esclarece que a exclusão do orçamento das operações realizadas pelo setor empresarial do estado tem por fundamento **a expectativa**

---

[34] "Off-budget expenditures can apply to direct spending by government ministries, but they are more likely to envolve special transactions such as activities of public enterprises, credit provided or guaranteed by government, or subsidies channelled through the tax system. Because of their special characteristics, these types of activities are often excluded from the regular accounts".

CONCEITO DE DESPESA OU GASTO PÚBLICO

razoável de autossuficiência financeira. Nas palavras do autor (BENTO, 2000, p. 26),

> "a legitimidade desta exclusão só se verifica quando haja todas as razões para crer que as referidas entidades são verdadeiramente auto-suficientes e não constituem um encargo, actual ou prospectivo, para os contribuintes".

Para Allen Schick, a questão das *"off-budget expenditures"* está relacionada às transformações do setor público. Inicialmente, as despesas eram realizadas por um processo de dois estágios: o parlamento aprova as dotações orçamentárias para os órgãos/entidades públicas, e, então, estes aplicavam estes recursos nas suas próprias operações. Nesta época, o orçamento cobria toda a atividade financeira do Estado (SCHICK, 2007).

Segundo o autor, este modelo não mais prevalece. Atualmente, o governo opera principalmente por meio de "transferências" a terceiros. A maior parte dos recursos é destinada para contratados, empresas, governos subnacionais e os receptores de transferências pessoais. No lugar de um processo de dois estágios, existe atualmente um terceiro estágio, no qual os recursos são desembolsados para parceiros à margem do governo (SCHICK, 2007).

Ao oferecer incentivos financeiros, os governos buscam atingir objetivos públicos por meio de ações privadas. Nesta situação, os custos sociais não são diferentes daqueles nos quais os recursos públicos são gastos diretamente pela administração pública. Portanto, **os itens constantes do orçamento não mais apresentam uma figura completa dos custos impostos à sociedade pelo governo** (SCHICK, 2007).

2.7.1. Gasto Tributário

O objetivo deste capítulo é definir o conceito de gasto público como base para o estudo do ordenamento jurídico que disciplina este objeto definido. Foi adotado um conceito amplo de gasto público, seja do ponto de vista subjetivo, seja do ponto de vista material (que inclui os gastos tributários).

A relevância do tema dos gastos tributários para as finanças públicas decorre do fato de estes representarem um empobrecimento do Estado, mediante a diminuição, total ou parcial, dos tributos que deveriam ser pagos, em benefício do contribuinte, produzindo o mesmo efeito financeiro das despesas públicas, mais propriamente das subvenções (HENRIQUES, 2010).

Ademais, da mesma forma que as despesas públicas propriamente ditas, **os gastos tributários são usados como ferramentas de políticas públicas,**

buscando atingir objetivos como estimular o consumo de bens meritórios ou incentivar os investimentos em determinados setores ou regiões (VILLELA; LEMGRUBER; JORRATT, 2009).

O conceito surgiu inicialmente nos Estados Unidos com os estudos de Stanley S. Surrey na Secretaria do Tesouro (*Department of the Treasury*), tendo como pano de fundo a precária situação financeira do Governo Americano em setembro de 1967, que consistia de um déficit orçamentário crítico e de um aumento da inflação (HENRIQUES, 2010). Stanley S. Surrey foi também quem cunhou a expressão *"tax expenditures"* (gastos tributários) para designar as reduções de receita pública causadas pelos benefícios fiscais (HENRIQUES, 2010).

Élcio Fiori Henriques faz distinção entre os conceitos de benefício fiscal e gasto tributário. Benefício fiscal estaria relacionado às normas que *"determinam, por meio de uma variedade de mecanismos, um tratamento tributário menos gravoso para os contribuintes beneficiados, acarretando um recolhimento menor de tributos"*. O gasto tributário seria, tão somente, o *"enunciado quantitativo dos efeitos financeiros acarretados"* pelos benefícios fiscais. Segundo o autor, gasto tributário é *"o enunciado quantitativo, de caráter estritamente orçamentário, do valor estimado da redução de receita pública ocasionada por um benefício fiscal em um determinado intervalo de tempo"* (HENRIQUES, 2010, p. 62).

Nesta obra, entretanto, utiliza-se indistintamente as expressões "renúncia de receitas", "benefícios fiscais", "gasto tributário" ou "despesa fiscal" para designar o mesmo instituto jurídico.

Segundo Luiz Villela et. al., a OCDE define os gastos tributários como uma *"transferência de recursos públicos llevada a cabo mediante la reducción de las obligaciones tributárias con respecto a um impuesto de referencia (benchmark)"* (VILLELA; LEMGRUBER; JORRATT, 2009, p. 5).

Alguns países agregam à definição anterior outras características, ou seja, requisitos adicionais na definição de gasto tributário (VILLELA; LEMGRUBER; JORRATT, 2009):

a) as concessões tributárias devem beneficiar uma indústria, atividade ou classe de contribuintes em particular;

b) devem servir a um propósito particular que seja facilmente identificável com um objetivo que possa ser levado a cabo em forma alternativa com outros instrumentos;

c) o imposto em questão deve ser bastante amplo para que haja um imposto de referência contra o qual medir o valor da concessão;

CONCEITO DE DESPESA OU GASTO PÚBLICO

d) a mudança do sistema tributário para eliminar o gasto tributário, se necessário, deve ser administrativamente factível;

e) no sistema tributário não deve haver outras disposições que compensem com folga os benefícios do gasto tributário.

Na prática, há grande dificuldade na determinação e quantificação dos gastos tributários e os conceitos não são uniformes entre os diferentes países.

Élcio Fiori Henriques aponta três critérios básicos para a identificação dos gastos tributários: critério finalístico, critério pragmático e critério jurídico-formal (HENRIQUES, 2010).

Segundo o critério finalístico, *"os benefícios fiscais seriam diferenciados pelo seu objetivo, o qual seria induzir determinado comportamento, em contrapartida às normas que buscariam tão somente a arrecadação tributária"* (HENRIQUES, 2010).

O critério pragmático, por sua vez, busca identificar o efeito indutor objetivado pela lei. Este critério tem origem na insatisfação de Klaus Vogel em relação aos critérios finalísticos. Segundo Vogel, qualquer norma relativa a tributos possui função de arrecadar, podendo, ao mesmo tempo, ter outras funções, tais como, a função de distribuir a carga tributária, a função simplificadora e a função indutora. A existência deste efeito indutor, na concepção da norma, é o que determina a existência de um benefício fiscal (HENRIQUES, 2010).

Segundo o critério jurídico-formal, o benefício fiscal é identificado com base nas derrogações às regras normais de tributação (*benchmark*) que atribuam alguma vantagem discriminada ao contribuinte. Trata-se de uma análise estritamente formal da norma de incidência tributária (HENRIQUES, 2010).

É este o critério utilizado pelo direito brasileiro para a identificação dos gastos tributários, conforme revela o art. 14, § 1º, da Lei Complementar nº 101/2000:

> "Art. 14 (...)
>
> § 1º A renúncia [de receitas] compreende anistia, remissão, subsídio, crédito presumido, concessão de isenção em caráter não geral, alteração de alíquota ou modificação de base de cálculo que implique redução discriminada de tributos ou contribuições, e outros benefícios que correspondam a tratamento diferenciado".

Feitas estas considerações, cabe identificar, nesta etapa conceitual, quais seriam as espécies de benefícios fiscais no direito brasileiro. A seguir, transcrevemos o entendimento de Élcio Fiori Henriques (HENRIQUES, 2010), ressaltando que tal abordagem não é única, podendo haver divergência entre os autores.

Em primeiro lugar, existem as "concessões tributárias estruturais" que correspondem ao tratamento tributário diferenciado decorrente de imunidades e às reduções de tributos veiculadas por Leis Complementares, Resoluções do Senado Federal e acordos internacionais. Segundo Henriques, tais concessões não geram benefícios fiscais ou gastos tributários, uma vez que as normas que instituem o tratamento diferenciado atuam em plano distinto do da regra de imposição tributária, a qual já nasce limitada por elas (HENRIQUES, 2010).

Por sua vez, a isenção, a não incidência e a alíquota zero, uma vez instituídas de modo restrito, constituem benefícios fiscais, ocasionando o aparecimento de gastos tributários. Da mesma forma, a redução de base de cálculo ou de alíquota constituem benefícios fiscais quando implicam redução discriminada de tributos. Nada obstante, a discriminação de alíquotas em cumprimento aos mandamentos da seletividade e progressividade não geram o aparecimento dos gastos tributários, uma vez que fazem parte da própria estrutura constitucional de incidência do tributo (HENRIQUES, 2010).

Os créditos presumidos, as anistias e a remissão constituem em qualquer caso, benefício fiscal passível de gerar gastos tributários (HENRIQUES, 2010).

Os diferimentos, a concessão de moratória ou parcelamento, as depreciações aceleradas e a concessão de prazos mais favorecidos podem se enquadrar no conceito de benefício fiscal e podem gerar gastos tributários, quando se considere o custo de oportunidade e a inflação (HENRIQUES, 2010).

Por fim, a restituição de tributos não se enquadraria no conceito de benefício fiscal, em razão de os recursos já se integrarem ao patrimônio público. Trata-se de uma espécie de *"desembolso extra-orçamentário"*, segundo define a Contabilidade Pública.

2.7.2. Benefícios Creditícios ou Benefícios de Natureza Creditícia

A expressão "benefícios creditícios" ou "benefícios de natureza creditícia" deriva do disposto no art. 165, § 6º, da Constituição Federal, segundo a qual,

> "O projeto de lei orçamentária será acompanhado de demonstrativo regionalizado do efeito, sobre as receitas e despesas, decorrente de isenções, anistias, remissões, subsídios e benefícios de natureza financeira, tributária e creditícia".

CONCEITO DE DESPESA OU GASTO PÚBLICO

Desde 1991, a Secretaria da Receita Federal vinha cumprindo o referido mandamento constitucional no tocante aos benefícios tributários, por meio do Demonstrativo de Benefícios Tributários – DBT. Entretanto, demonstrativo de benefícios de natureza financeira e creditícia só passou a ser elaborados após a Decisão TCU nº 523/2001 – Plenário, que determinou ao Ministério do Planejamento, Orçamento e Gestão – MPOG a adoção de providências para o cumprimento do mandamento constitucional com relação a estas classes de subsídios[35].

A Secretaria de Política Econômica – SPE, do Ministério da Fazenda, elaborou, então, o documento chamado *"Orçamento de Renúncias Fiscais e Subsídios da União"*, que foi dividido em duas partes distintas: na primeira constando os subsídios explícitos, alocados no orçamento e na segunda constando os subsídios implícitos.

A partir daí, os primeiros (subsídios explícitos) foram denominados *"benefícios financeiros"* e os segundos *"benefícios creditícios"* (subsídios implícitos).

Consoante esclarece o Relatório do Acórdão TCU nº 1.718/2005 – Plenário, os benefícios ou subsídios financeiros são:

> "os desembolsos efetivos realizados por meio das equalizações de juros e preços, bem como a assunção das dívidas decorrentes de saldos de obrigações de responsabilidade do Tesouro Nacional, cujos valores constam do orçamento da união, motivo pelo qual definem-se como subsídios explícitos ou diretos; são também designados, na legislação (*vide, e.g.*, Lei 4.320/1964), subvenções econômicas".

Por sua vez, os benefícios ou subsídios creditícios são[36]:

> "os gastos decorrentes de programas oficiais de crédito que oferecem condições mais acessíveis para os tomadores de empréstimo que os recursos oferecidos no mercado financeiro, também denominados subsídios implícitos ou indiretos, em função de não constarem no Orçamento Geral da União, embora **se ressalte o aspecto de que os recursos do Tesouro a eles alocados têm taxa de retorno inferior ao seu custo de captação (ou seja, há um custo sendo suportado)**" (grifo nosso).

---

[35] Cf. Relatório do Acórdão TCU nº 1.718/2005 – Plenário.
[36] Cf. Relatório do Acórdão TCU nº 1.718/2005 – Plenário.

O DIREITO DOS GASTOS PÚBLICOS NO BRASIL

Interessa-nos aqui os benefícios creditícios, uma vez que não constam do orçamento público, sendo considerados *"off-budget expenditures"*. Os benefícios financeiros são despesas orçamentárias da espécie subvenções econômicas.

Dentre os programas de incentivo que geram benefícios creditícios, o Acórdão nº 1.718/2005 – Plenário cita: o Fundo para o Desenvolvimento Regional com Recursos da Desestatização – FRD, Fundo da Marinha Mercante – FMM, Fundo Nacional de Desenvolvimento – FND; Fundo de Terras e da Reforma Agrária – Banco da Terra; Fundo de Amparo ao Trabalhador – FAT; Fundos Constitucionais Regionais (FCO, FNO e FNE) e o Fundo de Financiamento ao Estudante do Ensino Superior – FIES.

Nos Estados Unidos, fala-se em *federal credit subsidies*, que abrange as diversas situações em que os mutuários obtém recursos de uma forma mais vantajosa do que receberiam no mercado privado. Nesta linha, o *Office of Management and Budget* – OMB define os subsídios decorrentes dos empréstimos diretos como sendo uma das seguintes situações (BICKLEY, 2006):

a) taxas de juros abaixo dos níveis comerciais;
b) prazos de maturação mais longos que os empréstimos totalmente privados;
c) diferimento de juros (*deferral of interest*);
d) concessão de períodos de carência (*grace periods*);
e) renúncia ou redução de taxas de empréstimo;
f) quantia de empréstimo em relação ao valor da empresa superior ao empréstimo totalmente privado;
g) disponibilização de recursos para propósitos para os quais o setor privado não iria emprestar, sob quaisquer taxas de juros ou sob quaisquer termos.

Conforme ressalta Allen Schick, quando os governos despendiam recursos públicos somente (ou predominantemente) nas suas próprias operações, **o déficit orçamentário (ou o superávit) era uma medida precisa da participação do Estado no mercado de crédito**. Durante os anos 1960 e 1970, os empréstimos governamentais passaram a ser o maior meio de assistência para vários grupos: empréstimos para empresas públicas e privadas, governos subnacionais, proprietários de imóveis, etc. Eles também podem garantir empréstimos privados e compram e vendem instrumentos de dívida, tais como, hipotecas, debentures e notas promissórias. Uma vez que estas transações são frequentemente excluídas do orçamento público, este tende a não

CONCEITO DE DESPESA OU GASTO PÚBLICO

mais representar adequadamente o impacto do governo na atividade econômica e na alocação de recursos (SCHICK, 2007)[37].

Tanto os empréstimos diretos (*direct loans*), quanto os empréstimos garantidos (*guarantee loans*), geram custos ou impactos fiscais que não aparecem no orçamento público, mas podem aparecer na dívida pública.

De forma geral, os custos dos empréstimos diretos estão relacionados à diferença entre o custo de captação dos recursos e a taxa de remuneração do empréstimo, conforme consta da própria definição de benefícios creditícios.

Segundo Allen Schick, o custo de um empréstimo direto depende dos termos sob os quais o empréstimo é feito. Quando o empréstimo é realizado sob uma taxa de juros inferior ao custo de captação, o governo provê um subsídio que deverá ser pago, atual ou posteriormente, pelos contribuintes. Mesmo quando a taxa de juros do empréstimo for igual à taxa de captação dos recursos, o governo pode ter que vir a pagar taxas de juros maiores, inclusive para financiar seu déficit (SCHICK, 2007).

Schick exemplifica que, se um governo tem US$ 25 bilhões de déficit, mas tem que emprestar US$ 50 bilhões para financiar tanto o déficit quanto os empréstimos que está realizando, ele provavelmente terá que pagar taxas de juros superiores às que pagaria se somente fizesse empréstimos para atender as próprias necessidades de financiamento, ou seja, US$ 25 bilhões (SCHICK, 2007).

Ademais, Schick aponta que as taxas de juros dos empréstimos governamentais não são padronizadas e estão mais relacionadas ao poder político dos beneficiários e à importância do programa de crédito para o governo (SCHICK, 2007, p. 19):

> "Taxas de juros em empréstimos governamentais não são usualmente padronizadas. A taxa de juros em empréstimos diretos é mais frequentemente determinada pela quantidade de assistência a ser fornecida aos beneficiários do que pelo custo do dinheiro para o governo. É comum para os governos conceder empréstimos a taxas inferiores ao seu custo de captação. A taxa de juros

---

[37] Allen Schick explica que a falha dos orçamentos públicos em retratar completamente as atividades creditícias é parcialmente devida ao fato de os orçamentos serem, inicialmente, considerados "financial statements" ao invés de expressões da política econômica do Governo.

pode ser vista como uma medida do poder político do beneficiário e da importância atribuída ao programa pelo Governo" (tradução livre).[38]

No Brasil, o exemplo clássico de benefícios creditícios envolve a relação entre o Tesouro Nacional e o Banco Nacional de Desenvolvimento Econômico e Social (BNDES).

Mansueto Almeida, economista do IPEA, aponta que em 2011 o custo dos empréstimos do Tesouro Nacional ao BNDES foi de R$ 22,8 bilhões (R$ 19,2 bilhões para o diferencial de juros e de R$ 3,6 bilhões para o custo orçamentário do PSI). Em 2008, este custo não existia. Foi a partir da crise de 2008 que o Tesouro Nacional passou a fazer significativos empréstimos ao BNDES[39].

Segundo o autor[40]:

> "A taxa de juros que o Tesouro Nacional paga para se endividar (SELIC ou NTN-F que são títulos mais longo e que melhor representaria o custo de oportunidade do Tesouro no seu relacionamento com o BNDES) é maior do que a taxa de juros que cobra pelos empréstimos ao BNDES e, assim, essas **operações têm um custo fiscal que aparece no crescimento da dívida bruta e, ao longo do tempo, no crescimento da dívida liquida do setor público. Esse é o custo financeiro**" (grifo nosso).

Além deste custo financeiro, há o custo orçamentário relativo ao Programa de Sustentação do Investimento (PSI)[41]:

> "Há ainda um segundo custo fiscal, representado pelo tabelamento das taxas de juros finais aos mutuários no âmbito do Programa de Sustentação

---

[38] "Interest rates on government loans are usually not standardised. Interest on direct loans is more often determined by the amount of assistance to be provided borrowers than by the cost of money to government. It is common for governments to charge concessional rates below their own borrowing costs. The interest rate can be regarded as a measure of the borrower's political power and of the value attached to the programme by government".

[39] Cf. Blog do Mansueto. http://goo.gl/xUcwU2.

[40] Cf. Blog do Mansueto. http://goo.gl/xUcwU2.

[41] O PSI, criado em 2009, tem por objetivo estimular a produção, aquisição e exportação de bens de capital e inovação tecnológica. Abrange os seguintes subprogramas: PSI – Bens de Capital; PSI – Inovação e Máquinas e Equipamentos, PSI – Exportação Pré-embarquee PSI – Projetos Transformadores (fonte: http://www.bndes.gov.br/apoio/psi).

CONCEITO DE DESPESA OU GASTO PÚBLICO

do Investimento (PSI). Esse custo funciona da mesma forma que os subsídios ao crédito agrícola. O Tesouro Nacional tabela a taxa de juros para o mutuário, e cobre os custos de spread para os bancos privados. Esse segundo custo é uma despesa primária que reduz o superávit primário. Esse é o custo orçamentário"[42].

Este custo orçamentário, em princípio, não deveria ser considerado uma despesa *"off-budget"*, uma vez que é custeado por dotações orçamentárias relativas às equalizações de juros (subvenções econômicas). Entretanto, com o advento da Portaria MF nº 357, de 15/10/2012, as despesas com as equalizações de juros do PSI só passaram a ser reconhecidas após decorridos 24 meses do término de cada semestre de apuração. Desta forma, esta despesa de equalização de juros deixou de ser apropriada no exercício financeiro de competência, não mais podendo ser considerada uma despesa orçamentária.

Thiago Rabelo Pereira, Adriano Simões e André Carvalhal[43] estudaram a concessão de empréstimos realizados pelo Tesouro ao BNDES no período de janeiro de 2009 a julho de 2010. Segundo os autores, neste período, o BNDES recebeu aportes em títulos públicos no montante de R$ 180 bilhões. Estes empréstimos teriam equacionado as necessidades do *funding* do sistema BNDES, permitindo ao banco dar sustentação ao crescimento do orçamento de investimentos e viabilizar a sua atuação anticíclica no contexto de aprofundamento da crise externa, garantindo o suporte à retomada robusta da atividade e à formação bruta de capital ao fim de 2009 e ao longo de 2010 (PEREIRA; SIMÕES; CARVALHAL, 2011).

Em princípio, haveria um custo fiscal direto na realização de tais empréstimos ao BNDES, uma vez que eles possuem custo indexado majoritariamente à taxa de juros de longo prazo (TJLP), havendo um subsídio igual à diferença entre o custo de financiamento da União no mercado (taxa SELIC) e a TJLP. À época, a SELIC estava em torno de 10,75% a.a., a TJLP estava a 6% a.a., fazendo com que o subsídio estivesse na faixa de 4,75% a.a., calculado com base na diferença entre as taxas de juros (PEREIRA; SIMÕES; CARVALHAL, 2011).

---

[42] Cf. Blog do Mansueto. http://goo.gl/xUcwU2.

[43] Os autores são ocupantes de cargo de chefia e direção no BNDES.

O DIREITO DOS GASTOS PÚBLICOS NO BRASIL

Os autores, entretanto, sustentam que haveria também ganhos fiscais resultantes das operações viabilizados pelo empréstimo da União. Dentre estes benefícios, destacam-se (PEREIRA; SIMÕES; CARVALHAL, 2011).

a) o lucro do BNDES com essas operações, que retorna à União através e dividendos, tributos e lucros retidos;
b) ganho fiscal de curto prazo, decorrente da expansão do produto e da renda da economia propiciada pela expansão dos investimentos viabilizados pelo empréstimo da União;
c) ganho fiscal de longo prazo, resultante do fato de que a capacidade produtiva da economia seria maior nos próximos anos, viabilizando maior crescimento da demanda sem pressionar inflação, um maior Produto Interno Bruto (PIB) no longo prazo e uma arrecadação fiscal mais elevada.

Os autores chegam à conclusão que a operação de empréstimo do Tesouro ao BNDES importaria num custo direto de R$ 50,6 bilhões, que seria compensado por aumentos de receita da ordem de R$ 151,8 bilhões, ambos em valor presente, resultando num ganho fiscal líquido de aproximadamente R$ 100 bilhões (PEREIRA; SIMÕES; CARVALHAL, 2011).

Os benefícios de longo prazo apontados pelos autores são muito mais incertos que os custos financeiros relativos ao diferencial de juros. Ademais, os benefícios dependem da boa e regular aplicação dos recursos pelo BNDES. Caso este realize operações de crédito para investimentos que não se revelem economicamente viáveis, sem as garantias devidas, ou, por exemplo, com base em critérios políticos exclusivamente, é bem provável que os supostos benefícios não venham a se concretizar.

A questão dos dividendos pagos pelos Bancos Públicos e Estatais ao Tesouro Nacional tem sido alvo de severas críticas dos economistas por fazer parte da "contabilidade criativa" do Governo Federal. Os dividendos estariam sendo antecipados com vistas a aumentar artificialmente o superávit primário para permitir o cumprimento das metas fiscais[44].

---

[44] O ex-Ministro da Fazenda Maílson da Nóbrega chegou a ironizar a situação propondo a concessão do Prêmio IgNobel de Contabilidade Criativa ao Governo, tendo em vista que foi capaz de extrair dividendos de uma operação que dá prejuízo. Nas palavras do autor: "No Brasil, alguém poderia sugerir a concessão do Prêmio Ig Nobel aos governos (...) por sua descoberta

CONCEITO DE DESPESA OU GASTO PÚBLICO

A expansão do produto e do investimento acarretando um ganho fiscal de curto prazo também poderia se dar mediante despesas orçamentárias, o que não é, portanto, um diferencial ou vantagem deste tipo de operação com o BNDES.

No longo prazo, o aumento da dívida pública e o uso de estratégias de "contabilidade criativa", como as mencionadas, podem afetar o investimento e, portanto, a perspectiva de crescimento do país.

Deve ser ressaltado que o Tesouro não está emprestando recursos de que dispõe. Está aumentando a dívida pública bruta, emitindo títulos da dívida pública para realizar tais operações o que implica dizer que o Tesouro possivelmente terá que pagar taxas de juros mais elevadas do que se não estivesse fazendo estes empréstimos.

Apenas a título de ilustração, recentemente foi editada a Medida Provisória nº 628, de 28/11/2013, autorizando nova concessão de crédito ao BNDES, nos seguintes termos:

> Art. 1º Fica a União autorizada a conceder crédito ao Banco Nacional de Desenvolvimento Econômico e Social – BNDES, no montante de até R$ 24.000.000.000,00 (vinte e quatro bilhões de reais), em condições financeiras e contratuais a serem definidas pelo Ministro de Estado da Fazenda.
>
> § 1º Para a cobertura do crédito de que trata o **caput**, a União poderá emitir, sob a forma de colocação direta, em favor do BNDES, títulos da Dívida Pública Mobiliária Federal, cujas características serão definidas pelo Ministro de Estado da Fazenda, respeitada a equivalência econômica com o valor previsto no **caput**.

---

de que é possível extrair dividendos de uma operação que dá prejuízo. É o que tem acontecido com a transferência de recursos do Tesouro para o BNDES, cerca de 400 bilhões de reais nos últimos cinco anos. O Tesouro capta os recursos no mercado à taxa Selic, atualmente 11% ano, e cobra do banco a taxa de juros de longo prazo (TJLP), hoje 5%. Assim, perde 6% do valor transferido. O prejuízo fica oculto no aumento da dívida pública. O banco empresta esse dinheiro à TJLP mais alguma coisa, aufere lucros e pode pagar dividendos ao Tesouro. O malabarismo tenta convencer a opinião pública, inutilmente, de que o governo cumpre as metas de superávit primário, que é o valor destacado para pagar juros da dívida pública. Em 2012 e 2013, as operações com o BNDES renderam dividendos de 12,9 bilhões e 7 bilhões de reais, respectivamente, contribuindo para o cumprimento da meta naqueles anos. Embora em quantia bem menor, o Banco do Brasil e a Caixa Econômica também participam do esquema. Em 2013, os dividendos representaram 22,2% do superávit primário do governo federal" (cf. Prêmio Ig Nobel de Contabilidade Criativa, Revista Veja, 20/8/2014).

§ 2º Em contrapartida ao crédito concedido nos termos do **caput**, o BNDES poderá utilizar, a critério do Ministério da Fazenda, créditos detidos contra a BNDES Participações S.A – BNDESPAR.

§ 3º O crédito concedido pelo Tesouro Nacional será remunerado pela Taxa de Juros de Longo Prazo – TJLP.

Além dos empréstimos diretos, cabe mencionar, ainda, os custos derivados dos empréstimos garantidos (*guaranteed loans*) pelo Poder Público.

Numa primeira análise, os empréstimos realizados pelo setor privado garantidos pelo Poder Público só teriam impacto fiscal em caso de *"default"*. Nada obstante, Schick sustenta que, nestes empréstimos, há transferência do risco dos financiantes (*private lenders*) para o governo. Desta forma, **as funções-chave do mercado de crédito podem não ser adequadamente executadas, tais como, a avaliação do risco e da capacidade do financiado para atender às suas obrigações.** Ao invés de preocupar-se com a *"credit worthiness"*, os financiantes podem se preocupar, tão somente, com a qualidade da garantia prestada pelo Poder Público (SCHICK, 2007).

Na maioria dos casos, o subsídio do Poder Público aos empréstimos garantidos é implícito: o financiado está apto a obter crédito a uma taxa de juros menor do que obteria sem a garantia do Poder Público (SCHICK, 2007).

Conforme aponta o Relatório do Acórdão TCU nº 1.718/2005 – Plenário, nos Estados Unidos, antes da implementação do *Credit Reform Act – CRA* de 1990, as garantias prestadas pelo governo eram consideradas gratuitas, somente sendo contabilizadas no orçamento em caso de "default". A partir do CRA, entretanto, o custo em termos de subsídio para a garantia de um empréstimo passou a ser considerado como sendo o valor presente do fluxo de caixa de pagamentos do estimados pelo governo (para *defaults, delinquencies,* subsídios de taxas de juros, e outros pagamentos) menos os pagamentos estimados para o governo (taxas, penalidades, *recoveries*). O que estava por trás desta metodologia é que ao prover garantia, o governo incorre em uma obrigação contingente, condicional a um evento futuro: o *default* pode ocorrer ou não. Nos EUA, a introdução destes novos métodos de estimação revelou a existência de significativos subsídios implícitos e essa maior transparência acabou causando o redirecionamento de recursos entre programas rivais[45].

---

[45] Cf. Relatório do Acórdão TCU nº 1.718/2005 – Plenário.

No Brasil, existem dois instrumentos de concessão de garantias a empresas privadas: Fundo de Garantia para Promoção da Competitividade – FGPC e Fundo de Garantia à Exportação – FGE[46].

A preocupação maior manifestada pelos economistas com os benefícios creditícios tem a ver com a sua transparência, uma vez que eles não estão sujeitos à avaliação periódica por meio do processo orçamentário. O cálculo dos benefícios creditícios é de competência da Secretaria de Política Econômica (SPE) do Ministério da Fazenda, consoante art. 27 do Decreto nº 7.386/2010.

2.8. Classificação do Gasto Público

Em linhas gerais, a classificação consiste na subdivisão de um grupo/conjunto em subgrupos/subconjuntos com base em algum critério. Classificar é um processo mental de separar e reunir objetos em determinadas categorias. As classificações podem ser úteis ou não para o estudo de determinado tema.

As classificações úteis agrupam os objetos segundo propriedades semelhantes, permitindo um tratamento científico próprio de cada um destes agrupamentos. É por meio das classificações que se organiza o conhecimento humano.

Nas palavras de Durval Carneiro Neto (CARNEIRO NETO, 2010, p. 278):

> "(...) classificar é agrupar por classes, segundo aquilo que se compreende como sendo a 'natureza' de cada coisa. Coisas com características similares são agrupadas numa mesma classe, passando a ser consideradas, sob esta ótica, como detentoras de uma mesma natureza.
>
> (...)
>
> É inegável a utilidade de se investigar a natureza das coisas por meio dessas classificações, racionalizando o conhecimento humano. Não fosse essa sistematização, a compreensão do mundo se revelaria um todo confuso em impossível. Mas não se pode perder de vista que tais classificações, como formas

---

[46] Por meio do item 9.2 do Acórdão nº 1.718/2005 – Plenário, o TCU recomendou à SPE/MF a inclusão, no demonstrativo "Benefícios Financeiros e Creditícios Regionalizados", dos valores dos benefícios financeiros e creditícios referentes ao Fundo de Garantia para a Promoção da Competitividade – FGPC e Fundo de Garantia à Expostação – FGE.

artificiais que são, de organização do pensamento, acabam por reduzir as diferenças que sempre existem entre quaisquer objetos do conhecimento. **Ao eleger uma classificação, o cientista convenientemente realça os aspectos comuns que considera relevantes entre os objetos, deixando de lado, porém, aspectos incomuns que reputa desprezíveis para os fins de utilidade a que se dispõe a classificação"** (grifo nosso).

Para fins do presente estudo, consideramos úteis algumas classificações.

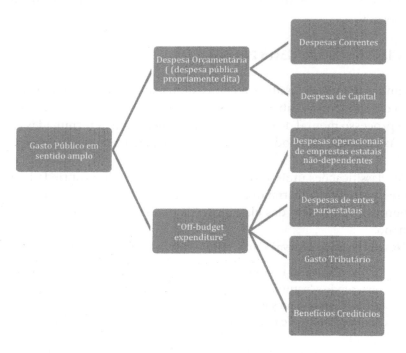

A primeira classificação distingue entre as despesas orçamentárias e as *off-budget expenditures*.

As despesas orçamentárias ou despesas propriamente ditas são aquelas sujeitas ao princípio da legalidade orçamentária (*vide* item 8.1.). Por sua vez, as despesas orçamentárias podem ser divididas entre as **despesas diretas** (modalidade de aplicação 90), que são executadas diretamente pelo próprio ente, quando o desembolso implique em mudança na condição do recurso de público para privado (título translatício de domínio) e as **transferências** que são repasses a entes públicos ou privados tendo por finalidade a execução de programas, projetos e ações do órgão repassador, permanecendo os recursos

CONCEITO DE DESPESA OU GASTO PÚBLICO

na condição de públicos, mas geridos por outro ente que não o que fez o repasse (aporte de recursos em administração).

As despesas orçamentárias também podem ser classificadas segundo o critério econômico em despesas correntes e despesas de capital, consoante Lei nº 4.320/1964. Esta distinção tem utilidade, pois alguns dispositivos constitucionais e legais fazem referência às despesas correntes ou de capital, tais como, o art. 165, § 1º, CF/88 (Plano Plurianual) e art. 167, III, CF/88 (regra de ouro).

Outra classificação importante das despesas orçamentárias diz respeito à sua obrigatoriedade e ao fundamento da sua obrigatoriedade. As despesas obrigatórias (ou gastos constitucionais) serão aquelas cuja obrigatoriedade deriva de mandamento na própria Constituição. As despesas quase-obrigatórias (ou gastos legais) são aquelas cuja obrigatoriedade deriva de lei, ou que tenha um tratamento semelhante às que derivam de lei, tal como é o caso do serviço da dívida. Por fim, as despesas facultativas são aquelas em que não é estabelecida obrigatoriedade na lei ou na Constituição, sendo as despesas candidatas por excelência à limitação de empenho e movimentação financeira, consoante art. 9º da Lei de Responsabilidade Fiscal. O assunto é debatido com maior detalhe no capítulo 13.

As despesas orçamentárias também podem ser divididas em despesas ordinárias e extraordinárias. As despesas ordinárias visam atender as necessidades estáveis, permanentes da Administração Pública, repetindo-se ano a ano. As despesas extraordinárias são aquelas decorrentes de fatos imprevisíveis, tais como, calamidade pública e guerra externa. A utilidade desta classificação está no fato de que, para atender às despesas extraordinárias, a Constituição Federal permite a instituição de empréstimos compulsórios (art. 148, I, CF/88) e a abertura de créditos extraordinários (art 167, § 3º, CF/88). Neste caso, admite-se a realização da despesa orçamentária sem prévia autorização legislativa[47].

As *off-budget expenditures* abrangem as despesas não submetidas ao princípio da legalidade orçamentária, tais como, as despesas operacionais de empresas estatais, as despesas de entidades paraestatais, a despesa fiscal e os benefícios creditícios.

---

[47] O crédito orçamentário é aberto por Medida Provisória, consoante o disposto no art. 167, § 3º, CF/88.

2.9. Momento da Realização do Gasto Público

Para avaliar a juridicidade da despesa, questão central deste estudo, faz-se necessário considera-la como um processo ou procedimento (processo de positivação ou concretização do gasto público), e não como um mero ato de desembolso ou de renúncia de receitas. O aspecto procedimental da despesa pública, que será abordado no capítulo 3 e no item 8.2. (legalidade procedimental), não se limita às tradicionais etapas de empenho, liquidação e pagamento descritas na Lei nº 4.320/1964.

Ocorre que a ilegalidade ou antijuridicidade num dos atos que compõem este procedimento pode contaminar os atos subsequentes. Por exemplo, a nulidade no procedimento licitatório induz à do contrato administrativo, conforme dispõe o art. 49, § 2º, da Lei nº 8.666/1993. A nulidade do processo licitatório contamina também as despesas realizadas em função deste contrato.

Neste contexto, é importante indagar qual a importância de conhecer o momento da realização da despesa pública?

No caso da despesa orçamentária, é importante identificar em qual o exercício financeiro a despesa deve ser apropriada, possibilitando verificar o respeito à limitação quantitativa prevista nas dotações orçamentárias (art. 167, II, CF/88).

Também é importante conhecer o momento da realização do gasto para fins contábeis, tais como, para a elaboração dos balanços orçamentários, etc.

É importante, ainda, para fins de transparência do gasto público. Com efeito, o art. 48-A, inciso I, da Lei Complementar nº 101/2000, incluído pela Lei Complementar nº 131/2009, dispõe que os entes da federação disponibilizarão a qualquer pessoa, física ou jurídica, o acesso a informações referentes aos atos praticados no decorrer da despesa pública, "no momento de sua realização".

Por fim, é importante determinar o momento em que o gasto foi considerado realizado para fins de responsabilização (administrativa, criminal e financeira) do gestor público que tenha praticado irregularidade, dolosa ou culposa, no processo de realização do gasto. O cálculo dos juros e da atualização monetária do débito a ser imputado ao gestor faltoso deve ocorrer a partir do momento da realização da despesa impugnada (fato gerador da obrigação de repor ao Erário)[48].

---

[48] A Instrução Normativa TCU nº 56/2007 (revogada), sobre Tomada de Contas Especial, definia a data de ocorrência do débito para fins de incidência de juros moratórios e de atualização

CONCEITO DE DESPESA OU GASTO PÚBLICO

A identificação do momento da realização da despesa pública depende, entretanto, do tipo de gasto a que se refere.

As despesas orçamentárias devem ser consideradas realizadas na data do empenho, tendo em vista o disposto no art. 35, inciso II da Lei nº 4.320/1964. Costuma-se, afirmar, em razão disso, que a Lei nº 4.320/1964 adotou o regime de competência para as despesas orçamentárias. Este momento, o do empenho, materializado pela emissão de um documento denominado "nota de empenho", é importante especialmente para verificar o atendimento da limitação quantitativa prevista na Lei Orçamentária Anual.

O regime de competência vale, ainda, para o cômputo da despesa total de pessoal para fins de controle dos limites totais da despesa de pessoal previstos na Lei de Responsabilidade Fiscal. A propósito, o art. 18, § 2º, da Lei Complementar nº 101/2000, dispõe expressamente que: *"A despesa total com pessoal será apurada somando-se a realizada no mês em referência com as dos onze imediatamente anteriores, **adotando-se o regime de competência**"* (grifo nosso).

Despesas como 13º salário, férias e eventuais atrasados devem ser registradas, para fins de cálculo da Despesa Total de Pessoal, quando o servidor teve direito ao pagamento e, não necessariamente, quando o recebeu. Neste caso, a adoção do regime de competência tem por finalidade evitar que o atraso de pagamento e que o acúmulo de pendências judiciais permita um enquadramento artificial nos limites da LRF[49].

Para fins de responsabilização financeira, entretanto, costuma-se adotar a data do pagamento da despesa (ou ainda, data de crédito nos recursos na conta do credor) para fins de cálculo da atualização monetária e dos juros de mora incidentes sobre o débito (ou dano ao erário) a ser imputado ao gestor faltoso.

Ainda no tocante às despesas orçamentárias, impende considerar as transferências voluntárias ou a destinação de recursos para o setor privado, quando

---

monetária. Segundo o art. 8º do referido normativo, considerava-se a data de ocorrência como a data do recebimento dos recursos ou a data do crédito na respectiva conta corrente específica, no caso de irregularidade relativa a convênio, contrato de repasse ou instrumento congênere. Nos demais casos, a data de ocorrência era a data do evento ou a data de ciência do fato pela Administração.

[49] Cf. Nota nº 1097/2007/CONT-STN, de 26 de junho de 2007, que versa sobre divergências entre os entes da federação quanto ao cálculo da Despesa Total de Pessoal para fins de apuração dos limites da Lei de Responsabilidade Fiscal.

aportes de recursos em administração, na expressão de Carlos Hanssen Tallar (TALLAR, 2007). Neste caso, os recursos permanecem na condição de públicos, mesmo sob a gestão de outro ente, público ou privado. Nesta hipótese, pode-se considerar que a despesa é realizada em mais de um momento: quando do empenho da despesa para o repasse, e quando do empenho pelo ente receptor para efetuar o gasto direto. Entretanto, no primeiro momento, a despesa é realizada pelo ente concedente e no segundo pelo ente receptor. Obviamente que, para efeitos contábeis, no setor público consolidado, a despesa só deve ser considerada realizada uma vez, evitando a dupla contagem.

Nas entidades que adotam a contabilidade do setor privado e que não estão sujeitas à legalidade orçamentária, para fins contábeis, deve-se considerar realizada a despesa, quando da assunção da obrigação correspondente, seguindo o regime de competência. É o caso, por exemplo, das entidades paraestatais e das empresas estatais não dependentes, que não seguem o procedimento de realização da despesa previsto na Lei nº 4.320/1964.

No tocante ao gasto tributário, poderia se cogitar no momento da ocorrência do fato gerador do tributo renunciado. Entretanto, considerando que o art. 35, inciso I, da Lei nº 4.320/1964 adota o regime de caixa para as receitas, e que há um interregno entre a ocorrência do fato gerador e o prazo de vencimento da obrigação tributária, é mais adequado considerar o prazo de vencimento, uma vez que nesta data é que os recursos deveriam estar nos caixas do Tesouro, se não houvesse a renúncia fiscal.

No caso das renúncias decorrentes da Lei Rouanet (Lei nº 8.313/1991), entretanto, o Tribunal de Contas da União tem desconsiderado estes parâmetros (data de ocorrência do fato gerador da obrigação tributária e prazo de vencimento) para fins de responsabilização. Como se trata de uma doação ou patrocínio para uma pessoa física ou jurídica, o Tribunal considera para fins de responsabilização financeira a(s) data(s) em que os recursos foram transferidos para a entidade. *Vide*, a propósito, o Acórdão nº 430/ /2010 – 1ª Câmara. É importante mencionar que a Lei Rouanet é um caso especial de renúncia fiscal, pois, os recursos que deveriam ser recolhidos aos cofres públicos não permanecem com o contribuinte. São transferidos para a pessoa física ou jurídica responsável pelo projeto cultural e são considerados recursos públicos pela legislação.

O momento da realização do gasto público está diretamente ligado à finalidade para qual deve ser considerado. Sua importância é maior no caso das despesas orçamentárias, que estão sujeitas a um arcabouço normativo mais amplo.

2.10. Síntese

O gasto público, numa definição preliminar, é toda aplicação de recursos públicos financeiros.

O gasto público pode ser visto no seu aspecto agregado ou individual. Esta distinção mercece destaque uma vez que há normas que disciplinam o gasto público no seu aspecto agregado, tais como, as que limitam as despesas de pessoal na LRF, e normas que disciplinam o gasto de forma individual como aquelas constantes da Lei nº 4.320/1964 relativas às etapas de realização da despesa orçamentária.

Do ponto de vista subjetivo, o gasto público em sentido estrito abrange, tão somente, os órgãos e entidades sujeitas ao princípio da legalidade orçamentária e, em sentido amplo, abrange também outras entidades não integrantes do orçamento fiscal e da seguridade social, tais como, as entidades paraestatais.

Com aumento da relevância e da materialidade dos gastos tributários e dos benefícios creditícios, pode-se pensar num conceito amplo de despesa pública (sentido material), abarcando estas novas operações financeiras, especialmente se considerarmos que estas estão submetidas ao mesmo núcleo de princípios jurídicos a que estão sujeitas às despesas orçamentárias (capítulo 7).

Outro elemento importante que permite unificar (ou viabilizar) esta categoria jurídica ampla é que, tanto o gasto tributário, quanto os benefícios creditícios, são serem instrumentos para a implementação de políticas públicas (*vide* item 3.3.).

O controle financeiro sobre os Tribunais de Contas sobre determinadas operações e entidades é um indicativo de que tais operações/entidades estão sujeitas a um núcleo básico de princípios jurídicos de direito público e que isso é que ajuda a delimitar o conceito de gasto público em sentido amplo.

Para responder à questão da juridicidade ou não de uma despesa, faz-se necessário considerar os atos, fatos e negócios jurídicos que precedem o desembolso de recursos públicos, sendo necessário pensar num processo de concretização da despesa pública, não restrito às fases de empenho, liquidação e pagamento (Lei nº 4.320/1964). Existe, portanto, um componente processual no conceito de despesa pública para fins deste trabalho, o qual será abordado no capítulo a seguir.

3. Contexto do Gasto Público

> "Governments will always play a huge part in solving big problems. They set public policy and are uniquely able to provide the resources to make sure solutions reach everyone who needs them. They also fund basic research, which is a crucial component of the innovation that improves life for everyone" (Bill Gates).

> "Universality has been severely reduced: it is virtually dead as a concept in most areas of public policy" (Stephen Harper)

O gasto público não constitui um ato isolado de desembolso de recursos públicos financeiros. Insere-se no âmbito de um amplo procedimento voltado à satisfação das necessidades públicas[50]. Este processo define o contexto em que a despesa pública é realizada, que, via de regra, envolve uma política ou um programa público. As políticas e os programas públicos são instrumentos de racionalização do gasto público visando o atendimento das necessidades públicas.

Seguindo esta linha, Celso de Barros Correia Neto afirma que há um "processo de positivação do gasto público", desde o estabelecimento das finalidades estatais mais gerais até a mais concreta efetivação do gasto público, na

---

[50] Este procedimento é bem mais amplo que o procedimento legal para a realização da despesa pública usualmente tratado nos compêndios de direito financeiro e que contempla as fases de empenho, liquidação e pagamento, previstas na Lei nº 4.320/1964.

mesma linha que caracteriza o processo de aplicação-criação do direito, que vai do nível mais geral e abstrato ao mais individual e concreto, ou seja, do topo à base da pirâmide do ordenamento jurídico (CORREIA NETO, 2008).

Nas palavras do autor (CORREIA NETO, 2008, p. 35):

> "A atividade financeira, focada especialmente sob a vertente do gasto público, é tomada como uma sucessão de meios e metas, partindo dos níveis mais genéricos e abstratos até os individuais e concretos. Nesse sentido amplo, a atividade financeira estatal começa na Constituição Federal: a primeira e mais genérica previsão dos objetivos a serem perseguidos na atuação estatal".

Visando resolver a questão central deste trabalho, que é identificar os critérios e parâmetros para determinar se o gasto está ou não de acordo com o ordenamento jurídico, propõe-se, nesta obra, um modelo para o processo de concretização do gasto público em quatro níveis (ou estágios), partindo do mais abstrato para o mais concreto[51]. Estes níveis não coincidem exatamente com a hierarquia normativa do nosso ordenamento.

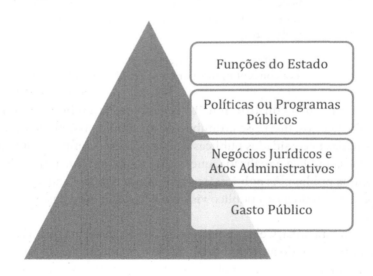

---

[51] Estes estágios, fases ou níveis podem ser subdivididos. No primeiro nível, por exemplo, as competências dos órgãos ou entidades públicas poderiam ser separadas e colocadas num nível inferior ao das competências dos entes federados aos quais pertencem. O modelo de 4 estágios ou níveis foi adotado para fins de simplificação da análise.

CONTEXTO DO GASTO PÚBLICO

Num primeiro nível, **nível das funções do Estado**, encontram-se os objetivos fundamentais da República[52], os direitos fundamentais, as competências materiais dos entes federados e dos órgãos e entidades da administração pública e entidades paraestatais. Do ponto de vista normativo, este nível está presente na Constituição Federal, em leis que definem as competências dos entes públicos, dos órgãos e demais entidades.

Num segundo nível, encontram-se as **políticas públicas ou os programas de governo**, que constituem uma concretização dos macroobjetivos e das competências materiais do primeiro nível. Do ponto de vista normativo, as políticas e os programas podem ser definidos em lei ou em atos normativos infralegais. Os programas também estão previstos nos instrumentos de planejamento orçamentário, no Plano Plurianual – PPA, priorizados na Lei de Diretrizes Orçamentárias – LDO e na Lei Orçamentária Anual – LOA.

Num terceiro nível, **nível dos atos de gestão**, encontram-se os atos administrativos e negócios jurídicos, tais como, os contratos administrativos, os convênios, termos de parceria, etc., que visam implementar os programas e políticas públicas.

Num quarto nível, encontram-se as **despesas públicas e os demais instrumentos de políticas públicas** (item 3.3.), que se fundamentam nos atos e negócios de terceiro nível e nas políticas e programas de governo do segundo nível.

Neste modelo, o nível mais concreto deve apoiar-se ou fundamentar-se no nível imediatamente mais abstrato.

Por exemplo, as políticas e os programas públicos, que tem objetivos mais específicos, devem buscar atender aos objetivos fundamentais da República e aos direitos fundamentais, respeitando as competências materiais dos entes e dos órgãos ou entidades que deverão formulá-las ou implementá-las. Nesta oportunidade, **um questionamento que se deve fazer é em que medida o programa ou a política são relevantes para o atingimento daqueles objetivos mais abstratos (primeiro nível) e, ainda, em que medida o programa é relevante para o atendimento da missão daquele ente, órgão ou entidade.**

---

[52] *Vide* art. 3º da Constituição Federal, segundo o qual, constituem objetivos fundamentais da República "construir uma sociedade livre, justa e solidária", "garantir o desenvolvimento nacional", "erradicar a pobreza e a marginalização e reduzir as desigualdades sociais e regionais" e "promover o bem de todos, sem preconceitos de origem, raça, sexo, cor, idade e quaisquer outras formas de discriminação".

O DIREITO DOS GASTOS PÚBLICOS NO BRASIL

Da mesma forma, a despesa pública está vinculada aos atos ou negócios jurídicos que a fundamentam.

Assim sendo, **o gasto público se fundamenta e está condicionado pelas diretrizes e pelos objetivos de uma política pública ou programa público ao qual está inserido**. Apenas indiretamente a despesa pública está condicionada aos objetivos de primeiro nível.

Conhecer esse ambiente no qual o gasto público está inserido auxilia identificar se ele está ou não de acordo com o ordenamento jurídico. **Neste sentido, para solucionar a questão da juridicidade de um gasto específico, impõe-se não somente verificar se o gasto está de acordo com os atos de gestão, mas também se contribui ou não para o atingimento dos objetivos da política ou do programa na qual está inserida**[53].

Há, entretanto, uma imensa dificuldade em se impugnar o gasto público confrontando-o, diretamente, com os objetivos fundamentais da República e com os direitos fundamentais. Primeiramente, estes objetivos têm caráter abstrato e excessivamente vago. São normas programáticas. Por sua vez, os direitos fundamentais, incluindo os direitos sociais, não são absolutos. Outras considerações como a restrição orçamentária e a equidade nos benefícios do gasto público devem ser levadas em conta. Por isso, faz-se necessária a intermediação de uma política ou de um programa público.

Um outro motivo pelo qual o tema das políticas públicas deve ser trazido a lume está no fato de que alguns princípios jurídicos que disciplinam as despesas públicas acabam por incidir não somente no gasto público, mas também nos atos de gestão e nas próprias políticas em si. De fato, a antijuridicidade pode se encontrar no nível dos atos/contratos ou no nível das políticas públicas, sendo a despesa contaminada por uma ilegalidade ou irregularidade presente num outro nível de análise.

3.1. Conceito de Políticas Públicas

Na língua portuguesa (tal como na espanhola), a palavra "política" é ambígua podendo assumir três acepções (HARGUINDÉGUY, 2013).

---

[53] Na literatura de análise de políticas públicas, costuma-se utilizar indistintamente os termos políticas públicas, programa ou projeto. Em razão disso, neste capítulo, usaremos os termos como sinônimos.

84

CONTEXTO DO GASTO PÚBLICO

A primeira acepção de *"política"* se refere ao jogo político diário, à atividade de organização e luta pelo controle do poder. Trata-se do sentido de *"política"* mais usual, presente, especialmente, nos textos da imprensa. Nesta acepção, a palavra *"política"* pode ser traduzida para o inglês como *"politics"*.

A segunda acepção de *"política"* se refere à arquitetura institucional, às instituições políticas em sentido amplo (leis, organizações do Estado, estrutura) ou ao *"polity"* da língua inglesa (HARGUINDÉGUY, 2013).

Por fim, uma terceira acepção corresponde à tradução da palavra *"policy"* da língua inglesa e corresponde aos programas públicos, a um conjunto de atividades destinado à solução de macroproblemas de interesse coletivo. Esta é a acepção que será utilizada no presente capítulo e ao longo do presente trabalho.

Mas, mesmo nesta acepção, não há uniformidade conceitual.

Michael Howlett informa, por exemplo, que o conceito mais conciso de política pública (*public policy*) foi dado por Thomas Dye, ao defini-la simplesmente como sendo *"o que o governo escolhe fazer ou não fazer"*. Esta singela definição revelaria que as políticas públicas são escolhas conscientes e não ocorrências acidentais. Resultam de decisões governamentais e não de outros atores sociais, tais como, companhias privadas ou organizações não-governamentais (HOWLETT, 2011).

Para fins do estudo de formulação de políticas, entretanto, Howlett prefere definir as políticas por meio de seus dois componentes: **objetivos** (*policy goals*) e **meios** (*policy means*)[54]. Os objetivos podem ser expressos em diferentes níveis de abstração, tais como, a busca de uma sociedade mais justa e próspera, num nível mais abstrato, até a redução de um tipo de crime ou proporcionar melhores oportunidades educacionais para o público, num nível mais concreto. Estes objetivos devem ser concretizados por meio de um conjunto de metas e medidas. Os meios também podem ser expressos em diferentes níveis de abstração, incluindo, as preferências por formas específicas de implementação e as ferramentas ou mecanismos específicos para que os objetivos possam ser alcançados (HOWLETT, 2011).

---

[54] Michael Howlett apresenta a seguinte definição de política pública: "Policies are thus complex entities composed of policy goals and means arranged in several layers, ranging from the most general level of a relatively abstract governance mode, to the level of a policy regime and finally to the level of specific programme settings" (HOWLETT, 2011).

O DIREITO DOS GASTOS PÚBLICOS NO BRASIL

Para Leonardo Secchi, uma política pública *"é uma diretriz elaborada para enfrentar um problema público"* (SECCHI, 2013). Segundo o autor (SECCHI, 2013, p. 2):

> "Uma política pública possui dois elementos fundamentais: intencionalidade pública e resposta a um problema público; em outras palavras, a razão para o estabelecimento de uma política pública é o tratamento ou a resolução de um problema entendido como coletivamente relevante".

Conforme já mencionado, não há uniformidade na literatura acerca da definição do que seja uma política pública. A literatura diverge quanto à possibilidade de as políticas públicas também serem elaboradas por atores não estatais (SECCHI, 2013).

Os autores também divergem quanto ao conteúdo das políticas, ou seja, se elas seriam compostas exclusivamente por diretrizes estruturantes (nível estratégico) ou, inclusive, por diretrizes mais operacionais. Além disso, discute-se se a omissão ou negligência dos governos pode ser considerada, também, uma política pública (SECCHI, 2013).

Secchi fornece respostas a estes três nós conceituais.

Fazendo a distinção entre políticas públicas e políticas governamentais, o autor defende uma abordagem multicêntrica ou policêntrica, na qual atores não estatais também possam ter um protagonismo no estabelecimento das políticas públicas. A essência conceitual das políticas públicas é o problema público, ou seja, o que define se se trata de uma política pública ou não pública é a sua intenção de responder a um problema público e não se o tomador de decisão tem personalidade jurídica estatal ou não estatal (SECCHI, 2013).

Quanto ao conteúdo, Secchi defende que, independentemente do nível de operacionalização, diretrizes estratégicas ou operacionais, o conceito de política pública está relacionado à tentativa de enfrentamento de um problema público (SECCHI, 2013).

Por fim, as situações de omissão ou negligência governamental não devem ser consideradas políticas públicas, mas apenas a falta de inserção do problema na agenda formal (SECCHI, 2013).

Há autores que fazem distinção entre políticas e programas públicos. James McDavid, Irene Huse e Laura Hawthorn sustentam que há diferenças essenciais entre estes dois conceitos, apesar de considerar que ambos estão sujeitos à avaliação de desempenho usando as mesmas metodologias (MCDAVID; HUSE; HAWTHORN, 2013).

CONTEXTO DO GASTO PÚBLICO

Para os autores, as políticas conectam meios e fins. O núcleo das políticas são declarações de intenções (fins) e os meios que os governos ou seus agentes devem empreender para alcançar estes resultados (MCDAVID; HUSE; HAWTHORN, 2013).

Os programas, por sua vez, são expressões concretas de uma política. Por vezes, são necessários diversos programas para alcançar os objetivos de uma política. As políticas são usualmente declarações de intenção de alto nível de abstração, que necessitam ser traduzidas em programas para alcançar os resultados desejados (MCDAVID; HUSE; HAWTHORN, 2013).

No Brasil, a palavra "programa" é mais usual na linguagem orçamentária: o "programa orçamentário".

O art. 2º, alínea a, da Portaria MPOG nº 42, de 14/4/1999, define o programa (orçamentário) como "*o instrumento de organização da ação governamental visando à concretização dos objetivos pretendidos, sendo mensurado por indicadores estabelecidos no plano plurianual*". James Giacomoni, por sua vez, leciona que "*o Programa pode ser genericamente conceituado como o campo em que se desenvolvem ações homogêneas que visam ao mesmo fim*" (GIACOMONI, 2005, p. 164).

O que deve ser ressaltado é que o programa busca solucionar um problema ou macroproblema (objetivo genérico), por meio de ações[55] que estabelecem metas e objetivos específicos, que geram produtos, sendo mensurados por meio de indicadores.

De qualquer forma, o ideal é que uma política pública corresponda a um programa orçamentário, se a sua implementação exigir a utilização de recursos oriundos do orçamento público.

Infelizmente, o que se vê na prática é a instituição de políticas sem programas ou ações orçamentárias próprias. Utiliza-se, então, de recursos de

---

[55] Nos termos da Portaria MPOG nº 42, de 14/4/1999, as ações orçamentárias são instrumentos de programação para alcançar os objetivos de um programa, podendo ser divididas em projetos, atividades ou operações especiais. Os projetos são instrumentos de programação para alcançar o objetivo de um programa, envolvendo um conjunto de operações, limitadas no tempo, das quais resulta um produto que concorre para a expansão ou o aperfeiçoamento da ação do governo. A atividade é um conjunto de operações que se realizam de modo contínuo e permanente, das quais resulta um produto necessário à manutenção da ação de governo. Por fim, as operações especiais corresponde às despesas que não contribuem para a manutenção das ações de governo, das quais não resulta um produto, e não geram contraprestação direta sob a forma de bens ou serviços.

O DIREITO DOS GASTOS PÚBLICOS NO BRASIL

outras ações orçamentárias ou de ações orçamentárias com títulos genéricos[56], desvirtuando o seu caráter original[57].

Além disso, especialmente quando exigir a utilização de recursos orçamentários, o ideal é que a política seja instituída por lei, passando pelo crivo do parlamento, por se tratar de decisão fundamental do Estado (*Wesentlichkeitstheorie*). Outra razão para que a política passe pelo crivo do legislativo é proporcionar maior estabilidade à política e submetê-la ao debate público, permitindo que a sua consistência seja questionada junto aos representantes da sociedade.

Para os fins desta obra, os termos "política" e "programa" são utilizados indistintamente, salvo quando houver referência expressa ao "programa orçamentário". Para os fins deste estudo, a política pública deve abarcar não somente diretrizes estruturantes, mas também diretrizes operacionais, inclusive com o completo diagnóstico do problema ou dos problemas a ser enfrentado, o detalhamento da solução a ser implementada e os beneficiários da intervenção estatal.

O conceito de políticas públicas fica mais evidente no item a seguir que tratada do chamado "ciclo da política pública".

---

[56] Estas dotações ou ações com títulos genéricos são usualmente chamadas de "guarda-chuva".

[57] Um interessante caso de análise é o do Programa "Mais Médicos" do Governo Federal. A Lei nº 12.871/2013 instituiu o programa e o projeto "Mais Médicos para o Brasil". O programa, entretanto, não consta da Lei Orçamentária Anual de 2013 ou, até mesmo, de 2014. No art. 30, § 3º, a Lei dispõe que "As despesas decorrentes da execução dos projetos e programas previstos nesta Lei correrão à conta de dotações orçamentárias destinadas aos Ministérios da Educação, da Defesa e da Saúde, consignadas no orçamento geral da União". Ou seja, não foi atendido o disposto no art. 167, inciso I, da CF/88, que veda "o início de programas ou projetos não incluídos na lei orçamentária anual". A Portaria Interministerial nº 1.369, de 8/7/2013, dos Ministros da Saúde e da Educação, que disciplina a implementação do projeto "Mais Médicos para o Brasil", dispõe que serão utilizadas para o projeto dotações orçamentárias destinadas à Educação e Formação em Saúde e de Apoio à Residência Saúde, consoante art. 36, verbis:
"Art. 36. A execução das atividades de que trata esta Portaria serão custeadas com: I – dotações orçamentárias consignadas ao Ministério da Saúde, devendo onerar a Funcional Programática 10.128.2015.20YD.0001 – Educação e Formação em Saúde; e II – dotações orçamentárias consignadas ao Ministério da Educação, devendo onerar a Funcional Programática 12.364.2032.4005.0001 – Apoio à Residência Saúde".

3.2. O Ciclo da Política Pública

No ciclo da política pública (*policy cycle*), a política é decomposta em uma série de etapas ou numa sequência lógica. Segundo Mario Procopiuck (PROCOPIUCK, 2013, p. 158),

> "O ciclo de política pública é uma sequência funcional de atividades que começa com a identificação de um problema e definição de uma agenda para trata-lo, segue com a execução de soluções julgadas mais adequadas e, finalmente, é concluído com a avaliação para corrigir os rumos da continuidade ou para decidir pela conclusão da política pública".

Importante mencionar que também não há um consenso entre os autores acerca de quais seriam estas etapas. Ademais, os modelos apresentados pelos autores são tipos ideais, ou seja, na prática, uma política pública pode perfeitamente iniciar-se em qualquer das fases, evitar uma ou outra fase, ou, ainda, inverter ou repetir as etapas.

Uma crítica que é feita aos modelos é que as etapas são conceitual e temporalmente distintas e apresentadas de forma linear acabando por dificultar a apresentação das conexões entre as fases e o caráter reiterativo dos ciclos (DEUBEL, 2012).

O que se pretende apresentar aqui é um modelo simplificado do curso de ação da política pública sob um enfoque racional de solução de problemas,

O DIREITO DOS GASTOS PÚBLICOS NO BRASIL

ou seja, como deveria ser elaborada uma política pública com vistas a prestigiar a efetividade e eficiência, bem como a utilização racional dos recursos públicos.

Em regra, o processo de formulação e implementação de políticas públicas no Brasil não está sujeito a uma disciplina jurídica rígida, tal como, ocorre no nível dos atos de gestão. São raras as normas que disciplinam este processo[58].

Não se pretende, neste capítulo, abordar o tema das políticas públicas sob o ponto de vista da ciência política, que está preocupada em saber como a *"politics"* influencia a *"policy"*[59].

---

[58] Na área da saúde, por exemplo, há alguma disciplina na deste processo na Lei nº 8.080/1990, mormente no tocante aos órgãos colegiados competentes para as negociações e deliberações. Por exemplo, o art. 2º, § 1º, da Lei nº 8.080/1990 (Lei Orgânica da Saúde), por exemplo, dispõe que a formulação e execução de políticas em saúde devem visar à *"redução de riscos de doenças e de outros agravos"*, assegurando acesso universal e igualitário às ações e aos serviços para a sua promoção, proteção e recuperação. Foram criadas as Comissões Intersetoriais (art. 12), com a competência de articular as políticas e programas de interesse da saúde cuja execução envolva outras áreas não compreendidas no âmbito do SUS. Foram criadas Comissões Intergestores Bipartites e Tripartites, como foros de negociação e pactuação entre gestores dos diversos níveis da federação (art. 14-A, alterado pela Lei nº 12.466/2011), com competências para: "I – decidir sobre os aspectos operacionais, financeiros e administrativos da gestão compartilhada do SUS, em conformidade com a definição da política consubstanciada em planos de saúde, aprovados pelos conselhos de saúde; II – definir diretrizes, de âmbito nacional, regional e intermunicipal, a respeito da organização das redes de ações e serviços de saúde, principalmente no tocante à sua governança institucional e à integração das ações e serviços dos entes federados; III – fixar diretrizes sobre as regiões de saúde, distrito sanitário, integração de territórios, referência e contrarreferência e demais aspectos vinculados à integração das ações e serviços de saúde entre os entes federados". A Lei nº 12.401/2011, por sua vez, já estabeleceu as diretrizes da política de dispensação de medicamentos e produtos de interesse da saúde e da oferta de procedimentos terapêuticos pelo SUS. Ademais, estabeleceu um procedimento administrativo para a incorporação, exclusão ou alteração de novos medicamentos, produtos e procedimentos, bem como a constituição ou alteração de protocolo clínico ou de diretriz terapêutica.

[59] Entretanto, não há como deixar de abordar algumas questões de natureza política no ciclo das políticas públicas. Por um lado, elas podem influenciar a tomada de decisão, a implementação e os resultados das políticas públicas. Por razões de natureza política, a política ou o programa público pode sequer sair do papel. Por outro lado, a maior parte dos textos disponíveis sobre o tema advém da ciência política.

CONTEXTO DO GASTO PÚBLICO

Feitas estas considerações, pode-se decompor o ciclo da política pública nas seguintes fases:

a) identificação do problema (diagnóstico);
b) formulação das alternativas;
c) tomada de decisão;
d) implementação;
e) avaliação da política.

3.2.1. Identificação do Problema (Diagnóstico)

A formulação de políticas públicas começa com a identificação de um problema ou estado de coisas que exija uma intervenção governamental[60]. Nem todos os problemas reais, entretanto, são introduzidos desta forma. Há necessidade de que o problema se torne um problema político, a partir da mobilização pública[61] (DIAS; MATOS, 2012).

Edgar Ortegón et. al explicam que a identificação do problema consiste no reconhecimento do problema e na explicação dos seus aspectos principais. Uma boa identificação do problema é condição necessária para a realização de um bom projeto público (ORTEGÓN; PACHECO; ROURA, 2005).

Com frequência, costuma-se cometer erros na forma de expressar o problema que dará origem ao programa público. Deve-se evitar confundir o problema com a falta de uma determinada solução, já que, no planejamento, isso tende a conduzir a formulação da política em direção a uma determinada opção sem examinar outras alternativas possíveis (ORTEGÓN; PACHECO; ROURA, 2005).

Com efeito, costuma-se descrever um problema como *"falta de escolas"*, *"falta de professores"* ou *"falta de médicos"*, sendo que estes são apenas parte da

---

[60] Joseph E. Stiglitz coloca como ponto de partida para análise de um programa público a tentativa de relacionar a necessidade e à fonte da demanda, a uma ou mais falhas de mercado: competição imperfeita, bens públicos, externalidades, mercados incompletos e competição imperfeita (STIGLITZ, 2000).

[61] Segundo Reinaldo Dias e Fernanda Matos, "todo problema público é sempre uma construção social que apresenta uma sequência: adquire certo nível de generalidade como problema público; depois, adquire reconhecimento social; e, em terceiro lugar, torna-se susceptível de ser parte da agenda política a ser institucionalizada" (DIAS; MATOS, 2006, p. 68).

O DIREITO DOS GASTOS PÚBLICOS NO BRASIL

solução de um problema central, por exemplo, a falta de acesso à assistência educacional ou à assistência médica. Além disso, um problema costuma dar origem a outro problema, numa cadeia de causas e efeitos, sendo necessária a identificação e priorização de um problema central.

Segundo Edgar Ortegón et. al (ORTEGÓN; PACHECO; ROURA, 2005, p. 13):

> "necesario ante un sin número de problemas, que se presentan alrededor de una situación, definir la prioridad de cada uno de los problemas. Esto significa, indicar cuál es la importancia de un problema respecto de otro. También es necesario descubrir y señalar las relaciones entre problemas, algunos tendrán una relación causal, o sea, un problema provoca otro y habrá otros que no estarán relacionados. De esta manera, tendremos un problema central (el de mayor importancia ó prioridad) a abordar con las debidas relaciones causales y también podremos discriminar sobre algunos problemas que no están relacionados (criterio de selectividad) y que pueden formar parte de otro análisis"

A árvore de problemas é a representação gráfica destas relações de causas e efeitos dos problemas.

Nesta etapa da formulação das políticas, é importante que seja feito um diagnóstico preciso da situação atual, que pode reforçar ou não o problema inicialmente identificado.

Edgar Ortegón et. al (ORTEGÓN; PACHECO; ROURA, 2005) preconizam que o diagnóstico da situação atual deve ser feito por equipe multidisciplinar e deve compreender:

a) a definição e cálculo dos indicadores que irão medir o problema;
b) a identificação e caracterização da população direta ou indiretamente afetada pelo problema[62];

---

[62] É importante fazer a distinção entre população de referência, população afetada e população objetivo. A população de referência é uma parcela da população global tomada de referência para cálculo, comparação e análise da demanda. A população afetada é o segmento da população de referência que requer os serviços do projeto/política para satisfazer a necessidade identificada. A população objetivo é a parcela da população afetada, a qual o projeto/programa/ /política está em condições de atender, uma vez examinados os critérios e restrições (ORTEGÓN; PACHECO; ROURA, 2005).

CONTEXTO DO GASTO PÚBLICO

c) a determinação da área de estudo[63] e da área de influência[64];
d) a determinação da demanda[65] e da oferta atual[66];
e) o cálculo e projeção do déficit.

3.2.2. Formulação de Alternativas

Uma das técnicas de formulação de propostas de solução para o problema é mediante a árvore de objetivos (ou árvore de meios e fins). A partir do problema central, na árvore de problemas, constrói-se a árvore de objetivos.

O problema central deverá corresponder a um objetivo central, que é o ponto de referência para a busca dos objetivos específicos e para a formulação de alternativas.

De forma simplificada, para a construção da árvore de meios e fins, as causas do problema central serão transformadas em meios na árvore de objetivos e os efeitos são transformados em fins.

Ortegón *et al.* defendem que a intervenção governamental deve ser priorizada nas causas independentes do problema, ou seja, naquelas causas que não são decorrentes de outra causa identificada (ORTEGÓN; PACHECO; ROURA, 2005).

No método de planejamento estratégico situacional (PES) de Carlos Matus, preconiza-se a atuação sobre as chamadas "causas críticas" do problema, quais sejam, aquelas que devem cumprir três requisitos (CASSIOLATO; GUERESI, 2010):

a) ter alto impacto na solução do problema;

---

[63] A área de estudo é a zona geográfica que serve para contextualizar o problema, estabelecer os limites da análise do problema e facilitar a sua execução (ORTEGÓN; PACHECO; ROURA, 2005).
[64] Segundo Ortegón *et al.*, a área de influência é, via de regra, um subconjunto da área de estudo: "El área de influencia es más específica y generalmente es aquella área donde el problema afecta directamente a la población y donde deberá plantearse la alternativa de solución. Así, el área de influencia será, por lo general, un subconjunto del área de estudio, aún cuando existen situaciones donde estos niveles de análisis son iguales; es decir, que el área de estudio es igual al área de influencia" (ORTEGÓN; PACHECO; ROURA, 2005).
[65] A análise da demanda tem por objeto demonstrar e quantificar a existência de indivíduos, dentro de uma unidade geográfica, que consomem ou tem a necessidade de consumir determinado bem ou serviço (ORTEGÓN; PACHECO; ROURA, 2005).
[66] Diz respeito à capacidade instalada para ofertar os serviços para o projeto/programa. Depende da infraestrutura atual, dos recursos humanos e financeiros disponíveis.

b) ser um centro prático de ação, podendo a intervenção ser feita de modo prático, efetivo e direito sobre a causa;
c) ser politicamente oportuno sobre a causa identificada.

As ações propostas devem ter coerência com os meios e com as causas onde se pretenda atuar. Segundo Ortegón et. al (ORTEGÓN; PACHECO; ROURA, 2005):

> "En este sentido la relación se puede expresar como sigue: la existencia de un problema se explica por la existencia de una causa que lo provoca, para solucionarlo es necesario recurrir a unos medios que eliminen la causa, para hacer efectivos este medio se debe identificar una acción que lo operacionalice".

Uma vez identificadas as ações, deve-se postular as alternativas discriminando-se as ações entre ações complementares e ações excludentes. As ações complementares são aquelas factíveis em seu conjunto e se complementam na solução do problema, motivo pelo qual é interessante agrupá-las para formar uma solução. O agrupamento de ações complementares constitui uma alternativa. As ações excludentes são aquelas que não podem ser realizadas em conjunto, devendo-se optar por uma ou por outra (ORTEGÓN; PACHECO; ROURA, 2005).

A partir daí, deve-se verificar o impacto presumido das ações na solução do problema, priorizando as de maior impacto. Por fim, cabe verificar a factibilidade (física, técnica, orçamentária, cultural, institucional, etc.) das alternativas formuladas (ORTEGÓN; PACHECO; ROURA, 2005).

3.2.3. Tomada de Decisão

Uma vez formuladas as alternativas de solução do problema, deve-se escolher a alternativa a ser implementada. A tomada de decisão cabe à autoridade ou ao órgão colegiado competente, sendo, muitas vezes, necessária a aprovação da política pelo parlamento, quando envolver matéria sujeita à reserva legal.

André-Nöel Roth Deubel ressalta a importância do planejamento no processo de tomada da decisão política (DEUBEL, 2012, p. 79):

> "La decisión, en lo ideal, debe ser el fruto de un calculo objetivo que facilita la selección de manera científica y abstracta de la mejor opción (postulados de liberdad de decisor, orden, racionalidad y linealidad en los procesos de

decisión y en la decisión). Através de la planificación se busca alcanzar los objetivos de manera coerente, con definición de prioridades, de jerarquia de objetivos a corto y mediano plazo y de los medios necesarios. El plan se costituye en el instrumento racional de integración de las diferentes políticas sectoriales por um tiempo determinado".

O autor apresenta cinco modelos de tomada de decisão no tocante às políticas públicas (DEUBEL, 2012):

a) o modelo da racionalidade absoluta;
b) o modelo da racionalidade limitada;
c) o modelo incremental ou de ajustes marginais;
d) o modelo da anarquia organizada;
e) o modelo da *public choice*.

O modelo da racionalidade absoluta envolve a aplicação de critérios objetivos na escolha da melhor solução. Este modelo corresponde à visão taylorista e positivista de que sempre existe uma solução superior à outra e que se pode encontrar através de um processo de estudo científico. O modelo de racionalidade absoluta implica que os valores e os objetivos dos tomadores de decisão sejam sempre claros, que o conhecimento e a informação disponível sobre as soluções possíveis e suas consequências sejam completos e que a decisão adotada seja o mais conforme possível a seus valores (DEUBEL, 2012).

O modelo da racionalidade limitada foi proposto por Herbert A. Simon em 1983 e deriva de críticas ao modelo da racionalidade absoluta, questionando a validade fática das premissas adotadas por este modelo, tais como, a disponibilidade de informação completa tanto sobre o problema, quanto sobre as alternativas de solução possíveis. A imperfeição das técnicas de comparação das soluções e a limitação temporal para a tomada de decisão também devem ser consideradas como limitações à tomada de decisão racional (DEUBEL, 2012).

Segundo este modelo, a decisão nunca é tomada seguindo a lógica racional de forma absoluta. As limitações à tomada de decisão fazem com que o tomador de decisão adote a primeira solução que lhe pareça satisfatória. Neste modelo, não se busca a melhor solução, mas se trata de evitar a pior. O modelo de racionalidade limitada envolve uma busca de uma variedade restringida de alternativas, o recurso a um critério razoável de opções e a seleção de uma solução satisfatória (DEUBEL, 2012).

O modelo incremental ou de ajustes marginais foi formulado por Charles Lindblom em 1959, e também deriva de críticas ao modelo racional. Segundo o modelo incremental, não se trata de deduzir a solução mais adequada, mas de aprender com a realidade empírica. Passa-se de uma racionalidade a priori a uma racionalidade a posteriori. Segundo este modelo, a maioria das decisões não é senão acréscimos, ajustes às políticas já existentes. Se trata, então, não de soluções novas, mas de correções marginais que solucionam os problemas surgidos de forma provisória (Deubel, 2012).

O modelo da anarquia organizada representa a antítese da racionalidade absoluta. O modelo considera o processo de tomada de decisão errático e imprevisível (Deubel, 2012).

O modelo da *public choice* busca aplicar a teoria econômica ao terreno político. O modelo da escolha pública tem como premissa considerar que o indivíduo tem um comportamento basicamente egoísta, racional e maximizador de seus interesses (utilidades). O político, nesta linha, é como qualquer empresário privado, de forma que o apoio a decisões políticas ou a políticas públicas encontra sua motivação e explicação na maximização dos interesses pessoais (Deubel, 2012).

3.2.4. Implementação da Política

A implementação da política consiste na *"execução de atividades que permitam que ações sejam implementadas com vistas à obtenção de metas definidas no processo de formulação de políticas"* (Silva; Melo, 2000). Implementar é por em efeito, transformar em realidade uma política pública.

A etapa da implementação da política é crucial para o sucesso ou insucesso da política pública. Problemas não antecipados, surgidos durante a implementação podem representar obstáculos intransponíveis aos programas e políticas públicos, que podem levar as agências a descontinuá-los (Silva; Melo, 2000).

Nesta linha, Deubel salienta que, em muitos estudos de políticas públicas, ficou constatado o que é chamado de *"implementation gap"*, ou seja, a diferença entre a decisão e a realidade da sua aplicação. Trata-se da distância entre a teoria e a prática (Deubel, 2012).

No enfoque da racionalidade absoluta, o processo de implementação é visto, tão somente, como um problema de natureza administrativa (e não política), ou seja, uma questão de resolver as dificuldades e falhas na técnica de gestão pública empregadas. Buscam-se, assim, soluções nas técnicas da ciência administrativa: técnicas e teorias de gestão ou gerência (Deubel, 2012).

CONTEXTO DO GASTO PÚBLICO

A literatura costuma citar dois modelos de implementação das políticas: o *top-down* e o *bottom-up*.

A concepção *top-down*, como o próprio nome diz, se desenvolve de cima para baixo, ou do centro para a periferia. Tem como postulados principais, a primazia hierárquica da autoridade, a distinção entre o universo político e o mundo administrativo e a busca pelo princípio da eficiência. O enfoque pressupõe uma clara separação entre a formulação e a tomada de decisão[67], por um lado, e a implementação das decisões, por outro (DEUBEL, 2012).

A concepção *top-down* é muito criticada, pois ela se assenta nas seguintes premissas (SILVA; MELO, 2000):

a) diagnóstico correto da situação;
b) disponibilidade de todas as informações necessárias pelo formulador da política;
c) modelo causal válido.

Na prática, os formuladores das políticas, os estudiosos e os próprios especialistas enfrentam grandes limitações cognitivas sobre os fenômenos sobre os quais intervém. Os formuladores não controlam nem tem condições de prever as contingências que afetam o *policy environment* no futuro. Os planos e programas são apenas um conjunto limitado de ações que os agentes devem seguir ou tomar, deixando um amplo espaço discricionário para os agentes públicos. Durante a implementação, as influências políticas minam a racionalidade técnica dos planos e ações (SILVA; MELO, 2000).

A concepção *top-down* também é muito criticada por viabilizar o *blame--shifting* (deslocamento da culpa), da classe política em relação aos agentes da implementação (SECCHI, 2013). Segundo Leonardo Secchi (SECCHI, 2013, p. 60):

> "O modelo top-down de implementação parte de uma visão funcionalista e tecnicista de que as políticas públicas devem ser elaboradas e decididas pela

---

[67] Trata-se da concepção de Woodrow Wilson, considerado um dos pais da Administração Pública, juntamente com Max Weber e Frederick Taylor. Em 1887, Woodrow Wilson publicou um estudo denominado "The Study of Administration", que é considerado um dos artigos fundadores da ciência da administração pública.

esfera política e que a implementação é mero esforço administrativo de achar meios para os fins estabelecidos. Esse modelo também é visualizado como estratégia da classe política para 'lavar as mãos em relação aos problemas da implementação: se as políticas, os programas e as ações estão bem planejados, com objetivos claros e coerentes, então uma má implementação é resultado de falhas dos agentes (por exemplo, policiais, professores, médicos). Esse processo é conhecido na literatura política como blame shifting, ou deslocamento da culpa".

Estas disfunções da concepção *top-down* ajudaram a valorizar a concepção *bottom-up*, que busca construir a política pública, pouco a pouco, com regras, procedimentos e estruturas organizativas por meio de um processo ascendente, ou por retrocesso, ao invés de descendente.

O modelo *bottom-up* é caracterizado pela maior liberdade de burocratas e redes de atores em auto-organizar e modelar a implementação de políticas públicas. Neste modelo, implementadores tem maior participação no escrutínio do problema e na prospecção de soluções durante a implementação. Posteriormente, os tomadores de decisão legitimam as práticas já experimentadas. Há maior discricionariedade por parte dos gestores e burocratas, que dispõem de maior autonomia para resolver os problemas práticos de implementação da política (SECCHI, 2013).

3.2.5. Avaliação das Políticas Públicas

A avaliação das políticas públicas se ocupa de coletar, verificar e interpretar a informação sobre a execução e os resultados das políticas e dos programas públicos. Ela permite opinar de maneira mais acertada e com menos subjetividade acerca dos efeitos das ações públicas. Sua importância é ainda maior quando as instituições e os governos contemporâneos buscam sua legitimidade não só na legalidade das suas decisões, mas também nos resultados (DEUBEL, 2012).

O desenvolvimento da avaliação de políticas públicas não encontra sua legitimação unicamente nas deficiências do Estado, mas também no fato de que os problemas que este busca resolver, controlar ou mitigar por meio de suas ações são sempre mais complexos e incertos quanto aos meios, resultados e efeitos (DEUBEL, 2012).

Para Jorge Abrahão de Castro, Diretor da Diretoria de Estudos Sociais do IPEA, avaliar uma política é um dos estágios do ciclo das políticas públicas. Integra-se ao ciclo como atividade permanente que acompanha todas as fases

CONTEXTO DO GASTO PÚBLICO

da política pública, desde a identificação do problema da política até a análise das mudanças sociais advindas da intervenção pública[68].

A avaliação, segundo Castro, é um instrumento de gestão e um instrumento de *accountability*. É instrumento de gestão quando *"visa subsidiar decisões a respeito de sua continuidade, de aperfeiçoamentos necessários, de responsabilização dos agentes"*. É instrumento de *accountability* quando *"quando informar, aos usuários e/ou beneficiários e à sociedade em geral, sobre seu desempenho e impactos"*[69].

Neste sentido, Deubel faz distinção entre as avaliações endoformativas[70], visando informar os atores internos para que possam modificar suas ações para melhorar e transformar o referido programa, e as avaliações recapitulativas[71], visando informar os atores externos e o público em geral para que formem uma opinião sobre o valor intrínseco do programa.

Enxergando a avaliação como uma atividade permanente e não propriamente como uma fase distinta temporalmente das demais, é possível classificar a avaliação segundo os momentos em que esta ocorre:

a) avaliação *ex ante* ou a priori;
b) avaliação concomitante;
c) avaliação *ex post* ou a posteriori.

Estas avaliações têm finalidades distintas.

A avaliação *ex ante*, também chamada de avaliação de factibilidade ou prospectiva, consiste em analisar uma proposta de lei, um projeto ou programa para determinar os efeitos provocados pela sua implementação, devendo se integrar à formulação de alternativas[72]. É um instrumento prospectivo e de

---

[68] Cf. Apresentação *Powerpoint* "Avaliação de Políticas Públicas" disponível no sítio eletrônico http://goo.gl/rM9XdN.

[69] Cf. http://goo.gl/rM9XdN.

[70] "Si el objetivo de la evaluación es informar a los propios actores de un programa para que estos puedan modificar sus acciones para mejorar y transformar dicho programa, entonces se habla de uma evaluación endoformativa" (DEUBEL, 2012, p. 152).

[71] "Si la finalidade de la evaluación es informar al público en general o a actores externos sobre un programa en particular para que se formen una opinión sobre su valor intrínseco, entonces se habla, em este caso, de una evaluación recapitulativa (summative evaluation)" (DEUBEL, 2012, p. 152).

[72] Deubel informa que a avaliação ex ante se desenvolveu particularmente em quatro campos de atividades: estudos de impacto legislativo, projetos de desenvolvimento, projetos de infraestrutura e estudos de impacto ambiental (DEUBEL, 2012).

O DIREITO DOS GASTOS PÚBLICOS NO BRASIL

ajuda à decisão e consiste em prognosticar quais seriam os impactos ao analisar as diversas alternativas de política desenhadas, geralmente em função de critérios de eficácia, impacto previsível e impacto sobre outras políticas públicas (DEUBEL, 2012).

Deubel entende que, na avaliação *ex ante*, deve-se introduzir uma análise de factibilidade do ponto de vista político, permitindo-se assegurar de que a ação política escolhida poderá ser implementada com certa garantia de êxito. Para isso, o primordial seria analisar quais seriam os instrumentos de política que podem ser usados e com quem o governante deve compartilhar sua autoridade e quais os atores políticos e burocráticos de que necessita de apoio (DEUBEL, 2012).

Uma das técnicas para avaliação *ex ante* envolve o método experimental, utilizada quando há grande incerteza acerca dos efeitos que podem ser gerados por determinada política. Segundo este método, a política é implementada inicialmente sob um grupo restrito da população-alvo, ou num município-piloto. É feita uma análise do impacto desta política e, conforme os resultados, toma-se a decisão de generalizá-la para todo o país, ou faz-se os ajustes necessários ou abandona-se a política (DEUBEL, 2012).

Outra técnica utilizada é a análise custo-benefício (*cost-benefit analysis*), que consiste na estimativa e comparação dos custos e dos benefícios gerados por um determinado programa, projeto ou política pública. A análise custo-benefício fornece elementos para a identificação de um bom projeto/política/programa e para a comparação entre diversas alternativas de projetos//políticas/programas.

Observa-se, assim, que a avaliação *ex ante* é uma avaliação feita previamente à tomada da decisão, de grande importância, de modo que alguns autores a incluem como uma fase específica do *policy cycle* após a formulação de alternativas e antes da tomada de decisão[73].

A avaliação concomitante, que acompanha a implementação do projeto ou programa, tem por objetivo controlar o bom desenvolvimento dos procedimentos previstos e permitir a detecção de problemas para realizar os ajustes necessários à tempo. Trata-se de um monitoramento das atividades de implementação do programa, incluindo os insumos, cronograma, realizações e resultados (DEUBEL, 2012).

---

[73] Cf. Slides do Professor Giácomo Balbinotto Neto, da Universidade Federal do Rio Grande do Sul. http://www.ppge.ufrgs.br/giacomo/arquivos/finpub/aula7.pdf.

CONTEXTO DO GASTO PÚBLICO

A avaliação *ex post* analisa os efeitos de um programa ou política pública após a sua implementação. Sua finalidade é a obtenção de conhecimentos para decisões futuras (DEUBEL, 2012).

É o tipo de avaliação mais comumente realizada, inclusive, pelos órgãos de controle externo da atividade financeira (Tribunais de Contas e Controladorias).

Segundo Deubel, a avaliação pode ser classificada conforme seu objeto (ou nível de avaliação) em (DEUBEL, 2012):

a) avaliação de meios;
b) avaliação dos resultados;
c) avaliação do impacto;
d) avaliação de eficiência;
e) avaliação de satisfação.

A avaliação de meios consiste em verificar se os meios previstos para a implementação da política foram efetivamente postos à disposição no espaço e tempo indicados e se foram utilizados, como, por exemplo, a verificação do nível de execução de determinadas dotações orçamentárias (DEUBEL, 2012).

A avaliação de resultados consiste em responder a questão: o programa público teve êxito em alcançar os objetivos fixados? Em outras palavras, a avaliação de resultados compara os resultados previstos com os alcançados (DEUBEL, 2012).

A avaliação de impacto busca determinar os efeitos previstos e não previstos da ação pública no entorno social e econômico (DEUBEL, 2012).

A avaliação de eficiência relaciona os efeitos obtidos pela ação pública com os meios utilizados (DEUBEL, 2012).

Por fim, a avaliação de satisfação consiste em verificar se os efeitos da ação pública satisfizeram as necessidades fundamentais que deram origem ao programa. A avaliação de satisfação deixa de lado os objetivos do programa para focar nas necessidades que lhe deram origem (DEUBEL, 2012).

No capítulo 10, é abordada a avaliação de resultados dos programas públicos. Convém esclarecer que a terminologia utilizada será diferente da utilizada por Deubel. A avaliação de resultados de Deubel corresponde à avaliação de eficácia e a avaliação de impacto à de efetividade. Nesta obra, a avaliação de resultados abarca a avaliação da economicidade, eficácia, eficiência e efetividade da ação governamental.

3.3. Caráter Instrumental do Gasto Público

O gasto público em sentido amplo, seja aquele diretamente realizado pelo Estado, seja aquele realizado por entidades públicas ou privadas com recursos descentralizados, ou ainda, a despesa fiscal (gasto tributário) e os benefícios creditícios, constituem instrumentos para a implementação de políticas ou programas públicos voltados para a solução de problemas ou macroproblemas de interesse público.

Em primeira análise, os instrumentos para a implementação das políticas públicas podem ser de natureza orçamentária ou *off-budget*. No primeiro caso, as operações estariam sendo autorizadas pela lei orçamentária e contabilizadas no sistema contábil orçamentário[74]. No segundo caso, as operações não necessitam ser autorizadas previamente pelo orçamento público e o sistema orçamentário da contabilidade pública não faz o seu registro.

Allen Schick ilustra a questão dos instrumentos das políticas públicas com o seguinte exemplo: o problema dos congestionamentos em determinados aeroportos (SCHICK, 2007).

Para resolver este problema, o governo pode lançar mão de diversos meios/instrumentos orçamentários (*budget*) ou extra-orçamentários (*off budget*).

Em primeiro lugar, ele pode alocar recursos para o Ministério da Aviação com vistas à expansão das instalações aeroportuárias. Trata-se de uma despesa direta, incluída nos orçamentos públicos (SCHICK, 2007).

Em segundo lugar, ele pode autorizar a empresa pública a realizar operações de crédito para a expansão do aeroporto e a cobrir os serviços da dívida com tarifas cobradas do usuário. Neste caso, a extensão na qual as despesas são levadas em conta no orçamento vai depender, principalmente, do status da empresa (SCHICK, 2007)[75].

Em terceiro lugar, o Governo poderia aumentar as tarifas aeroportuárias desencorajando o seu uso, aliviando, portanto, a congestão sem construir novas instalações (SCHICK, 2007).

---

[74] *Vide* artigos 90 e 91 da Lei nº 4.320/1964.

[75] No caso brasileiro, as empresas estatais dependentes tem suas despesas integralmente previstas no orçamento fiscal. As empresas estatais não dependentes tem apenas as suas despesas de capital constantes do orçamento de investimento das estatais.

CONTEXTO DO GASTO PÚBLICO

Em quarto lugar, o Governo poderia baixar suas receitas para subsidiar a expansão. Por exemplo, poderia conceder créditos tributários aos operadores aeroportuários privados que investissem em novas instalações. Neste caso, na orçamentação convencional, estes créditos reduziriam as receitas, mas não seriam contabilizados como despesas (SCHICK, 2007).

Em quinto lugar, o Governo poderia oferecer empréstimos aos operadores aeroportuários, a taxas de mercado ou a taxas preferenciais, vinculados à realização desta expansão. Schick alerta que a orçamentação destas operações varia largamente entre os países desenvolvidos (SCHICK, 2007).

Em sexto lugar, o Governo poderia garantir os empréstimos feitos pelos operadores aeroportuários de instituições financeiras privadas. Tratando-se de uma responsabilidade contingente, é provável que a garantia seja *off-budget*, entretanto, os desembolsos decorrentes desta garantia devam ser incluídos no orçamento(SCHICK, 2007).

Por fim, o Governo poderia, ao invés de oferecer incentivos financeiros, limitar o uso do aeroporto, afastando a necessidade de expansão. Neste caso, os custos regulatórios não deverão aparecer no orçamento público (SCHICK, 2007).

Nesta exposição de Allen Schick fica evidente que a despesa direta, a despesa fiscal, os benefícios creditícios e também a regulação tem caráter instrumental. O objetivo visado, em todos os casos, é a solução do problema do congestionamento do aeroporto.

Por sua vez, Michael Howlett, M. Ramesh e Anthony Perl apresentam a taxonomia das ferramentas de políticas públicas elaborada por Christopher Hood, denominada "Modelo NATO"[76], segundo a qual, os instrumentos de políticas públicas podem ser classificados em quatro categorias (HOWLETT; RAMESH; PERL, 2013):

a) instrumentos baseados em informação (ou Nodalidade);
b) instrumentos baseados em Autoridade;
c) instrumentos baseados no Tesouro;
d) instrumentos baseados na Organização.

---

[76] O Acrônimo NATO é obtido a partir das iniciais de Nodalidade, Autoridade, Tesouro e Organização.

Dentre os instrumentos baseados em informação, cabe citar (HOWLETT; RAMESH; PERL, 2013):

a) as campanhas públicas de informação, por meio das quais o governo dissemina informações com a expectativa de mudança de comportamento de indivíduos e empresas;
b) a exortação ou persuasão, que corresponde ao esforço público destinado a influenciar as preferências e ações dos membros da sociedade, em vez de apenas informar o público sobre uma situação.

Dentre os instrumentos baseados em autoridade, pode-se citar a regulação ou regulamentação, que é uma prescrição governamental que deve ser cumprida por determinados destinatários, acarretando uma penalidade em caso de descumprimento (HOWLETT; RAMESH; PERL, 2013).

No tocante aos instrumentos baseados no tesouro, os autores citam (HOWLETT; RAMESH; PERL, 2013):

a) os "subsídios" ou incentivos positivos, que abrangeriam as "verbas", os "incentivos fiscais" e os "empréstimos" (que estão abarcados pelo nosso conceito de despesa em sentido amplo);
b) os desincentivos financeiros, tais como, os impostos e as taxas de uso, os quais constituem incentivos negativos para determinados comportamentos.

Por fim, cabe destacar os instrumentos políticos baseados na organização, que podem abranger, por exemplo (HOWLETT; RAMESH; PERL, 2013):

a) a provisão direta de determinado bem ou serviço pelo Estado, que desempenha a tarefa, com recursos do Tesouro e por meio dos seus próprios funcionários;
b) as empresas estatais;
c) os "quangos", que são conhecidos como atores semi-independentes do Estado;
d) as parcerias entre o Estado e o Mercado.

O que se pode observar do exposto é que o gasto público, considerado em sentido amplo, **é um instrumento à disposição do Estado para a implementação de políticas públicas, que pode ser combinado ou não com outros instrumentos ou até mesmo substituído por outros de caráter não financeiro, quando possível.**

CONTEXTO DO GASTO PÚBLICO

Infelizmente, a escolha do(s) instrumento(s) pelo Estado não é determinada somente pela racionalidade técnica, mas razões de natureza estritamente políticas, conforme revela Jean-Baptiste Harguindéguy (HARGUINDÉGUY, 2013, p. 207):

> "En realidad, la elección de los instrumentos de gobierno se realiza bajo presión y siguiendo el interés próprio de los actores interesados en uma política pública determinada. Dicha categoria engloba a tres tipos de actores: los políticos, los burocratas y los grupos de presión. Los actores preponderantes son los líderes políticos; por tanto, la principal motivación a la hora de elegir um instrumento es la posibilidad de reelección de los propios políticos. Por ello los líderes políticos tienden a favorecer los instrumentos que proporcionan benefícios visibles y concentrados en sus propios electores y que disimulan los costes de la acción pública ante los demás públicos".

Nesta linha, opções por instrumentos que contrariem a ideologia dos dirigentes políticos podem ser deixados de lado, ainda que mais eficientes ou eficazes para o atingimento dos objetivos pretendidos[77].

3.4. Síntese

Neste capítulo, buscou-se evidenciar que o gasto público não corresponde a um ato isolado de desembolso, mas está inserido num amplo processo de atendimento às necessidades públicas, que pode ser representado por um modelo de quatro camadas ou estágios, que parte dos objetivos fundamentais da República chegando ao gasto público propriamente dito.

As políticas ou programas públicos são instrumentos de racionalização do gasto público, visando o atendimento das necessidades públicas, estando inseridas neste processo de concretização da despesa pública.

O gasto público, em todas as suas vertentes, é um instrumento das políticas públicas da mesma forma que o gasto tributário, a regulamentação e as campanhas de informação.

---

[77] Neste sentido, o exemplo dos aeroportos brasileiros vem a calhar, pois, o Governo Federal, incapaz de realizar os investimentos necessários, postergou a sua concessão ao setor privado, ainda sim, quando o fez, obrigou a participação da Infraero 49% no consórcio que administraria o empreendimento, por razões estritamente ideológicas, solução que poderia ser tomada para evitar o problema dos congestionamentos nos aeroportos desde o início da crise aérea em 2006.

O DIREITO DOS GASTOS PÚBLICOS NO BRASIL

Para avaliar a juridicidade de uma despesa, faz-se necessário avaliar a correspondência da mesma com o contexto em que está inserida, verificando-se, por exemplo, em que medida a referida despesa contribui para o atingimento dos objetivos das políticas públicas.

Há, entretanto, uma imensa dificuldade em se impugnar o gasto público confrontando-o, diretamente, com os objetivos fundamentais da República e com os direitos fundamentais. Por isso, a intermediação de uma política ou de um programa público.

4. Aspectos Extrajurídicos dos Gastos Públicos

"Y nada asusta más al esquizofrénico que la realidad, lo tangible, lo demostrable. La realidad entra de inmediato en contradicción con su visión, con sus alucinaciones. Muchas cosas no pueden explicarse si esos conceptos son traídos a la tierra, porque en ella las 'reglas de la física' rompen los conceptos elementales sobre los que se han construido. (...) Los esquizofrénicos tratan de negar la realidad como una forma de defender su propia 'realidad', esa realidad perfecta que sólo ellos ven y que defienden como si fuera la única existente. Muchos juristas, o abogados 'aprendices de mago', pasan por el mismo proceso.La irrupción de formas de ver el mundo de lo jurídico desde una perspectiva más real, como la sociologia jurídica, la antropología jurídica, o más recientemente, el Análisis Económico del Derecho (...), agudiza la esquizofrenia y asusta a quien ve cuestionado su 'mundo imaginario'" (Alfredo Bullard).

O gasto público é um fenômeno que pode ser observado sob o ponto de vista de diversas ciências extrajurídicas: a ciência econômica, a ciência da administração, a ciência política, a sociologia e a contabilidade.

Conforme esclarecem Michel Bouvier, Marie-Christine Esclassan e Jean-Pierre Lassale, os fenômenos financeiros públicos (nos quais se insere o gasto público) são sempre fenômenos complexos e heterogêneos. Esta heterogeneidade e complexidade, que exige uma apreensão global e a utilização de uma grande variedade de saberes, requer o trabalho comum de pesquisadores

O DIREITO DOS GASTOS PÚBLICOS NO BRASIL

pertencentes às mais diversas disciplinas[78] (BOUVIER; ESCLASSAN; LASSALE, 2006).

E complementam (BOUVIER; ESCLASSAN; LASSALE, 2006, p. 14): *"É à luz do direito, da economia, da ciência política, das ciências da gestão, da história, da sociologia e até mesmo da psicologia que as finanças públicas podem ser compreendidas"* (tradução livre)[79].

Na mesma linha, Antônio Luciano de Souza Franco, discorrendo sobre a metodologia financeira, destaca que (SOUZA FRANCO, 2002, p. 111):

> "A complexidade do fenómeno financeiro leva a considerar importante a integração interdisciplinar – combinando (sem confundir) com a ciência das finanças, a contabilidade, o direito, a sociologia, a politologia, a psicologia social e várias disciplinas da economia".

Bayona de Perogordo e Soler Roch, por sua vez, apontam que o fenômeno financeiro, como realidade social, é suscetível de análise a partir de diferentes perspectivas científicas e não somente a partir da perspectiva jurídica. Segundos os autores (PEROGORDO; ROCH, 1989, p. 123):

> "Del hecho de tener por objeto la misma parcela de realidad social deriva la circunstancia de que las ciências correspondientes no puedan ignorarse totalmente, sino que, antes al contrario, participen em um acervo común de conocimiento cuyas relaciones interdisciplinares enriquecen la perspectiva de las respectivas disciplinas científicas, singularmente consideradas"

Ao abordar a relação do Direito Financeiro com outras ciências, o Prof. Regis Fernandes de Oliveira ensina que a ciência das finanças públicas é uma disciplina de natureza pré-normativa, que pode fornecer elementos para a estrutura da política financeira do Estado. Seria, antes de tudo, uma ciência informativa, fornecendo elementos para a decisão política. Nas palavras do autor, a ciência das finanças (OLIVEIRA, 2006, p. 77):

> "Procura os fenômenos econômicos, por exemplo, que possam servir de incidência para alguma norma tributária, fornecendo meios arrecadatórios ao

---

[78] "Une telle complexité qui exigeraient une appréhension globale et la mise en ouevre d'une grande varieté de savoirs, impliqueraient un travail commun de chercheurs appartenant aux disciplines le plus diverses" (BOUVIER; ESCLASSAN; LASSALE, 2006, p. 7).

[79] "C'est à la lumière du droit, de l'economie, de la science politique, des sciences de gestion, de l'histoire, de la sociologie, voire même de la psycologie que peuvent être comprises les finances publiques".

ASPECTOS EXTRAJURÍDICOS DOS GASTOS PÚBLICOS

Estado; estuda as reais necessidades da sociedade, os meios disponíveis para atendimento dos interesses públicos, sob os mais variados aspectos, e municia os agentes públicos para que possam decidir sobre os temas mais variados, inclusive de política fiscal".

O Professor destaca, ainda, que *"por ser ciência pré-jurídica, não é objeto de estudo dos juristas, servindo, apenas, como ponto de partida para fornecimento de meios destinados ao estudo do fenômeno financeiro"* (OLIVEIRA, 2006, p. 78).

Além da função pré-jurídica salientada pelo Prof. Regis de Oliveira, os saberes advindos das ciências extrajurídicas, tais como, a ciência das finanças, podem servir de importante instrumento de auxílio à interpretação das normas do direito dos gastos públicos.

Por exemplo, os princípios da economicidade ou legitimidade, previstos no art 70 da Constituição Federal, fazem referência a conceitos de ciências não jurídicas, oriundos, respectivamente, da ciência econômica e da ciência política. O estudo destas ciências do mundo do "ser", portanto, permite melhor compreender o sentido e o alcance dos princípios e institutos e propor soluções às questões jurídicas que não estejam alienadas da realidade.

Nesta linha, Bayona de Perogordo e Soler Roch, analisando os efeitos econômicos da atividade financeira, sustentam que, em determinadas ocasiões, somente a partir do conhecimento desses efeitos é que se pode apreciar a justiça dos meios empregados no desenvolvimento da função financeira (PEROGORDO; ROCH).

Não foi sem razão que, nos primórdios da evolução do Direito Financeiro, Benvenuto Grizziotti fundou a *"Escola de Pavía"*, pregando uma concepção integralista, segundo a qual a ciência das finanças e o direito financeiro estudam o mesmo fenômeno. No seu entendimento, a análise do fenômeno financeiro devia ser ao mesmo tempo jurídica e econômica. Afirmava que, no campo da elaboração dos princípios financeiros e da própria interpretação das leis financeiras, não era suficiente ser bons juristas, era necessário ser "financeiros", ou seja, conhecer os elementos políticos e econômicos do fenômeno financeiro (AMATUCCI, 2003).

No Brasil, a Lei de Introdução às Normas do Direito Brasileiro (LINDB)[80] preconiza que *"na aplicação da lei, o juiz atenderá aos fins sociais a que ela se dirige*

---

[80] A Lei nº 12.376/2010 alterou a ementa do Decreto-lei nº 4.657/1942, Lei de Introdução ao Código Civil, que passou a se chamar "Lei de Introdução às Normas do Direito Brasileiro",

e às exigências do bem comum" (art. 5º). Ora, para descobrir se o sentido da norma atende ou não aos fins sociais e às exigências do bem comum, o jurista deve recorrer, também, aos preceitos e conceitos de ciências do ser, tais como, a economia, a sociologia, a ciência política e a ciência da administração, dentre outras.

Na era da tecnologia da informação, pode-se observar, ainda, uma estreita relação entre o fenômeno "gasto público" e os sistemas informatizados, que são fundamentais para a operacionalização, o controle e a transparência da despesa pública.

Neste capítulo, são abordados alguns aspectos (ou efeitos) econômicos, políticos e administrativos do gasto público, apenas para ilustrar o caráter multidisciplinar do instituto, sem ter a pretensão de esgotar o assunto. Uma abordagem de caráter exaustivo fugiria ao escopo do presente trabalho.

4.1. Gasto Público e a Ciência Econômica

O gasto público também é objeto de estudo da Ciência Econômica.

A ciência econômica fornece conceitos que aparecem na legislação dos gastos públicos. Um destes conceitos é o de **eficiência**, positivado como princípio da administração pública na Constituição Federal, o qual será tratado no capítulo 10 – os resultados dos gastos públicos. Outro conceito é o de **custo de oportunidade**, que é o valor associado à alternativa não escolhida. O custo de oportunidade aparece, por exemplo, na LDO 2014 (Lei nº 12.919/2013) como um dos critérios que devem ser considerados para o bloqueio ou desbloqueio na execução físico-financeira de contratos de obras com irregularidades graves pelo Congresso Nacional (*vide* art. 99, XI, LDO 2014).

Outro conceito econômico aplicável aos gastos públicos é o de **escassez**. Tradicionalmente, define-se a ciência econômica como aquela cujo objeto é a alocação de recursos escassos entre usos alternativos. O debate sobre o orçamento público envolve a alocação de recursos públicos escassos entre fins alternativos. Em tese, os legisladores e os administradores públicos devem

---

apenas para evidenciar que a alteração do âmbito de aplicação da lei não se restringe ao Direito Civil, mas a todos os ramos do Direito, positivando um entendimento já firmado pela doutrina e pela jurisprudência.

ASPECTOS EXTRAJURÍDICOS DOS GASTOS PÚBLICOS

buscar uma alocação ideal de recursos que promova a **maximização do bem-estar** dos cidadãos.

Além de conceitos, a ciência econômica oferece ferramentas e metodologias importantes na elaboração e na interpretação de normas em geral e, também, no direito dos gastos públicos.

A **análise econômica do direito (Law & Economics)** resultou justamente da aplicação de métodos econômicos ao Direito que permitiu *"expandir a compreensão e o alcance do direito, aperfeiçoando o desenvolvimento, a aplicação e a avaliação das normas jurídicas, principalmente com relação as suas consequências"*[81].

Segundo ensinam Roberto Cooter e Thomas Ulen, a ciência econômica provê uma teoria comportamental para predizer como as pessoas respondem às leis. Esta teoria é baseada em como as pessoas respondem aos incentivos. Além da teoria científica do comportamento, a ciência econômica provê um *standard* normativo útil para avaliação do Direito e das Políticas. Segundo os autores, as leis não são simplesmente argumentos técnicos entendidos por poucos. Elas são instrumentos para alcançar objetivos sociais. Para conhecer os efeitos das leis nesses objetivos, juízes e outros *lawmakers* devem ter métodos para avaliar os efeitos das leis em importantes valores sociais (COOTER; ULEN, 2008).

Observa-se, frequentemente, aplicações da análise econômica nos contratos, na propriedade (incluindo a propriedade intelectual), na responsabilidade civil, no processo civil e nas sanções penais.

No âmbito da gestão pública[82], algumas ferramentas de economia, tais como, a análise custo-benefício e a análise de externalidades, podem ser muito

---

[81] Cf. Enciclopédia Wikipedia. http://goo.gl/XuTNzM.

[82] Alfredo Bullard González já apresenta algumas aplicações da análise econômica do direito (AED) na gestão pública no Peru. González cita as reformas econômicas ocorridas no país que promoveram privatização e abertura da economia, a definição das funções de agências estatais e dos organismos reguladores como tendo sido inspiradas pela AED. Da mesma forma, a alteração da legislação de trâmites burocráticos e, até mesmo, a lei de procedimento administrativo geral. González cita, ainda, que foram criados organismos no Peru cujos marcos de atuação e de gestão se assentam nas ferramentas conceituais concebidas pela AED, tais como, o *Organismo Superior de Inversión en Infraestructura de Transportes (Ositran)* e o *Organismo Superior de Inversión en Telecomunicaciones (Osiptel)*. Estes organismos utilizam as ferramentas de análise econômica em suas decisões e, até mesmo, constituem tribunais e órgãos de decisão compostos por advogados e economistas (GONZÁLEZ, 2002).

úteis para a avaliação de políticas públicas e gastos públicos e, portanto, podem contribuir para ajudar a responder a questão sobre a juridicidade ou não da despesa pública.

4.1.1. A Economia do Setor Público

Costuma-se denominar "Economia do Setor Público" o ramo da Ciência Econômica que tem por objeto estudar o papel do Estado na economia, abrangendo em especial, a Política Fiscal, que corresponde à atuação do Governo no tocante à tributação e os gastos públicos, neles incluídos os gastos tributários. Constituem tópicos deste estudo, as funções econômicas do estado, as falhas de mercado e de governo, a incidência tributária, a análise custo--benefício, os efeitos alocativos, distributivos e estabilizadores da política fiscal, dentre outros.

Na língua portuguesa, esse ramo da ciência econômica também é encontrado sob a denominação de *"Economia Pública"*, *"Finanças Públicas"* e *"Ciência das Finanças"*. Na literatura estrangeira, esse ramo do conhecimento pode ser encontrado sob as denominações, *"Public Finance"*, *"Economics of Public Sector"*, *"Finances Publiques"*, *"Finanzas Públicas"*, *"Finanzwissenschaft"* e *"Scienza delle Finanze"*, dentre outras.

Convém ressalvar que, entre os autores, pode haver divergências entre *"Economia do Setor Público"* e *"Finanças Públicas"* ou *"Ciência das Finanças"*, no tocante ao objeto e a abordagem. Na Ciência das Finanças, costuma--se adotar uma abordagem político-econômica do fenômeno financeiro. Neste sentido, Paulo Trigo Pereira et. al. esclarece que (PEREIRA *et al.*, 2012, p. 4):

> "A disciplina de Finanças Públicas ou Economia Pública tem uma natureza interdisciplinar, pois situa-se na confluência das abordagens da ciência econômica, da ciência política e do direito. O seu objeto é comum ao da economia na medida que considera, no âmbito do sector público, as questões económicas fundamentais: O que produzir? Como produzir? E para quem produzir? Isto é, o problema de saber que recursos devem ser utilizados na produção de bens públicos, qual a melhor forma de produzir e financiar estes bens e, finalmente, quem deverá beneficiar da sua produção. Contudo, todas estas decisões no sector público são tomadas através do funcionamento de um processo político relativamente complexo. E é neste âmbito que a ciência política é importante pois ajuda a compreender as escolhas colectivas em regimes democráticos".

ASPECTOS EXTRAJURÍDICOS DOS GASTOS PÚBLICOS

Há dois tipos de análises (ou enfoques) que podem ser feitas no âmbito das finanças públicas: a análise positiva e a análise normativa.

A análise positiva (*positive economics*) visa descrever a economia e construir modelos que possam predizer os efeitos e as mudanças de diferentes políticas. A análise normativa (*normative economics*) é aquela que avalia diferentes políticas, pesando seus custos e benefícios e produzindo um juízo de valor. Enquanto a análise positiva está preocupada com o que "é", a análise normativa está preocupada com o que "deve ser" (STIGLITZ, 2000).

Ambas as análises podem ser úteis no âmbito do direito dos gastos públicos. Tanto para a elaboração ou interpretação de normas, quanto para a formulação de políticas públicas.

É importante mencionar que a economia do setor público fornece a justificativa teórica para a intervenção do Estado na atividade econômica. A teoria das falhas de mercado revela as situações em que a alocação de bens e serviços no livre mercado não é eficiente, tais como, os bens públicos (não sujeitos à rivalidade e à exclusão), as externalidades, a informação assimétrica, o poder de mercado e os monopólios naturais. Para a correção das falhas de mercado, a intervenção do Estado é necessária e o gasto público é um dos instrumentos utilizados pelo governo. Ocorre que a intervenção do Estado gera as chamadas "falhas de governo", uma vez que distorções na atuação do estado também podem levar à ineficiência na alocação de recursos.

Marcos Mendes, discorrendo sobre a eficiência do gasto público, considera que **a legitimidade da atuação governamental está justamente na correção das falhas de mercado**. Não deve o Estado atuar em outras atividades que não aquelas que o mercado executa de forma eficiente. Segundo o autor, o governo eficiente é aquele que é capaz de solucionar as falhas de mercado e que, ao fazê-lo, gera poucas "falhas de governo". Argumenta que, quando o governo cresce excessivamente, os custos de suas ações podem superar os benefícios (MENDES, 2014).

Nas palavras do autor (MENDES, 2014, p. 14):

> "A lição que se tira ao se constatar a existência das falhas de governo é a de que o setor público não deve se 'aventurar' em atividades que não sejam essencialmente voltadas a corrigir falhas de mercado. Ao fazê-lo, certamente estará produzindo um bem ou serviço que poderia ser oferecido pelo setor privado, a um custo mais alto, com menor qualidade, com impactos negativos sobre a distribuição de renda e o crescimento econômico; e, ainda por cima,

O DIREITO DOS GASTOS PÚBLICOS NO BRASIL

estará consumindo recursos fiscais escassos, que poderiam ser empregados, de forma mais produtiva, em atividades típicas de governo, voltadas à redução das falhas de governo".

Estas considerações de natureza econômica fornecem subsídios para a análise dos objetivos perseguidos por políticas e programas públicos, e, indiretamente, sobre os gastos públicos propriamente ditos.

4.1.2. Efeitos Econômicos do Gasto Público

Feitos esses esclarecimentos iniciais, é importante abordar os principais efeitos econômicos dos gastos públicos, seja do ponto de vista macroeconômico, seja do ponto de vista microeconômico[83]. É importante destacar que os gastos públicos podem ter impactos positivos em várias variáveis econômicas, entretanto, para que estes impactos ocorram, exige-se a adoção de políticas racionais pelo Estado. Neste tópico, pretende-se fazer **uma análise simplificada do tema**, apenas com o objetivo de ilustrar a necessidade de recorrer aos conhecimentos da ciência econômica com vistas a formular e interpretar regras jurídicas atinentes aos gastos públicos.

Do ponto de vista macroeconômico, podemos destacar os efeitos dos gastos públicos no produto (crescimento econômico), na estabilidade econômica e na distribuição de renda.

Segundo o modelo keynesiano, havendo capacidade ociosa na economia, um aumento de gastos públicos, ao incentivar a produção, irá gerar um incremento inicial de renda. Parcela desse aumento de renda seria destinada ao consumo, gerando nova ampliação do produto e, assim sucessivamente, segundo um efeito chamado "multiplicador keynesiano" (GREMAUD; VASCONCELOS; TONETO JR., 2006).

Hodiernamente, este modelo recebe inúmeras críticas, uma vez que os meios utilizados para financiar este aumento de gastos do governo podem ter

---

[83] Bayona de Perogordo e Soler Roch afirmam que há uma conexão entre o Direito Financeiro e a Economia Financeira. Segundo os autores, a Economia Financeira é uma parcela específica da Teoria econômica que tem por objeto de estudo os efeitos econômicos produzidos pela função financeira, seja em sua vertente de obtenção de recursos, seja no emprego dos mesmos e, tanto de uma perspectiva microeconômica, efeitos sobre a economia dos particulares, quanto macroeconômica, relativa às consequências produzidas pela função financeira na situação econômica da coletividade (PEROGORDO; ROCH, 1989).

ASPECTOS EXTRAJURÍDICOS DOS GASTOS PÚBLICOS

impacto redutor na demanda agregada, segundo o fenômeno denominado de *"crowding out"* (KENNEDY, 2011). O fenômeno *"crowding out"* ocorre quando o aumento de empréstimos realizados pelo setor público acarreta a redução do investimento privado. Argumenta-se, ainda, que esse modelo de crescimento pode gerar inflação e/ou desequilíbrios na balança comercial.

Nos estudos consultados[84], a composição dos gastos públicos é, também, uma variável que tem influência no produto e na taxa de crescimento econômico.

Urandi Freitas, Armando Castro Neto e Isaac Lôu, analisando a relação entre gastos públicos e crescimento econômico no Nordeste do Brasil, afirmam que não é todo tipo de gasto público que estimula o crescimento. Neste estudo, os autores apontam que os gastos de capital são positivamente relacionados com o crescimento econômico, e os gastos correntes possuem relação negativa com o crescimento em médio prazo na região Nordeste. Concluem, portanto, que se a elevação no produto do Nordeste for prioridade, deverá ser feita contenção de gastos de custeio e ampliação de investimento público (FREITAS; CASTRO NETO, LÔU, 2009).

Fabiana Rocha e Ana Carolina Giuberti realizaram um estudo avaliando empiricamente o impacto do gasto público sobre o crescimento econômico dos Estados Brasileiros, durante o período de 1986 a 2003. Neste estudo, buscou-se avaliar que componentes do gasto público contribuíram para o crescimento econômico no longo prazo dos estados durante o período mencionado. Na sua conclusão, as autoras confirmam que os componentes-padrão previstos pela literatura econômica para o gasto produtivo, tais como, capital, educação, transporte e comunicação, tem um efeito positivo e estatisticamente significante sobre o crescimento, sendo a única exceção a saúde, que apesar de aparecer com sinal positivo, não é significante (ROCHA; GIUBERTI, 2007).

Constatam, ainda, a existência de um efeito positivo, porém não linear, dos gastos públicos em consumo e o crescimento de longo prazo, sugerindo que este gasto não é tão prejudicial como se argumenta. Entretanto, o efeito não-linear sugeriria que existe um limite para o aumento deste tipo de gasto e que esse limite (61% da despesa orçamentária) já teria sido ultrapassado em

---

[84] No Brasil, é possível encontrar vários estudos que comparam os gastos públicos realizados por entes subnacionais (Estados ou Municípios) com o crescimento econômico por eles experimentados.

O DIREITO DOS GASTOS PÚBLICOS NO BRASIL

todos os Estados examinados, com exceção de Tocantins. Por fim, recomenda a reorientação na composição dos gastos em direção aos gastos com investimento, uma vez que esses tem um efeito positivo sobre o produto (ROCHA; GIUBERTI, 2007).

O gasto público pode ter um efeito distributivo, especialmente, se estiver relacionado a um sistema tributário progressivo e se os gastos forem realizados para custear serviços destinados às camadas mais pobres da educação (educação, saúde, habitação subsidiada, etc.). Além disso, a Previdência Pública e os Programas de Combate à Pobreza envolvem gastos públicos e produzem um efeito redistributivo.

As renúncias de receitas, entretanto, podem ter efeito de concentração de renda, pessoal ou regional. O gasto tributário pode beneficiar mais que tem maior capacidade contributiva, ou ainda, as pessoas ou regiões que possuem maiores bases tributárias.

No Relatório e Parecer sobre as Contas Gerais de Governo do Exercício de 2013, o Tribunal de Contas da União constatou a distribuição regional das renúncias de receitas federais em sentido amplo (abrangendo os benefícios financeiros e creditícios) não promove a redução das desigualdades regionais, violando o art. 43, § 2º, da Constituição Federal. Sob diversos critérios de análise (volume total, per capita ou por função social), a Região Nordeste, a mais necessitada, foi a que menos se beneficiou das referidas renúncias (*vide* item 5.2.). Segundo o TCU,

> "isso se deve, essencialmente, ao mecanismo de geração das renúncias tributárias, em regra associadas à presença de produção e renda, sem relação direta com as diferentes necessidades dos territórios do país, não atendendo, assim, ao propósito de desenvolvimento regional".

O gasto público também produz efeitos do ponto de vista microeconômico. Como o Estado é um grande comprador, pode influenciar no preço e na quantidade de equilíbrio do mercado de bens e serviços. O efeito do gasto público num determinado mercado depende, obviamente, da estrutura deste mercado. É de se esperar que no curto prazo, um aumento de aquisições estatais de determinados bens e serviços tenda a elevar os preços praticados no mercado.

Há quem defenda que o Estado utilize o seu poder de compra para fomentar a indústria nacional, para induzir a melhoria da qualidade dos produtos nacionais e a capacitação tecnológica dos fornecedores (SZPOGANIZ, 2003).

ASPECTOS EXTRAJURÍDICOS DOS GASTOS PÚBLICOS

No Brasil, o tratamento dado às micro e pequenas empresas pela Lei Complementar nº 123/2006 vem neste sentido (*vide* arts. 42 a 49). Além disso, a Lei nº 12.349/2010 alterou a Lei nº 8.666/1993 (Lei Geral de Licitações e Contratos) permitindo a previsão, nos processos licitatórios, de margem de preferência para produtos manufaturados e serviços nacionais que atendam as normas técnicas brasileiras. Além da margem de preferência normal, foi prevista a possibilidade de uma margem de preferência adicional para produtos e serviços nacionais resultantes de desenvolvimento e inovação tecnológicas realizados no país.

4.2. Aspectos políticos do Gasto Público

Esta obra defende o caráter jurídico da decisão de gastar que predomina na fase de execução da despesa. Entretanto, mesmo neste estágio, não se pode desprezar o componente político da decisão de gasto.

Este componente é ainda mais forte nas fases de elaboração e tramitação do orçamento público, a despeito das limitações jurídicas impostas pela Constituição Federal (por exemplo, as vinculações de recursos e as despesas obrigatórias).

Neste item, faz-se uma análise de alguns tópicos selecionados para ilustrar como a "politics" (em sentido amplo) pode influenciar nas decisões de gasto público.

4.2.1. Crescimento dos Gastos Públicos no século XX

Um primeiro tópico diz respeito ao crescimento real dos gastos públicos ao longo do século XX, que constitui reflexo econômico-financeiro do crescimento das atribuições do Estado.

Segundo James Giacomoni, uma das características mais marcantes da economia do século XX foi o crescente aumento das despesas públicas. Segundo o autor, tal crescimento deu-se não somente nos países de economia coletivizada (Socialistas), mas também em nações avançadas, defensoras da livre iniciativa e da economia de mercado (GIACOMONI, 2005).

São diversas as razões apontadas pelos estudiosos para esse crescimento, sendo várias de natureza política. Segundo Richard Bird (*apud* GIACOMONI, 2005), a urbanização favoreceu a difusão de novos padrões de comportamento e a articulação de interesses por parte de grupos sociais de atuante presença reivindicatória junto ao Governo.

O DIREITO DOS GASTOS PÚBLICOS NO BRASIL

Além disso, o crescimento da renda per capita, as mudanças tecnológicas e democráticas tem impulsionado a demanda por novos bens e serviços do Estado.

Alan Peacock e Jack Wiseman (*apud* GIACOMONI, 2005), por sua vez, sugerem que o crescimento das despesas públicas foi muito mais função das possibilidades de obtenção de recursos do que da expansão dos fatores que explicam o crescimento da demanda de serviços produzidos pelo Governo. Nesta linha, os autores sugerem que há um equilíbrio encontrado em épocas de normalidade e estabilidade econômica, que pode ser quebrado em situações de excepcional gravidade. Os indivíduos, nessas situações, reconhecem a importância da ação pública e não opõem maior resistência ao aumento da carga tributária. Entretanto, ao cessar a anormalidade, os indivíduos continuariam aceitando os novos níveis tributários, num efeito descrito como efeito-translação.

Martín, López e Lobo ressaltam que os governos democráticos passaram a assumir maiores responsabilidades na esfera econômica a partir do segundo terço do Século XX, influenciados pelo surgimento da crise econômica generalizada dos anos 30, pelo desenvolvimento do Estado do Bem-estar e, em especial, pelo enfrentamento entre as democracias com os regimes totalitários de tipo fascista e comunista (MARTÍN; LÓPEZ; LOBO, 2000).

Sobre este último fator, esclarecem que este enfrentamento entre os blocos levaram ao aperfeiçoamento de três componentes do Estado de Bem-Estar: a universalidade de acesso aos serviços públicos, a igualdade dos cidadãos e a seguridade social para todos. Nas palavras dos autores (MARTÍN; LÓPEZ; LOBO, 2000, p. 45):

> "El desarrollo del Estado de Bienestar, desde la aparición del Libro Blanco dirigido por Lord W. Beveridge, responde al intento de subsanar los fallos de mercado, lograr uma distribuición de la riqueza socialmente más aceptable para crear una mayor cohesión social y um reforzamiento moral de los gobiernos democráticos frente a la propaganda de los países comunistas. **En Europa, la derecha y la izquierda perfeccionaron los tres elementos básicos del Estado de Bienestar: universalismo de acceso a los servicios públicos, igualdad de los ciudadanos y seguridade social para todos. La idea era ofrecer uma cresciente igualdad social sin la perdida de liberdad individual de los países comunistas**" (grifo nosso).

De fato, o período da guerra fria, pós 2ª. Guerra Mundial, coincide com um período de grande expansão dos gastos públicos pelas democracias ocidentais.

ASPECTOS EXTRAJURÍDICOS DOS GASTOS PÚBLICOS

Com o fim dos regimes socialistas, no final dos anos 80, eliminou-se o fator "guerra fria" de crescimento das despesas públicas, mas não se produziu uma queda na participação dos gastos públicos na economia, em razão dos interesses criados e os hábitos arraigados no Estado do Bem-estar (MARTÍN; LÓPEZ; LOBO, 2000).

Essa descrição retrata o que aconteceu no período pós 2ª. Guerra Mundial nas economias mais avançadas da Europa Ocidental, no Japão e Estados Unidos. A partir da década de 1970, o crescimento dos gastos públicos em relação ao produto nessas nações atinge um determinado patamar limite, havendo até casos de pequena redução (MARTÍN; LÓPEZ; LOBO, 2000).

No entanto, em alguns países do sul da Europa, tais como, Espanha, Portugal e Grécia, o crescimento dos gastos públicos se acelerou entre 1975 e 1985, como resultado da queda dos regimes autoritários e com a instauração de regimes democráticos (MARTÍN; LÓPEZ; LOBO, 2000).

A propósito, Portugal é um interessante caso de estudo no que tange ao crescimento dos gastos públicos e ao equilíbrio orçamentário após a redemocratização.

Desde 25 de abril de 1974, com a instauração do regime democrático, Portugal nunca apresentou um excedente orçamental, o que só tinha sido verificado no tempo da ditadura. Paulo Trigo Pereira, entente, entretanto, que não seria necessário um regime autoritário forte, uma ditadura, para a consolidação orçamental sustentável, conforme demonstrariam as experiências de várias democracias europeias. Para resolver de forma sustentável e não conjuntural o problema das finanças públicas em Portugal, seria necessária uma mudança nas regras e instituições e o reforço dos valores de transparência, liberdade, responsabilidade e solidariedade, que rompam com o modelo que dominou as últimas 4 décadas (PEREIRA, 2012).

Dentre os motivos levantados para o crescimento da despesa públicas em Portugal nas últimas 4 décadas, Paulo Trigo Pereira elenca (PEREIRA, 2012):

a) o envelhecimento da população e as despesas sociais decorrentes;
b) o aumento do emprego público;
c) a alteração da estrutura do Estado, com maior importância dos organismos autônomos e menor controle da despesa realizada por estes entes;
d) a saída de vários organismos dos orçamentos das administrações públicas (desorçamentação), a má gestão empresarial e as más decisões de investimento de iniciativa pública;
e) por razões políticas que explicam quase todas as alternativas anteriores, com exceção do envelhecimento da população.

O DIREITO DOS GASTOS PÚBLICOS NO BRASIL

A persistência dos défices orçamentais e o consequentemente descumprimento do Pacto de Estabilidade e Crescimento (PaEC) da União Européia, não teria deixado o país preparado para enfrentar um choque externo, como o que veio a ocorrer com a crise financeira de 2008[85].

Enfim, **o fator político é fundamental para explicar a dificuldade do controle do crescimento do gasto público**. Quando se torna necessária a realização de um ajuste fiscal, promovendo-se a redução do déficit público (mediante redução das despesas públicas ou aumento de tributos), as medidas podem ser obstaculizadas por inúmeros agentes ou grupos políticos, econômicos ou sociais.

Segundo ilustram Fábio Giambiagi e Ana Cláudia Além (GIAMBIAGI; ALÉM, 2000, p. 344):

> "(...) no caso de um país que tem um déficit que deve ser cortado, por trás de cada rubrica do orçamento haverá milhares – ou até milhões – de famílias dispostas a se manifestar – intensamente, através de passeatas, greves, pressão sobre parlamentares, etc. ou silenciosamente, através do seu voto na eleição seguinte –, para evitar que o corte se dê exatamente na 'sua' rubrica e/ou que o aumento dos impostos incida sobre elas".

4.2.2. Transferências Voluntárias num Estado Federado

As transferências voluntárias entre entes federados são despesas públicas fortemente influenciadas por critérios políticos. Diferentemente das transferências obrigatórias (tais como as transferências constitucionais), os repasses voluntários dependem de decisão discricionária do órgão repassador.

Do ponto de vista jurídico, preconiza-se que a distribuição dos recursos entre o Governo Central e os entes subnacionais seja pautada por critérios

---

[85] Nas palavras do autor (PEREIRA, 2012, p. 31): "(...) em 2008 o défice era já de 3,6% do PIB. Ora em 2009 a combinação dos efeitos automáticos da recessão no défice (descida de impostos e aumento do subsídio de desemprego) e a política discricionária do Governo (...) fez subir o défice para 10,1%. Estes estímulos orçamentais continuaram em 2010 com um défice de 9,8%. Em apenas dois anos o peso da dívida pública direta no produto cresce cerca de 20 pontos percentuais, para atingir os 100%, no final de 2011. Ou seja, quando se deu um estímulo à economia, por necessidade e em consonância com orientações da União Européia, pôs-se as finanças públicas numa trajetória insustentável porque não se tinha cumprido o PaEC em 2008".

de isonomia, eficiência econômica e de equidade, visando a redução das desigualdades regionais e a manutenção de padrões mínimos de serviços essenciais, tais como, educação e saúde.

Entretanto, em vários países federados, inclusive no Brasil, é possível observar o forte componente político na decisão de efetuar a transferência voluntária, indo, muitas vezes, de encontro aos princípios e regras jurídicas pertinentes. Com efeito, Governos subnacionais alinhados com o poder central recebem tratamento privilegiado, que pode ocorrer na celebração do convênio (incluindo a apreciação da proposta), no repasse de recursos (repasses mais rápidos a partir da celebração do ajuste), na fiscalização e na apreciação da prestação de contas atinente aos recursos transferidos.

Até mesmo nos Estados Unidos, país com a mais longa tradição democrática no mundo, a influência política nas transferências voluntárias é marcante. Rodrigo Araujo Schneider estudou a motivação política nas transferências federais dos EUA para os condados no período de 1990 a 2008, abrangendo os Governos Clinton e Bush. Com base em testes econométricos, Schneider constatou que as áreas onde o Presidente possuía maiores níveis de suporte eleitoral recebiam, em média, maiores parcelas da distribuição das transferências voluntárias federais. Ademais, constatou que os condados cujas eleições para Presidente eram mais acirradas, recebiam, em média, maiores repasses voluntários federais. Também ficou evidenciada a expansão no volume de transferências nos anos eleitorais (SCHNEIDER, 2012), assunto a ser abordado no item a seguir.

4.2.3. Gasto Público e os Ciclos Eleitorais

A motivação política não se manifesta somente no tratamento privilegiado de entes federados politicamente alinhados com o poder central. Os ciclos eleitorais também exercem forte influência nos gastos públicos, motivo pelo qual a legislação eleitoral brasileira tem diversas restrições à realização de determinados gastos, incluindo, as transferências voluntárias em época de eleições (art. 73 da Lei nº 9.504/1997)[86]. Ademais, a própria lei de responsabilidade

---

[86] "Art. 73. São proibidas aos agentes públicos, servidores ou não, as seguintes condutas tendentes a afetar a igualdade de oportunidades entre candidatos nos pleitos eleitorais:

(...)

O DIREITO DOS GASTOS PÚBLICOS NO BRASIL

fiscal também trata da matéria restringindo operações em final de mandato (art. 42 da LRF).

Nos anos eleitorais, há uma forte tendência dos governantes ao uso da máquina administrativa em detrimento da lisura do pleito eleitoral e, no que aqui nos concerne, em detrimento do uso racional dos recursos públicos. Nos períodos eleitorais os gastos públicos podem ser canalizados para privilegiar a reeleição do governante ou a eleição de políticos aliados – decisões de gastar divorciadas do interesse público. Com efeito, é comum, em ano eleitoral, o aumento dos gastos com publicidade institucional, os aumentos de benefícios e transferências de renda em programas sociais, a concessão de aumentos a servidores e funcionários públicos e a realização de transferências voluntárias a entes governados por políticos aliados.

Ademais, os gastos públicos também podem ser utilizados para promover o crescimento econômico em épocas eleitorais aumentando a chance de sucesso do partido político no poder, conforme explicam Maurício Soares Bugarin e Ivan Fecury Sydrião Ferreira (BUGARIN; FERREIRA, 2004):

VI – nos três meses que antecedem o pleito:

a) realizar transferência voluntária de recursos da União aos Estados e Municípios, e dos Estados aos Municípios, sob pena de nulidade de pleno direito, ressalvados os recursos destinados a cumprir obrigação formal preexistente para execução de obra ou serviço em andamento e com cronograma prefixado, e os destinados a atender situações de emergência e de calamidade pública;

b) com exceção da propaganda de produtos e serviços que tenham concorrência no mercado, autorizar publicidade institucional dos atos, programas, obras, serviços e campanhas dos órgãos públicos federais, estaduais ou municipais, ou das respectivas entidades da administração indireta, salvo em caso de grave e urgente necessidade pública, assim reconhecida pela Justiça Eleitoral;

c) fazer pronunciamento em cadeia de rádio e televisão, fora do horário eleitoral gratuito, salvo quando, a critério da Justiça Eleitoral, tratar-se de matéria urgente, relevante e característica das funções de governo;

VII – realizar, em ano de eleição, antes do prazo fixado no inciso anterior, despesas com publicidade dos órgãos públicos federais, estaduais ou municipais, ou das respectivas entidades da administração indireta, que excedam a média dos gastos nos três últimos anos que antecedem o pleito ou do último ano imediatamente anterior à eleição.

VIII – fazer, na circunscrição do pleito, revisão geral da remuneração dos servidores públicos que exceda a recomposição da perda de seu poder aquisitivo ao longo do ano da eleição, a partir do início do prazo estabelecido no art. 7º desta Lei e até a posse dos eleitos".

ASPECTOS EXTRAJURÍDICOS DOS GASTOS PÚBLICOS

"Tanto a análise teórica quanto a evidência empírica relatam elevada correlação, nos mais variados países, entre resultado macroeconômico e desempenho eleitoral. Em geral, quanto melhor o estado da economia, maiores as chances de sucesso eleitoral do partido no poder. **Essa relação tem incentivado governantes a inflar a política fiscal em anos eleitorais, de forma a induzir uma melhora artificial na economia nesses períodos, com a consequente piora nos anos seguintes, produzindo o que se conhece popularmente como um ciclo político orçamentário**" (grifo nosso).

No Brasil, há um fator agravante no que tange a esta questão, qual seja, a realização de pleitos eleitorais a cada dois anos (salvo no Distrito Federal), alternando-se as eleições municipais com as eleições das esferas estadual e federal, o que aumenta a influência da "politics" na decisão de gastar.

Nesse contexto, o direito dos gastos públicos deve restringir a conduta dos agentes públicos, em especial, dos agentes políticos, em prol da regularidade do pleito eleitoral e do bom e regular uso dos recursos públicos.

4.3. Gasto Público e os Sistemas de Tecnologia da Informação

São inúmeros os sistemas de informação atualmente em uso na Administração Pública para as mais diversas finalidades. A cada ano são criados novos sistemas, são "aposentados" sistemas antigos e outros são aperfeiçoados, ganhando novas funcionalidades, novos módulos ou novas plataformas de utilização. Além disso, cada órgão ou entidade da administração pública federal possui pelo menos um sistema próprio, que, direta ou indiretamente, impacta na gestão da despesa pública, além de uso comum entre os órgãos (SIAFI, SIDOR, SIGPLAN, SICONV, etc.)

Este tópico busca apenas ilustrar os relacionamentos entre os sistemas de informação e o gasto público e a sua importância, não tendo qualquer pretensão de exaurir o tema.

No tocante à despesa pública, os sistemas de informação possuem várias funções.

Em primeiro lugar, os sistemas **facilitam a execução das operações orçamentárias, financeiras e contábeis necessárias à realização do gasto público**, tais como, movimentação de créditos, empenho, liquidação, pagamento, retenções de tributos e inscrição e liquidação de restos a pagar. A contabilização das operações envolve vários lançamentos em diferentes sistemas contábeis (Sistema Orçamentário, Sistema de Compensação, Sistema Finan-

O DIREITO DOS GASTOS PÚBLICOS NO BRASIL

ceiro e Sistema Patrimonial), cuja operacionalização só é viável mediante um sistema informatizado, tal como, o SIAFI do Governo Federal.

Em segundo lugar, os sistemas viabilizam **a transparência dos gastos públicos**, permitindo a consulta de informações à distância por meio de sítios eletrônicos, tais como, o Portal da Transparência (*www.portaldatransparencia.gov.br*).

Em terceiro lugar, **os sistemas permitem o** *"enforcement"* **de determinadas regras jurídicas**, tais como, a que só permite a realização de empenhos no limite dos créditos orçamentários e adicionais concedidos. Ademais, é muito comum que os sistemas da administração pública disponham de "críticas" nas entradas de dados, prevenindo a ocorrência de determinadas fraudes no que tange à despesa pública.

Em quarto lugar, **os sistemas viabilizam o exercício do controle externo e interno da gestão pública**, permitindo que os órgãos de controle realizem auditorias em grandes bases de dados. Com efeito, fiscalizações em programas sociais tais como o Bolsa Família, em que os recursos são pulverizados para vários beneficiários, só são viáveis em razão de sistemas informatizados como os do Cadastro Único dos Programas Sociais (CadUnico). A fiscalização financeira e operacional destes programas seria inviável exclusivamente por meio de análise documental.

Não é sem propósito que as últimas leis de diretrizes orçamentárias da União tem garantido o acesso irrestrito do Tribunal de Contas da União, do Ministério Público Federal, da Controladoria-Geral da União e dos membros do Congresso Nacional aos sistemas informatizados úteis para o acompanhamento e fiscalização orçamentária, conforme evidencia o art. 101 da Lei nº 12.708/2012 (LDO 2013)[87].

---

[87] Art. 101. Com vistas à apreciação da Proposta Orçamentária de 2013, ao acompanhamento e à fiscalização orçamentária a que se referem o art. 70 e o inciso II do § 1º do art. 166 da Constituição, será assegurado aos membros e órgãos competentes dos Poderes da União, inclusive ao Tribunal de Contas da União, ao Ministério Público Federal e à Controladoria-Geral da União, o acesso irrestrito, para consulta, aos seguintes sistemas ou informações, bem como o recebimento de seus dados, em meio digital:

I – SIAFI;

II – SIOP;

III – Sistema de Análise Gerencial da Arrecadação – ANGELA, bem como as estatísticas de dados agregados relativos às informações constantes das declarações de imposto de renda das pessoas físicas e jurídicas, respeitado o sigilo fiscal do contribuinte;

ASPECTOS EXTRAJURÍDICOS DOS GASTOS PÚBLICOS

Em quinto lugar, **as orientações constantes dos manuais de alguns sistemas informatizados, tais como, o SIAFI, podem traduzir normas jurídicas infralegais**, voltadas à operacionalização e contabilização da despesa pública. Ademais, o manual do SIAFI costuma consolidar a legislação aplicável a cada operação/transação financeira.

O Tribunal de Contas da União já proferiu, inclusive, determinação a órgão/entidade para cumprir orientação constante do Manual SIAFI. Com efeito, no Acórdão nº 1.688/2008 – Plenário, relativo aos Cartões de Pagamento do Governo Federal – CPGF, o TCU determinou à Agência Brasileira de Inteligência – ABIN que:

> "9.4.1. observe rigorosamente o caráter de excepcionalidade para a realização de saques com o cartão de pagamentos do governo federal e que os gastos não enquadrados nas peculiaridades previstas no art. 47 do Decreto 93.872/86, devem se restringir às situações específicas do órgão ou entidade,

IV – Sistema Integrado de Tratamento Estatístico de Séries Estratégicas – SINTESE;

V – SIEST;

VI – SIASG;

VII – Sistema de Informações Gerenciais de Arrecadação – INFORMAR;

VIII – Cadastro das entidades qualificadas como OSCIP, mantido pelo Ministério da Justiça;

IX – CNPJ;

X – Sistema de Informação e Apoio à Tomada de Decisão – SINDEC, do Departamento Nacional de Infraestrutura de Transportes – DNIT;

XI – SICONV;

XII – Sistema de Monitoramento do Programa de Aceleração do Crescimento – SISPAC;

XIII – Sistema de Acompanhamento de Contratos – SIAC, do DNIT;

XIV – CNEA, do Ministério do Meio Ambiente;

XV – Sistema de Informação sobre Orçamento Público em Saúde – SIOPS;

XVI – Sistema de Informações sobre Orçamentos Públicos em Educação – SIOPE; e

XVII – Sistema de Coleta de Dados Contábeis dos Entes da Federação – SISTN.

§ 1º Os cidadãos e as entidades sem fins lucrativos, credenciados segundo requisitos estabelecidos pelos órgãos gestores dos sistemas, poderão ser habilitados para consulta aos sistemas e cadastros de que trata este artigo.

§ 2º Em cumprimento ao *caput* do art. 70 da Constituição, o acesso irrestrito referido no *caput* será igualmente assegurado aos membros do Congresso Nacional, para consulta, pelo menos a partir de 30 de outubro de 2012, aos sistemas ou informações referidos nos incisos II e V do *caput*, nos maiores níveis de amplitude, abrangência e detalhamento existentes, e por iniciativa própria, a qualquer tempo, aos demais sistemas e cadastros.

O DIREITO DOS GASTOS PÚBLICOS NO BRASIL

nos termos do autorizado em portaria pelo Ministro de Estado competente e não devem exceder a trinta por cento do total da despesa anual efetuada com suprimento de fundos (Decreto 93.872/86, art. 45, § 6º, inciso II; Portaria nº 41, de 4/3/05, do Ministério do Planejamento, art. 4º, § 2º, e **Manual Siafi: Macrofunção 02.11.21, item 8.4., e Macrofunção 02.11.33, item 2.6.1. e itens 2.6.1. e 2.6.2., respectivamente**);" (grifo nosso)

Os sistemas são instrumentos que auxiliam diferentes fases do ciclo orçamentário-financeiro: no planejamento e orçamento, na execução orçamentária e financeira, e no controle.

Na fase de planejamento e orçamento, destacam-se dois sistemas de informação: o SIOP[88] e o SIDOR.

O SIOP – Sistema Integrado de Planejamento e Orçamento é um sistema informatizado que suporta os processos de planejamento e orçamento do Governo Federal. Proporciona ferramentas para[89]:

a) a elaboração do projeto de lei de diretrizes orçamentárias;
b) a elaboração do projeto de lei orçamentária anual;
c) a elaboração e revisão do projeto de plano plurianual;
d) as alterações orçamentárias (créditos adicionais);
e) o acompanhamento das emprestas estatais;
f) o acompanhamento das ações orçamentárias da União.

O SIDOR – Sistema Integrado de Dados Orçamentários, por sua vez, é o sistema de suporte à elaboração da lei orçamentária anual e da lei de diretrizes orçamentárias. Permite o cadastro de programas e ações, a definição de metas e prioridades, a análise e consolidação das propostas setoriais, a formalização do projeto de lei, o registro dos débitos constantes de precatórios judiciais,

---

[88] O Sistema de Integrado de Planejamento e Orçamento – SIOP substituiu o SIGPLAN. O SIGPLAN – Sistema de informações Gerenciais e Planejamento era um instrumento de gerenciamento do PPA, onde eram registrados os dados da execução físico-financeira das ações do governo, as restrições enfrentadas pelos programas e as providências necessárias à superação e os resultados previstos e alcançados ao longo da vigência do PPA. Além de uma ferramenta de apoio à gestão, o sistema constituia um instrumento utilizado pelos órgãos de controle para a avaliação da eficiência, eficácia e efetividade das políticas públicas (ALBUQUERQUE; MEDEIROS; FEIJÓ, 2006).

[89] Cf. Site Orçamento Federal do MPOG. http://goo.gl/qkHh41.

ASPECTOS EXTRAJURÍDICOS DOS GASTOS PÚBLICOS

dentre outras funcionalidades. O SIDOR está em processo de desativação sendo substituído aos poucos pelo SIOP[90].

No tocante à execução financeira e orçamentária, destacam-se os seguintes sistemas de administração financeira (SIAFI, SIAFEM), de folhas de pagamento de pessoal e administração de recursos humanos (SIAPE), de gestão de licitações e contratos (SIASG, SIAC, SICAF, COMPRASNET), de gestão de convênios (SICONV) e os sistemas de custos (SICRO, SINAPI, BPS, SIC), todos no âmbito da administração federal.

O SIAFI – Sistema Integrado de Administração Financeira é o principal sistema informatizado utilizado pelos órgãos e entidades da administração pública federal, incluindo as autarquias e fundações públicas e as empresas estatais dependentes, bem como pelos demais Poderes e órgãos autônomos da República. É um sistema utilizado para registro, acompanhamento e controle da execução orçamentária, financeira e patrimonial da União[91].

O SIAFI representou um marco na administração das finanças públicas no Brasil, juntamente com a criação da Secretaria do Tesouro Nacional (STN) e a unificação dos recursos de caixa da União, ocorridos nos anos 1986 e 1987.

Dentre os objetivos do SIAFI, pode-se citar[92]:

a) prover mecanismos adequados ao controle diário da execução orçamentária, financeira e patrimonial aos órgãos da Administração Pública;

b) fornecer meios para agilizar a programação financeira, otimizando a utilização dos recursos do Tesouro Nacional, através da unificação dos recursos de caixa do Governo Federal;

c) permitir que a contabilidade pública seja fonte segura e tempestiva de informações gerenciais destinadas a todos os níveis da Administração Pública Federal;

d) padronizar métodos e rotinas de trabalho relativas à gestão dos recursos públicos, sem implicar rigidez ou restrição a essa atividade, uma vez que ele permanece sob total controle do ordenador de despesa de cada unidade gestora;

e) permitir o registro contábil dos balancetes dos estados e municípios e de suas supervisionadas;

---

[90] Cf. Site do Serpro. http://goo.gl/qRBQj3.
[91] Cf. https://www.tesouro.fazenda.gov.br/pt/siafi.
[92] Cf. https://www.tesouro.fazenda.gov.br/pt/objetivos.

O DIREITO DOS GASTOS PÚBLICOS NO BRASIL

f) permitir o controle da dívida interna e externa, bem como o das transferências negociadas;
g) integrar e compatibilizar as informações no âmbito do Governo Federal;
h) permitir o acompanhamento e a avaliação do uso dos recursos públicos; e
i) proporcionar a transparência dos gastos do Governo Federal.

O SIAFEM – Sistema Integrado de Administração Financeira para Estados e Municípios é a uma versão do SIAFI desenvolvida pelo SERPRO – Serviço Federal de Processamento de Dados[93], adaptada e oferecida aos entes subnacionais.

No que tange ao controle e transparência, vários sistemas e portais da internet podem ser mencionados, tais como, o Sistema SIGA Brasil do Senado Federal, o SISAC – Sistema de Apreciação e Registro de Atos de Admissão e Concessões do Tribunal de Contas da União e o já mencionado Portal da Transparência do Governo Federal, administrado pela Controladoria-Geral da União.

Convém mencionar, por fim, que alguns sistemas tem status jurídico diferenciado, por serem referidos em lei e/ou por serem de utilização obrigatória.

A Lei Complementar nº 141/2012, por exemplo, estabelece que o Ministério da Saúde deverá manter um registro eletrônico centralizado das informações de saúde referentes aos orçamentos públicos da União, Estados, Distrito Federal, incluída sua execução, garantido o acesso público às informações (art. 39). O sistema a que se refere o dispositivo é o SIOPS – Sistema de Informação sobre Orçamento Público em Saúde, no qual os entes federados deverão providenciar o registro e atualização permanente dos dados (art. 39, § 1º, I), sob pena de suspensão do recebimento de transferências voluntárias (art. 39, § 6º).

Por sua vez, o art. 48, parágrafo único, inciso III, da Lei Complementar 101/2000, alterada pela Lei Complementar nº 131/2009, prevê que a transparência da gestão fiscal será assegurada mediante a *adoção de sistema integrado de administração financeira e controle, que atenda a padrão mínimo de qualidade estabelecido pelo Poder Executivo da União*. Este sistema é o SIAFI, no âmbito da

---

[93] Empresa pública vinculada ao Ministério da Fazenda (Lei nº 4.516/1964).

ASPECTOS EXTRAJURÍDICOS DOS GASTOS PÚBLICOS

União, e sistema semelhante foi desenvolvido e colocado à disposição para os Estados e Municípios (SIAFEM).

Por fim, a legislação de convênios da União obriga os gestores a registrarem atos referentes à celebração, execução, acompanhamento e fiscalização dos convênios e contratos de repasse no Sistema de Gestão de Convênios e Contratos de Repasse – SICONV e aos convenentes a registrarem as informações referentes às licitações realizadas e aos contratos administrativos celebrados, para aquisição de bens e serviços necessários a fim de executar o objeto do convênio ou contrato de repasse no referido Sistema (*vide*, por exemplo, os arts. 3º, 10 e 13, do Decreto nº 6.170, de 25/7/2007).

4.4. Aspectos Administrativos do Gasto Público

Em todas as esferas de governo, as instituições públicas, especialmente as da administração direta, sofrem de patologias na realização de suas funções administrativas. Problemas de planejamento, de gestão de pessoal, de organização, de direção, de controle e, por que não, de corrupção, são alguns exemplos destas disfunções administrativas.

Estes problemas podem afetar o gasto público, por um lado, impedindo a execução de programas e projetos de grande importância econômica e social, e, por outro, executando de forma indevida outras dotações, acarretando desperdício de recursos públicos.

O sítio da ONG Contas Abertas costuma noticiar, por exemplo, a inexecução de projetos e dotações orçamentárias da União que buscam atender problemas de interesse coletivo, tais como, o Desmatamento na Amazônia[94], Segurança Pública[95], Reforma Agrária[96], Prevenção e Resposta a Desastres[97]. São os investimentos públicos os que mais sofrem do mal da inexecução orçamentária.

As causas para esta inexecução são de duas ordens. A primeira diz respeito aos contingenciamentos na execução do orçamento público e a falta de regularidade nos fluxos de recursos. A segunda diz respeito aos problemas administrativos supramencionados.

---

[94] http://contasabertas.postbox.com.br/website/arquivos/7073.
[95] http://contasabertas.postbox.com.br/website/arquivos/6912.
[96] http://contasabertas.postbox.com.br/website/arquivos/6803.
[97] http://contasabertas.postbox.com.br/website/arquivos/6773.

No tocante à infraestrutura, André Castro Carvalho aponta que os gastos públicos passaram a ser disciplinados por regras mais rígidas, o que diminuiu os recursos para esta área (CARVALHO, 2013, p. 396):

> "De certa forma, o gasto público em infraestrutura passou a ser pautado por regras mais rígidas a fim de controlar a sua utilização, a qual acarretava impacto negativo nas contas públicas quando ocorria desenfreadamente e sem critérios definidos. Sem adentrar no mérito da conveniência ou não dessas regras, o fato é que isso pode ter sido responsável pela 'burocratização' nas despesas com infraestrutura, o que diminuiu o fluxo de recursos para infraestrutura – mas que trouxe, por outro lado, maior accountability no gasto público. É um trade-off, portanto, entre burocratização e responsabilidade no gasto".

Estas normas mais rígidas impõem mais exigências à administração pública, buscando assegurar proteção a bens/valores jurídicos, tais como, o planejamento, o equilíbrio das contas públicas, a transparência na utilização dos recursos, a isonomia entre licitantes, o meio ambiente, dentre outros. Por sua vez, as instituições públicas não conseguem se adaptar a esta nova realidade normativa.

A falta de estudos técnicos, a deficiência em projetos e a orçamentação inadequada são exemplos de falhas administrativas comuns que prejudicam a execução das obras e projetos de infraestrutura, ou exigem alterações contratuais que são impugnadas pelos órgãos de controle. Ademais, o próprio controle exercido pelos Tribunais de Contas sobre a execução destas obras é mais rigoroso, uma vez que estas envolvem montantes de recursos mais elevados.

Problemas administrativos também podem levar ao desperdício de recursos públicos, o que é comum no caso das transferências voluntárias e das transferências ao setor privado.

Deficiências administrativas do órgão repassador (tais como, a falta de pessoal qualificado ou em número suficiente) podem afetar as transferências em três momentos:

a) na análise de projetos ou pleitos de transferências, permitindo, por exemplo, os repasses de recursos para entes ou instituições que não tenham condições, técnicas ou administrativas, de executá-los;

b) na fiscalização da aplicação dos recursos pelo convenente, por exemplo, omitindo-se diante de irregularidades praticadas durante a execução do objeto pactuado e permitindo novos repasses parciais;

ASPECTOS EXTRAJURÍDICOS DOS GASTOS PÚBLICOS

c) no recebimento e análise das prestações de contas dos recursos transferidos, em que a omissão do órgão concedente pode dificultar, inviabilizar ou retardar a responsabilização do convenente, por irregularidades na aplicação dos recursos.

No exame de alguns Acórdãos e Decisões do Tribunal de Contas da União, observa-se que a "desorganização administrativa" (em alguns casos, desorganização documental) de alguns órgãos ou entidades públicas pode prejudicar:

a) o exercício do controle externo, mediante o não fornecimento de documentos e informações necessárias às fiscalizações do Tribunal de Contas[98];

b) a justificação das despesas[99];

c) a transparência;

d) a apuração dos débitos/danos ao Erário[100];

e) o respeito às normas em geral atinentes aos gastos públicos[101].

A desorganização administrativa pode afetar significativamente os resultados da gestão pública, deixando de gastar em projetos de grande importância econômica ou social, desperdiçando recursos em transferências, prejudicando a justificação das despesas, o exercício do controle financeiro e o respeito às normas atinentes aos gastos públicos.

---

[98] Consta do Relatório do Acórdão TCU nº 767/2003 – Plenário que a desorganização administrativa não poderá jamais ser considerada escusa plausível para o não fornecimento da documentação exigida em trabalho de auditoria.

[99] No Acórdão TCU nº 60/2011 – Plenário, a desorganização administrativa foi evidenciada pela existência de muitos documentos sem assinatura, sem dadas de confecção, anexados de forma precária aos autos e sem ordem lógica.

[100] No Acórdão TCU nº 38/1999 – Plenário, foi constatado que a desorganização administrativa inviabilizou o "quantum" do débito (dano ao erário).

[101] No Acórdão TCU nº 92/1996 – Plenário, foi constatado o pagamento de obras atestadas como concluídas, mas não executadas. O Tribunal considerou que os débitos apurados foram em razão de desorganização administrativa e não por má-fé dos responsáveis. No Acórdão nº 43/2000 – 1ª Câmara, foi constatada que a desorganização administrativa levou à não adaptação do órgão às mudanças das normas que ocorreram e continuam a ocorrer.

O DIREITO DOS GASTOS PÚBLICOS NO BRASIL

Um setor público de alta qualidade, segundo lição do economista italiano Vito Tanzi, facilita a formulação e a implementação de boas políticas (*vide* item 10.4.2.).

4.5. Síntese

O fenômeno financeiro é um fenômeno complexo e o gasto público, um dos componentes deste fenômeno, pode ser estudado sob o ponto de vista de diversas ciências além do Direito, tais como, a economia, a sociologia, a ciência política e a administração pública.

As ciências extrajurídicas podem fornecer subsídios para a elaboração e para a interpretação das normas do direito dos gastos públicos, proporcionando ao intérprete opções interpretativas que não estejam desvinculadas da realidade.

Ademais, a explicação para o descumprimento das normas atinentes ao direito dos gastos públicos extrapola a competência do jurista e pode ser encontrada nos conhecimentos fornecidos por estas ciências.

Hodiernamente, os sistemas de informação exercem funções importantes em relação aos gastos públicos, tais como, a operacionalização da despesa e da sua contabilização, a transparência dos gastos públicos, o *enforcement* de regras jurídicas e o exercício do controle financeiro. Algumas orientações constantes de manuais de sistemas informatizados podem ser vistas como normas jurídicas infralegais.

Parte 2
Bases para a Construção do Direito dos Gastos Públicos no Brasil

5. Os Regimes Jurídicos dos Gastos Públicos

"Um país, dois sistemas" (Deng Xiaoping)

O propósito deste capítulo é demonstrar que o direito dos gastos públicos no Brasil não constitui um regime jurídico único, mas um conjunto de regimes jurídicos que compartilha um núcleo básico de princípios jurídicos. Essa parcela comum do regime jurídico do gasto público é estudada com maior detalhe no capítulo 7.

Esta diversidade de regimes jurídicos deve-se, por um lado, à diversidade de organismos estatais e paraestatais existentes no Brasil contemporâneo e de novas parcerias realizadas pela Administração Pública com o setor privado ou com o terceiro setor. Por outro lado, deve-se à diversidade de operações que podem ser enquadradas como despesa pública em sentido amplo além dos gastos diretos, tais como, as transferências voluntárias (cap. 14), a despesa fiscal (gasto tributário) e os benefícios creditícios.

5.1. Diversidade de Organizações Estatais e Paraestatais

No Direito Brasileiro, existe uma diversidade de organizações estatais e paraestatais, que se submetem a regimes diferenciados no tocante à execução do gasto público. Dentre as organizações, podemos citar:

a) os órgãos da administração pública direta;
b) as autarquias e fundações públicas (autarquias fundacionais);
c) as agências reguladoras;
d) as agências executivas;

O DIREITO DOS GASTOS PÚBLICOS NO BRASIL

e) os conselhos de fiscalização profissional;
f) a ordem dos advogados do Brasil (OAB);
g) as empresas estatais, que podem ser desmembradas em sociedades de economia mista e empresas públicas, ou ainda, entre estatais dependentes e não dependentes;
i) as fundações de apoio às universidades;
j) os consórcios públicos;
k) os serviços sociais autônomos.

Além dessas organizações, existem os fundos públicos ou de caráter público que também realizam operações financeiras e se assemelham às entidades supramencionadas, tais como, os fundos de pensões de estatais, o fundo de previdência complementar dos servidores públcios e o fundo soberando.

As reformas administrativas realizadas a partir de 1995 só fizeram ampliar este rol de organizações, visando conferir maior autonomia financeira, orçamentária e gerencial, conforme preconiza a Emenda Constitucional nº 19//1998.

Além disso, as reformas preconizaram a celebração de parcerias com o setor privado e terceiro setor visando à prestação de serviços públicos, tais como:

a) contratos de gestão com organizações sociais;
b) termos de parceria com organizações da sociedade civil de interesse público – OSCIPs;
c) contratos de concessão de serviços públicos;
d) contratos de terceirização;
e) franquias;
f) termos de cooperação e de fomento, previstos na Lei nº 13.019/2014[102].

Neste tópico, procura-se ilustrar a diversidade de regimes jurídicos das organizações estatais e paraestatais, sem a pretensão de exaurir o tema. Neste mister, procura-se destacar os seguintes aspectos da disciplina da despesa pública para algumas espécies de organizações selecionadas:

a) sujeição à legalidade orçamentária – exigência de autorização orçamentária prévia à realização da despesa;

[102] Ainda não em vigor por força da Medida Provisória nº 658/2014.

OS REGIMES JURÍDICOS DOS GASTOS PÚBLICOS

b) exigência de procedimento licitatório prévio à contratação (consideradas como uma etapa da realização da despesa);
c) sistemas de administração financeira e de pessoal;
d) sujeição à Lei nº 4.320/1964;
e) sujeição à Lei de Responsabilidade Fiscal;
f) sujeição ao controle financeiro exercido pelos Tribunais de Contas.

5.1.1. Administração Direta

A administração direta ou centralizada é composta por órgãos que integram diretamente a estrutura dos Poderes. Não dotados de personalidade jurídica própria, realizam despesas e assumem obrigações em nome do ente federado ao qual pertencem. No caso da União, a administração pública direta inclui a Presidência da República e os Ministérios, no caso do Poder Executivo, e as estruturas administrativas dos Poderes Legislativo e Judiciário, do Ministério Público e do Tribunal de Contas.

As despesas *stricto sensu* realizadas por estes órgãos dependem de autorização orçamentária, ou seja, de créditos orçamentários ou adicionais, nos termos do art. 167, inciso II, da Constituição Federal. Constam do orçamento fiscal ou da seguridade social.

Exige-se licitação como procedimento prévio à contratação de obras, serviços e compras, locações, nos termos do art. 37, inciso XXI, da CF/88, estando sujeitos aos ditames da Lei nº 8.666/1993 (Lei Geral de Licitações e Contratos), tendo em vista o que dispõe o art. 1º, parágrafo único, da referida Lei[103].

No tocante aos sistemas informatizados, a utilização do sistema SIAFI e do SIAPE pelos órgãos do Poder Executivo Federal tornou-se obrigatória por meio do Decreto nº 347, de 21/11/1991. Os demais Poderes e órgãos como o Tribunal de Contas da União e Ministério Público da União adotaram voluntariamente o Sistema SIAFI para a realização de despesas públicas.

Entretanto, com o advento da Lei Complementar nº 131/2009, que alterou a LRF, foi reforçada esta obrigatoriedade para todos os entes públicos, suas autarquias, fundações e empresas estatais dependentes, exigindo, como requi-

---

[103] "Art. 1º (...) Parágrafo único. Subordinam-se ao regime desta Lei, além dos órgãos da administração direta, os fundos especiais, as autarquias, as fundações públicas, as empresas públicas, as sociedades de economia mista e demais entidades controladas direta ou indiretamente pela União, Estados, Distrito Federal e Municípios".

O DIREITO DOS GASTOS PÚBLICOS NO BRASIL

sito da transparência, *"adoção de sistema integrado de administração financeira e controle, que atenda a padrão mínimo de qualidade estabelecido pelo Poder Executivo da União e ao disposto no art. 48-A"* (art. 48, parágrafo único, III, LRF, incluído pela LC 131/2009).

O Sistema Integrado de Administração de Recursos Humanos – SIAPE, por sua vez, ficou restrito ao Poder Executivo, uma vez que cada um dos órgãos federais com autonomia financeira dispõe de sistemas próprios de folha de pagamento.

Os gastos realizados por órgãos de administração direta sujeitam-se também à Lei nº 4.320/64, e, no que nos concerne, às normas relativas às subvenções (arts. 12 a 21), às normas que definem exercício financeiro, restos a pagar e despesas dos exercícios anteriores, às normas procedimentais de execução da despesa pública (arts. 58 a 70) e às normas contábeis aplicáveis à despesa pública (arts. 83 a 106).

Aplicam-se, também, as disposições relativas à Lei de Responsabilidade Fiscal, em razão do disposto no art. 1º, § 3º, alíneas a e b, da Lei, que inclui as administrações diretas dos Poderes, do Ministério Público e Tribunais de Contas nas referências aos entes federados (União, Estados, Distrito Federal e Municípios).

Por fim, a administração direta está sujeita ao controle financeiro exercido pelos Tribunais de Contas, haja vista a amplitude do art. 70, parágrafo único, da Constituição Federal. Ademais, são feitas diversas referências à administração direta nos incisos II e IV do art. 71 da CF/88.

5.1.2. Administração Indireta: Autarquias e Fundações Públicas

O art. 4º, inciso II, do Decreto-lei nº 200/1967 define que a administração indireta é composta por entidades dotadas de personalidade jurídica própria, distinta do ente federado ao qual estão vinculadas, quais sejam:

a) autarquias;
b) fundações públicas;
c) empresas públicas;
d) sociedades de economia mista.

As entidades da administração pública indireta estão vinculadas a um Ministério, no caso da União, ou a uma Secretaria de Estado ou Municipal, no caso dos Estados e Municípios, estando sujeitas, em tese, somente a um controle finalístico, *"visando unicamente a mantê-las dentro de suas finalidades institucionais, enquadradas no plano global da administração a que se vinculam e fiéis às suas normas regulamentares"*, conforme explica Hely Lopes Meirelles (MEIRELLES, 1994, p. 314).

Este controle finalístico também é chamado de supervisão ministerial e não se confunde com a subordinação, *"pois que esta decorre do poder hierárquico e aquela resulta do sistema legal imposto às autarquias e entidades paraestatais, sujeitas, apenas, ao controle finalístico da Administração que as institui"*.

Segundo Hely Lopes Meirelles, enquanto *"a subordinação admite o controle pleno do órgão superior sobre o inferior; a supervisão é limitada aos aspectos que a lei indica, para não suprimir a administrativa e financeira das entidades vinculadas à Administração central"* (MEIRELLES, 1994, p. 576-577).

A administração indireta tem por objetivo desempenhar atividades administrativas de forma descentralizada[104], conforme ensina José dos Santos Carvalho Filho (CARVALHO FILHO, 2006, p. 376):

> "seja porque o tipo de atividade tenha mais pertinência para ser executada por outras entidades, seja para obter maior celeridade, eficiência e flexibilização em seu desempenho, o certo é que tais atividades são exercidas indiretamente ou, o que é o mesmo, descentralizadamente".

Tendo em vista a proximidade entre os regimes das autarquias e fundações públicas (autarquias fundacionais), que, atualmente, se assemelham ao da administração direta, e a proximidade entre os regimes das empresas públicas e sociedades de economia mista, faz-se uma análise separada entre estes dois grupos. Convém lembrar que as autarquias e fundações são pes-

---

[104] Hely Lopes Meirelles esclarece que o serviço público ou de utilidade pública pode ser prestado de forma centralizada, descentralizada e desconcentrada. Segundo o autor, o serviço centralizado, é aquele que o Poder Público presta por seus próprios órgãos em seu nome e sob sua exclusiva responsabilidade. Em tais casos, o Estado é ao mesmo tempo, titular e prestador do serviço, que permanece integrado na Administração Direta. O Serviço descentralizado é todo aquele em que o Poder público transfere sua titularidade ou, simplesmente, sua execução, por outorga ou delegação, a autarquias, entidades paraestatais, empresas privadas ou particulares individualmente. A descentralização pode ser territorial (geográfica) ou institucional. A primeira refere-se à transferência do serviço da União para os Estados-membros ou destes aos Municípios. A descentralização institucional é a que se opera com a transferência do serviço ou simplesmente de sua execução do ente federado para as suas autarquias, entes paraestatais e delegados particulares (MEIRELLES, 1994).

O DIREITO DOS GASTOS PÚBLICOS NO BRASIL

soas jurídicas de direito público e as empresas estatais são pessoas jurídicas de direito privado.

Autarquias são entidades de direito público que tem por objeto a prestação de serviços públicos e outras atividades que impliquem prerrogativas próprias ao poder público (art. 5º, Decreto-lei nº 200/1967). As fundações públicas (ou autarquias fundacionais) são fundações com personalidade de direito público que se assemelham às autarquias.

Impende mencionar que com a alteração do art. 37, inciso XIX, da Constituição Federal, pela Emenda Constitucional nº 19/1998, passou-se a admitir, no âmbito da administração pública indireta, fundações com personalidade de direito privado. Segundo o STF, no julgamento da Adin nº 191-4/RS, a distinção entre fundações públicas e privadas, no âmbito da administração pública, decorre da forma como foram criadas, da opção legal pelo regime jurídico a que se submetem e também da natureza dos serviços prestados.

Neste trabalho, optou-se por abordar exclusivamente as fundações de direito público.

No tocante ao orçamento, as autarquias e fundações públicas integram o orçamento fiscal ou o orçamento da seguridade social da Lei Orçamentária Anual, conforme se pode observar do disposto no art. 165, § 5º, inciso I, da CF/88, o qual se refere explicitamente às entidades da administração indireta, incluindo as fundações instituídas e mantidas pelo poder público.

As autarquias e fundações públicas sujeitam-se aos preceitos da Lei nº 8.666/1993, nos termos do seu art. 1º, parágrafo único, no que tange às suas licitações para a contratação de obras, serviços, compras e locações.

No âmbito federal, as autarquias e fundações também adotam o SIAFI, como Sistema de Administração Financeira, e o SIAPE, como sistema de administração de recursos humanos e folha de pagamento, nos termos do Decreto nº 347/1991.

A sujeição à Lei nº 4.320/1964 é uma decorrência do art. 165, § 5º, inciso I, da CF/88. A Constituição Federal acabou por aproximar o regime destas entidades ao da administração direta. A Lei nº 4.320/1964 dispunha que as autarquias e entidades paraestatais deveriam ter seus orçamentos aprovados por Decreto do Poder Executivo (art. 107). Este dispositivo não foi recepcionado pela CF/88.

As autarquias e fundações públicas também sujeitam-se à LRF, tendo em vista que, na lei, em todas as referências à União, Estados, Distrito Federal e Municípios, deverão ser incluídas as suas autarquias e fundações públicas (art. 1º, § 3º, I, b, LRF).

OS REGIMES JURÍDICOS DOS GASTOS PÚBLICOS

Por fim, as autarquias e fundações sujeitam-se à fiscalização financeira exercida pelos Tribunais de Contas, nos termos do art. 70, *caput*, c/c art. 71, incisos II, III e IV, da CF/88.

5.1.3. Administração Indireta: Empresas Estatais

O art. 4º do Decreto-lei nº 200/1967 dispõe que a Administração Pública Indireta é composta por empresas públicas e sociedades de economia mista, as chamadas empresas estatais, dotadas de personalidade jurídica de direito privado.

Segundo o art. 5º, II, do Decreto-lei nº 200/1967, alterado pelo Decreto--lei nº 900/1969, a empresa pública é

> "a entidade dotada de personalidade jurídica de direito privado, com patri-mônio próprio e capital exclusivo da União, criado por lei para a exploração de atividade econômica que o Governo seja levado a exercer por força de con-tingência ou de conveniência administrativa podendo revestir-se de qualquer das formas admitidas em direito".

Por sua vez, a sociedade de economia mista é, nos termos do art. 5º, III, do referido diploma:

> "a entidade dotada de personalidade jurídica de direito privado, criada por lei para a exploração de atividade econômica, sob a forma de sociedade anônima, cujas ações com direito a voto pertençam em sua maioria à União ou a entidade da Administração Indireta".

O Decreto-lei nº 200/1967 submete estas entidades à supervisão ministe-rial, que consiste de um controle finalístico e não se confunde com o controle hierárquico a que estão submetidos os órgãos da administração direta.

No tocante ao orçamento, há importantes diferenças entre as empresas estatais dependentes e as empresas estatais não dependentes. Quanto às pri-meiras, tanto as despesas correntes, quanto as despesas de capital devem estar autorizadas na lei orçamentária anual. As dotações destinadas às estatais dependentes estão contidas no orçamento fiscal e não no orçamento de inves-timento das estatais[105].

---

[105] No perfil das empresas estatais federais de 2011, constam 17 empresas dependentes do Tesouro Nacional. Analisando-se uma amostra de 8 destas empresas (Empresa Brasileira de

No tocante às estatais não dependentes, apenas as despesas relativas aos investimentos devem estar contidas na LOA, mais especificamente, no orçamento de investimento das estatais[106].

No âmbito federal, existe o chamado "Programa de Dispêndios Globais" (PDG), aprovado por Decreto do Presidente da República. O PDG não tem a estrutura de um orçamento-programa, e visa, principalmente, a compatibilizar os dispêndios das estatais com as metas de política econômica governamental. O PDG abrange tanto as despesas correntes, quanto as despesas de capital das empresas estatais, mas não tem a força vinculante da LOA. Trata-se de uma autolimitação à discricionariedade administrativa no tocante à realização da despesa pública, imposta pela União às suas estatais vinculadas.

A obrigatoriedade da realização de licitação pelas empresas estatais decorre do art. 37, XXI, da CF/88, imposição feita a todas as entidades da administração indireta.

Quanto à sujeição à Lei nº 8.666/1993, há uma diferenciação entre as empresas estatais prestadoras de serviço público e aquelas que exercem atividade econômica. As primeiras estão sujeitas à Lei nº 8.666/1993.

Para as empresas que exercem atividade econômica, a Emenda Constitucional nº 19/1998 aproximou o regime destas ao das empresas privadas, tendo em vista que as mesmas estão sujeitas a mesma competição no mercado.

Desta forma, o art. 173, § 1º, inciso III, da CF/88, alterado pela EC nº 19//1998, previu que as licitações para a contratação de compras, obras, serviços e alienações das estatais devem fazer parte de um estatuto jurídico da empresa pública e da sociedade de economia mista que prestem atividade econômica.

Pesquisa Agropecuária – Embrapa, o Hospital Nossa Senhora da Conceição S.A., a Companhia Nacional de Abastecimento – CONAB, a Companhia de Desenvolvimento dos Vales do São Francisco e do Parnaíba – CODEVASF, a Indústria de Material Bélico do Brasil – IMBEL, a VALEC – Engenharia, Construções e Ferrovias S.A., a Empresa de Trens Urbanos de Porto Alegre S.A. – Trensurb e a Companhia Brasileira de Trens Urbanos – CBTU), observou-se que as dotações orçamentárias para elas consignadas constavam do orçamento fiscal e da seguridade social (volume IV da LOA) e não do orçamento de investimentos das estatais (volume VI da LOA). Ademais, as empresas utilizavam o SIAFI para a execução orçamentária e financeira.

[106] Tem sido constatado o descumprimento reiterado do orçamento de investimentos das estatais pelas principais estatais não dependentes no âmbito federal (item 16.5.)

OS REGIMES JURÍDICOS DOS GASTOS PÚBLICOS

Entretanto, as licitações das estatais que exploram atividade econômica devem, ao menos, obedecer aos princípios da administração pública.

Ocorre que, até o presente momento, não foi editada a referida lei. Portanto, a Lei nº 8.666/1993 continua aplicável às estatais que exploram atividade econômica até que venha a ser editado o estatuto jurídico a que se refere o art. 173, § 1º, da CF/88.

O caso da empresa Petrobras é *sui generis*, uma vez que o art. 67 da Lei nº 9.478/1997 (Dispõe sobre a Política Energética Nacional, sobre as atividades de monopólio do Petróleo e cria a Agência Nacional do Petróleo – ANP) estabelece que *"Os contratos celebrados pela PETROBRÁS, para aquisição de bens e serviços, serão precedidos de procedimento licitatório simplificado, a ser definido em decreto do Presidente da República"*. Foi editado o Decreto nº 2.745/ /1998, aprovando o regulamento do Processo Licitatório Simplificado da Petrobras.

Este regulamento foi questionado no âmbito do TCU. Na Decisão nº 663/ /2002 – Plenário (item 8.1.), a Corte de Contas determinou à Petrobras que se abstivesse de aplicar às suas licitações e contratos o Decreto nº 2.745/98 e o artigo 67 da Lei 9.478/97, em razão de sua inconstitucionalidade, e observasse os ditames da Lei nº 8.666/93 até a edição da lei de que trata o § 1º do artigo 173 da Constituição Federal, na redação dada pela Emenda Constitucional 19/98.

A Petrobras tem impetrado junto ao STF mandados de segurança contra as decisões do TCU que obrigam a empresa a seguir a Lei nº 8.666/1993. Em diversas decisões monocráticas, o STF tem acolhido a tese da Petrobras, tais como, as proferidas no MS nºs 25.888, 25.986 e 26.783. Por exemplo, no MS nº 25.888, o Ministro-Relator Gilmar Mendes afirmou que:

> "Existe plausibilidade jurídica no pedido. A EC nº 9/95, apesar de ter mantido o monopólio estatal da atividade econômica relacionada ao petróleo e ao gás natural e outros hidrocarbonetos fluidos, acabou com o monopólio do exercício dessa atividade. Em outros termos, a EC nº 9/95, ao alterar o texto constitucional de 1988, continuou a abrigar o monopólio da atividade do petróleo, porém, flexibilizou a sua execução, permitindo que empresas privadas participem dessa atividade econômica, mediante a celebração, com a União, de contratos administrativos de concessão de exploração de bem público. (...) A Lei nº 9.478/97, portanto, disciplina a matéria. Em seu artigo 67, deixa explícito que 'os contratos celebrados pela Petrobrás, para aquisição de bens e serviços, serão precedidos de procedimento licitatório simplificado, a ser definido em decreto do Presidente da República'. A matéria está regulamentada pelo Decreto nº 2.745, de 1998, o qual aprova o regulamento licitatório

O DIREITO DOS GASTOS PÚBLICOS NO BRASIL

> simplificado da Petrobrás. **A submissão legal da Petrobrás a um regime diferenciado de licitação parece estar justificado pelo fato de que, com a relativização do monopólio do petróleo trazida pela EC nº 9/95, a empresa passou a exercer a atividade econômica de exploração do petróleo em regime de livre competição com as empresas privadas concessionárias da atividade, as quais, frise-se, não estão submetidas às regras rígidas de licitação e contratação da Lei nº 8.666/93.** Lembre-se, nesse sentido, que a livre concorrência pressupõe a igualdade de condições entre os concorrentes" (grifo nosso).

Apenas as estatais dependentes utilizam o SIAFI como sistema de administração financeira e isso faz sentido uma vez que tais empresas constam do orçamento fiscal. Entretanto, não utilizam o SIAPE para administração de recursos humanos.

As estatais não dependentes utilizam sistemas próprios de administração financeira e de administração de recursos humanos.

Às empresas estatais dependentes, aplica-se a Lei nº 4.320/1964, no tocante ao procedimento de realização da despesa. No tocante às estatais não dependentes, a aplicação desta lei não faria sentido, uma vez que não estão incluídas no orçamento fiscal ou da seguridade social. De qualquer forma, a LDO vem excluindo a aplicação da lei às empresas constantes do orçamento de investimentos, conforme revela o art. 36, § 6º, da LDO 2013:

> "Não se aplicam às empresas integrantes do Orçamento de Investimento as normas gerais da Lei nº 4.320, de 1964, no que concerne a regime contábil, execução do orçamento e demonstrações contábeis".

Por fim, a LRF aplica-se às empresas estatais dependentes, que devem ser compreendidas no âmbito do ente federado para os fins da lei (art. 1º, § 3º, I, b, LRF).

5.1.4. Entidades Paraestatais: Serviços Sociais Autônomos

A despeito das divergências dos autores quanto à abrangência das entidades paraestatais, há um consenso no sentido que os serviços sociais autônomos integram essa categoria.

A expressão "ente paraestatal" é oriunda do Direito Italiano, para designar entes de natureza intermediária entre as pessoas públicas e privadas, tendo sido incorporado ao Direito Brasileiro com a mesma imprecisão conceitual (DI PIETRO, 2002).

OS REGIMES JURÍDICOS DOS GASTOS PÚBLICOS

Hely Lopes Meirelles, por exemplo, define as entidades paraestatais como sendo *"pessoas jurídicas de direito privado cuja criação é autorizada por lei específica (CF, art. 37, XIX e XX), com patrimônio público ou misto, para a realização de atividades, obras ou serviços de interesse coletivo, sob normas e controle do Estado"* (MEIRELLES, 1994, p. 318). Segundo o autor, o étimo da palavra paraestatal indica que se trata de um ente disposto paralelamente ao Estado, ao lado do Estado para executar atividade de interesse do Estado, mas não privativa do Estado. Para Hely Lopes Meirelles, paraestatal é o gênero do qual estão inseridas as espécies: empresas públicas, sociedades de economia mista e os serviços sociais autônomos (MEIRELLES, 1994).

Reconhecendo a divergência acerca do conteúdo da expressão[107], José dos Santos Carvalho Filho afirma que a expressão deveria abranger *"toda pessoa jurídica que tivesse vínculo institucional com a pessoa federativa, de forma a receber desta os mecanismos estatais de controle"*. Estariam, assim, enquadradas como entidades paraestatais as pessoas da administração indireta e os serviços sociais autônomos (CARVALHO FILHO, 2006, p. 380).

No anteprojeto de Lei Orgânica da Administração Pública Federal, elaborado pela Comissão de Juristas[108] designada pela Portaria MPOG nº 426, de 6/12/2007, as entidades paraestatais abrangem as corporações profissionais,

---

[107] Nas palavras do autor, "Há juristas que entendem serem entidades paraestatais aquelas que, tendo personalidade jurídica de direito privado (não incluídas, pois, as autarquias), recebem amparo oficial do Poder Público, como as empresas públicas, as sociedades de economia mista, as fundações públicas e as entidades de cooperação governamental (ou serviços sociais autônomos), como o SESI, SENAI, SESC, SENAC, etc. Outros pensam exatamente o contrário: entidades paraestatais seriam as autarquias. Alguns, a seu turno, só enquadram nesta categoria as pessoas colaboradoras que não se preordenam a fins lucrativos, estando excluídas, assim, as empresas públicas e as sociedades de economia mista. Para outros, paraestatais seriam as pessoas de direito privado integrantes da Administração Indireta, excluindo-se, por conseguinte, as autarquias, as fundações de direito público e os serviços sociais autônomos. Por fim, já se considerou que na categoria se incluem além dos serviços sociais autônomos até mesmo as escolas oficializadas, os partidos políticos e os sindicatos, excluindo-se a administração indireta" (CARVALHO FILHO, 2006, p. 379-380).

[108] Participaram desta Comissão e da elaboração do Anteprojeto os ilustres professores de direito administrativo Almiro do Couto e Silva, Carlos Ari Sundfeld, Floriano de Azevedo Marques Neto, Paulo Eduardo Garrido Modesto, Maria Coeli Simões Pires, Sergio de Andréa e Maria Sylvia Zanella Di Pietro.

O DIREITO DOS GASTOS PÚBLICOS NO BRASIL

com personalidade jurídica de direito público, e os serviços sociais autônomos, com personalidade jurídica de direito privado.

Este item limita-se a abordar a disciplina dos gastos realizados pelos serviços sociais autônomos. A disciplina das despesas realizadas pelas corporações profissionais é discutida nos itens 5.1.5. e 5.1.6., a seguir.

Originalmente, os serviços sociais autônomos eram entidades cuja criação é autorizada por lei, com personalidade de direito privado, para ministrar assistência ou ensino a certas categorias profissionais ou grupos profissionais, sem fins lucrativos, mantidas com recursos de contribuições especiais arrecadadas destas próprias categorias.

Alice Gonzalez Borges salienta que os serviços sociais autônomos são instrumentos de intervenção estatal na atividade econômica, sob a forma de fomento, incentivando a que as empresas custeiem, em favor de seus empregados, serviços sociais e de aprendizagem para a sua formação profissional, com reflexos positivos para a sociedade, que se beneficia da produção de uma mão de obra mais qualificada, contribuindo, assim, para a geração de novos empregos (BORGES, 2010).

Dentre estas entidades, cabe citar as do chamado "Sistema S":

a) Serviço Social da Indústria – SESI (Decreto-lei nº 9.403, de 25/6/1946);
b) Serviço Nacional de Aprendizagem Industrial – SENAI (Decreto-lei nº 4.048, de 22/1/1942);
c) Serviço Nacional de Aprendizagem Comercial – SENAC (Decreto-lei nº 8.621, de 10/1/1946).
d) Serviço Social do Comércio – SESC (Decreto-lei nº 9.853, de 13/9/1946);
e) Serviço Social do Transporte – SEST (Lei nº 8.706, de 14/9/1993);
f) Serviço Nacional de Aprendizagem do Transporte (Lei nº 8.706, de 14/9/1993);
g) Serviço Nacional de Aprendizagem Rural (Lei nº 8.315, de 3/12/1991);
h) Serviço Brasileiro de Apoio às Micro e Pequenas Empresas (Lei nº 8.029, de 12/4/1990).

Recentemente, foram criadas novas entidades, pela União, por alguns Estados e Municípios, denominadas "serviços sociais autônomos", por lei, mediante transformação de entidades da administração indireta preexistentes, cuja subsistência decorre de repasses governamentais, através de dotações orçamentárias, em razão de fundos públicos ou de transferência de empréstimos internos ou externos; que, sendo extremamente dependentes de recursos do Poder público, não possuem nenhuma autonomia de ação, destinados

OS REGIMES JURÍDICOS DOS GASTOS PÚBLICOS

à finalidades de interesse público, correspondendo a verdadeiro desempenho de serviços públicos. Estes serviços sociais autônomos não tem sua criação arrimada em nenhuma previsão constitucional (BORGES, 2010).

Há severas críticas à criação destas entidades por parte dos juristas (por exemplo, Maria Sylvia Zanella Di Pietro e Fernando Scaff), uma vez que se trata do desvirtuamento da figura dos serviços sociais autônomos (BORGES, 2010).

Diante disso, o Anteprojeto da referida Comissão restringe o conceito às *"pessoas jurídicas criadas ou previstas por lei federal como entidades privadas de serviço social e de formação profissional vinculadas ao sistema sindical e sujeitas ao disposto no art. 240 da Constituição"* (art. 71).

Feitas estas considerações iniciais acerca dos serviços sociais autônomos (SSAs), e restringindo à sua concepção clássica, passamos a analisar a disciplina da despesa realizada por estes entes, sob os aspectos já mencionados.

Em primeiro lugar, os serviços sociais autônomos, a despeito de receberem contribuições especiais arrecadadas pelo INSS, não integram a lei orçamentária anual da União. A matéria não é sequer questionada pelo TCU.

O art. 6º da Lei nº 12.708/2012[109] (LDO 2013) não exclui expressamente os serviços sociais autônomos da LOA (Orçamento Fiscal e da Seguridade

---

[109] Art. 6º Os Orçamentos Fiscal e da Seguridade Social compreenderão o conjunto das receitas públicas, bem como das despesas dos Poderes e do Ministério Público da União, seus fundos, órgãos, autarquias, inclusive especiais, e fundações instituídas e mantidas pelo Poder Público, bem como das empresas públicas, sociedades de economia mista e demais entidades em que a União, direta ou indiretamente, detenha a maioria do capital social com direito a voto e que dela recebam recursos do Tesouro Nacional, devendo a correspondente execução orçamentária e financeira, da receita e da despesa, ser registrada na modalidade total no SIAFI.

Parágrafo único. Excluem-se do disposto neste artigo:

I – os fundos de incentivos fiscais, que figurarão exclusivamente como informações complementares ao Projeto de Lei Orçamentária de 2013;

II – os conselhos de fiscalização de profissão regulamentada, constituídos sob a forma de autarquia; e

III – as empresas públicas ou sociedades de economia mista que recebam recursos da União apenas em virtude de:

a) participação acionária;

b) fornecimento de bens ou prestação de serviços;

O DIREITO DOS GASTOS PÚBLICOS NO BRASIL

Social), como ela faz com os Conselhos de Fiscalização Profissional. Ocorre que os serviços sociais autônomos sequer fazem parte da Administração Pública, direta ou indireta, motivo pelo qual o legislador sequer se preocupou com o tema.

No tocante às licitações, o Tribunal de Contas da União entendeu que a contratação de obras, compras e serviços deve ser precedida do processo licitatório. Nada obstante a obrigatoriedade do certame licitatório, para o TCU, estas entidades não estão sujeitas aos ditames da Lei nº 8.666/1993 (Decisão TCU nº 907/1997 – Plenário, Decisão TCU nº 461/1998 – Plenário e Acórdão TCU nº 2.649/2006 – 1ª Câmara), devendo realizar o procedimento licitatório seguindo regulamentos próprios, os quais devem obedecer aos princípios gerais do processo licitatório (art. 3º, *caput*, da Lei nº 8.666//1993).

No tocante aos sistemas informatizados, os serviços sociais autônomos não devem utilizar o SIAFI ou o SIAPE, uma vez que não estão sujeitos à legalidade orçamentária. Ademais, os integrantes do sistema S estão sujeitos ao regime celetista, não sendo admitidos por concurso público, mas, tão somente, por processo seletivo simplificado (Acórdão TCU nº 2.077/2006 – 2ª Câmara).

Os serviços sociais autônomos não se sujeitam à Lei nº 4.320/1964, que disciplina os orçamentos públicos, a contabilidade pública e o procedimento de realização da despesa e da receita pública. De fato, já foi mencionado que os SSAs não se sujeitam à legalidade orçamentária. Ademais, tratando-se de entidade com pessoa jurídica de direito privado, não é razoável exigir-se o cumprimento dos preceitos de contabilidade pública. E o procedimento de realização de despesa previsto na Lei (empenho, liquidação e pagamento) não se aplica exatamente para as entidades não sujeitas à legalidade orçamentária.

No tocante à fiscalização financeira, cabe mencionar que os serviços sociais autônomos estão sujeitos ao controle exercido pelo Tribunal de Contas da União e ao dever de prestar contas. Com efeito, o art. 70, parágrafo único, da CF/88, que impõe o dever de prestar contas, tem escopo amplo, abrangendo qualquer pessoa física ou jurídica, de direito público ou privado, que

---

c) pagamento de empréstimos e financiamentos concedidos; e

d) transferência para aplicação em programas de financiamento, nos termos do disposto na alínea "c" do inciso I do *caput* do art. 159, e no § 1º do art. 239, da Constituição.

OS REGIMES JURÍDICOS DOS GASTOS PÚBLICOS

gerencie recursos públicos, como é o caso dos SSAs que gerenciam recursos de natureza tributária (contribuições parafiscais).

Desta forma, a gestão dos serviços sociais autônomos, e as despesas realizadas por estas entidades, sujeitam-se aos princípios da legalidade, legitimidade e economicidade, além dos princípios da administração pública, conforme revelam os juristas responsáveis pelo anteprojeto de lei orgânica da administração pública federal[110]:

> "Os dois tipos de entidades paraestatais previstos no anteprojeto sujeitar-se-ão, por extensão, a princípios próprios a Administração Pública (legalidade, legitimidade, moralidade, eficiência, interesse público e social, razoabilidade, impessoalidade, economicidade e publicidade), ficando, contudo, excluídos do âmbito de aplicação das normas das entidades estatais sobre contratação administrativa e servidores públicos, para preservar sua autonomia. Elas devem adotar procedimentos próprios de gestão financeira, contratação e seleção de pessoal que assegurem a eficiência e a probidade na aplicação de seus recursos, publicando anualmente suas demonstrações financeiras e prestando contas nos termos do parágrafo único do artigo 70 da Constituição, as quais serão apreciadas pelo Tribunal de Contas da União dentro dos limites determinados pelo respeito à autonomia que lhes foi conferida por lei".

5.1.5. Conselhos de Fiscalização Profissional

Os Conselhos de Fiscalização Profissional são entidades destinadas a zelar pela disciplina e pela ética no exercício de determinadas profissões regulamentadas. Os Conselhos são entidades compostas pelos próprios profissionais que buscam proteger a sociedade contra o mau exercício profissional, diferentemente dos sindicatos que, também são compostos pelos profissionais, mas buscam defender exclusivamente os interesses da categoria em questão. Para isso, os Conselhos dispõem do poder de polícia, podendo aplicar sanções aos profissionais nele inscritos. A inscrição no Conselho, via de regra, é condição necessária para o exercício profissional regular.

O modelo de fiscalização profissional adotado no Brasil foi o da **autorregulação pública**, um modelo intermediário entre a **regulação estatal**, exercida por organismos que integram a estrutura do Estado, e a **autorregulação privada**, na qual as instâncias de autorregulação são estabelecidas por auto-

---

[110] Cf. Disponível em http://www.planejamento.gov.br/.

O DIREITO DOS GASTOS PÚBLICOS NO BRASIL

vinculação dos interessados, de forma voluntária, com base no direito privado e na liberdade negocial. Na autorregulação pública, as instâncias de autorregulação são impostas ou reconhecidas pelo Estado, dotadas de poderes de normatização e disciplina idênticos aos do Estado (CARNEIRO NETO, 2010).

Conforme revela Durval Carneiro Neto, os conselhos profissionais foram sendo criados por diversas leis específicas a partir de 1930, variando aspectos substanciais dos regimes jurídicos. Como a criação dos conselhos coincidiu com uma tendência de descentralização administrativa (autarquização) ocorrida a partir de meados do século XX, os conselhos passaram a ser considerados, pela doutrina e jurisprudência, como autarquias corporativas, espécie do gênero autarquias administrativas (CARNEIRO NETO, 2010).

Em alguns casos, as leis de criação incluiu-lhes na categoria de autarquias, atribuindo-lhes personalidade jurídica de direito público. Em outros, entretanto, a lei nada diz a respeito, mas nem por isso deixaram de ser tratados como autarquias, pela doutrina e pela jurisprudência.

O art. 58 da Lei nº 9.649/1998 buscou atribuir aos Conselhos personalidade jurídica de direito privado. A lei dispõe que a fiscalização do exercício profissional também seria exercida em caráter privado, por delegação do poder público, mediante autorização legislativa.

Entretanto, na ADI nº 1.717/DF, o STF declarou a inconstitucionalidade dos referidos dispositivos por considerar indelegável as atividades de tributar, de fiscalizar e punir exercidas pelos referidos conselhos. Na visão do STF:

> "a interpretação conjugada dos artigos 5º, XIII, 22, XVI, 21, XXIV, 70, parágrafo único, 149 e 175 da Constituição Federal, leva à conclusão, no sentido da indelegabilidade, a uma entidade privada, de atividade típica de Estado, que abrange até poder de polícia, de tributar e de punir, no que concerne ao exercício de atividades profissionais regulamentadas (...)"

Os Conselhos Profissionais gozam de independência em relação aos órgãos e entidades da administração direta e indireta, ou seja, não se sujeitam à supervisão ministerial. São custeados, principalmente, com recursos oriundos das contribuições ou anuidades cobradas dos próprios profissionais inscritos.

Os conselhos não estão sujeitos à legalidade orçamentária, por força do que dispõem as LDOs Federais, que costumam exclui-los expressamente do âmbito da LOA (*vide*, por exemplo, o art. 6º da Lei nº 12.708/2012 – LDO 2013). Esta exclusão (desorçamentação) tem por fundamento o fato de os conselhos serem mantidos exclusivamente com contribuições parafiscais.

OS REGIMES JURÍDICOS DOS GASTOS PÚBLICOS

Os conselhos não recebem recursos do orçamento da União para o custeio de suas atividades ou para a realização de investimentos.

Os conselhos estão obrigados a realizar licitações como procedimento prévio às contratações de compras, obras, serviços e locações, as quais deverão ser disciplinadas pela Lei nº 8.666/1993, conforme revelam diversos Acórdãos do Tribunal de Contas da União (Acórdão nº 889/2004 – Plenário, Acórdão nº 1.445/2004 – Plenário, Acórdão nº 1.241/2007 – 1ª Câmara).

Os conselhos usam sistemas informatizados próprios para a administração financeira, contabilidade e pagamento de pessoal, não fazendo uso do SIAFI ou do SIAPE.

Como não estão sujeitas à legalidade orçamentária e à contabilidade pública, os conselhos não estão sujeitos também às disposições da Lei nº 4.320/ /1964.

No tocante à sujeição dos conselhos à Lei de Responsabilidade Fiscal, o TCU exarou o Acórdão nº 341/2004 – Plenário, no qual considerou que estas entidades não estão sujeitas às limitações previstas na LRF, em especial, aquelas relativas aos limites de gastos de pessoal, incluindo terceirizações, visto que tais entidades não participam do Orçamento-Geral da União e não geram receitas ou despesas que resultem impactos nos resultados de gestão fiscal a que alude o referido diploma legal. Nada obstante, o Tribunal entendeu que os Conselhos devem observar as normas gerais e princípios que norteiam a gestão pública responsável, com destaque para a ação planejada e transparente, que possa prevenir riscos e corrigir desvios capazes de afetar o equilíbrio das contas públicas.

No tocante à sujeição ao controle do TCU, há um entendimento pacífico do STF e do TCU no sentido de que estas entidades estão sujeitas à fiscalização financeira do Tribunal e ao dever de prestar contas, tendo em vista o fato de gerirem recursos oriundos de contribuições parafiscais (*vide*, por exemplo, o MS nº 21.797-9)

Recentemente, no MS 28469 AgR-segundo/DF, o STF reiterou que os conselhos tem o dever de prestar contas ao Tribunal de Contas da União.

5.1.6. Ordem dos Advogados do Brasil

A Ordem dos Advogados do Brasil (OAB) goza de um status diferenciado em relação aos demais Conselhos de Fiscalização Profissional. A OAB tem status constitucional, sendo mencionada em diversos dispositivos constitucionais, tais como, os que estabelecem a sua participação obrigatória em todas as fases dos concursos para ingresso nas carreiras da Magistratura (art. 93, I, CF/88), do Ministério Público (art. 129, § 3º, CF/88) e da Advocacia Pública (art. 132, CF/88).

Ademais, o Conselho Federal da OAB é legitimado a propor Ação Direta de Inconstitucionalidade e Ação Declaratória de Constitucionalidade de lei ou ato normativo perante o Supremo Tribunal Federal (art. 103, VII, CF/88). Cabe, ainda, ao referido Conselho a indicação de advogados para integrar o Conselho Nacional de Justiça (CNJ) e o Conselho Nacional do Ministério Público (CNMP), nos termos do art. 103-B e art. 130-A, da CF/88.

Nos termos do art. 44 da Lei nº 8.906, de 4/7/1994:

> "Art. 44. A Ordem dos Advogados do Brasil (OAB), serviço público, dotada de personalidade jurídica e forma federativa, tem por finalidade:
>
> I – defender a Constituição, a ordem jurídica do Estado democrático de direito, os direitos humanos, a justiça social, e pugnar pela boa aplicação das leis, pela rápida administração da justiça e pelo aperfeiçoamento da cultura e das instituições jurídicas;
>
> II – promover, com exclusividade, a representação, a defesa, a seleção e a disciplina dos advogados em toda a República Federativa do Brasil".

A OAB presta serviço público, regulamenta o exercício da profissão, aplica sanções aos inscritos em seus quadros e possui poderes para tributar até mais amplos que os da própria administração tributária (Art. 46 – *"Compete à OAB fixar e cobrar, de seus inscritos, contribuições, preços de serviços e multas"*).

Apesar disso, os Tribunais costumam trata-la como se fosse uma entidade privada (utilizando a expressão *"sui generis"*), que não se sujeita aos preceitos de direito público, mormente, no tocante à gestão de bens, dinheiros e valores públicos.

Neste sentido, o Resp. 572.080 – PR, o Superior Tribunal de Justiça considerou que as contribuições pagas pelos inscritos na OAB não tem natureza tributária.

> "PROCESSUAL CIVIL E TRIBUTÁRIO. RECURSO ESPECIAL. OAB. ANUIDADE. NATUREZA JURÍDICA. EXECUÇÃO. PRAZO PRESCRICIONAL. CÓDIGO CIVIL.
>
> 1. Embora definida como autarquia profissional de regime especial ou sui generis, a OAB não se confunde com as demais corporações incumbidas do exercício profissional.
>
> 2. As contribuições pagas pelos filiados à OAB não têm natureza tributária.

3. O título executivo extrajudicial, referido no art. 46, parágrafo único, da Lei nº 8.906/94, deve ser exigido em execução disciplinada pelo Código de Processo Civil, não sendo possível a execução fiscal regida pela Lei nº 6.830/80.

4. O prazo prescricional para executar os débitos advindos de anuidades não pagas deve ser aquele previsto pela legislação civil.

5. Recurso especial provido".

Nada mais equivocado. As contribuições à OAB apresentam os principais requisitos do conceito de tributo constante do art. 3º do CTN: prestação pecuniária, compulsória e que não se constitui sanção por ato ilícito.

A única diferença é que o montante da contribuição é fixado pela própria OAB e não por lei, o que, por si só, não justifica o tratamento diferenciado dos demais conselhos. Tal faculdade de fixação das contribuições conferida à OAB justifica a imposição de um regime jurídico ainda mais servero no tocante à gestão dos recursos arrecadados.

Nada obstante, o STJ, no EResp nº 503.252/SC, além de reforçar a natureza não tributária das contribuições à OAB, decidiu que a Ordem tem caráter *sui generis* em relação aos demais Conselhos de Fiscalização Profissional, não estando sujeitas às normas da Lei nº 4.320/1964 e à fiscalização financeira do Tribunal de Contas da União.

"PROCESSUAL CIVIL. TRIBUTÁRIO. ORDEM DOS ADVOGADOS DO BRASIL – OAB. LEI Nº 8.906/94. ANUIDADES. NATUREZA JURÍDICA. LEI DE EXECUÇÃO FISCAL. INAPLICABILIDADE.

1. Embora definida como autarquia profissional de regime especial ou sui generis, a OAB não se confunde com as demais corporaçõesincumbidas do exercício profissional.

2. As contribuições pagas pelos filiados à OAB não têm natureza tributária.

3. O título executivo extrajudicial, referido no art. 46, parágrafo único, da Lei nº 8.906/94, deve ser exigido em execução disciplinada pelo Código de Processo Civil, não sendo possível a execução fiscal regida pela Lei nº 6.830/80.

4. Não está a instituição submetida às normas da Lei nº 4.320/64,com as alterações posteriores, que estatui normas de direito financeiro dos orçamentos e balanços das entidades estatais.

5. Não se encontra a entidade subordinada à fiscalização contábil, financeira, orçamentária, operacional e patrimonial, realizada pelo Tribunal de Contas da União.

6. Embargos de Divergência providos".

O Tribunal de Contas da União, por sua vez, no Acórdão nº 1.765/2003 – Plenário, decidiu:

> "firmar o entendimento de que o Conselho Federal e os Conselhos Seccionais da Ordem dos Advogados do Brasil não estão obrigados a prestar contas a este Tribunal, em respeito à coisa julgada, decorrente da decisão proferida pelo Tribunal Federal de Recursos nos autos do Recurso de Mandado de Segurança nº 797".

Merece destaque, ainda, a deliberação do Supremo Tribunal de Federal – STF na ADI nº 3.026, segundo a qual, a OAB, por seu caráter ímpar e independente, não se sujeita aos ditames impostos à Administração Direta e Indireta, não está incluída nas categorias de autarquias especiais, não se aplicando à mesma a exigência de concurso público para provimento de seus cargos[111].

---

[111] "Ementa: Ação direta de inconstitucionalidade. § 1º do artigo 79 da Lei nº 8.906, 2ª parte. 'servidores' da ordem dos advogados do brasil. Preceito que possibilita a opção pelo regime celestista. Compensação pela escolha do regime jurídico no momento da aposentadoria. Indenização. Imposição dos ditames inerentes à administração pública direta e indireta. Concurso público (art. 37, II da Constituição do Brasil). Inexigência de concurso público para a admissão dos contratados pela OAB. Autarquias especiais e agências. Caráter jurídico da OAB. Entidade prestadora de serviço público independente. Categoria ímpar no elenco das personalidades jurídicas existentes no direito brasileiro. Autonomia e independência da entidade. Princípio da moralidade. Violação do artigo 37, *caput*, da constituição do brasil. Não ocorrência. 1. A Lei nº 8.906, artigo 79, § 1º, possibilitou aos 'servidores' da OAB, cujo regime outrora era estatutário, a opção pelo regime celetista. Compensação pela escolha: indenização a ser paga à época da aposentadoria. **2. Não procede a alegação de que a OAB sujeita-se aos ditames impostos à Administração Pública Direta e Indireta. 3. A OAB não é uma entidade da Administração Indireta da União. A Ordem é um serviço público independente, categoria ímpar no elenco das personalidades jurídicas existentes no direito brasileiro. 4. A OAB não está incluída na categoria na qual se inserem essas que se tem referido como "autarquias especiais" para pretender-se afirmar equivocada independência das hoje chamadas "agências". 5. Por não consubstanciar uma entidade da Administração Indireta, a OAB não está sujeita a controle da Administração, nem a qualquer das suas partes está vinculada. Essa não-vinculação é formal e materialmente necessária.** 6. A OAB ocupa-se de atividades atinentes aos advogados, que exercem função constitucionalmente privilegiada, na medida em que são indispensáveis à administração da Justiça [artigo 133 da CB/88]. É entidade cuja finalidade é afeita a atribuições, interesses e seleção de advogados. Não há ordem de relação ou dependência entre a OAB e qualquer órgão público. 7. A Ordem dos Advogados do Brasil, cujas características são autonomia e independência, não pode ser tida como congênere dos

O que as deliberações supramencionadas fazem é excluir a OAB do âmbito do Direito dos Gastos Públicos, não a sujeitando à Lei nº 4.320/1964, à legalidade orçamentária e ao controle do tribunal de contas.

O status jurídico diferenciado da OAB em relação aos demais Conselhos de Fiscalização Profissional não justifica o seu tratamento diferenciado no tocante à gestão dos seus recursos, uma vez que as suas contribuições são de natureza tributária (art. 3º, CTN) e a Ordem dispõe de poderes inerentes ao Poder Público (punir, regulamentar e tributar), sem mencionar as funções constitucionais da OAB.

No mesmo sentido, Durval Carneiro Neto afirma que (CARNEIRO NETO, 2010, p. 319):

> "Por mais que se diga que a OAB detém atribuições institucionais que vão além daquelas desempenhadas pelos demais conselhos, não há razões para conferir tratamento diferenciado àquela em relação a estes, na medida em que são comum os traços que diferenciam todos os conselhos – e não só a OAB – das autarquias administrativas".

Este tratamento diferenciado em relação aos demais conselhos causa espécie. Não procede o argumento da independência da OAB em relação aos demais Órgãos e Poderes (*vide* Adin nº 3026), pois, até mesmo, órgãos como o Supremo Tribunal Federal, a Procuradoria-Geral da República, Tribunais Superiores, Congresso Nacional, que gozam de autonomia financeira em relação ao Poder Executivo, estão sujeitos aos preceitos de direito público no dispêndio dos recursos e à fiscalização financeira dos Tribunais de Contas.

---

demais órgãos de fiscalização profissional. A OAB não está voltada exclusivamente a finalidades corporativas. Possui finalidade institucional. 8. Embora decorra de determinação legal, o regime estatutário imposto aos empregados da OAB não é compatível com a entidade, que é autônoma e independente. 9. Improcede o pedido do requerente no sentido de que se dê interpretação conforme o artigo 37, inciso II, da Constituição do Brasil ao *caput* do artigo 79 da Lei nº 8.906, que determina a aplicação do regime trabalhista aos servidores da OAB. 10. Incabível a exigência de concurso público para admissão dos contratados sob o regime trabalhista pela OAB. 11. Princípio da moralidade. Ética da legalidade e moralidade. Confinamento do princípio da moralidade ao âmbito da ética da legalidade, que não pode ser ultrapassada, sob pena de dissolução do próprio sistema. Desvio de poder ou de finalidade. 12. Julgo improcedente o pedido" (grifo nosso).

5.2. Regime Jurídico do Gasto Tributário

Quatro dispositivos constitucionais disciplinam os gastos tributários no Brasil. Como o conceito de gasto tributário surgiu no final dos anos 60, nos EUA, é de se esperar que a Constituição Federal de 1988 tenha sido a primeira tratar da questão no Brasil. E, ainda assim, tratou do tema de forma não muito detalhada, não tendo sido criado um verdadeiro orçamento de gastos tributários.

Em primeiro lugar, a Constituição requer, como regra, lei específica para o tratamento tributário diferenciado que dá origem ao gasto tributário, nos termos do art. 150, § 6º, CF/88, alterada pela EC nº 3/93:

> "Qualquer subsídio ou isenção, redução de base de cálculo, concessão de crédito presumido, anistia ou remissão, relativos a impostos, taxas ou contribuições, só poderá ser concedido mediante lei específica, federal, estadual ou municipal, que regule exclusivamente as matérias acima enumeradas ou o correspondente tributo ou contribuição, sem prejuízo do disposto no art. 155, § 2º, XII, g".

Em segundo lugar, o art. 70, *caput*, da CF/88, que submete as renúncias de receitas à fiscalização financeira:

> "Art. 70. A fiscalização contábil, financeira, orçamentária, operacional e patrimonial da União e das entidades da administração direta e indireta, quanto à legalidade, legitimidade, economicidade, aplicação das subvenções e renúncia de receitas, será exercida pelo Congresso Nacional, mediante controle externo, e pelo sistema de controle interno de cada Poder".

Por sua vez, o art. 165, § 6º, CF/88, dispõe que o Poder Executivo deverá encaminhar, juntamente ao Projeto de Lei Orçamentária Anual, demonstrativo regionalizado com estimativa sobre os benefícios de natureza tributária, permitindo aos Parlamentares ter uma visão mais ampla da despesa pública, quando da análise do orçamento:

> "O projeto de lei orçamentária será acompanhado de demonstrativo regionalizado do efeito, sobre as receitas e despesas, decorrente de isenções, anistias, remissões, subsídios e benefícios de natureza financeira, tributária e creditícia".

O art. 43, § 2º, da Constituição Federal, por fim, dispõe expressamente sobre os instrumentos federais para a promoção do desenvolvimento e da redução das desigualdades regionais, dentre os quais, encontra-se o gasto tributário, sob a forma de isenções, reduções ou diferimento temporário de tributos devidos por pessoas físicas ou jurídicas.

Os gastos tributários também encontram disciplina infraconstitucional. O comando previsto no art. 14 da Lei de Responsabilidade Fiscal (LRF) impõe três mandamentos para a concessão ou ampliação de benefícios de natureza tributária. Em primeiro lugar, a concessão ou ampliação deverá estar acompanhada de estimativa do impacto orçamentário-financeiro no exercício em que deva iniciar sua vigência e nos dois seguintes (art. 14, *caput*, LRF). Em segundo lugar, tal concessão/ampliação deverá atender ao disposto na lei de diretrizes orçamentárias – LDO (art. 14, *caput*, LRF). Por fim, deverá atender uma das seguintes condições: demonstração de que a renúncia foi considerada na estimativa da LOA e que não afetará as metas de resultados fiscais previstas na LDO (art. 14, I, LRF) ou estar acompanhada de medidas de compensação, por meio do aumento de receita, proveniente da elevação de alíquotas, ampliação da base de cálculo, majoração ou criação de tributo ou contribuição (art. 14, II, LRF).

No tocante ao art. 70, *caput*, da CF/88, Élcio Fiori Henriques entende que a fiscalização quanto à legalidade, legitimidade e economicidade, se restringe à "aplicação das renúncias de receitas", ou seja, à fiscalização da aplicação por determinadas entidades de recursos recebidos de contribuintes que recebam tratamento tributário diferenciado em razão desta prática (HENRIQUES, 2010).

Segundo o autor (HENRIQUES, 2010, p. 109),

> "não haveria sentido na fiscalização da aplicação dos valores de receitas renunciadas pelos beneficiários de incentivos fiscais, na medida em que não há nenhuma determinação legal sobre qual seria a destinação de tais recursos.
>
> Nesse sentido, é claramente mais acertada a interpretação de que os sujeitos da fiscalização financeira são as pessoas que recebem recursos de contribuintes quando esses geram benefícios para os doadores.
>
> Afinal, é comum a utilização de benefícios fiscais para o financiamento de atividades de interesse público efetuadas por organizações não governamentais, os quais cumpririam o mesmo efeito das subvenções".

Na hipótese considerada, aplicação de recursos recebidos em decorrência de benefícios fiscais para o doador, está evidente a competência fiscalizatória dos Tribunais de Contas. É o caso da Lei Rouanet, já mencionada (item 2.9.).

Entretanto, não é possível ter uma visão tão estrita acerca da avaliação do gasto tributário, especialmente, se considerarmos que o controle *lato sensu* dos gastos tributários pode ser realizado também por outros órgãos, como o

O DIREITO DOS GASTOS PÚBLICOS NO BRASIL

Parlamento ou pelo Judiciário, e que pode ser questionada, ainda, a constitucionalidade da lei instituidora do benefício fiscal.

O gasto tributário é um instrumento de políticas públicas, que tem objetivos específicos a serem atendidos. Se estes objetivos são ilegítimos, também será ilegítimo o gasto tributário. Pode-se apurar se estes objetivos estão sendo atingidos (eficácia) e se eles estão sendo atingidos com o menor gasto tributário possível (eficiência).

Esta avaliação, que pode ser realizada pelos Tribunais de Contas, em auxílio ao Parlamento, é fundamental para que o Poder Legislativo possa deliberar acerca da manutenção ou não daquele tratamento tributário diferenciado ou a sua redução/ampliação, se for o caso. Uma vez observada ineficácia e ineficiência, poder-se-ia alocar os recursos renunciados para outros programas de gastos diretos.

O atendimento dos gastos tributários à função de redução das desigualdades regionais (art. 43, § 2º, CF/88) é um tema que vem sendo ressaltado pelo TCU nos Relatórios e Pareceres sobre as Contas Gerais de Governo. No exercício financeiro de 2013, por exemplo, 48,9% do total das renúncias de receitas em sentido amplo (abrangendo também os benefícios financeiros e creditícios) foram obtidas pela região Sudeste, enquanto a região Nordeste obteve 15,44% das renúncias e a região Norte 13%. Considerando-se o valor das renúncias per capita, ou seja, divididos pela população das regiões, o maior valor per capita foi o da região Norte, com R$ 2.154,50 por habitante e o extremo inferior foi ocupado pela região Nordeste com R$ 779,10 por habitante, ou seja, 56% da média nacional. Considerando somente as funções da área social (assistência social, saúde, trabalho, educação, cultura, direitos da cidadania, habitação, esporte e lazer), a distribuição per capita das renúncias em sentido amplo foi a seguinte: região Norte (R$ 142,00), região Nordeste (R$ 183,00), região Sul (R$ 435,00), região Centro-Oeste (R$ 461,00) e região Sudeste (R$ 655,00). Neste contexto, o TCU concluiu que: *"a distribuição per capita dos benefícios de caráter social não promove a redução das disparidades regionais"*. Há, portanto, um desrespeito ao preceito constitucional contido no art. 43, § 2º, CF/88.

A transparência das renúncias de receitas é o ponto de partida para estas avaliações e para a adoção de decisões políticas. Neste sentido, Francisco Carlos Ribeiro de Almeida manifesta-se (ALMEIDA, 2001, p. 61):

> "A análise de gastos tributários introduz uma nova forma de se visualizarem os programas de ação governamental. De uma maneira geral sabe-se muito pouco sobre os gastos públicos executados por intermédio do sistema tribu-

tário, o que frequentemente resulta em má alocação de recursos e desperdícios. Uma vez que o governo venha a conhecer mais sobre os seus programas de gastos diretos e tributários, uma reforma em sua política de benefícios e incentivos fiscais pode vir a ocorrer. Certos gastos tributários podem ser eliminados ou pelo menos reconsiderados, possivelmente substituídos por formas mais efetivas e menos dispendiosas de auxílio como subsídios ou investimentos públicos diretos.

A análise de gastos tributários ao explicitar e quantificar um importante segmento dos gastos públicos permite que se questione se efetivamente existe o desejo de se assistir financeiramente determinado setor e, caso positivo, em que montante. **Pode-se questionar se um programa está funcionando bem, como os seus custos se comparam com os benefícios esperados, ou ainda se está atingindo seus objetivos, que aliás devem ser claramente delimitados. Pode-se questionar quem efetivamente está se beneficiando daquele programa ou se a assistência financeira proporcionada é suficiente ou não"** (grifo nosso).

Convém lembrar que o próprio autor considera a renúncia de receitas como uma fonte alternativa de receitas tributárias, mormente quando houver desequilíbrio nas finanças do Estado, motivo pelo qual destaca a importância de um orçamento das renúncias de receitas[112].

Nos Estados Unidos, o *Government Accountability Office* (GAO), órgão de controle externo de natureza financeira, estipulou diversos critérios de avaliação das *"tax expenditures"*, considerando que as mesmas apresentam um impacto fiscal substancial, estimado em aproximadamente U\$ 1 trilhão em 2011 com base em dados do *Department of Treasury* (USA, 2012).

As questões principais elaboradas pelo GAO para avaliar a despesa fiscal são (USA, 2012):

a) qual(is) é(são) o(s) objetivos do gasto tributário e eles tem sido alcançados?

---

[112] Segundo Francisco Carlos Ribeiro de Almeida, "um orçamento de benefício tributário bem organizado e monitorado pode se constituir em fonte alternativa de receita, na eventualidade do Estado estar em desequilíbrio com suas finanças. Com efeito, tendo em vista a necessidade de cobertura de um possível déficit, ao invés de aumentar a carga tributária nominal existente, ou ainda, promover a colocação de títulos públicos, o Estado poderia optar, ainda que parcialmente, por extinguir benefícios tributários, cuja justificativa original pela qual foram criados não mais subsistisse, ou que, por qualquer outro motivo, venham se mostrando ineficazes quanto ao alcance de seus objetivos" (ALMEIDA, 2001, p. 64).

O DIREITO DOS GASTOS PÚBLICOS NO BRASIL

b) mesmo que os objetivos tenham sido alcançados, a despesa fiscal constitui uma boa política?
c) como o gasto tributário se relaciona com os demais programas federais?
d) quais são os impactos da despesa fiscal no orçamento federal americano?
e) como a avaliação da despesa fiscal deve ser gerenciada?

As questões são desdobradas em diversas sub-questões.

A primeira questão, identificação dos objetivos da despesa fiscal, é o primeiro passo para determinar como o seu desempenho ou os seus resultados deverão ser medidos (USA, 2012).

Muitas vezes, o sistema tributário concede benefícios fiscais para os quais não estão claros os objetivos. Ademais, os benefícios fiscais permanecem em vigor indefinidamente, pois não passam por um processo de revisão periódico[113].

Deve-se verificar, também, se foram estabelecidas tais medidas de desempenho. A grande dificuldade está em saber quem é o gestor da despesa fiscal, que deveria ser responsável por tais medições. Destaca-se que a Administração Tributária é a responsável pela fiscalização e aplicação da lei que institui a *tax expenditure*, mas não é a responsável pelo programa ou pela política, da qual o gasto tributário é o instrumento. (USA, 2012).

A segunda questão, se a despesa fiscal constitui uma boa política, leva em conta aspectos como a eficiência econômica, a justiça, a equidade, a simplicidade, a transparência e administrabilidade (USA, 2012).

---

[113] Ciente disso, o legislador constituinte no art. 41 do ADCT/88 determinou que:

"Art. 41. Os Poderes Executivos da União, dos Estados, do Distrito Federal e dos Municípios reavaliarão todos os incentivos fiscais de natureza setorial ora em vigor, propondo aos Poderes Legislativos respectivos as medidas cabíveis.

§ 1º – Considerar-se-ão revogados após dois anos, a partir da data da promulgação da Constituição, os incentivos que não forem confirmados por lei.

§ 2º – A revogação não prejudicará os direitos que já tiverem sido adquiridos, àquela data, em relação a incentivos concedidos sob condição e com prazo certo.

§ 3º – Os incentivos concedidos por convênio entre Estados, celebrados nos termos do art. 23, § 6º, da Constituição de 1967, com a redação da Emenda Constitucional nº 1, de 17 de outubro de 1969, também deverão ser reavaliados e reconfirmados nos prazos deste artigo".

OS REGIMES JURÍDICOS DOS GASTOS PÚBLICOS

A terceira questão, acerca do relacionamento da *tax expenditure* com outros programas federais, busca verificar se a despesa fiscal se sobrepõe com outro esforço federal, se está coordenada com outras atividades federais e se existe alguma alternativa à despesa fiscal que seja mais efetiva para o alcance dos seus objetivos. Dentre estas alternativas, pode-se questionar se outra forma de despesa fiscal não seria mais efetiva, ou se outros instrumentos como os gastos diretos ou a regulação não seriam mais adequados (USA, 2012).

A quarta questão, impacto das *tax expenditures*, visa estimar os efeitos reais da despesa fiscal no orçamento público. Busca identificar os efeitos não capturados pelas estimativas do Departamento do Tesouro e do *Joint Committee on Taxation*, questionando inclusive se a criação ou a supressão de uma despesa fiscal afeta a arrecadação de outros tributos. A quarta questão também busca identificar se há opções para limitar a perda de receita em decorrência do benefício fiscal instituído (USA, 2012).

Por fim, a quinta questão, sobre como a avaliação das *tax expenditures* deve ser conduzida, busca identificar qual ou quais agências devem avaliar a despesa fiscal, quando e qual a periodicidade desta avaliação, e quais dados seriam necessários para tal avaliação (USA, 2012).

A partir deste questionário, pode-se extrair diversos critérios a que estão sujeitas as *tax expenditures* e que também encontram guarida no ordenamento jurídico pátrio, tais como, a eficiência, a eficácia, a equidade, a justiça, a transparência, e o equilíbrio das contas públicas. São, com efeito, princípios jurídicos que devem orientar a utilização da despesa fiscal como instrumento de políticas públicas.

5.3. Regime Jurídico dos Benefícios Creditícios

Conforme foi mencionado (item 2.7.2.), os benefícios ou subsídios creditícios são gastos decorrentes de programas oficiais de crédito que oferecem condições mais acessíveis aos tomadores. São também chamados de benefícios ou subsídios implícitos, em função de não constarem do Orçamento Geral da União. Os gastos são decorrência do fato de os recursos do Tesouro alocados a estes programas terem uma taxa de retorno inferior ao seu custo de captação[114].

---

[114] Cf. Relatório do Acórdão TCU nº 1.718/2005 – Plenário.

O DIREITO DOS GASTOS PÚBLICOS NO BRASIL

Poucos dispositivos legais e constitucionais disciplinam esta modalidade de despesa *lato sensu*, e a preocupação do legislador está voltada à transparência. Também é a principal preocupação manifestada pelos economistas.

De fato, sendo benefícios implícitos, é importante explicitá-los não somente para os cidadãos, mas também para o parlamento e para os próprios administradores públicos, permitindo que os mesmos possam ser revistos, caso não atinjam os objetivos propostos ou se revelem antieconômicos.

É o caso do art. 165, § 6º, da CF/88, que determina que o demonstrativo regionalizado dos benefícios de natureza creditícia deve acompanhar o projeto de lei orçamentária anual.

A Lei de Responsabilidade Fiscal também se preocupou com o tema, no art. 49, parágrafo único, determinando que:

> "A prestação de contas da União conterá demonstrativos do Tesouro Nacional e das agências financeiras oficiais de fomento, incluído o Banco Nacional de Desenvolvimento Econômico e Social, especificando os empréstimos e financiamentos concedidos com recursos oriundos dos orçamentos fiscal e da seguridade social e, **no caso das agências financeiras, avaliação circunstanciada do impacto fiscal de suas atividades no exercício**" (grifo nosso).

Entretanto, o regime jurídico dos benefícios creditícios não pode ficar limitado ao princípio da transparência. No caso do art. 165, § 6º, CF/88, ao exigir que as informações sobre os benefícios creditícios sejam enviadas juntamente com o projeto de LOA, pode-se cogitar que o constituinte de 1988 tivesse desejado uma revisão periódica destes benefícios, confrontando-os, ademais, com as despesas orçamentárias.

O TCU exarou alguns Acórdãos versando sobre os benefícios creditícios, que revelam um pouco mais sobre o regime jurídico destes benefícios.

O Acórdão nº 1.718/2005 – Plenário foi uma das primeiras deliberações do Tribunal versando sobre o tema e determinou à Secretaria de Política Econômica (SPE) do Ministério da Fazenda que a adoção de providências visando ao

> "levantamento dos valores nele efetivamente renunciados por meio dos benefícios financeiros e creditícios, encaminhando ao Tribunal, até o final do mês de março do ano subseqüente, relatório anual para fins de subsídio ao Relatório das Contas de Governo, devendo o procedimento iniciar-se já em relação ao exercício financeiro de 2005" (item 9.1. do Acórdão).

Ao Ministério da Fazenda, foi determinada a adoção de providências para disciplinar o conteúdo do demonstrativo de que trata o art. 165, § 6º, CF/88, no tocante aos benefícios creditícios e financeiros[115]. Interessante notar que, além disso, foi determinado ao MF:

> "elaborar, haja vista o disposto nos artigos 84, inciso XXIV, 74, incisos I e II, e 165, § 6º, da Constituição Federal, metodologia de avaliação quanto à eficiência, eficácia e efetividade dos programas ou projetos que utilizam recursos renunciados em decorrência de benefícios financeiros e creditícios, incluindo o cronograma e a periodicidade das avaliações, discriminadas por tipo de benefícios, encaminhando no prazo de cento e oitenta dias ao Tribunal plano e cronograma contemplando solução para o caso".

Desta forma, fica evidenciada a preocupação do TCU com a eficiência, eficácia e efetividade dos programas que utilizam benefícios creditícios como instrumentos. Esta preocupação só faz sentido se os princípios jurídicos relativos aos resultados da ação governamental também forem aplicáveis a esta espécie de despesa lato sensu.

O Acórdão TCU nº 3.071/2012 – Plenário refere-se à fiscalização realizada pelo Tribunal na SPE/MF, tendo por objeto os benefícios creditícios e financeiros, com vistas a responder questões relativas à:

a) adequação da sistemática utilizada pela SPE/MF para a apuração dos subsídios creditícios e financeiros concedidos pela União e fundos públicos operados pelo BNDES, inclusive para financiamento de projetos do PAC;

b) valor dos benefícios creditícios e financeiros;

c) atendimento às normas legais que regem a gestão financeira no âmbito público.

No tocante a esta última questão, o TCU, nesta fiscalização, preocupou-se com a divulgação dos custos dos subsídios, explícitos ou implícitos, com a classificação regional e por função orçamentária e com as formas empregadas pelo governo para avaliar os resultados obtidos com a aplicação dos subsídios.

---

[115] Em cumprimento à determinação, o MF editou a Portaria MF nº 379, de 13/11/2006 e, posteriormente, a Portaria MF 130, de 10/3/2009.

No tocante à divulgação dos custos, o Tribunal elenca diversos dispositivos normativos que impõem tal divulgação, tais como, o item 9.1. do citado Acórdão nº 1.718/2005 – Plenário, o art. 165, § 6º, CF/88, o art. 4º, § 3º, da LRF (Anexo de Riscos Fiscais) e o art. 15, inciso I, da Lei nº 10.180/2001 (demonstrações contábeis da União). Segundo o Acórdão, a inclusão dos benefícios no Anexo de Riscos Fiscais tem a ver com os riscos inerentes à administração da dívida pública. E no que tange às demonstrações contábeis, estas devem refletir as operações realizadas pela União e o impacto no seu patrimônio.

No que tange à classificação regional, é uma decorrência do próprio art. 165, § 6º, da CF/88. A classificação por função orçamentária deve ser feita à semelhança do que é feito com o demonstrativo de gastos tributários.

Por fim, no que tange à avaliação de resultados obtidos na aplicação dos benefícios, aponta-se o item 9.3.2. do já mencionado Acórdão nº 1.718/2005 – Plenário e o art. 1º, § 6º, da Lei nº 11.948/2009, segundo o qual:

> "O Banco Nacional de Desenvolvimento Econômico e Social – BNDES deverá encaminhar ao Congresso Nacional, até o último dia útil do mês subsequente de cada trimestre, relatório pormenorizado sobre as operações realizadas, indicando, entre outras informações, quantidade e valor das operações de financiamento realizadas, detalhadas por modalidade do investimento, setor produtivo beneficiado e localização dos empreendimentos; e estimativa dos impactos econômicos gerados pelos projetos, principalmente em termos de geração de emprego e renda, resguardado o sigilo bancário".

Desta forma, com base nos itens analisados pelo TCU para responder à questão de fiscalização relativa ao atendimento das normas de gestão financeira, é possível identificar as linhas gerais do regime jurídico dos benefícios creditícios, que não se resume à transparência.

Uma vez que os programas de crédito são conduzidos por empresas/autarquias integrantes da administração indireta, cabe incidir, sobre os mesmos, também os princípios da administração pública.

Por analogia com os benefícios tributários, também é possível considerar a aplicação do art. 70 da CF/88 a esta classe de benefícios. O TCU, nesta linha, adota um conceito amplo de renúncia de receitas, que abrange também os benefícios creditícios e financeiros.

5.4. Síntese

A diversidade de regimes jurídicos dos gastos públicos é resultado da adoção de um conceito amplo de despesa pública (capítulo 2). A variedade de regimes decorre, por um lado, da diversidade de organizações estatais e paraestatais e da diversidade de formas com as quais o Estado vem se relacionando com o setor privado e com o terceiro setor. Por outro, decorre também da existência de gastos atípicos, ou seja, operações tradicionalmente não vistas como gastos e que não constam do orçamento público, tais como, os gastos tributários e os benefícios creditícios.

Para ilustrar a diversidade de regimes das organizações estatais e paraestatais, foi analisada a disciplina da despesa pública em relação aos seguintes aspectos: sujeição à legalidade orçamentária, à Lei nº 4.320/1964, à Lei de Responsabilidade Fiscal, à exigência de procedimento licitatório, os sistemas informatizados utilizados e a submissão ao controle do Tribunal de Contas. A tabela a seguir sintetiza as conclusões.

	LOA	Licitações	Sistemas	Lei n° 4.320	LRF	Controle
Administração Direta	Sim	Sim. Lei n° 8.666/1993	SIAFI e SIAPE	Sim	Sim	Sim
Autarquias e Fundações Públicas	Sim	Sim. Lei n° 8.666/1993	SIAFI e SIAPE	Sim	Sim	Sim
Empresas Estatais dependentes	Sim	Sim. Lei n° 8.666/1993	SIAFI	Sim, no tocante ao procedimento de realização da despesa pública.	Sim	Sim
Estatais não dependentes	Apenas as despesas com investimentos constam do Orçamento de investimentos das estatais	Sim.	Sistemas próprios	Não	Não	Sim
Serviços Sociais Autônomos	Não	Sim. Não se sujeitam à Lei n° 8.666/1993.	Sistemas próprios	Não	Não	Sim
Conselhos de Fiscalização Profissional	Não	Sim. Lei n° 8.666/1993	Sistemas próprios	Não	Não	Sim
OAB	Não	Não.	Sistemas próprios	Não	Não	Não

6. Fontes do Direito dos Gastos Públicos

> "A lei e o regulamento, na verdade, distinguem-se sob o aspecto material e formal. Segundo a matéria, a diferença está em que a lei inova originariamente na ordem jurídica, enquanto o regulamento não a altera. (...) Destarte, a inovação originária da ordem jurídica é da lei, e não dele. Só os regulamentos autônomos ou independentes inovam livremente na ordem jurídica. Porém, como observado, constituem verdadeiras leis. Formalmente, o regulamento subordina-se à lei, pois nela se apóia como texto anterior, para sua execução, seja quanto à sua aplicação, seja quanto à efetivação das diretrizes por ela traçadas na habilitação legislativa. Sujeita-se, então, o regulamento à lei, como regra jurídica normativa superior, colocada acima dele, que rege suas atividades e é por ele inatingível, pois não pode se opor a ela" (Oswaldo Aranha Bandeira de Mello).

Para se identificar as regras e princípios que disciplinam a despesa pública, é essencial conhecer as fontes deste ramo do direito, ainda em fase muito incipiente no Brasil. No direito tributário, o próprio Código Tributário Nacional dispõe expressamente sobre o que compõe a legislação tributária (art. 96). O mesmo, entretanto, não acontece com o direito financeiro.

A expressão jurídica "fontes do direito" refere-se justamente ao *processo como o direito é formado e revelado, enquanto conjunto sistematizado de normas, com um sentido e lógica próprios, conformador e disciplinador da realidade social de um Estado*[116].

---

[116] Cf. http://goo.gl/pdu1k0.

O tema das fontes de direito é controverso na doutrina e é fortemente influenciado pelo sistema jurídico.

Nos sistemas jurídicos da família romano-germânica, há o predomínio da lei como fonte do direito, enquanto que, nos sistemas da *Common Law*, destaca-se a importância do costume e do precedente judicial, conforme ensinam Luis Martínez Roldán e Jesús A. Fernández Suárez (ROLDÁN; SUÁREZ, 2006, p. 160):

> "Los sistemas de fuentes em los ordenamentos de la tradición romano-germanica o continental suelen estar basados en la supremacia de la ley como fuente del derecho, mientras que los sistemas jurídicos de los países anglosajones se configuran como derechos jurisprudenciales, donde la costumbre todavia conserva uma importancia ideológica fundamental como justificación y fundamento de la fuente básica de estos sistemas jurídicos: el precedente judicial".

Os doutrinadores brasileiros costumam dividir as fontes do direito entre **fontes formais** e **fontes materiais**. Segundo Maria Helena Diniz, as **fontes formais** dizem respeito (DINIZ, 2003, p. 282)

> "aos modos de manifestação das normas jurídicas, demonstrando quais os meios empregados pelo jurista para conhecer o direito, ao indicar os documentos que revelam o direito vigente, possibilitando sua aplicação a casos concretos, apresentando-se como fonte de cognição"

Segundo a autora, as fontes formais são os modos de manifestação do Direito por meio dos quais o jurista conhece e descreve o fenômeno jurídico, podendo ser divididas em fontes estatais e não estatais. As estatais abrangem as fontes legislativas, jurisdicionais e as convenções e tratados internacionais. As não estatais abrangem o direito consuetudinário, o direito científico (doutrina) e as convenções e negócios jurídicos em geral (DINIZ, 2003).

As **fontes materiais ou reais** são fontes de produção, referindo-se a fatores éticos, sociológicos, históricos, políticos etc. que produzem o direito, condicionam o seu desenvolvimento e determinam o conteúdo das normas (DINIZ, 2003).

Segundo a autora (DINIZ, 2003, p. 283-284),

> "Fontes materiais ou reais são não só fatores sociais, que abrangem os históricos, os religiosos, os naturais (clima, solo, raça, natureza geográfica do território, constituição anatômica e psicológica do homem), os demográficos, os higiênicos, os políticos, os econômicos e os morais (honestidade, decoro,

decência, fidelidade, respeito ao próximo), mas também os valores de cada época (ordem, segurança, paz social, justiça), dos quais fluem as normas jurídico-positivas. São elementos que emergem da própria realidade social e dos valores que inspiram o ordenamento jurídico. O conjunto desses fatores sociais e axiológicos determina a elaboração do direito através de atos dos legisladores, magistrados, etc.".

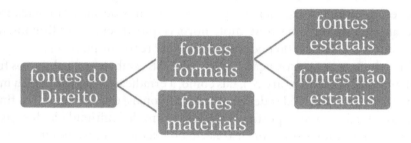

Entre os doutrinadores espanhois, costuma-se classificar as fontes jurídicas em **fontes diretas** e **indiretas**. As **fontes diretas** são as que encerram em si mesmo as normas jurídicas. As **fontes diretas** subdividem-se em principais ou primárias, de aplicação preferencial (lei), e em secundárias ou subsidiárias, de natureza subordinada e de caráter supletivo (costume, princípios gerais do direito, etc.). As **indiretas**, por sua vez, são aquelas que ajudam à produção ou à compreensão das normas jurídicas, mas sem dar-lhes existência por si mesmas. Os autores costumam considerar as fontes diretas como as verdadeiras fontes do direito, enquanto as fontes indiretas ou mediatas são entendidas como fontes de conhecimento (ROLDÁN; SUÁREZ, 2006).

Neste capítulo, são apresentadas as fontes formais estatais, as fontes primárias e as fontes de conhecimento do direito dos gastos públicos no Brasil.

O DIREITO DOS GASTOS PÚBLICOS NO BRASIL

Além de conhecer as fontes, é destacado o papel que cada uma destas fontes exerce (ou deveria exercer) na disciplina da despesa pública.

6.1. Constituição Federal

A Constituição Federal é a mais importante fonte do direito dos gastos públicos no Brasil. Sendo a Constituição um conjunto de regras que, dentre outras funções, disciplina o exercício do poder e os limites de sua ação, nada mais natural que este diploma contemple normas que, direta ou indiretamente, disciplinem o exercício do poder de despender recursos públicos.

Inicialmente, a Constituição Federal de 1988 estabelece os objetivos fundamentais da República (art. 3º), tais como, a erradicação da pobreza e a marginalização e a redução das desigualdades regionais, que são objetivos finais da ação estatal e servem, portanto, de parâmetro de legitimidade dos gastos públicos. O mesmo ocorre com a atuação do Estado nas relações internacionais (art. 4º), com os direitos e garantias individuais (art. 5º) e com os direitos sociais (art. 6º).

No processo de concretização do gasto público, estes objetivos são o ponto de partida e o gasto público propriamente dito o ponto de chegada. Neste sentido, segundo Celso de Barros Correia Neto, a atividade financeira do Estado, focada sob a vertente do gasto público, é vista como uma sucessão de meios e metas, partindo dos mais genéricos e abstratos até os individuais e concretos. Num processo de *"positivação do gasto público"*, a atividade financeira estatal iniciaria com a Constituição Federal: *"a primeira e mais genérica previsão de objetivos a serem perseguidos na atuação estatal"* (CORREIA NETO, 2008).

A Constituição estabelece os princípios fundamentais (princípio democrático, separação de poderes, forma federativa de Estado, etc.), ou seja, aqueles que traduzem as decisões políticas fundamentais conformadoras da Constituição e que, possuem reflexo na disciplina do gasto público. As mesmas considerações se aplicam aos princípios jurídico-constitucionais (isonomia, etc.) que são os princípios constitucionais gerais informadores da ordem jurídica nacional.

A Constituição define, ainda, a organização do Estado, definindo os bens (art. 20 – União e art. 21 – Estados) e as competências legislativas e materiais de cada um dos entes federados[117], que podem ser considerados um nível mais

---

[117] Art. 21 – competências materiais da União; Art. 25 – competências materiais dos Estados, incluindo a competência Residual; Art. 30 – Competências legislativas e materiais dos Municípios.

FONTES DO DIREITO DOS GASTOS PÚBLICOS

abaixo aos objetivos fundamentais no tocante à concretização dos gastos públicos.

Ademais, dispõe sobre áreas de competência comum (art. 23), onde há espaço para a cooperação entre os entes federados, a qual pode dar-se com a realização de repasses voluntários.

Por sua característica analítica, é possível extrair da Constituição diversos comandos relativos aos gastos públicos ao longo de todo texto constitucional, tais como:

a) a vedação à subvenção de cultos e igrejas (art. 19, inciso I);

b) os limites da despesa total do Poder Legislativo Municipal em relação à receita tributária do município (art. 29-A) e o limite de 70% para os gastos com a folha de pagamento das Câmaras Municipais, incluindo o subsídio dos vereadores, em relação à sua receita total (art. 29-A, § 1º);

c) vedação à destinação de recursos públicos para auxílios ou subvenções às instituições privadas de saúde com fins lucrativos (art. 199, § 2º).

Entretanto, é nos capítulos da Administração Pública (arts. 37 e seguintes) e das Finanças Públicas (art. 163 e seguintes) e na seção da Fiscalização Contábil, Financeira e Orçamentária (arts. 70 e seguintes) que se encontram os principais dispositivos constitucionais acerca do gasto público ou dos atos ou negócios jurídicos geradores de gastos públicos.

O capítulo da Administração Pública inicia-se elencando os princípios da administração pública, que à semelhança dos princípios constitucionais gerais, tem impacto na regulação da despesa pública.

Além disso, as normas neste capítulo disciplinam alguns atos geradores de gastos públicos. Desta forma, o capítulo regula a remuneração e subsídio de agentes públicos, que, via de regra, deve ser estabelecida por lei específica, nos termos art 37, X, da CF/88, regula ainda o teto constitucional da remuneração e subsídio (art. 37, XI), no qual não estão computadas as parcelas indenizatórias previstas em lei (art. 37, § 11). Por fim, a exigência prévia de licitação para a contratação de obras, serviços e compras também tem base constitucional (art. 37, XXI) no capítulo.

Na seção relativa à Fiscalização Contábil, Financeira e Orçamentária (Seção IX, Capítulo I – Do Poder Legislativo, Título IV – Da Organização dos Poderes), constam os critérios de controle (legalidade, legitimidade e economicidade), os quais constituem diretrizes orientadoras do gasto público, verdadeiros princípios jurídicos da despesa pública (art. 70, *caput*). Segundo o

O DIREITO DOS GASTOS PÚBLICOS NO BRASIL

referido dispositivo, as renúncias de receitas submetem-se aos mesmos princípios das despesas diretas ou subvenções. Além disso, o art. 70, parágrafo único, impõe o dever de prestar contas a uma ampla gama de pessoas físicas ou jurídicas, públicas ou privadas, que gerem e utilizam recursos públicos, abrangendo, consequentemente, aqueles que realizam a despesa pública.

Nas competências do Tribunal de Contas, elencadas no art. 71, não se exige mais a apreciação prévia, o registro ou visto, destas Cortes de Contas, como condição necessária para a eficácia das despesas públicas, tal como ocorria até o advento da Constituição de 1967 (art. 71, III). Aos Tribunais de Contas, cabe apreciar a legalidade, individualmente (e não por amostragem), dos atos de admissão de pessoal e de concessão de aposentadorias e pensões, os quais são atos geradores de despesa por um longo prazo. Tal apreciação é feita a posteriori, não sendo condição prévia de eficácia dos referidos atos.

Dentre as competências do Tribunal de Contas da União, encontra-se a de fiscalizar os repasses voluntários feitos pela União aos Estados, Distrito Federal e Municípios (art. 71, VI), o que implica dizer que o ente concedente, no caso, o Ministério, mesmo transferindo os recursos, permanece "responsável" pela execução da ação orçamentária descentralizada, devendo acompanhar e fiscalizar a execução da despesa pelo ente subnacional, cabendo, ainda, o dever de justificar o emprego dos recursos perante o cidadão. De fato, a competência do TCU só se justifica nesta hipótese. Se o Ministério se desobrigasse de acompanhar a ação, não teria sentido que houvesse a atuação do TCU, mas sim dos Tribunais de Contas dos Estados e Municípios (*vide* item 14.4.3.).

Outra competência dos Tribunais de Contas consiste na responsabilização em caso de ilegalidade da despesa (art. 71, VIII). Nesta hipótese, o Tribunal ainda pode assinar prazo para correção de atos ilegais, incluindo os geradores de despesa, e sustá-los, caso não atendido (art. 71, IX e X). No tocante aos contratos, a Constituição prescreve que a sustação deve ser feita pelo parlamento, mas, se este ou o Poder Executivo não se pronunciar em 90 dias, caberá ao Tribunal de Contas decidir sobre a matéria (art. 71, §§ 1º e 2º). Estas competências correspondem ao que a doutrina denomina função punitiva, função pedagógica e função corretiva dos Tribunais de Contas, respectivamente.

Ainda no tocante às competências do Tribunal de Contas, consta a de apreciar denúncias feitas por qualquer cidadão, partido político, associação ou sindicato acerca de irregularidades relativas à gestão de recursos públicos, incluindo, por conseguinte, às atinentes à despesa pública (art. 74, § 2º).

FONTES DO DIREITO DOS GASTOS PÚBLICOS

Além disso, foi previsto o papel a Comissão Mista Permanente do Congresso Nacional (art. 166, § 1º) para apreciar indícios de despesas não autorizadas, investimentos não programados ou subsídios não aprovados (art. 72).

Por fim, destaca-se o papel do Sistema de Controle Interno para avaliação de resultados da gestão financeira, orçamentária e patrimonial da administração pública, quanto à eficiência e eficácia, bem como da aplicação de recursos públicos por entidades de direito privado (art. 74, II).

O capítulo II – Das Finanças Públicas (arts. 163 e seguintes) do Título VI – Da Tributação e do Orçamento é o que, por excelência, deve disciplinar a despesa pública no texto constitucional. Além de dispor sobre as leis de natureza orçamentária e seu processo legislativo e elencar matérias que devam ser reguladas por leis complementares, há diversas disposições que condicionam diretamente a despesa pública.

No art. 167, são elencadas diversas proibições relativas à realização do gasto público. Com efeito, veda-se *"o início de programas ou projetos não incluídos na lei orçamentária anual"*, a *"realização de despesas ou a assunção de obrigações diretas que excedam os créditos orçamentários ou adicionais"* e a *"a transposição, o remanejamento ou a transferência de recursos de uma categoria de programação para outra ou de um órgão para outro, sem prévia autorização legislativa"* (art. 167, incisos I, II e VI, CF/88). Veda-se ainda que os investimentos que ultrapassem o exercício financeiro possam ser realizados sem a sua inclusão ou previsão no Plano Plurianual (art. 167, § 1º).

Proíbe-se, também, a realização de transferências voluntárias para o pagamento de despesas de pessoal, ativo e inativo, dos Estados, Distrito Federal e Municípios (art. 167, X). E a utilização de recursos orçamentários para suprir a necessidade ou cobrir déficit de empresas, fundações e fundos, sem autorização legislativa específica (art. 167, VIII). Uma última vedação é a da *"utilização dos recursos provenientes das contribuições sociais de que trata o art. 195, I, a, e II, para a realização de despesas distintas do pagamento de benefícios do regime geral de previdência social"* (art. 167, XI).

O art 167, § 2º, da CF/88, estabelece a vigência dos créditos especiais e extraordinários, período no qual podem ser utilizados para a realização das despesas. Os créditos orçamentários e suplementares, por regra, tem vigência limitada ao exercício financeiro. A vigência dos créditos especiais e extraordinários, em determinadas circunstâncias, pode ultrapassar o exercício financeiro em que foram abertos.

No art. 169, a Constituição prescreve limites para a despesa de pessoal, ativo e inativo, que devem ser definidos em lei complementar. No art. 38 do

O DIREITO DOS GASTOS PÚBLICOS NO BRASIL

ADCT/88, prescrevia que até a edição da referida lei, o limite seria de 65% das receitas correntes.

Ainda na linha do controle das despesas de pessoal, a Constituição também prescreve condições para a concessão de qualquer vantagem ou aumento de remuneração, a criação de cargos, empregos e funções ou alteração de estrutura de carreiras, bem como a admissão ou contratação de pessoal, a qualquer título (art. 169, § 1º).

Além das disposições do Capítulo das Finanças Públicas, merecem destaque, por fim, as disposições constitucionais acerca das despesas obrigatórias. O art. 100 versa sobre a obrigatoriedade de pagamento dos precatórios, os prazos e a ordem de realização dos pagamentos. O art. 198, § 3º, dispõe sobre a aplicação dos recursos mínimos em ações e serviços em saúde, nos termos de lei complementar. O art. 212, *caput*, dispõe sobre a aplicação mínima de recursos de impostos pela União, Estados, Distrito Federal e Municípios em manutenção e desenvolvimento do ensino. A obrigatoriedade do gasto público é tema tratado no capítulo 13 desta obra.

6.2. Lei Complementar

A Lei Complementar é uma espécie legislativa do ordenamento jurídico nacional, prevista no art. 59, inciso II, da CF/88. Trata-se de uma espécie semelhante à lei orgânica presente na Constituição Francesa de 1958 e na Constituição Espanhola de 1978.

O aparecimento desta espécie legislativa no direito brasileiro remonta ao art. 22 da Emenda Constitucional nº 4, de 2 de setembro de 1961[118], que instituiu o sistema parlamentarista de governo no Brasil e à Emenda Constitucional nº 18, de 1 de dezembro de 1965, que promoveu uma reforma no sistema tributário brasileiro[119] (SILVA, 2004).

---

[118] Segundo o art. 22 da EC 4/1961, "Poder-se-á **complementar** a organização do sistema parlamentar de governo ora instituído, mediante leis votadas, nas duas Casas do Congresso Nacional, **pela maioria absoluta dos seus membros**" (grifo nosso).

[119] É na Emenda Constitucional nº 18/1961 que a expressão "lei complementar" aparece pela primeira vez. Neste diploma, exige-se "lei complementar" para regular determinadas matérias atinentes ao sistema tributário (art. 2º, IV, c; art. 4º; art. 9º, §§ 2º e 4º; art. 12, §§ 1º e 2º; art. 15, parágrafo único; art. 21, § 1º; art. 23, parágrafo único e art. 26, § 1º).

FONTES DO DIREITO DOS GASTOS PÚBLICOS

Desde então, a lei complementar constitui espécie legislativa do ordenamento jurídico brasileiro, presente na Constituição de 1967 (art. 49, II), na Emenda Constitucional nº 1/1969 (art. 46, II) e na Constituição Federal de 1988. Segundo Alexandre de Moraes (MORAES, 2005, p. 593):

> "a razão da existência da lei complementar consubstancia-se no fato de o legislador constituinte ter entendido que determinadas matérias, apesar da evidente importância, não deveriam ser regulamentadas na própria Constituição Federal, sob pena de engessamento de futuras alterações; mas, ao mesmo tempo, não poderiam comportar constantes alterações através de um processo legislativo ordinário".

A lei complementar apresenta diferenças de natureza material e formal em relação à lei ordinária. No tocante ao aspecto material, *"somente poderá ser objeto de lei complementar a matéria taxativamente prevista na Constituição Federal, enquanto todas das demais matérias deverão ser objeto de lei ordinária"*. No tocante ao aspecto formal, a lei complementar submete-se a um quórum qualificado para a aprovação, que é de maioria absoluta, enquanto a lei ordinária exige apenas maioria simples (MORAES, 2005, p. 594).

A Constituição de 1988 exige lei complementar para disciplinar as seguintes matérias relacionadas à despesa pública e ao gasto tributário:

a) normas para a cooperação entre a União, Estados, Distrito Federal e Municípios (art. 23, parágrafo único);

b) normas sobre o regime especial para pagamento de precatórios de Estados, Distrito Federal e Municípios, dispondo sobre vinculações à receita corrente líquida e forma e prazo de liquidação (art. 100, § 15);

c) normas gerais sobre finanças públicas (art. 163);

d) normas sobre o exercício financeiro, a vigência, os prazos, a elaboração e a organização do plano plurianual, da lei de diretrizes orçamentárias e da lei orçamentária anual (art. 165, § 9º, I);

e) normas de gestão financeira e patrimonial da administração direta e indireta bem como condições para a instituição e funcionamento de fundos (art. 165, § 9º, II);

f) limites de despesa com pessoal, ativo ou inativo, da União, Estados, Distrito Federal e Municípios (art. 169);

g) limites à concessão de remissão ou anistia de contribuições sociais (art. 195, § 11);

h) aplicação de recursos mínimos em ações e serviços de saúde e critérios de descentralização dos recursos vinculados à saúde (art. 198, § 3º).

O DIREITO DOS GASTOS PÚBLICOS NO BRASIL

Algumas das referidas leis complementares ainda não foram editadas, tais como, a que disciplina as normas de cooperação entre os entes federados (art. 23) e a que estabelece normas sobre a organização da LOA, da LDO e do PPA (art. 165, § 9º, I).

Atualmente, as principais leis complementares que disciplinam o gasto público no Brasil são:

a) Lei nº 4.320/1964 (Normas Gerais de Direito Financeiro);
b) Lei Complementar nº 101/2000, alterada pela LC nº 131/2009 (Lei de Responsabilidade Fiscal);
c) Lei Complementar nº 141/2012 (Aplicação de Recursos Mínimos em Saúde).

6.2.1. Lei nº 4.320/1964

A Lei nº 4.320/1964, apesar de ter sido aprovada como lei ordinária, possui status de lei complementar, uma vez que à luz da Constituição de 1946, quando a lei foi editada, não se exigia lei complementar para a disciplina de normas gerais de direito financeiro. A Lei foi recepcionada pela Constituição de 1988 com status de lei complementar, uma vez que a matéria de finanças públicas está reservada a esta espécie legislativa (art. 163, inciso I).

Segundo esclarece Michel Temer, a nova ordem constitucional recepciona os instrumentos normativos anteriores dando-lhes novo fundamento de validade e, muitas vezes, nova roupagem. A legislação ao ser recebida, ganha a natureza que a Constituição nova atribuiu a atos regentes de certas matérias. Desta forma, *"leis anteriores tidas por ordinárias podem passar a complementares; decretos-leis podem passar a ter a natureza de leis ordinárias; decretos podem obter característica de leis ordinárias"* (TEMER, 1998, p. 38).

Com quase 50 anos de vigência, alguns dispositivos da Lei nº 4.320/1964 foram tacitamente revogados ou caíram em desuso, tais como aqueles aplicáveis à proposta orçamentária e à elaboração do orçamento, matérias que receberam nova abordagem com a Constituição de 1988. Convém lembrar que alguns conceitos atuais como a despesa fiscal (*tax expenditures*) sequer existiam à época da edição da lei, motivo pelo qual, obviamente, não poderiam ser tratados naquela oportunidade.

Nada obstante, diversas facetas do gasto público permanecem disciplinadas pela lei.

Nos artigos 2º a 7º, a Lei dispõe sobre os chamados "princípios orçamentários" da unidade, universalidade, anualidade, especificação, orçamento

FONTES DO DIREITO DOS GASTOS PÚBLICOS

bruto e exclusividade. Alguns destes chamados "princípios" incidem, indiretamente, sobre a despesa pública e não somente sobre a instituição orçamentária (*vide* item 7.5.).

A classificação econômica da despesa, em despesas correntes e despesas de capital, ainda muito utilizada, é apresentada nos artigos 12 e 13.

Nos artigos 16 a 21, consta a disciplina básica das subvenções sociais, das subvenções econômicas e dos auxílios (despesas de capital).

A lei disciplina ainda o exercício financeiro (art. 34), que coincide com o ano civil e o momento em que a despesa orçamentária é considerada realizada (art. 35, inciso II): o empenho.

As despesas empenhadas, mas não pagas até o final do exercício financeiro, poderão ser inscritas em restos a pagar (para que possam ser pagas no exercício seguinte), distinguindo-se entre os restos a pagar processados (quando houve a liquidação) e não processados (quando ainda não houve liquidação da despesa). A Lei disciplina, ainda, a realização de despesas de exercícios anteriores, quais sejam, aquelas que não tenham sido processadas à época própria (art. 37).

O aspecto pelo qual a Lei nº 4.320/1964 é mais conhecida é por disciplinar o procedimento geral de realização da despesa (empenho, liquidação e pagamento). Este aspecto procedimental é disciplinado nos artigos 58 a 70, incluindo o regime de adiantamento, também conhecido como "suprimento de fundos", que é uma exceção ao referido procedimento geral (arts. 68 e 69).

Um último tópico importante para nós e disciplinado pela lei é o direito contábil público, que consiste no conjunto de normas e princípios que compõem o regime jurídico da contabilidade pública. Nos artigos 83 a 106, é regulado o registro contábil da despesa pública (e também de outros fatos contábeis) e os demonstrativos contábeis pertinentes, tais como, o balanço orçamentário (art. 102) e financeiro (art. 103). O balanço orçamentário demonstra as receitas e despesas previstas em confronto com as realizadas (art. 102) e o balanço financeiro demonstra a receita e a despesa orçamentária, bem como os recebimentos e pagamentos de natureza extra-orçamentária, conjuntados com os saldos em espécie provenientes do exercício anterior e os que se transferem para o exercício seguinte (art. 103).

É verdade que, atualmente, existem outros demonstrativos mais importantes na contabilidade pública, tais como, o Relatório de Gestão Fiscal – RGF e o Relatório Resumido da Execução Orçamentária – RREO, mas os demonstrativos previstos na Lei nº 4.320/1964 não caíram em desuso estando presentes nas prestações de contas apresentadas pelos órgãos e entidades públicas ao Tribunal de Contas.

6.2.2. Lei Complementar nº 101/2000 – Lei de Responsabilidade Fiscal

A Lei Complementar nº 101/2000 – Lei de Responsabilidade Fiscal é um importante diploma do direito dos gastos públicos no Brasil uma vez que disciplina diversos aspectos da despesa pública. A lei elegeu como objetivo fundamental o equilíbrio das contas públicas e buscou disciplinar os fatores capazes de afetar tal equilíbrio, dentre os quais, a geração de despesas, as renúncias de receitas, as despesas de pessoal e da seguridade social e a inscrição em restos a pagar.

A Lei estabelece uma disciplina básica do gasto tributário, impondo condições para a concessão ou ampliação de incentivos ou benefícios de natureza tributária da qual decorram renúncias de receitas. As renúncias de receitas são definidas com base no critério jurídico-formal (exceção ao sistema tributário de referência), compreendendo a *"anistia, remissão, crédito presumido, concessão de isenção de caráter não geral, alteração de alíquota ou modificação de base de cálculo que implique redução discriminada de tributos ou contribuições, e outros benefícios que correspondam a tratamento diferenciado"* (art. 14).

As despesas de pessoal ativo e inativo são disciplinadas no seu aspecto agregado, regulamentando o disposto no art. 169 da Constituição Federal. São estabelecidos limites à despesa total de pessoal com base na Receita Corrente Líquida do ente federado (art. 19), os quais são desdobrados por Poder ou órgão constitucional com autonomia financeira (art. 20). São ainda estabelecidos mecanismos de controle e transparência da despesa total de pessoal e as providências necessárias para a recondução das despesas aos limites (arts. 21 a 23).

No tocante aos restos a pagar, a Lei vedou a assunção de obrigação nos últimos dois quadrimestres do mandato do titular de Poder ou órgão autônomo que não possa ser integralmente cumprida dentro do mandato, ou que tenha parcelas a serem pagas no exercício seguinte sem que haja disponibilidade financeira suficiente para este efeito (art. 42).

A LRF contempla normas que regulam o aspecto agregado, procedimental e contábil da despesa pública, além de outras questões que serão abordadas a seguir.

No que tange ao aspecto agregado, a lei preconiza o estabelecimento de metas de resultados, entre receitas e despesas e os próprios limites a despesas de pessoal, ativo e inativo, já mencionado anteriormente.

FONTES DO DIREITO DOS GASTOS PÚBLICOS

Em relação ao aspecto procedimental, a lei preconiza, na execução orçamentária, a programação financeira e o estabelecimento de um cronograma mensal de desembolso (art 8º), a limitação de empenho e movimentação financeira, em caso da realização de receita não comportar o cumprimento das metas de resultado, primário e nominal (art. 9º), os procedimentos no caso da criação, expansão e aperfeiçoamento da ação governamental que acarrete aumento de despesa (geração de despesa – art. 16) ou no caso de criação ou aumento de despesa obrigatória de caráter continuado (art. 17). É importante mencionar que nestas normas tem caráter misto, pois visam também preservar o equilíbrio das contas públicas e, portanto, também se preocupam com o aspecto agregado da despesa pública.

No tocante ao aspecto contábil, a LRF preconiza o regime de competência para as despesas e para a assunção de compromissos, além de exigir uma apuração, em caráter complementar, do resultado dos fluxos financeiros pelo regime de caixa (art. 50, II). No caso de despesas relativas a sentenças judiciais, a LRF dispõe que os sistemas de contabilidade de administração financeira devem identificar os beneficiários dos pagamentos (art. 10). Convém mencionar que a Constituição Federal veda a designação de casos ou pessoas nas dotações ou créditos orçamentários relativos aos precatórios (art. 100).

Podemos citar, ainda, outras matérias relacionadas à despesa disciplinadas pela LRF:

a) transferências voluntárias (art. 25);
b) destinação de recursos ao setor privado (art. 26);
c) reserva de contingência (art. 5º, inciso III).

Dentre as sanções previstas na LRF aos entes federados que violarem os seus preceitos, encontra-se a vedação à realização das transferências voluntárias, uma espécie do gênero despesa, em benefício do ente federado que descumpra os preceitos da lei.

Após a alteração da Lei Complementar nº 131/2009 (Lei da Transparência), a Lei reforçou a transparência do gasto público, determinando que os entes federados disponibilizem, no tocante à despesa (art. 48-A)

> "todos os atos praticados pelas unidades gestoras no decorrer da execução da despesa, no momento de sua realização, com a disponibilização mínima dos dados referentes ao número do correspondente processo, ao bem fornecido ou ao serviço prestado, à pessoa física ou jurídica beneficiária do pagamento e, quando for o caso, ao procedimento licitatório realizado".

O DIREITO DOS GASTOS PÚBLICOS NO BRASIL

Além disso, a lei determina a adoção de um sistema de administração financeira e controle, que atendam parâmetros mínimos definidos pelo Poder Executivo Federal, tal como, o SIAFI (art. 48, parágrafo único, III, LRF).

Por fim, merece destaque a obrigatoriedade de publicação do Relatório de Gestão Fiscal – RGF que permite a comparação entre a despesa total com pessoal e seus limites previstos em lei (art. 55, I, a, LRF).

6.2.3. Lei Complementar nº 141/2012 – Aplicação Mínima de Recursos em Saúde

Com mais de uma década de atraso, a Lei Complementar nº 141/2012 veio regulamentar a Emenda Constitucional nº 29, de 13/9/2000, que buscou assegurar a aplicação de recursos mínimos para o financiamento de ações e serviços em saúde. A Emenda Constitucional era autoaplicável, uma vez que incluiu o art. 77 do ADCT/88, que disciplinava a aplicação dos recursos mínimos pela União, Estados, Municípios e Distrito Federal até que fosse editada a lei complementar prevista no art. 198, §§ 2º e 3º, da CF/88.

A Lei Complementar veio conferir uniformidade à aplicação da Emenda Constitucional, sanando dúvidas sobre quais despesas devem ser consideradas para fins do cômputo da aplicação dos recursos mínimos em ações e serviços de saúde. De fato, o art. 3º da Lei define aquelas que serão computadas e o art. 4º define aquelas que não podem ser computadas. Por exemplo, as despesas com o pagamento de remuneração do pessoal ativo da área de saúde em atividade pertinente, incluindo seus encargos sociais, devem ser consideradas para o cômputo (art. 3º, X). Por sua vez, o pagamento de aposentadorias e pensões dos servidores da saúde ou pagamento de pessoal ativo em saúde em atividade alheia à referida área não pode ser considerado para o referido cômputo (art. 4º, I e II).

Além disso, a Lei estabelece os próprios percentuais mínimos para a União, Estados, Distrito Federal e Municípios (art. 5º a 11), considerando uma determinada base de cálculo para cada ente federado, sendo vedada a realização de limitação de empenho ou movimentação financeira que comprometa tal aplicação mínima (art. 28).

Foram estabelecidos mecanismos de controle da aplicação mínima dos recursos, tais como, o Sistema de Informação sobre Orçamento Público em Saúde – SIOPS (art. 39). Também foram previstas consequências em caso de descumprimento destes preceitos pelos Estados, Distrito Federal e Municípios, tais como, o depósito dos recursos relativos às transferências constitu-

FONTES DO DIREITO DOS GASTOS PÚBLICOS

cionais diretamente na conta corrente vinculada ao Fundo de Saúde e até mesmo a suspensão destes repasses (art. 26, §§ 1º e 2º).

Diante disso, observa-se que as normas da Lei Complementar vieram reforçar o caráter obrigatório das despesas em saúde, consideradas em seu conjunto (*vide* capítulo 13).

6.3. Plano Plurianual (PPA)

O Plano Plurianual é uma inovação da Constituição Federal de 1988, em substituição ao antigo Orçamento Plurianual de Investimentos (OPI)[120]. Consiste de lei de iniciativa privativa do Chefe do Poder Executivo, que deve estabelecer, de forma regionalizada, *"as diretrizes, objetivos e metas da administração pública federal para as despesas de capital e outras delas decorrentes e para as relativas aos programas de duração continuada"* (art. 165, § 1º, CF/88).

Segundo Claudiano Albuquerque *et al.*, o plano plurianual é o *"instrumento que explicita o modo como o governo enxerga e procura construir o desenvolvimento do Estado"*. Traduz, por um lado, o compromisso com a estratégia e a visão

---

[120] O Orçamento Plurianual de Investimentos (OPI) estava previsto na Constituição de 1967 (art. 63, parágrafo único e art. 65, § 4º) e na Emenda Constitucional nº 1 de 1969 (arts. 43 e 62, § 3º). O OPI foi regulamentado inicialmente pela Lei Complementar nº 03, de 7 de dezembro de 1967 e era considerado uma expressão financeira dos programas setoriais e regionais. Diferentemente do Plano Plurianual, o OPI deveria considerar exclusivamente as despesas de capital (o PPA abrange as despesas correntes decorrentes das despesas de capital e as despesas dos programas de duração continuada) e tinha vigência pelo prazo de 3 anos. A Lei Complementar nº 3/1967 foi revogada pelo Ato Complementar nº 43/1969, o qual disciplinou o OPI no seu artigo 5º, transcrito a seguir:

"Art. 5º Respeitadas as diretrizes e objetivos do Plano Nacional de Desenvolvimento, o Orçamento Plurianual de Investimentos, que **abrangerá período de três anos, considerará exclusivamente as despesas de capital**.

§ 1º O Orçamento Plurianual de Investimentos relacionará as despesas de capital e indicará os recursos (orçamentários e extra-orçamentários) anualmente destinados à sua execução, inclusive os financiamentos contratados ou previstos, de origem interna ou externa.

§ 2º O Orçamento Plurianual de Investimentos compreenderá as despesas de capital de todos os Podêres, Órgãos e Fundos, tanto da administração direta quanto da indireta, excluídas apenas as entidades que não recebam subvenções ou transferências à conta do orçamento.

§ 3º A inclusão, no Orçamento Plurianual de Investimentos, das despesas de capital de entidades da Administração Indireta, será feita sob a forma de dotações globais" (grifo nosso).

de futuro e, por outro, a previsão de alocação dos recursos orçamentários nas funções de Estado, nos programas de governo e junto aos órgãos públicos. O instrumento tem por finalidade influenciar as ações que venham a suprir as necessidades imediatas, segundo estratégias e visão de longo prazo (ALBUQUERQUE; MEDEIROS; FEIJÓ, 2006).

No sistema orçamentário brasileiro, os demais instrumentos, Lei de Diretrizes Orçamentárias e Lei Orçamentária Anual devem ser compatibilizados com o PPA. Consoante dispõe o art. 165, § 7º, CF/88, o Orçamento Fiscal e o da Seguridade Social devem ser *"compatibilizados com o plano plurianual, terão entre suas funções a de reduzir desigualdades inter-regionais, segundo critério populacional"*. Ademais, as emendas ao projeto de lei orçamentária anual só poderão ser aprovadas caso sejam compatíveis com o Plano Plurianual (art. 166, § 3º, I, CF/88). O mesmo ocorre com as emendas ao Projeto de Lei de Diretrizes Orçamentárias (art. 166, § 4º, CF/88).

Enquanto não editada a lei complementar a que se refere o art. 165, § 9º, I, da CF/88, a vigência e o prazo para elaboração do PPA permanece regulada pelo art. 35, § 2º, I, do ADCT/88 (vigência até o término do primeiro exercício financeiro do mandato presidencial subsequente e prazo para encaminhamento do projeto de lei do PPA até 4 meses antes do término do primeiro exercício financeiro do mandato presidencial).

Não há, entretanto, disposições constitucionais transitórias acerca do conteúdo e da organização do PPA, matéria que deverá ser regulada também por lei complementar (art. 165, § 9º, I, CF/88). O artigo 3º do Projeto de Lei Complementar que deu origem à LRF e que versava sobre o Plano Plurianual foi vetado pelo Presidente da República. Diante dessa omissão legislativa, o único parâmetro constitucional disponível para disciplinar o conteúdo do PPA é o art. 165, § 1º, CF/88.

Segundo este dispositivo, o PPA deverá abranger as diretrizes, objetivos e metas para as despesas de capital, as despesas delas decorrentes e as despesas relativas aos programas de duração continuada.

As diretrizes são as linhas gerais do plano plurianual. No PPA 2000/ /2003, foram representadas pelos megaobjetivos e macroobjetivos e no PPA 2004/2007, foram representados pelos megaobjetivos e desafios. Os objetivos, por sua vez, são expressos na programação do PPA. A cada programa corresponde um objetivo único específico. Por fim, as metas representam, para cada um dos objetivos, as parcelas de resultado que se pretende alcançar no período de vigência do Plano Plurianual (ALBUQUERQUE; MEDEIROS; FEIJÓ, 2006).

FONTES DO DIREITO DOS GASTOS PÚBLICOS

Conforme se pode observar, a estrutura dos planos plurianuais da União não é uniforme ao longo do tempo[121].

Despesas de capital são uma categoria prevista no art. 12 da Lei nº 4.320/ /1964, abrangendo as subcategorias de investimentos, inversões financeiras e as transferências de capital. Correspondem àquelas que *"contribuem, diretamente, para a formação ou aquisição de um bem de capital"* (ALBUQUERQUE; MEDEIROS; FEIJÓ, 2006, p. 112).

As despesas decorrentes das despesas de capital correspondem ao incremento de despesas correntes gerado em decorrência dos investimentos ou das inversões financeiras realizados, tais como, as despesas de custeio e de pessoal de hospitais, escolas ou estradas recém-construídos.

As despesas relativas aos programas de duração continuada compreendem *"a manutenção dos bens e serviços ofertados pela administração pública no período de vigência do Plano Plurianual"*, excluídas as atinentes ao item anterior (ALBUQUERQUE; MEDEIROS; FEIJÓ, 2006, p. 112)

No tocante à regulação da despesa pública, podemos dizer que o PPA condiciona a execução de programas novos ou não iniciados que ultrapassem o exercício financeiro. De fato, o art. 167, § 1º, da Constituição Federal, dispõe que nenhum investimento cuja execução ultrapasse o exercício financeiro poderá ser iniciado sem a inclusão no PPA. Tal disposição, entretanto, não

---

[121] O PPA 2012-2015 (Lei nº 12.593, de 18/1/2012) foi estruturado com base nas seguintes categorias: macrodesafios[121], programas temáticos, objetivos, iniciativas e programas de gestão, manutenção e serviços ao Estado. Os macrodesafios são as diretrizes elaboradas com base no programa de governo e na visão estratégica que orientam a formulação dos programas. Os programas são *"instrumentos de organização da ação governamental visando à concretização dos objetivos pretendidos"* e podem ser programas temáticos ou programas de gestão, manutenção e serviços ao Estado. Os programas temáticos estão relacionados à atividade-fim da administração pública. Segundo o art. 5º, inciso I, da Lei nº 12.593/2012, o programa temático "expressa e orienta a ação governamental para a entrega de bens e serviços à sociedade". Os programas de gestão, manutenção e serviços ao Estado estão relacionados à atividade-meio. Segundo o art. 5º, II, do mesmo diploma, o programa de gestão, manutenção e serviços ao Estado "expressa e orienta as ações de apoio, à gestão e à manutenção da atuação governamental". Cada programa temático é composto por objetivos, indicadores, valor global e valor de referência (art. 6º). O objetivo expressa o que deve ser feito, reflete as situação a serem alteradas pela implementação do conjunto de iniciativas e tem como atributos: o órgão responsável, metas e iniciativas (art. 6º, § 1º).

pode ficar limitada aos investimentos, espécie do gênero despesas de capital (art. 12 da Lei nº 4.320/1964). Deve aplicar-se, também, aos programas de duração continuada, que fazem parte da abrangência do PPA, conforme previstos no art. 165, § 1º, da CF/88. Desta forma, os novos programas de duração continuada só poderão ser iniciados (e as despesas para a sua implementação) se incluídos no Plano Plurianual.

No mesmo sentido, manifestam-se Claudiano Albuquerque *et al.* acerca da hipótese de não aprovação do PPA no prazo constitucional[122] (ALBUQUERQUE; MEDEIROS; FEIJÓ, p. 113):

> "Caso o PPA não seja aprovado no prazo constitucional, a execução orçamentário-financeira do governo fica comprometida, até sua aprovação, por falta de amparo legal, sobretudo quando tratar de programas novos ou projetos ainda não iniciados e com duração prevista superior a um exercício financeiro. Em nosso entendimento, a não aprovação do Plano Plurianual no prazo definido pela Constituição deveria ser motivo para inviabilizar a execução das políticas públicas por falta de orientação estratégica e programática".

Além de condicionar os programas novos ou não iniciados, o PPA explicita diretrizes, objetivos e metas que orientam a realização da despesa pública. De fato, as despesas devem contribuir para a realização daqueles objetivos e para o atingimento daquelas metas, buscando solucionar os problemas que deram origem aos programas previstos no PPA.

6.4. Lei de Diretrizes Orçamentárias (LDO)

A Lei de Diretrizes Orçamentárias – LDO é uma das leis que compõem o sistema orçamentário brasileiro, juntamente com a lei orçamentária anual e o plano plurianual. É inovação da Constituição Federal de 1988.

Segundo esclarece José Roberto Rodrigues Afonso, a ideia surgiu na Comissão Temática Sistema Tributário, Orçamento e Finanças da Assembleia Constituinte: *"o Executivo deveria elaborar o projeto de Lei Orçamentária segundo orientação, indicadores e parâmetros submetidos previamente à apreciação do Legislativo"* (AFONSO, 1999).

---

[122] O PPA deve ser encaminhamento para sanção presidencial até o encerramento da sessão legislativa do primeiro ano de mandato presidencial.

FONTES DO DIREITO DOS GASTOS PÚBLICOS

A ideia amadureceu na Comissão de Sistematização. A cada lei orçamentária, corresponderia uma LDO e seria precedida desta. Caberia à LDO orientar a elaboração da lei orçamentária, estabelecendo, dentre outras coisas, as metas e prioridades para o exercício subsequente. A LDO seria uma espécie de "pré-orçamento" e representaria uma importante alternativa ao orçamento bianual defendida pelo Deputado Cesar Maia (Afonso, 1999).

Ao longo do processo constituinte, a LDO teve sua abrangência aumentada, passando a "incluir", por exemplo, as despesas de capital para o exercício seguinte e a política de concessão de financiamentos pelo poder público (Afonso, 1999).

A LDO é lei de iniciativa do Presidente da República, juntamente com a Lei Orçamentária Anual e o Plano Plurianual, tendo tramitação legislativa diferenciada. Não pode ser matéria de edição de medida provisória (art. 62, § 1º, I, d, CF/88, incluído pela EC nº 32/2001) e também não pode ser matéria de lei delegada (art. 68, § 1º, III, CF/88). A Constituição veda a interrupção da sessão legislativa do Congresso Nacional, caso a LDO referente ao exercício financeiro seguinte não tenha sido aprovada, o que destaca a importância desta lei no processo legislativo orçamentário.

As funções da LDO estão espalhadas ao longo do texto constitucional de 1988, não se limitando àquelas previstas no art. 165, § 2º. Além disso, algumas emendas constitucionais, tais como, a Emenda Constitucional 19/1998 e a 45/2004, também trataram da lei de diretrizes orçamentárias. A Lei Complementar 101/2000, Lei de Responsabilidade Fiscal, também incluiu diversas novas funções à LDO ampliando consideravelmente a abrangência das matérias por ela disciplinadas.

Neste tópico, defende-se a tese de que a LDO tem um papel que não se esgota com a fase de elaboração da lei orçamentária anual, mas estende-se durante a fase da execução orçamentária até o final do exercício financeiro a que se refere. Desta forma, a LDO pode vir disciplinar, direta ou indiretamente, o processo de concretização do gasto público, especialmente, porque ainda não foi editada a lei complementar que estabelece normas gerais sobre finanças públicas, consoante previsto no art. 163, inciso I c/c art. 165, § 9º, da Constituição Federal.

6.4.1. Funções constitucionais e legais da lei de diretrizes orçamentárias

A Constituição Federal de 1988 atribuiu à LDO a função principal de "*orientar a elaboração da lei orçamentária anual*", constituindo uma espécie de "pré-orça-

O DIREITO DOS GASTOS PÚBLICOS NO BRASIL

mento", na linha do que foi exposto por José Roberto Afonso. Ademais, cabe a essa espécie legislativa (art. 165, § 2º, CF/88):

a) estabelecer as metas e prioridades para a administração pública federal, incluindo as despesas de capital para o exercício subsequente;
b) dispor sobre as alterações na legislação tributária;
c) estabelecer a política de aplicação das agências oficiais de fomento, tais como, o Banco do Brasil, a Caixa Econômica Federal e o Banco Nacional de Desenvolvimento Econômico e Social (BNDES).

As funções constitucionais da LDO não se limitam às previstas no art. 165, § 2º, da Constituição Federal. Encontram-se espalhados pelo texto constitucional dispositivos que estabelecem as seguintes funções à LDO:

a) servir de parâmetro para as emendas legislativas ao projeto de Lei Orçamentária Anual (art. 166, § 3º, I, CF/88);
b) autorizar a atos que impliquem aumento de despesa de pessoal, tais como, o aumento de remuneração, a criação de cargos, empregos e funções e a alteração de estrutura de carreiras (art. 169, § 1º, II, CF/88);
c) servir de parâmetro para a elaboração da proposta do Orçamento da Seguridade Social de forma integrada pelos órgãos responsáveis pela saúde, seguridade social e assistência social (art. 195, § 2º, CF/88).

Além disso, a LDO tem uma importante função constitucional relacionada à preservação do equilíbrio entre os poderes e/ou órgãos com autonomia financeira. De fato, ela serve de parâmetro para que os Tribunais, o Ministério Público e as Defensorias Públicas elaborem as suas propostas orçamentárias, as quais serão consolidadas pelo Poder Executivo. A Constituição admite que o Poder Executivo, nesta consolidação, promova o ajuste das propostas orçamentárias destes órgãos/poderes aos limites previstos na LDO (art. 99, § 1º; art. 127, § 3º e art. 134, § 2º, da Constituição Federal).

Com o advento da Lei de Responsabilidade Fiscal (Lei Complementar 101/2000), que preconizou o planejamento como pressuposto da gestão fiscal responsável, foram acrescidas novas atribuições à LDO, muitas das quais tem impacto direto sobre a despesa pública.

Dentre as novas funções da LDO, podemos citar:

a) dispor sobre o equilíbrio de receitas e despesas (art. 4º, I, a);
b) dispor sobre critérios e forma de limitação de empenho e movimentação financeira (art. 4º, I, a);

FONTES DO DIREITO DOS GASTOS PÚBLICOS

c) dispor sobre normas relativas ao controle de custos e à avaliação dos resultados dos programas financiados com recursos dos orçamentos (art. 4º, I, e);

d) dispor sobre condições e exigências para transferências de recursos a entidades públicas e privadas, além das previstas na LRF (art. 4º, I, a; art. 25; art. 26);

e) dispor sobre metas fiscais (art. 4º, § 1º);

f) estabelecer a reserva de contingência destinada a fazer face aos riscos fiscais (art. 5, III);

g) dispor sobre as demonstrações sobre o impacto e o custo fiscal das operações realizadas pelo Banco Central do Brasil (art. 7º, § 2º);

h) dispor sobre renúncia de receitas (art. 14);

i) definir despesa irrelevante para fins do art. 16 da LRF (art. 16, § 3º);

j) dispor sobre a preservação do patrimônio público (art. 45);

k) autorizar que o município contribua para o custeio de despesas de outros entes da federação (art. 62, I).

Portanto, conforme se pode extrair da Constituição e da LRF, o rol de funções da LDO não é exaustivo. Esta espécie legislativa não está sujeita ao princípio orçamentário da exclusividade, diferentemente do que ocorre com a Lei Orçamentária Anual.

6.4.2. A LDO disciplinando o gasto público

Para que a LDO possa disciplinar a realização do gasto público, uma questão preliminar a ser resolvida: a sua vigência. Nos textos das LDOs federais, consta do último artigo apenas a informação de que a lei vigorará a partir da data da sua publicação, mas não define o término da sua vigência.

Conforme já afirmado, o papel da lei de diretrizes orçamentária não se esgota com a elaboração da lei orçamentária anual. De fato, quando a Constituição Federal dispõe que a LDO *"estabelecerá a política de aplicação das agências oficiais de fomento"*, está querendo dizer que a LDO deverá ter vigência até o final do exercício financeiro a que se refere, pois é nesse período que ocorre a referida aplicação.

Outra evidência de que as LDOs não se restringem à elaboração do orçamento pode ser observada nas datas de aprovação das LDOs. Pesquisando-se as LDOs da União relativas aos exercícios de 1990 a 2013, observa-se que a publicação e o início da vigência da lei ocorrem, geralmente, no final do mês de julho ou no início do mês de agosto do exercício financeiro anterior ao que

O DIREITO DOS GASTOS PÚBLICOS NO BRASIL

a lei se refere. Restam, portanto, poucos dias até a data limite para o encaminhamento da proposta de lei orçamentária ao Congresso Nacional (art. 35, § 2º, inciso II, ADCT/88).

Observa-se, ainda, que algumas LDOs foram publicadas após essa data limite: a LDO 2007 entrou em vigor em 29/12/2006 e a LDO 2006 em 29/9/2005. Além disso, há alterações realizadas na LDO ao longo e após o exercício financeiro a que se refere (Lei 9.057, de 6/6/1995 e Lei 9.122, de 1/11/1995).

Logo, não faria sentido a aprovação destas leis, se sua vigência não estendesse para além no período de elaboração e tramitação da LOA.

Uma segunda questão preliminar diz respeito à possibilidade de a LDO disciplinar o gasto público.

Diferentemente da lei orçamentária anual, a LDO não está sujeita ao princípio orçamentário da exclusividade, **a contrario sensu** do disposto no art. 165, § 8º, da CF/88:

> "A lei orçamentária anual não conterá dispositivo estranho à previsão da receita e à fixação da despesa, não se incluindo na proibição a autorização para abertura de créditos suplementares e contratação de operações de crédito, ainda que por antecipação de receita, nos termos da lei".

Feitas essas considerações, examinamos a título de exemplificação, a Lei de Diretrizes Orçamentárias da União referente ao exercício financeiro de 2013. Neste diploma, estão contidos vários tópicos que disciplinam de forma direta ou indireta a realização do gasto público e/ou servem de instrumento para a interpretação da lei orçamentária anual.

Na LDO são estabelecidas as metas fiscais para o exercício financeiro subsequente, definindo o superávit primário do orçamento fiscal e da seguridade social, bem como, o superávit primário para o setor público consolidado. Estas metas podem servir, em tese, como um limite para a despesa primária.

Em segundo lugar, são definidas as categorias de programação e as classificações orçamentárias, que constituem instrumento para a interpretação do disposto na lei orçamentária anual, no tocante à realização dos gastos públicos.

A LDO tem exigido categoria de programação específica para algumas despesas[123]. Este dispositivo não se dirige apenas ao legislador orçamentário,

---

[123] O art. 12 da Lei 12.708/2012 (LDO 2013) dispõe neste sentido que:

FONTES DO DIREITO DOS GASTOS PÚBLICOS

mas também àquele que executará a despesa. Depreende-se dessa exigência que as referidas despesas não podem ser realizadas por dotações genéricas, sob pena de desvirtuar o comando legal contido na LDO. A exigência de cate-

"Art. 12. O Projeto e a Lei Orçamentária de 2013 discriminarão, em categorias de programação específicas, as dotações destinadas:

I – às ações descentralizadas de assistência social para cada Estado e respectivos Municípios e para o Distrito Federal;

II – às ações de alimentação escolar para cada Estado e respectivos Municípios e para o Distrito Federal;

III – ao pagamento de benefícios do Regime Geral de Previdência Social – RGPS;

IV – às despesas com previdência complementar;

V – ao pagamento de benefícios assistenciais custeados pelo Fundo Nacional de Assistência Social – FNAS;

VI – às despesas com auxílio-alimentação ou refeição, assistência pré-escolar, assistência médica e odontológica e auxílio-transporte, inclusive das entidades da administração pública federal indireta que recebam recursos à conta dos Orçamentos Fiscal e da Seguridade Social, ainda que prestados, total ou parcialmente, por intermédio de serviços próprios;

VII – à concessão de subvenções econômicas e subsídios, que deverão identificar a legislação que autorizou o benefício;

VIII – à participação em constituição ou aumento de capital de empresas;

IX – ao atendimento das operações relativas à redução da presença do setor público nas atividades bancária e financeira, autorizadas até 5 de maio de 2000;

X – ao pagamento de precatórios judiciários;

XI – ao atendimento de débitos judiciais periódicos vincendos, que constarão da programação das unidades orçamentárias responsáveis pelos débitos;

XII – ao cumprimento de débitos judiciais transitados em julgado considerados de pequeno valor, incluídos os decorrentes dos Juizados Especiais Federais;

XIII – ao pagamento de assistência jurídica a pessoas carentes, nos termos do § 1º do art. 12 da Lei nº 10.259, de 12 de julho de 2001, do art. 3º da Lei nº 1.060, de 5 de fevereiro de 1950, e do art. 5º, inciso LXXIV, da Constituição;

XIV – às despesas com publicidade institucional e com publicidade de utilidade pública, inclusive quando for produzida ou veiculada por órgão ou entidade integrante da administração pública federal;

XV – à complementação da União ao Fundo de Manutenção e Desenvolvimento da Educação Básica e de Valorização dos Profissionais da Educação – FUNDEB, nos termos da legislação vigente;

XVI – ao atendimento de despesas de pessoal e encargos sociais decorrentes da concessão de qualquer vantagem ou aumento de remuneração, inclusive resultante de alteração de estrutura de carreiras não autorizada até 31 de agosto de 2012, e do provimento de cargos, empregos e

O DIREITO DOS GASTOS PÚBLICOS NO BRASIL

goria de programação específica visa dar mais transparência a determinadas despesas orçamentárias.

Ademais, as LDOs tem vedado a destinação de recursos para o atendimento de determinadas despesas. Seguindo a mesma linha de raciocínio, trata-se de uma vedação à realização dessas despesas, ainda que por intermédio de dotações orçamentárias genéricas ou de outras dotações.

As LDOs da União mais recentes trazem dispositivos que excluem determinadas entidades da lei orçamentária anual, tais como, os Conselhos de

---

funções, observado o disposto no inciso I do *caput* do art. 72, que, no caso do Poder Executivo, constará do orçamento do Ministério do Planejamento, Orçamento e Gestão;

XVII – ao auxílio financeiro aos Estados, Distrito Federal e Municípios para fomento das exportações;

XVIII – às transferências aos Estados, Distrito Federal e Municípios para compensação das perdas de arrecadação decorrentes da desoneração das exportações, nos termos do art. 91 do Ato das Disposições Constitucionais Transitórias – ADCT;

XIX – às contribuições e anuidades a organismos e entidades internacionais, que deverão identificar nominalmente cada beneficiário;

XX – ao cumprimento de sentenças judiciais de empresas estatais dependentes;

XXI – à realização de eleições, referendos e plebiscitos pela Justiça Eleitoral;

XXII – às despesas destinadas ao desenvolvimento de atividades de coleta e processamento de material reciclável exercidas pelas entidades previstas no inciso VII do *caput* do art. 54;

XXIII – à doação de recursos financeiros a países estrangeiros e organizações internacionais nominalmente identificados;

XXIV – ao pagamento de despesas decorrentes de compromissos firmados por meio de contrato de gestão entre órgãos e entidades da administração pública federal e as organizações sociais, nos termos da Lei nº 9.637, de 15 de maio de 1998, com a identificação nominal de cada organização social beneficiada;

XXV – à capitalização do Fundo Garantidor de Parcerias Público-Privadas – FGP;

XXVI – ao pagamento de pensões especiais concedidas por legislações específicas, não classificadas como "Pessoal e Encargos Sociais", nos termos do § 4º do art. 70;

XXVII – ao pagamento de despesas com o fardamento dos militares das Forças Armadas, nos termos da alínea "h" do inciso IV do *caput* do art. 50 da Lei nº 6.880, de 9 de dezembro de 1980, do art. 2º da Medida Provisória nº 2.215-10, de 31 de agosto de 2001, e dos arts. 61 a 64 do Decreto nº 4.307, de 18 de julho de 2002;

XXVIII – ao pagamento de cada categoria de despesa com saúde relacionada nos arts. 3º e 4º da Lei Complementar nº 141, de 13 de janeiro de 2012, com o respectivo Estado e Distrito Federal, quando se referir a ações descentralizadas; e

XXIX – às contribuições e anuidades a organismos nacionais com valor superior a R$ 1.000.000,00 (um milhão de reais).

Fiscalização Profissionais. Isso indica que as despesas realizadas por estas entidades não estão sujeitas à legalidade orçamentária, ou seja, os seus gastos não dependem de autorização legislativa orçamentária.

A LDO estabelece, ainda, exigências para a realização de transferências voluntárias e para as transferências ao setor privado.

A LDO estabelece critérios de limitação de empenho e movimentação financeira, que afetam fases da realização da despesa pública.

Recentemente, há a exigência de sistemas de informação obrigatórios para a realização da despesa pública.

Vários outros dispositivos contidos na LDO impactam no processo de concretização do gasto público, merecendo destaque:

a) a execução provisória do projeto de lei orçamentária;
b) a autorização para revisão de remunerações e subsídios, nos termos de lei específica;
c) a execução de contratos e convênios identificados com irregularidades graves;
d) a disciplina dos custos de obras e serviços de engenharia;
e) a publicidade de transferências voluntárias, contratos, convênios gastos de pessoal e encargos sociais;
f) os requisitos para a contratação de serviços de consultoria;
g) a atualização monetária dos precatórios.

Com tantas peculiaridades sendo reguladas pela LDO, não é possível deixar de reconhecê-la como uma importante fonte do direito dos gastos públicos.

6.5. Lei Orçamentária Anual – LOA

A Lei Orçamentária Anual contempla as dotações alocadas às unidades orçamentárias. As dotações orçamentárias, segundo o regime constitucional vigente, constituem autorizações (permissões) para que os administradores efetuem as despesas. Ela condiciona a despesa pública por meio de **limitações de natureza temporal** (as autorizações de gasto vigoram, em regra, até o final do exercício financeiro), **de natureza quantitativa** (as autorizações de gastos estão limitadas ao montante previsto na dotação orçamentária) **e de natureza qualitativa ou finalística** (a autorização de gasto está vinculada ao atendimento de uma finalidade prevista na LOA, expressa pelo título da ação orçamentária). A LOA só condiciona as despesas orçamentárias, não produzindo qualquer efeito em relação às *off-budget expenditures*.

O DIREITO DOS GASTOS PÚBLICOS NO BRASIL

Este tema será abordado de forma mais detalhada no item 8.1. (legalidade orçamentária).

6.6. Leis Ordinárias

As leis ordinárias também assumem importantes funções no direito dos gastos públicos, conforme será detalhado a seguir. As mesmas considerações aplicáveis às leis ordinárias devem ser estendidas às demais espécies legislativas com força de lei previstas na Constituição Federal de 1988, tais como, as leis delegadas (art. 58, IV c/c art. 68, CF/88) e as medidas provisórias (art. 58, V c/c art. 62, CF/88). Também aplicam-se aos Decretos-leis que porventura tenham sido recepcionados pela Constituição Federal de 1988 e que versem sobre gastos públicos ou sobre atos de gestão que importem na realização de gastos públicos.

Uma das primeiras funções da lei ordinária é estabelecer direitos subjetivos a prestações de natureza pecuniária, definir seus beneficiários, o montante da prestação e sua periodicidade, e as condições para a concessão e suspensão da prestação, quando esta for de natureza continuada. Desta forma, é a lei que deverá estabelecer a remuneração (e suas componentes adicionais, gratificações, etc.) e subsídio dos agentes públicos (art. 37, inciso X, da CF/88, alterada pela EC nº 19/1998), as subvenções econômicas, prêmios, os programas de transferência pessoal de renda, a concessão de indenização pela via administrativa, etc.

Dentre estas leis, cabe destacar:

a) Lei nº 10.836/2004 – Bolsa Família;
b) Lei nº 8.742/1993 – Benefício de Prestação Continuada;
c) Planos de Carreira dos Servidores;
d) Lei nº 8.112/1990 – Regime Jurídico dos Servidores Públicos Federais;
e) Indenizações, tais como, a Lei nº 10.821/2003[124], Lei nº 10.559/2002[125] e a Lei nº 9.140/1995[126].

---

[124] Concessão de indenização, a título de reparação de danos, às famílias das vítimas do acidente do Centro de Lançamento de Alcântara/MA.

[125] Regulamenta as prestações de caráter indenizatório ao anistiado político.

[126] Indenização aos familiares de pessoas desaparecidas em razão de atividade política.

FONTES DO DIREITO DOS GASTOS PÚBLICOS

A exigência de lei formal é tratada com maior detalhe no item 8.4. – Legalidade Específica.

Outro papel da lei ordinária é disciplinar os atos e contratos da administração pública que possam gerar despesas públicas. Ademais, o aspecto procedimental da despesa pública, no tocante ao procedimento licitatório e a contratação direta, também deve ser regulado por lei ordinária, haja vista o disposto no art. 22, inciso XXVII, da Constituição Federal.

A lei ordinária também estabelece as competências dos órgãos e entidades públicas, as quais servem de base (ou de ponto de partida) para a realização de gastos públicos.

A lei também pode disciplinar o relacionamento entre a Administração Pública e os entes de colaboração (*vide*, por ex., a Lei nº 13.019/2014).

Considerando o disposto no art. 150, § 6º, da CF/88[127], a lei ordinária é que, regra geral, deverá instituir os benefícios fiscais, os quais poderão vir a constituir gasto tributário, se implicarem no tratamento diferenciado dos contribuintes, nos termos do art. 14 da LRF.

6.6.1. Lei nº 8.666/1993

Conhecida como lei geral de licitações e contratos, a Lei nº 8.666/1993 foi editada no âmbito da competência privativa da União para estabelecer normas gerais sobre a matéria, consoante o art. 22, XXVII, da Constituição Federal.

À luz da Emenda Constitucional nº 19/1998 (Reforma Administrativa), que dividiu as empresas estatais em empresas prestadoras de serviço público e empresas que exercem atividade econômica, a lei deve ser utilizada pela Administração Direta e, no âmbito da administração indireta, pelas as autarquias, fundações públicas e empresas estatais prestadoras de serviço público na disciplina das suas licitações e contratos administrativos. Até a edição da lei de que trata o art. 173, § 1º, III, da CF/88, a lei também é aplicável às estatais que exercem atividade econômica, salvo quanto à Petrobras, que possui um tratamento privilegiado (*vide* art. 67 da Lei nº 9.478/1997).

---

[127] "Qualquer subsídio ou isenção, redução de base de cálculo, concessão de crédito presumido, anistia ou remissão, relativos a impostos, taxas ou contribuições, só poderá ser concedido mediante lei específica, federal, estadual ou municipal, que regule exclusivamente as matérias acima enumeradas ou o correspondente tributo ou contribuição, sem prejuízo do disposto no art. 155, § 2º, XII, g".

O DIREITO DOS GASTOS PÚBLICOS NO BRASIL

A Lei nº 8.666/1993 também se aplica de forma subsidiária à modalidade Pregão, consoante art. 9º da Lei nº 10.520/2002, o que reforça o caráter geral da referida lei. Entretanto, a aplicação da Lei nº 8.666/1993, é afastada, como regra e ainda que em caráter subsidiário, no âmbito do Regime Diferenciado de Contratações – RDC (art. 1º, § 2º, Lei nº 12.462/2011). Neste caso, a aplicação da Lei nº 8.666/1993 só tem lugar quando expressamente referida pela lei do RDC.

E qual o papel da Lei nº 8.666/1993 na disciplina do gasto público?

Em primeiro lugar, a Lei disciplina **o aspecto procedimental do gasto público**, uma vez que a licitação é procedimento prévio à contratação de obras, serviços, compras e locações, que geram obrigações de gasto para o Poder Público, tal como, o processo de contratação direta por dispensa ou inexigibilidade de licitação.

Por outro lado, a lei regula, em alguns dispositivos, questões relacionadas ao pagamento da despesa.

No art. 5º, *caput*, a lei preconiza que os pagamentos devem seguir, para cada fonte diferenciada de recursos, **a ordem cronológica das exigibilidades das obrigações decorrentes dos fornecimentos de bens, locações, realização de obras e prestação de serviços**. Trata-se de um exemplo da aplicação do princípio da impessoalidade da Administração Pública aos gastos públicos.

A Lei também estabelece prazo para pagamento de despesas de pequena monta, cinco dias úteis a contar da apresentação da fatura, consoante art. 5º, § 3º.

A Lei permite, na hipótese prevista no art. 60, parágrafo único, o contrato verbal que é suporte para pagamentos no chamado regime de adiantamento ou suprimento de fundos, disciplinado pelos arts. 68 e 69 da Lei nº 4.320/ /1964, que não segue estritamente as etapas de empenho, liquidação e despesa, nesta ordem.

Por fim, cumpre mencionar, que a Lei disciplina questões como a atualização monetária das obrigações de pagamento e o desconto de multas administrativas nos pagamentos devidos à contratada.

6.7. Normas Infralegais

As normas infralegais que disciplinam o gasto público são atos normativos de diversas espécies, com status inferior à lei, expedidos pela Administração Pública, direta e indireta, dos Poderes da República e dos órgãos cons-

FONTES DO DIREITO DOS GASTOS PÚBLICOS

titucionais com autonomia administrativa e financeira, tais como, o Ministério Público e o Tribunal de Contas. Dentre estas espécies normativas, cumpre citar: os Decretos[128], as Portarias, as Instruções Normativas e as Resoluções[129].

Maria Sylvia Zanella Di Pietro lembra que, em decorrência dos princípios da legalidade contidos no art. 5º, inciso II e art. 37, *caput*, da Constituição Federal, *"a Administração Pública não pode, por simples ato administrativo, conceder direitos de qualquer espécie, criar obrigações ou impor vedações aos administrados; para tanto, ela depende de lei"* (DI PIETRO, 2002, p. 68).

Di Pietro salienta que a lei é o **ato normativo originário**, por que cria direito novo originário de órgão estatal dotado de competência própria derivada da Constituição, enquanto o decreto regulamentar é ato normativo derivado, porque não cria direito novo, apenas estabelece normas que permitam explicitar a forma de execução da lei (DI PIETRO, 2002, p. 222).

Portanto, as normas infralegais não podem criar direitos subjetivos a prestações pecuniárias (*vide* item 8.4.). Ademais, os elementos definidores destes direitos subjetivos devem estar estabelecidos em lei, tais como: os critérios de elegibilidade; o valor ou a fórmula de cálculo da prestação pecuniária, as condições que o beneficiário deve ter para a percepção da prestação e as hipóteses de suspensão e extinção do direito à prestação pecuniária.

Nem sempre estes requisitos são atendidos, sendo comuns, no âmbito da Administração Pública, por exemplo, a concessão de privilégios, a defi-

---

[128] Segundo Hely Lopes Meirelles, os Decretos são atos administrativos da competência exclusiva dos chefes do Poder Executivo destinados a prover situações gerais ou individuais, abstratamente previstas de modo expresso, explícito ou implícito, pela legislação. O Decreto pode ser normativo e geral ou específico e individual. Em ambos os casos, o Decreto tem status inferior ao da lei, não a podendo contrariar. Os decretos também são veículos que aprovam os regulamentos para a fiel execução da lei (MEIRELLES, 1994). Maria Sylvia Zanella Di Pietro salienta que o Decreto é "a forma de que se revestem os atos individuais ou gerais, emanados do Chefe do Poder Executivo (Presidente da República, Governador e Prefeito)". Da mesma forma que a lei, podem conter regras gerais e abstratas que se dirigem a todas as pessoas que se encontram na mesma situação (decreto geral) ou pode dirigir-se a pessoa ou grupo de pessoas determinadas (DI PIETRO, 2002, p. 222).

[129] Fazem parte, ainda, destas normas infralegais, as de caráter procedimental ou operacional contidas nos manuais dos Sistemas Informatizados de Administração Financeira, tais como, o SIAFI e o SIAFEM.

nição dos valores de gratificações e/ou adicionais para servidores públicos e a concessão de verbas de representação, por meio de atos normativos infralegais.

Ainda em consequência do princípio da legalidade, as normas infralegais não são, em princípio, veículos adequados para a instituição de programas ou políticas públicas, ainda que não envolvam direitos a prestações pecuniárias. Conforme Harmut Maurer leciona acerca do princípio da reserva de lei: *"as decisões fundamentais e importantes para a coletividade assim como para o cidadão particular devem ser tomadas pelo dador de leis [legislador] e ser por ele respondidas"* (MAURER, 2006, p. 125).

Cito, como exemplo, o Decreto nº 7.535/2011, que instituiu o *"Programa de Universalização de Acesso e Uso da Água"* (Água para Todos). O referido Decreto não regulamenta nenhuma lei, apesar de o cabeçalho citar expressamente o art. 84, inciso IV, da Constituição Federal. Institui o Programa, estabelecendo os seus objetivos e diretrizes, cria os comitês gestores e operacional, dispondo sobre suas composição e competências. Por instituir e estabelecer diretrizes para um programa de governo, que envolve a aplicação de recursos públicos, sem abordar matéria disciplinada em lei, trata-se de um decreto autônomo ou independente, para o qual não há fundamento constitucional no direito brasileiro (salvo nas hipóteses previstas pelo art. 84, inciso IV, CF/88 alterada pela EC nº 32/2001).

Na área da saúde, entretanto, há uma delegação legislativa à direção nacional do SUS, nos termos do art. 16 da Lei nº 8.080/1990, para formular e implementar políticas públicas (ou participar da formulação e implementação em conjunto com outros órgãos).

No direito dos gastos públicos, as normas infralegais exercem, principalmente, um papel de **autolimitação da discricionariedade administrativa no que concerne à realização da despesa**. Não podem contrariar a lei ou a Constituição.

Segundo Paulo Modesto (MODESTO, 2010), os atos normativos emitidos no exercício da função administrativa pelo Estado cumprem diferentes propósitos:

a) especificar e operacionalizar os comandos legais, integrando, sem criar direitos ou obrigações ao cidadão, aspectos operacionais reclamados para ampliar a eficácia da lei;

b) disciplinar aspectos da lei que ensejam atuação administrativa discricionária, evitando disparidades na aplicação concreta da norma legal;

FONTES DO DIREITO DOS GASTOS PÚBLICOS

d) adequar o funcionamento e a organização dos órgãos e entidades públicos a necessidades do momento, na hipótese dos regulamentos organizativos.

Embora sejam imposições da lei, os regulamentos e demais atos administrativos tem por função lógica e inerente *"vincular os atos singulares da própria administração pública, inclusive os atos da autoridade que os emitiu"* (MODESTO, 2010, p. 141).

Para Paulo Modesto, os atos normativos produzem efeitos de **autovinculação** e de **heterovinculação**. A autovinculação obriga o próprio órgão emissor do ato normativo a respeitar as próprias prescrições gerais. A heterovinculação obriga os órgãos subalternos ao órgão emissor. Nas palavras do autor (MODESTO, 2010, p. 142):

> "Os atos normativos, é certo, apresentam um caráter ambíguo em matéria de vinculação/autovinculação. **Possuem eficácia autovinculativa para o seu editor, obrigando o órgão que os emitiu a respeitar as suas próprias prescrições gerais em casos singulares submetidos à apreciação** (princípio da inderrogabilidade singular dos regulamentos), embora a limitação incida apenas até a edição de nova norma administrativa geral e abstrata. Sem embargo disso, ao mesmo tempo, constituem **normas dotadas de eficácia heterovinculante para os órgãos subalternos, sediados em escalões inferiores da estrutura administrativa, pois estes se encontram submetidos a vínculos de hierarquia, supervisão ou coordenação relativamente ao órgão emissor do ato administrativo geral, de natureza administrativa**. O regulamento, em especial, por sua expressão eminente na hierarquia dos atos normativos de natureza administrativa, são de longa data reconhecidos como veículos de autolimitação da administração pública" (grifo nosso).

Neste contexto, por exemplo, o Decreto nº 6.170, de 25/7/2007 contempla normas relativas às transferências de recursos da União, mediante convênios e contratos de repasse, para órgãos ou entidades públicas ou entidades privadas sem fins lucrativos, limitando a margem de discricionariedade que os Ministérios dispõem para a realização de transferências voluntárias e para a destinação de recursos ao setor privado. O Decreto regula aspectos como a celebração, o acompanhamento e a prestação de contas dos recursos transferidos, bem como, a utilização do Sistema SICONV. O assunto é regulado, com maior densidade, na Portaria Interministerial MPOG/MF/CGU nº 507, de 24/11/2011.

O DIREITO DOS GASTOS PÚBLICOS NO BRASIL

No âmbito federal, o Plano de Dispêndios Globais – PDG das empresas estatais é aprovado por Decreto Presidencial, um diploma infralegal. Trata-se de uma espécie de "orçamento" para estas empresas, sem, entretanto, ter a mesma força jurídica da Lei Orçamentária Anual. A título de ilustração, o Decreto nº 6.997, de 4/11/2009 aprovou o Plano de Dispêndios Globais das estatais federais para o exercício de 2010.

As normas infralegais servem, ainda, para estabelecer os procedimentos para a realização da despesa, para definir competências e limites de gasto dentro da estrutura administrativa e, também os controles internos (mecanismos) para minimizar os riscos atinentes à realização da despesa, dentre outros aspectos de caráter operacional.

Com efeito, o Decreto nº 7.689, de 2/3/2012 estabelece, no âmbito do Poder Executivo Federal, os limites e instâncias de governança para a contratação de bens e serviços e para a realização de gastos com diárias e passagens. Neste diploma, por exemplo, permite-se a delegação de competência, tão somente, para os contratos com valor inferior a R$ 10 milhões.

É por meio de normas infralegais que os Poderes e órgãos com autonomia financeira promovem a limitação de empenho e movimentação financeira prevista no art. 9º, *caput*, da LRF, se verificado que, ao final do bimestre, a realização da receita não comportar as metas de resultado primário e nominal previstas na LDO.

6.8. Pareceres do Advogado-Geral da União e Consulta ao Tribunal de Contas da União

Os pareceres da Advocacia-Geral da União e a Consulta ao Tribunal de Contas da União são fontes indiretas ou fontes de conhecimento do direito dos gastos públicos, uma vez que auxiliam o conhecimento das normas jurídicas que disciplinam a realização da despesa pública.

A Lei Complementar nº 73/1993, Lei Orgânica da Advocacia-Geral da União, dispõe que os pareceres do Advogado-Geral da União, quando aprovados e publicados juntamente com o despacho presidencial, vinculam a Administração Pública Federal, cujos órgãos e entidades são obrigados a dar-lhes fiel cumprimento (art. 41, § 1º). Os pareceres diferem das Súmulas Administrativas, também editadas pelo Advogado-Geral da União, pois estas são *"resultantes da jurisprudência iterativa dos Tribunais"* (art. 4º, XII).

As Súmulas tem caráter obrigatório para os órgãos jurídicos que compõem a AGU e os órgãos jurídicos das autarquias e fundações públicas (art. 43).

FONTES DO DIREITO DOS GASTOS PÚBLICOS

Conforme já mencionado, os pareceres tem caráter vinculante para toda a Administração Pública Federal, inclusive para os órgãos jurídicos, sendo vedado aos membros efetivos da AGU contrariar parecer normativo do Advogado-Geral da União (art. 28, II).

A despeito de vincular a Administração Pública Federal, o Tribunal de Contas da União entende que o parecer da AGU não vincula os seus julgamentos, considerando que a independência e jurisdição do TCU acham-se delineadas nos artigos 70 a 73 da Constituição Federal (Acórdãos nºs 1.366/ /2006 – Plenário, 1.370/2006 – Plenário e 2.332/2006 – 2ª Câmara).

Nesta linha, tendo em vista que a AGU integra a estrutura do Poder Executivo Federal, o melhor entendimento é de que os seus Pareceres vinculem tão somente as unidades administrativas do Executivo Federal, não atingindo as unidades administrativas dos demais Poderes da República, em atenção ao princípio da separação de poderes.

As despesas públicas realizadas pela Administração Pública Federal, direta e indireta, podem ser matérias de Pareceres do Advogado-Geral da União, e o disposto nestes pareceres deve servir de referência para a conduta dos gestores públicos federais, tendo em vista o caráter vinculativo já exposto.

Nada obstante este caráter vinculativo, são poucos os Pareceres que versam, direta ou indiretamente, sobre despesa pública, merecendo destaque abaixo relacionados:

a) Parecer nº GQ – 158 – Define Transferência Voluntária e sustenta o caráter taxativo do elenco de condutas previsto no art. 73 da Lei nº 9.504/97 (condutas proibidas aos agentes públicos tendentes a afetar a igualdade de oportunidades nos pleitos eleitorais). Sustenta que a prática de atos preparatórios, inclusive a formalização de convênios, acordos ou instrumentos congêneres, não está vedada pelo art. 73, VI, a, da Lei nº 9.504/97[130].

b) Parecer nº GQ – 203 – Estabelece que a remuneração de cargo ou função de confiança não pode ser fixada fixa mediante ato administrativo, por se tratar de instrumento inadequado à ordem constitucional.

---

[130] O dispositivo em questão veda a realização de transferência voluntária de recursos da União aos Estados e Municípios, e dos Estados aos Municípios, sob pena de nulidade de pleno direito, ressalvados os recursos destinados a cumprir obrigação formal preexistente para execução de obra ou serviço em andamento e com cronograma prefixado, e os destinados a atender situações de emergência e de calamidade pública.

O DIREITO DOS GASTOS PÚBLICOS NO BRASIL

As consultas ao Tribunal de Contas da União, por sua vez, estão previstas no art. 1º, XVII, da Lei nº 8.443/1992 (Lei Orgânica do TCU), segundo o qual compete ao TCU *"decidir sobre consulta que lhe seja formulada por autoridade competente, a respeito de dúvida suscitada na aplicação de dispositivos legais e regulamentares concernentes a matéria de sua competência, na forma estabelecida no Regimento Interno"*.

Nos termos do art. 1º, § 2º, a resposta à referida consulta tem caráter normativo e constitui prejulgamento da tese, mas não do caso concreto[131].

---

[131] Importante mencionar que o TCU, no seu Regimento Interno, restringe as autoridades legitimadas a formular consulta, não conhece de consulta versando sobre caso concreto, exige pertinência temática em alguns casos e exige que as consultas sejam instruídas, sempre que possível com parecer do órgão de consultoria jurídica, *verbis*:

"Art. 264. O Plenário decidirá sobre consultas quanto a dúvida suscitada na aplicação de dispositivos legais e regulamentares concernentes à matéria de sua competência, que lhe forem formuladas pelas seguintes autoridades:

I – presidentes da República, do Senado Federal, da Câmara dos Deputados e do Supremo Tribunal Federal;

II – Procurador-Geral da República;

III – Advogado-Geral da União;

IV – presidente de comissão do Congresso Nacional ou de suas casas;

V – presidentes de tribunais superiores;

VI – ministros de Estado ou autoridades do Poder Executivo federal de nível hierárquico equivalente;

VII – comandantes das Forças Armadas.

§ 1º As consultas devem conter a indicação precisa do seu objeto, ser formuladas articuladamente e instruídas, sempre que possível, com parecer do órgão de assistência técnica ou jurídica da autoridade consulente.

§ 2º Cumulativamente com os requisitos do parágrafo anterior, as autoridades referidas nos incisos IV, V, VI e VII deverão demonstrar a pertinência temática da consulta às respectivas áreas de atribuição das instituições que representam.

§ 3º A resposta à consulta a que se refere este artigo tem caráter normativo e constitui prejulgamento da tese, mas não do fato ou caso concreto.

§ 4º A decisão sobre processo de consulta somente será tomada se presentes na sessão pelo menos sete ministros, incluindo ministros-substitutos convocados, além do Presidente.

Art. 265. O relator ou o Tribunal não conhecerá de consulta que não atenda aos requisitos do artigo anterior ou verse apenas sobre caso concreto, devendo o processo ser arquivado após comunicação ao consulente.

FONTES DO DIREITO DOS GASTOS PÚBLICOS

A importância da consulta ao Tribunal de Contas para o gestor público é inegável, consoante revela Jorge Ulisses Jacoby Fernandes: *"(...) dada a especificidade da ação do controle externo e a complexidade da matéria, por vezes, a prévia interpretação da norma, ou da tese, torna-se extremamente recomendável".* Conclui o autor que (FERNANDES, 2003, 303):

> "Em termos de eficiência da administração pública, nada melhor para aqueles que lidam com finanças públicas do que ter previamente a interpretação do órgão de controle externo. Para esses, a ação preventiva resultante tem mais largo alcance, porque o controle orientador é muito mais eficiente do que o repressivo".

As consultas diferenciam-se dos pareceres da AGU por versarem sobre matéria de âmbito mais restrito, quais sejam, as matérias de competência do Tribunal de Contas da União.

Estas matérias abrangem os aspectos financeiro, orçamentário, patrimonial, contábil e operacional da gestão de bens, dinheiros e valores públicos. Os pareceres do Advogado-Geral da União, por sua vez, podem versar sobre um leque muito mais amplo de matérias. Ademais, as respostas às consultas tem caráter normativo para toda a administração pública federal, não somente para o Poder Executivo, e para o próprio Tribunal de Contas, salvo se o caso concreto não se amoldar perfeitamente à hipótese da consulta formulada. Em razão da especificidade da matéria, o número de consultas versando diretamente sobre a despesa pública ou sobre seus fatos geradores é muito mais expressivo que o de pareceres do AGU.

Em pesquisa no Sistema de Jurisprudência do TCU, foram constatados 396 Acórdãos ou Decisões relativos a consultas ao Tribunal. Várias destas consultas não foram conhecidas pelo Tribunal por ilegitimidade do consulente (*vide* art. 264 do RITCU) ou por versarem sobre caso concreto.

Entretanto, mesmo nestas hipóteses de não conhecimento, é comum que o Tribunal faça uma análise da matéria, indicando como vem sendo o posicionamento da Corte sobre aquele assunto. Neste caso, a deliberação não tem a mesma força vinculante da resposta à consulta conhecida pelo TCU.

Na tabela a seguir, são apresentados alguns exemplos de deliberações do TCU em consultas versando sobre gastos públicos, sobre aspectos procedimentais ou sobre fatos geradores de gastos públicos.

O DIREITO DOS GASTOS PÚBLICOS NO BRASIL

Deliberação do TCU	Assunto questionado na Consulta
Acórdão n° 338/2004 - Plenário	Possibilidade de pagamento de advogados para a defesa de membros do Ministério Público da União, réus em ações judiciais propostas por pessoas físicas ou jurídicas por eles investigadas.
Acórdão n° 421/2004 - Plenário	Possibilidade da contratação direta de bens/serviços das entidades dos serviços sociais autônomos com dispensa de licitação.
Acórdão n° 889/2003 - Plenário	Possibilidade de reverter à dotação orçamentária autorizada o valor de multa recebida por meio de compensação de crédito.
Acórdão n° 1.107/2003 - Plenário	Interpretação de dispositivos legais e regulamentares concernentes à aplicação de recursos do Fundo de Universalização dos Serviços de Telecomunicações – Fust.
Acórdão n° 1.390/2004 - Plenário	Possibilidade da dispensa de licitação pelas sociedades de economia mista exploradoras de atividade econômica, na contratação de bens e serviços ligados à sua atividade-fim.
Acórdão n° 1.640/2003 - Plenário	Restrições legais às transferências de recursos do Fundo Nacional de Segurança Pública – FNSP para os Estados que tenham estabelecido plano de segurança pública, mas que estejam em inadimplência com os regulamentos das transferências voluntárias de recursos.
Decisão n° 12/1997 - Plenário	Obrigatoriedade da Fundação Habitacional do Exército continuar prestando contas ao TCU, considerando que a mesma não recebe recursos orçamentários.
Decisão n° 40/1992 - Plenário	Pagamento de multa pela Administração por atraso no pagamento de tarifas às concessionárias de serviços públicos.
Decisão n° 143/2002 - Plenário	Metodologia de cálculo dos recursos federais mínimos a serem aplicados em educação e saúde e Interpretação da Emenda Constitucional n° 29/2000[132]
Decisão n° 143/1993 - Plenário	Legalidade da incidência de correção monetária sobre pagamento de bens e serviços prestados por terceiros e satisfeitos com atraso pela Administração pública e sobre valores devolvidos pelo Erário a servidor público (Consulta não conhecida).
Decisão n° 210/2000 - Plenário	Possibilidade e condições para transferência de recursos públicos para instituições de caráter comunitário.
Decisão n° 299/1999 - Plenário	Possibilidade de aquisição de material bélico, materiais e equipamentos aeronáuticos e combustível de aviação mediante contratos com prazo superior a um exercício financeiro.
Decisão n° 379/1993 - Plenário	Ressarcimento a Conselhos de Fiscalização do Exercício Profissional por cessão de funcionários.
Decisão n° 385/1994 - Plenário	Viabilidade de pagamento de serviço prestado por entidades sem fins lucrativos, no período anterior a data do convênio firmado.
Decisão n° 411/1994 - Plenário	Inscrição, em restos a pagar, dos valores empenhados para celebração de convênios, bem como dos recursos relativos a transferências nominalmente identificados no orçamento.
Decisão n° 477/1994 - Plenário	Possibilidade de pagamento de anuênio a servidores ocupantes de cargo de provimento em comissão, que não sejam titulares de cargos efetivos.
Decisão n° 501/2000 - Plenário	Possibilidade de pagamento de diárias a servidores do Poder Judiciário, com recursos do Poder Executivo, para cumprimento de mandados judiciais.
Decisão n° 557/1993 - Plenário	Possibilidade de rateio de despesas de utilização e conservação de imóvel ocupado em condomínio com outro órgão federal.

Tabela: Deliberações do TCU em consultas sobre gastos públicos

[132] Antes da edição da Lei Complementar nº 141/2012, que regulamenta a Emenda Constitucional nº 29/2000.

FONTES DO DIREITO DOS GASTOS PÚBLICOS

Por fim, convém mencionar que deliberações do Tribunal de Contas em outros processos também podem servir de fonte do direito dos gastos públicos, uma vez que, incidentalmente, no julgamento de contas, na apreciação de processos de fiscalização ou de atos sujeitos a registro, o Tribunal de Contas manifesta os seus entendimentos acerca de tema relativo aos gastos públicos na fundamentação das suas decisões.

Há, ainda, situações em que o Tribunal determina ao órgão ou entidade que adote medidas para a correção de irregularidades constatadas ou prevenir a ocorrência de outras semelhantes (art. 18 da Lei nº 8.443/1992 c/c art. 71, IX, CF/88). Apesar de vincularem apenas o órgão ou entidade que recebeu a determinação, as determinações servem de referência para outros órgãos/ /entidades da administração pública, sujeitas à fiscalização do TCU, pois revelam o entendimento do Tribunal acerca da matéria em questão.

6.9. Súmulas Vinculantes do STF

Súmula é uma enunciação formal da jurisprudência consolidada e predominante de uma Corte Judiciária. Exprime, no conteúdo de sua formulação, o resultado de pronunciamentos juridisdicionais reiterados sobre o sentido, o significado e a aplicabilidade das regras jurídicas editadas pelo Estado (STF, AI-AGR nº 179.560/RJ, Ministro Relator Celso de Mello).

Inicialmente, a Súmula não vinculava a atuação jurisdicional de magistrados e tribunais inferiores, bem como a atuação da administração pública.

A Súmula Vinculante, editada pelo Supremo Tribunal Federal, foi introduzida no ordenamento jurídico pela Emenda Constitucional nº 45/2004, a Reforma do Judiciário, que teve, dentre os seus objetivos, garantir a qualidade e celeridade na prestação jurisdicional. A Súmula vinculante tem por objetivo evitar a proliferação de litígios versando sobre matéria já pacificada pela Suprema Corte.

Segundo o art. 103-A, da CF/88, introduzido pela EC nº 45/2004:

> "Art. 103-A. O Supremo Tribunal Federal poderá, de ofício ou por provocação, mediante decisão de dois terços dos seus membros, após reiteradas decisões sobre matéria constitucional, aprovar súmula que, a partir de sua publicação na imprensa oficial, terá efeito vinculante em relação aos demais órgãos do Poder Judiciário e à administração pública direta e indireta, nas esferas federal, estadual e municipal, bem como proceder à sua revisão ou cancelamento, na forma estabelecida em lei.
>
> § 1º A súmula terá por objetivo a validade, a interpretação e a eficácia de normas determinadas, acerca das quais haja controvérsia atual entre ór-

gãos judiciários ou entre esses e a administração pública que acarrete grave insegurança jurídica e relevante multiplicação de processos sobre questão idêntica.

§ 2º Sem prejuízo do que vier a ser estabelecido em lei, a aprovação, revisão ou cancelamento de súmula poderá ser provocada por aqueles que podem propor a ação direta de inconstitucionalidade.

§ 3º Do ato administrativo ou decisão judicial que contrariar a súmula aplicável ou que indevidamente a aplicar, caberá reclamação ao Supremo Tribunal Federal que, julgando-a procedente, anulará o ato administrativo ou cassará a decisão judicial reclamada, e determinará que outra seja proferida com ou sem a aplicação da súmula, conforme o caso."

Conforme mencionado pelo art. 103-A, § 1º, a Súmula tem por objeto a validade, interpretação e eficácia de determinadas normas, acerca das quais haja controvérsia atual entre os órgãos judiciários ou entre estes e a administração pública, acarretando insegurança jurídica e multiplicidade de processos.

A importância desta fonte para a Administração Pública em geral decorre justamente do seu efeito vinculante sobre os órgãos jurisdicionais assegurando maior segurança jurídica para a atuação dos administradores públicos. Não se trata de uma mera fonte de conhecimento, tal como, os demais precedentes judiciais, uma vez que está garantida a reclamação ao STF contra o ato administrativo ou a decisão judicial que contrarie Súmula aplicável ou que indevidamente a aplicar.

Convém mencionar que os processos judiciais contra a Administração Pública são fatores de risco fiscal, devendo constar do Anexo de Riscos Fiscais da LDO (art. 4º, § 3º, LRF). Além disso, o próprio questionamento judicial de atos e contratos da administração pública pode prejudicar a eficiência, eficácia e efetividade das políticas públicas.

Entretanto, a importância da Súmula Vinculante é mais potencial do que efetiva, uma vez que, até o momento, só foram editadas 32 Súmulas Vinculantes.

No âmbito do direito dos gastos públicos, a situação não é diferente. A maior parte das Súmulas refere-se à remuneração de agentes públicos, valendo destacar:

a) Súmula Vinculante nº 6 – Constitucionalidade do estabelecimento de remuneração inferior ao salário mínimo para os praças que estejam cumprindo o serviço militar inicial;

FONTES DO DIREITO DOS GASTOS PÚBLICOS

b) Súmula Vinculante nº 15 – Não incidência do abono usado para atingir o salário mínimo no cálculo de gratificações e outras vantagens do servidor público;

c) Súmula Vinculante nº 16 – Garantia do salário mínimo do servidor público (art. 7º, IV c/c art. 39, § 3º, CF/88) refere-se à remuneração total;

d) Súmula Vinculante nº 20 – Deferimento da Gratificação de Desempenho e Atividade Técnico-Administrativa (GATA) aos inativos.

Uma importante Súmula foi, entretanto, editada sobre os precatórios. A Súmula Vinculante nº 17 do STF prescreve a não incidência de juros de mora sobre precatórios durante o período previsto no art. 100, § 5º, CF/88 (até o término do exercício financeiro seguinte ao qual os precatórios foram apresentados, no caso de terem sido apresentados até 1º de julho)[133].

6.10. Tratados e Convenções Internacionais

Costuma-se distinguir entre Convenção, Acordo, Protocolo, Memorando de Entendimento, Concordata, Tratado e Carta.

A Convenção de Viena sobre o Direito dos Tratados[134] define Tratado como *"acordo internacional concluído por escrito entre Estados e regido pelo Direito Internacional, quer conste de um instrumento único, quer de dois ou mais instrumentos conexos, qualquer que seja sua denominação específica"*.

---

[133] Com o advento da Emenda Constitucional nº 62/2009, foi introduzido o art. 100, § 12, na Constituição Federal, o qual prescreve que: "A partir da promulgação desta Emenda Constitucional, a atualização de valores de requisitórios, após sua expedição, até o efetivo pagamento, independentemente de sua natureza, será feita pelo índice oficial de remuneração básica da caderneta de poupança, e, para fins de compensação da mora, incidirão juros simples no mesmo percentual de juros incidentes sobre a caderneta de poupança, ficando excluída a incidência de juros compensatórios". A despeito desta alteração constitucional, o STF tem entendido que os juros de mora não são devidos no período compreendido entre a data de expedição do precatório e a do efetivo pagamento, se realizado no prazo estipulado constitucionalmente. Somente se descumprido o prazo constitucional é que se pode falar em mora e, por conseguinte, nos juros relativos a ela como penalidade pelo atraso no pagamento (Rcl 13.684/SP, Ministro Relator Dias Toffoli).

[134] Incorporada ao direito interno por meio do Decreto nº 7.030, de 14/12/2009, com reservas aos artigos 25 e 66.

Convenção costuma ser multilateral e dispor sobre grandes temas do direito internacional, tais como, a Convenção de Viena sobre o Direito dos Tratados (1969), supramencionada, e as Convenções de Genebra (1864--1949). Acordo é um termo genérico para tratado, podendo ser bilateral, plurilateral ou multilateral. Protocolo costuma ser um tratado acessório ou resultante de um tratado principal. Memorando de entendimento designa tratados sobre temas técnicos ou específicos. Concordata é um tratado celebrado entre um Estado e a Santa Sé (Concordata de Bolonha). Por fim, carta ou constituição são os termos utilizados para designar tratados constitutivos de organizações internacionais, tais como, a Constituição da Organização Internacional do Trabalho (OIT) e a Carta da Organização das Nações Unidas (ONU)[135].

Nada obstante, conforme ensina Guido Fernando Silva Soares (SOARES, 2002, p. 59-60):

> "a denominação dos tratados internacionais é irrelevante para determinação de seus efeitos ou de sua eficácia. A prática tem demonstrado que os Estados não atribuem qualquer consequência jurídica a tal ou qual denominação dos atos bilaterais ou multilaterais internacionais: tratados, acordos, convenções, ajustes, pactos, ligas, ou outros nomes têm sido utilizados, sem qualquer critério. Algumas denominações são reservadas a atos multilaterais de particular relevância 'Carta das Nações Unidas', para o Tratado de San Francisco firmado a 26-6-1945, por uma conferência internacional convocada naquela cidade, no final da Segunda Guerra Mundial e que instituíra a ONU (...) Para demonstrar a irrelevância da denominação dos tratados, a doutrina e a jurisprudência internacionais têm empregado expressões do tipo tratados e convenções, tratados ou convenções, tratados ou acordos internacionais. Tal fato reflete-se mesmo na terminologia consagrada na Constituição Federal brasileira de 1988 (...)".

No que tange ao direito dos gastos públicos, os tratados e convenções internacionais podem gerar obrigações de gasto para o Poder Público. Entretanto, a eficácia destas obrigações está condicionada à aprovação pelo Congresso Nacional, ao qual compete, exclusivamente, *"resolver definitivamente sobre tratados, acordos ou atos internacionais que acarretem encargos ou compromissos*

---

[135] Cf. http://goo.gl/1DoMv.

FONTES DO DIREITO DOS GASTOS PÚBLICOS

gravosos ao patrimônio nacional", nos termos do art. 49, inciso I, da Constituição Federal.

Conforme revela o STF, na ADI 1.480-MC:

> "a execução dos tratados internacionais e a sua incorporação à ordem jurídica interna decorrem, no sistema adotado pelo Brasil, de um ato subjetivamente complexo, resultante da conjugação de duas vontades homogêneas: a do Congresso Nacional, que resolve, definitivamente, mediante decreto legislativo, sobre tratados, acordos ou atos internacionais (CF, art. 49, I) e a do presidente da República, que, além de poder celebrar esses atos de direito internacional (CF, art. 84, VIII), também dispõe – enquanto chefe de Estado que é – da competência para promulgá-los mediante decreto".

Os tratados e convenções internacionais sobre direitos humanos que forem aprovados, em cada Casa do Congresso Nacional, em dois turnos, por três quintos dos votos dos respectivos membros, serão equivalentes às emendas constitucionais (art. 5º, § 3º, da CF/88, alterada pela EC nº 45/2004). Entretanto, mesmo fora destas hipóteses, o STF reconheceu maior valor aos tratados de direitos humanos que a lei ordinária, consoante precedente do RE nº 466.343/SP, relativo à prisão civil do depositário infiel.

Não versando sobre matéria de direitos humanos, os tratados internacionais deverão ter o mesmo status da lei ordinária, conforme já deliberou o STF sob a égide da Constituição anterior, no RE nº 80.004 – SE (julgado em 1977)[136] e no RE nº 71.154-PR.

Um exemplo de obrigações de gasto que podem decorrer de tratados e convenções internacionais são as contribuições que o Brasil tem para a manutenção das organizações internacionais das quais faz parte.

A Carta das Nações Unidas, por exemplo, estabelece no art. 17.2 que *"As despesas da Organização serão custeadas pelos Membros, segundo cotas fixadas pela Assembléia Geral"*. A Carta das Nações Unidas foi promulgada pelo Decreto nº 19.841, de 22/10/1945.

---

[136] "Embora a Convenção de Genebra que previu uma lei uniforme sobre letras de câmbio e notas promissórias tenha aplicabilidade no direito interno brasileiro, não se sobrepõe ela às leis do país, disso decorrentdo a constitucionalidade e consequente validade do Decreto-lei nº 427/69, que instituiu o registro obrigatório da nota promissória em repartição fazendária, sob pena de nulidade do título".

Na mesma linha, dispõe o artigo 13 da Constituição da Organização Internacional do Trabalho – OIT, que foi promulgado pelo Decreto nº 25.696, de 20 de outubro de 1948:

> "Artigo 13
>
> 1. A Organização Internacional do Trabalho poderá concluir com as Nações Unidas quaisquer acordos financeiros e orçamentários que pareçam convenientes.
>
> 2. Antes da conclusão de tais acordos, ou, se, em dado momento, não os houver em vigor:
>
> a) cada Membro pagará as despesas de viagem e de estada dos seus delegados, consultores técnicos ou representantes, que tomarem parte, seja nas sessões da Conferência, seja nas do Conselho de Administração;
>
> b) quaisquer outras despesas da Repartição Internacional do Trabalho, ou provenientes das sessões da Conferência ou do Conselho de Administração, serão debitadas pelo Diretor-Geral da Repartição Internacional do Trabalho no orçamento da Organização Internacional do Trabalho;
>
> c) as regras relativas à aprovação do orçamento da Organização Internacional do Trabalho, à distribuição das contribuições entre os Estados-Membros, assim como à arrecadação destas, serão estabelecidas pela Conferência por uma maioria de dois terços dos votos presentes. Tais regras estipularão que o orçamento e os acordos relativos à distribuição das despesas entre os Membros da Organização deverão ser aprovados por uma comissão constituída por representantes governamentais.
>
> 3. **As despesas da Organização Internacional do Trabalho serão custeadas pelos Estados-Membros, segundo os acordos vigentes em virtude do parágrafo 1 ou do parágrafo 2 letra c do presente artigo.**
>
> 4. Qualquer Estado-Membro da Organização, cuja dívida em relação a esta seja, em qualquer ocasião, igual ou superior ao total da contribuição que deveria ter pago nos dois anos completos anteriores, não poderá tomar parte nas votações da Conferência, do Conselho de Administração ou de qualquer comissão, ou nas eleições para o Conselho de Administração. A Conferência pode, entretanto, por maioria dos dois terços dos votos presentes, autorizar o Estado em questão a tomar parte na votação, ao verificar que o atraso é devido a motivo de força maior.
>
> 5. O Diretor-Geral da Repartição Internacional do Trabalho será responsável perante o Conselho de Administração pelo emprego dos fundos da Organização Internacional do Trabalho" (grifo nosso).

FONTES DO DIREITO DOS GASTOS PÚBLICOS

Com vistas a conferir transparência às referidas despesas, estas contribuições e anuidades dos organismos internacionais devem constar de categorias de programação específicas na Lei Orçamentária Anual, consoante dispõe o art. 12, XIX, da LDO 2013:

> "Art. 12. O Projeto e a Lei Orçamentária de 2013 discriminarão, em categorias de programação específicas, as dotações destinadas:
> (...)
> XIX – às contribuições e anuidades a organismos e entidades internacionais, que deverão identificar nominalmente cada beneficiário.
> § 1º Nas contribuições e anuidades para organismos e entidades internacionais, as dotações orçamentárias deverão ser destinadas exclusivamente ao repasse de recursos com a finalidade de cobertura dos orçamentos gerais dos respectivos organismos e entidades internacionais, admitido o pagamento de taxas bancárias relativas a esses repasses".

Por fim, é importante reiterar a importância da aprovação do Congresso Nacional para que os tratados e convenções internacionais possam gerar obrigações de gasto para o Estado Brasileiro, nos termos do art. 49, inciso I, da CF/88.

Por vezes, a lei autoriza o Poder Executivo ou algum de seus membros a celebrar acordos internacionais com vistas a implementar políticas públicas. Nada obstante, esta autorização não implica na delegação da competência exclusiva do Congresso Nacional contida no art. 49, inciso I, da CF/88. Desta forma, se criarem obrigações de despesa, é necessária aprovação do Poder Legislativo e da promulgação pelo Chefe do Executivo, para que possam ter eficácia[137].

---

[137] Recentemente, o art. 23 da Lei nº 12.871/2013, que instituiu o Programa "Mais Médicos" e o Projeto "Mais Médicos para o Brasil", dispôs que: "Art. 23. Para execução das ações previstas nesta Lei, os Ministérios da Educação e da Saúde poderão firmar acordos e outros instrumentos de cooperação com organismos internacionais, instituições de educação superior nacionais e estrangeiras, órgãos e entidades da administração pública direta e indireta da União, dos Estados, do Distrito Federal e dos Municípios, consórcios públicos e entidades privadas, inclusive com transferência de recursos". Eventuais acordos internacionais que impliquem desembolsos da União deverão ser previamente aprovados pelo Congresso Nacional, nos termos do art. 49, I, CF/88.

6.11. Síntese

Para identificar as regras e princípios que disciplinam a despesa pública, é fundamental conhecer as fontes do direito dos gastos públicos. No Direito Brasileiro, há uma grande variedade de fontes formais estatais, variando desde a Constituição Federal, que estabelece os pontos de partida do "processo de concretização do gasto público", até diplomas infralegais, como os Decretos, Instruções Normativas e Portarias, que exercem um papel de autolimitação da discricionariedade administrativa. Além destas fontes, merecem destaque os Tratados e Convenções Internacionais, que podem criar obrigações de gasto para o Estado, especialmente, no tocante às contribuições para a manutenção das organizações internacionais.

O sistema orçamentário brasileiro é composto por três leis de natureza orçamentária, o Plano Plurianual, a Lei de Diretrizes Orçamentárias e a Lei Orçamentária Anual, que contém prescrições que condicionam a realização da despesa pública. Interessante reforçar que a LDO não se restringe a orientar a elaboração da Lei Orçamentária Anual, mas tem aplicação fértil na etapa de realização do gasto público.

Importante, por fim, mencionar que cada uma das fontes apresentadas tem funções próprias na disciplina dos gastos públicos.

7. Princípios Jurídicos da Despesa Pública

> "As novas regras constitucionais sobre a organização do gasto público – discussão ampla e explicitação de suas dimensões e prioridades, fiscalização e controle de sua execução e expansão, obstáculos à geração de déficits – constituem, sem dúvida, um dos aspectos mais modernos e positivos da Constituição de 1988. (...) a) existirá vontade política e capacidade técnica – no primeiro caso, do Executivo e do próprio Legislativo (incluídos os Tribunais de Contas) e, no segundo caso, do Legislativo (idem) – para transformar os preceitos constitucionais em normas efetivas da organização do gasto público em nosso país?" (José Serra)

O estudo dos princípios jurídicos aplicáveis à despesa pública tem especial relevância quando se busca critérios para identificar se uma despesa está ou não de acordo com o ordenamento jurídico. A identificação desses princípios também permitirá caracterizar o direito do gasto público como um subsistema do direito financeiro, autônomo em relação ao direito orçamentário.

Na lição de Celso Antônio Bandeira de Mello, um princípio é (MELLO, 2005, p. 882-883):

> "mandamento nuclear de um sistema, verdadeiro alicerce dele, disposição fundamental que se irradia sobre diferentes normas compondo-lhes o espírito e servindo de critério para sua exata compreensão e inteligência exatamente por definir a lógica e a racionalidade do sistema normativo, no que lhe confere a tônica e lhe dá sentido harmônico".

Os princípios jurídicos, juntamente com as regras, são partes integrantes do ordenamento jurídico, devendo ser levados em consideração para a solução dos casos concretos (Sunfeld, 2006).

Entretanto, o princípio jurídico é uma norma hierarquicamente superior às regras jurídicas, pois determina o sentido e o alcance destas, que não podem contrariá-lo, sob pena de pôr em risco todo o ordenamento jurídico (Sunfeld, 2006).

Neste sentido, Celso Antônio Bandeira de Mello afirma que violar um princípio é muito mais grave que transgredir uma regra qualquer. A desatenção ao princípio implica ofensa não apenas a um específico mandamento obrigatório, mas a todo o sistema de comandos (Mello, 2005).

A partir daí é possível constatar que os princípios têm importante função na interpretação, na colmatação das lacunas e na solução de antinomias num determinado sistema de normas.

Este papel é ainda mais importante no direito público, que é formado, na sua maior parte, por legislação totalmente esparsa (com exceção dos Códigos Penal e de Processo) e produzida sem método, resultando uma aparente desordem, solúvel apenas com a consideração dos princípios (Sunfeld, 2006).

No direito dos gastos públicos, há ainda outros agravantes, tais como, a ausência de estudos doutrinários aprofundados sobre o assunto, a disciplina infralegal de matérias que deveriam ser objeto de lei e a falta de uniformidade das decisões dos órgãos de controle.

No que tange à função interpretativa dos princípios, Carlos Ari Sunfeld afirma que (Sunfeld, 2006, p. 148):

a) é incorreta a interpretação da regra, quando dela derivar contradição, explícita ou velada, com os princípios;
b) quando a regra admitir logicamente mais de uma interpretação, prevalece a que melhor se afinar com os princípios;
c) quando a regra tiver sido redigida de modo tal que resulte mais extensa ou restritiva que o princípio, justifica-se a interpretação extensiva ou restritiva, respectivamente, para calibrar o alcance da regra com o do princípio.

No caso das colmatação de lacunas, informa que a *"regra faltante deve ser construída de forma a realizar concretamente a solução indicada pelos princípios"*, nos termos do que dispõe o art. 4º da Lei de Introdução ao Código Civil (atual Lei de Introdução às Normas do Direito Brasileiro). Ademais, a própria analogia, citada como mecanismo de integração jurídica, nada mais é do que *"a aplicação, à hipótese não versada pela lei, do princípio embutido na regra que se vai transpor"* (SUNFELD, 2006).

Discorrendo sobre os princípios gerais do direito administrativo, Paulo Otero afirma que estes desenvolvem cinco funções nucleares (OTERO, 2003):

a) conferem unidade ao ordenamento jurídico-administrativo, impedindo o caos ou a sensação de se estar diante de um simples aglomerado de normas, contribuindo para a construção da ciência do direito administrativo;

b) limitam a discricionariedade por meio dos critérios de orientação decisória que contém, servindo, ainda, de diretiva face ao legislador que deve procurar consagrá-los nas normas que for produzindo;

c) servem de fundamento habilitador para a elaboração de normas pela administração pública, exercendo uma função heterolimitativa, servindo de padrão de conformidade e de controle judicial do conteúdo das normas administrativas;

d) funcionam como critérios interpretativos das normas jurídico-positivas;

e) desempenham uma função integradora das lacunas do ordenamento jurídico-administrativo.

Estas funções também se aplicam ao direito dos gastos públicos, até mesmo, porque os princípios gerais do direito administrativo também fazem parte da disciplina da despesa pública (item 7.3.).

São diversas as teorias e os critérios de distinção entre os princípios e as regras jurídicas. Não cabe no escopo desta obra debater profundamente quais os critérios mais adequados, como fez Humberto Ávila na sua Teoria dos Princípios (ÁVILA, 2008).

Ao invés de debater esta questão, optou-se por apresentar algumas das distinções sintetizadas por Giselda Gondin Ramos (RAMOS, 2012).

Os princípios estabelecem **diretrizes**, regulam não apenas no plano da validade, como também no da valoração. As regras possuem elemento frontalmente descritivo, prescrevem de forma imperativa uma exigência (impõem, permitem ou proíbem), que poderá ou não ser cumprida (RAMOS, 2012).

Por serem **vagos e indeterminados**, para serem aplicados os princípios precisam de um elemento mediador, como o juiz ao julgar um caso concreto, ou o legislador ao editar leis ou, em outras palavras, não poderia prescindir de uma atividade ulterior que os relacione a hipóteses específicas. As regras, por sua vez, aplicam-se imediata e diretamente ao caso conccreto, não deixando margem para incertezas ou meio termo, minimizando, assim, o recurso à interpretação subjetiva (RAMOS, 2012).

Os princípios e as regras podem ser distinguidos de acordo com o grau de abstração e generalidade, de acordo com o fundamento de validade, de acordo com as consequências em caso de colisão e quanto à diferença de obrigação que instituem.

No tocante à **abstração e generalidade**, os princípios possuem maior grau de abstração, expressando uma diretriz, sem descrever uma situação jurídica, nem se reportar a um fato particular, exigindo, porém a realização de algo, da melhor maneira possível. São dirigidos a um número indeterminado de pessoas e a um número indeterminado de circunstâncias. As regras, por sua vez, tem um grau de abstração reduzido. Tem consequências prontamente verificáveis. São menos gerais e contem mais elementos de concretude da conduta (RAMOS, 2012).

No tocante ao **fundamento de validade**,os princípios seriam dedutíveis do Estado de Direito, da Ideia de Direito ou do princípio da Justiça. São *standards* juridicamente vinculantes realizados nas exigências de justiça (Dworkin) ou na ideia de direito (Larenz). As regras, são dedutíveis de textos normativos, podem ser normas vinculantes com um conteúdo meramente formal ou funcional (RAMOS, 2012).

Havendo **colisão entre princípios**, a antinomia se resolve pela ponderação, pela harmonização, ou pela chamada hierarquização axiológica. Os princípios coexistem, admite-se a convivência conflitual de princípios. São aplicados de modo gradual, no modelo "mais ou menos". No caso de colisão entre regras, uma delas terá que ser declarada inválida, ou aberta uma exceção que exclua a antinomia. As regras se excluem e é inadmissível a coexistência de regras contraditárias. São aplicadas de modo absoluto, por completo, seguindo o modelo "tudo ou nada" (RAMOS, 2012).

No tocante à obrigação que instituem, os princípios instituem obrigações *prima facie*, na medida em que podem ser superadas ou derrogadas em função de outros princípios colidentes. Não se apresentam imperativos categóricos nem como ordenações de vigência, apenas enunciando motivos para que se decida num ou noutro sentido. As regras instituem obrigações absolutas, de caráter definitivo, já que não são superadas por normas contrapostas. Possuem hipóteses de incidência fixas e consequências jurídicas determinadas (RAMOS, 2012).

No direito brasileiro, um grande leque de princípios jurídicos incide sobre o gasto público, ainda que indiretamente, na formulação das políticas e pro-

PRINCÍPIOS JURÍDICOS DA DESPESA PÚBLICA

gramas públicos, ou ainda, nos atos geradores de despesa pública. A maior parte destes princípios tem *status* constitucional, motivo pelo qual iniciaremos nosso estudo pelos princípios constitucionais.

Não há consenso entre os autores acerca das classificações dos princípios constitucionais[138]. Ademais, nem todos os princípios constitucionais são aplicáveis aos gastos públicos, nem há uma uniformidade entre estes. Em razão disso, preferimos adotar a seguinte divisão dos princípios aplicáveis à despesa pública:

a) **princípios fundamentais da República** – são aqueles estabelecidos no art. 1º a 4º da CF/88;

---

[138] José Afonso da Silva divide os princípios constitucionais em duas categorias básicas: os princípios político-constitucionais que são aqueles que configuram as decisões fundamentais concretizadas em normas que dão identidade ao sistema constitucional, tais como, as matérias versadas nos arts. 1º a 4º da CF/88, e os princícios jurídico-constitucionais que são aqueles princípios constitucionais que informam a ordem jurídica nacional, e decorrem de determinadas normas constitucionais e podem se constituir em desdobramentos ou princípios derivados daqueles apontados como fundamentais, tais como, o princípio da supremacia da Constituição, da isonomia, da proteção social dos trabalhadores, etc. Na visão de Jorge Miranda, os princípios constitucionais compreenderiam três grandes categorias: princípios axiológicos fundamentais, princípios político-constitucionais e princípios constitucionais instrumentais. Os primeiros seriam a ponte de passagem do Direito Natural para o Direito positivo e correspondem aos limites transcendentes do poder constituinte (inviolabilidade da vida humana, liberdade religiosa e de convicções, etc.). Os princípios político-constitucionais correspondem aos limites imanentes do poder constituinte, aos limites específicos da revisão constitucional e aos princípios conexos ou derivados destes que refletem as grandes opções realizadas (princípio democrático, republicano, representativo, separação dos poderes, etc.) (RAMOS, 2012). José Joaquim Gomes Canotilho, por sua vez, apresenta a seguinte tipologia de princípios constitucionais: princípios jurídicos fundamentais, princípios políticos constitucionalmente conformadores, princípios constitucionais impositivos e princípios-garantia. Os princípios jurídicos fundamentais são princípios historicamente objetivados e progressivamente introduzidos na consciência jurídica, encontrando recepção expressa ou implícita no texto constitucional. Os princípios políticos constitucionalmente conformadores são princípios constitucionais que explicitam as valorações políticas fundamentais do legislador constituinte. Estariam, segundo o autor, incluídos nesta categoria, os princípios definidores da forma de Estado, os princípios definidores da estrutura do Estado, os princípios estruturantes do regime político e os princípios caracterizadores da forma de governo e da organização política em geral. Os princípios constitucionais impositivos compreendemtodos os princípios que, sobretudo no âmbito da constituição dirigente, impõem aos órgãos do Estado, sobretudo ao legislador, a realização de fins e a execução de tarefas.Por fim, os princípios-garantia visam instituir direta ou indiretamente uma garantia aos cidadãos (CANOTILHO, 1993).

b) **princípios constitucionais gerais** – são aqueles princípios constitucionais de caráter geral, cuja aplicação não se restringe a determinado ramo do direito;
c) **princípios da administração pública** – são aqueles previstos explicitamente no art. 37, *caput*, da CF/88, além dos princípios implícitos;
d) **princípios setoriais do direito dos gastos públicos** – correspondem aos princípios da legalidade, legitimidade e economicidade, previstos no art. 70, *caput*, da CF/88, como critérios do controle financeiro exercido pelo Tribunal de Contas;
e) **princípios da responsabilidade fiscal** – correspondem aos princípios do planejamento, da transparência, da responsabilização e do controle.

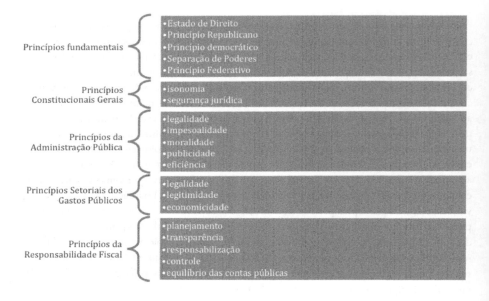

Este conjunto de princípios constitucionais compõe o **núcleo comum de princípios aplicáveis a todas as manifestações da despesa pública**, considerada em sentido amplo, tais como, as despesas diretas, as transferências, o gasto tributário e os benefícios creditícios.

No tocante às duas primeiras categorias (princípios fundamentais e princípios constitucionais gerais), não há dúvidas acerca da sua aplicabilidade a todas as manifestações da despesa pública em sentido amplo, uma vez que são princípios de caráter geral, que não se restringem a nenhum ramo espe-

PRINCÍPIOS JURÍDICOS DA DESPESA PÚBLICA

cífico do Direito. Ademais, se admitirmos uma hierarquia de princípios constitucionais, estes princípios estariam situados no topo desta hierarquia.

No tocante à aplicabilidade dos princípios da administração pública, convém lembrar que a despesa é, primordialmente, realizada pela Administração Pública, do Poder Executivo ou dos demais Poderes da República, ou ainda, dos órgãos com autonomia financeira (Tribunais de Contas, Ministério Público e Defensoria Pública). No caso da despesa realizada por entidades privadas sem fins lucrativos ou por entidades paraestatais, os Tribunais de Contas tem reconhecido a aplicabilidade dos princípios da administração pública, ainda que tais entes possam não estar sujeitos, eventualmente, às normas rígidas para a realização de licitações e concursos públicos. Isso porque ao exercerem uma atividade de interesse público ou com a utilização de recursos públicos, devem estar sujeitos aos princípios norteadores da administração pública, ainda que não integrem formalmente a administração direta ou indireta.

A amplitude do artigo 70 da Constituição Federal justifica a aplicação dos princípios da legalidade, legitimidade e economicidade a todas as manifestações da despesa pública.

7.1. Princípios da Despesa Pública no Direito Estrangeiro

Nas fontes consultadas, observamos países que alcançaram um maior desenvolvimento teórico quanto aos princípios da despesa pública foram Portugal e, especialmente, a Espanha.

Em Portugal, Carla Sofia Dantas Magalhães elenca três princípios do direito da despesa pública (MAGALHÃES, 2011):

a) o princípio da legalidade;
b) o princípio da prossecução do interesse público;
c) o princípio da justiça na satisfação das necessidades coletivas.

Segundo o **princípio da legalidade**, *"a despesa pública é enquadrada e determinada por lei"*. Segundo a autora, a vontade e a escolha do legislador na execução do gasto público pela Administração Pública estão previstas, delimitadas e limitadas pela lei. Da decisão orçamental ao controle do orçamento, há uma vinculação omnipresente à lei e mesmo a atuação da Administração Financeira através de atos administrativos ou atos financeiros, estão vinculados à despesa orçamentada na Lei do Orçamento Geral de Estado anual. A previsão orçamental está subordinada a mapas de classificação orçamental

O DIREITO DOS GASTOS PÚBLICOS NO BRASIL

que funcionam como "tipos" orçamentais (Princípio da Tipicidade Orçamental), que não devem ser confundidos com o cabimento orçamental. O tipo orçamental refere-se-ia à delimitação qualitativa da despesa e o cabimento à delimitação quantitativa (MAGALHÃES, 2011).

Segundo o princípio da **prossecução do interesse público**, a Administração Pública Financeira e os órgãos dotados de capacidade financeira, uma vez que lidam com dinheiro público tem um fim especial, a satisfação das necessidades públicas, e não podem atuar senão na senda do interesse público. (MAGALHÃES, 2011).

O princípio da **justiça financeira**, por sua vez, seria alcançado mediante a eficiente satisfação das necessidades financeiras do Estado, mediante a justa repartição dos recursos e na prossecução do interesse público com vistas à boa satisfação das necessidades públicas de uma coletividade. Desdobra-se no princípio da boa despesa, no princípio da proporcionalidade e no princípio da equidade intergeracional (MAGALHÃES, 2011).

Segundo o **princípio da boa despesa**, a despesa pública deve ser boa no momento da decisão/previsão orçamental, nos seus objetivos financeiros e extrafinanceiros e deve ser uma despesa com fins equitativos e redistributivos. O **princípio da proporcionalidade**, por sua vez, dispõe que *"o gasto público quantitativo deve fornecer proporcionais níveis de satisfação das necessidades públicas"*. Os meios (dinheiros públicos) não devem impor um sacrifício à coletividade superior às suas necessidades. Significa pesar os meios perante os fins que se pretende atingir. Por fim, o **princípio da equidade intergeracional** dispõe que, no processo de decisão da despesa pública, devem ser atendidas as necessidades públicas presentes numa relação de solidariedade na proporção sacrifício/benefício das gerações vindouras (MAGALHÃES, 2011).

Além destes princípios, a autora cita os princípios e regras do processo orçamental (tais como, aqueles previstos na Lei de Enquadramento Orçamental): anualidade e plurianualidade, plenitude orçamental (unidade e universalidade), discriminação orçamental (especificação, não consignação, não compensação), publicidade, equilíbrio orçamental, estabilidade orçamental, solidariedade recíproca e transparência orçamental (MAGALHÃES, 2011).

Na Espanha, destacam-se os **princípios de justiça financeira**, aplicáveis aos ingressos e aos gastos públicos. Segundo Francisco José Carrera Raya, *"El sistema financiero es obra del Derecho (sólo la norma puede crear tributos y autorizar los gastos públicos) y debe responder a la idea de justicia que el Derecho representa"* (RAYA, 1994).

PRINCÍPIOS JURÍDICOS DA DESPESA PÚBLICA

Segundo Raya, a justiça financeira é única, mas os princípios para alcançá-las são diversos, a justiça nos ingressos e a justiça nos gastos públicos, conforme revela o artigo 31 da Constituição Espanhola de 1978 (RAYA, 1994):

"Artículo 31

1. Todos contribuirán al sostenimiento de los gastos públicos de acuerdo con su capacidad económica mediante un sistema tributario justo inspirado en los principios de igualdad y progresividad que, en ningún caso, tendrá alcance confiscatorio.

2. El gasto público realizará una asignación equitativa de los recursos públicos, y su programación y ejecución responderán a los criterios de eficiencia y economía.

3. Sólo podrán establecerse prestaciones personales o patrimoniales de carácter público con arreglo a la ley".

A partir deste dispositivo, depreende-se a existência de princípios que afetam os ingressos públicos e os gastos públicos relacionados à justiça financeira. Os princípios que afetam aos ingressos públicos são (RAYA, 1994):

a) materiais (generalidade, capacidade econômica, igualdade, progressividade e interdição ao alcance confiscatório);
b) formais (legalidade).

Por sua vez, os princípios que afetam os gastos públicos são:

a) materiais (alocação equitativa dos recursos públicos);
b) de índole econômica (eficiência e economia na sua programação e execução).

Raya também divide os princípios do gasto público em princípios jurídicos e extrajurídicos. Os princípios jurídicos são os princípios formais (legalidade do gasto público e princípios orçamentários) e o princípio material da equidade na alocação dos recursos públicos. Por sua vez, os princípios extrajurídicos são os critérios de economia e eficiência do gasto público (RAYA, 1994).

No tocante à alocação equitativa dos recursos públicos, Raya salienta que o princípio dá uma visão de justiça ao gasto que deverá estar encaminhada a produzir um resultado equitativo. Introduz-se um juízo de valor sobre a bondade ou não dos fins para os quais deverão ser destinados os recursos públicos (RAYA, 1994).

No tocante à eficiência e economia na programação e execução do gasto público, Raya afirma que são critérios de índole econômica que servem ao ideal de justiça do gasto. Destaca que o problema não está em determinar o que é a eficiência ou o que é a economia (racionalidade) do gasto, mas em ver através de quais técnicas, econômicas, se consegue atingir estes objetivos, restando o problema à margem do direito financeiro (RAYA, 1994).

Mariano Abad *et al.* ressalta que o princípio de justiça material do gasto público é inovação na Carta Constitucional de 1978, que, no que se refere a este aspecto, assume uma posição de vanguarda no constitucionalismo. Os textos constitucionais em geral limitam-se a expressar critérios ou princípios de justiça tributária e não se referem à justiça material do gasto (ABAD *et al.*, 1992).

Segundo os autores, a justiça do tributo depende da finalidade que se dê ao seu produto. Pensar na justiça e na igualdade no âmbito do Direito Financeiro requer considerar não somente a forma de repartir a carga tributária, mas também o destino dos correspondentes ingressos (ABAD *et al.*, 1992).

Para os autores, o princípio da justiça material do gasto previsto pela Constituição Espanhola de 1978 impõe limites materiais à normativa do gasto público e ao exercício do poder que a produz. Entretanto, reconhece que é difícil demonstrar, na prática, quando o Poder Legislativo viola este princípio ao aprovar a destinação do gasto público a uma finalidade e não a outra (ABAD *et al.*, 1992).

7.2. Princípios Fundamentais e os Princípios Constitucionais Gerais

A tipologia dos princípios aplicáveis aos gastos públicos segue aproximadamente a classificação de princípios constitucionais proposta por Luís Roberto Barroso quanto aos princípios constitucionais materiais[139].

Na visão de Barroso, os princípios fundamentais seriam aqueles que determinam a estrutura essencial do Estado, expressando as principais decisões

---

[139] Luís Roberto Barroso divide os princípios constitucionais, inicialmente, em dois grupos: os princípios instrumentais de interpretação constitucional e os princípios constitucionais materiais. Os princípios instrumentais correspondem às premissas conceituais que devem anteceder, no processo intelectual do intérprete, a solução concreta da questão posta. Correspondem ao princípio da supremacia da constituição, o princípio da presunção de constitucionalidade das leis e atos do poder público, da interpretação conforme à Constituição, da unidade da Constituição, o princípio da razoabilidade ou da proporcionalidade e o princípio da efetividade (RAMOS, 2012).

PRINCÍPIOS JURÍDICOS DA DESPESA PÚBLICA

políticas do legislador constituinte. São aqueles que veiculam a forma, o regime e o sistema de governo, como também a forma de Estado, opções a partir das quais será estabelecida a configuração básica da organização do poder político (RAMOS, 2012).

Seguindo a classificação posta pela própria constituição, os princípios constitucionais fundamentais são aqueles contidos nos artigos 1º a 4º, dentre os quais:

a) o princípio do Estado de Direito;
b) o princípio republicano;
c) o princípio democrático;
d) o princípio da separação de poderes;
e) o princípio federativo;

Situados no topo do ordenamento jurídico brasileiro, não poderiam deixar de ter aplicação aos gastos públicos em sentido amplo. Ressalte-se, entretanto, que muitas das questões jurídicas em que tais princípios tem aplicação poderiam ser resolvidas recorrendo-se aos princípios constitucionais setoriais.

Do princípio do Estado de Direito, na sua concepção moderna, decorre o caráter jurídico da despesa pública, ou seja, a submissão da decisão de gastar ao Direito, tal como, ocorre com as demais manifestações de poder. Do princípio republicano, decorre a noção de coisa pública e, portanto, a de recursos públicos, que servem de base para a realização da despesa pública. A realização de uma despesa que não atenda o interesse público, mas ao interesse pessoal da autoridade pública, vai de encontro, em última instância, ao princípio republicano. O princípio democrático implica na transparência da despesa pública e no seu controle social. Da separação de poderes, decorre a autonomia financeira dos poderes, que, por sua vez, implica no poder de cada um dos poderes realizar os gastos necessários ao atendimento das suas funções principais. O princípio federativo implica numa repartição de responsabilidades de gasto entre o ente central e os entes subnacionais.

No tocante aos objetivos fundamentais da República, que estão incluídos no capítulo referente aos princípios fundamentais, cabe mencionar o seu papel na orientação às políticas públicas. É a partir dos objetivos fundamentais, que serão levantados os problemas, as necessidades coletivas, nos quais o programa ou a política pública deverá intervir.

O objetivo fundamental contido no art. 3º, IV, da Constituição Federal, *"promover o bem de todos, sem preconceitos de origem, raça, sexo, cor, idade e quais-*

quer outras formas de discriminação", também pode incidir diretamente sobre o gasto público, vedando a realização de despesa pública que importe em discriminação pelos motivos supramencionados.

Os princípios constitucionais gerais opõem-se aos princípios constitucionais setoriais ou periféricos, que compõem um conjunto de princípios atinentes a um determinado ramo do Direito. Desta forma, os princípios constitucionais gerais são aplicáveis a todos os ramos do direito.

Na visão de Luís Roberto Barroso, os princípios constitucionais gerais constituem especificações dos princípios fundamentais, apesar de não integrar o núcleo de decisões políticas conformadoras do Estado. A maior parte destes princípios estaria localizada no art. 5º da Constituição Federal e tem como característica peculiar o fato de não possuírem caráter organizatório do Estado, mas sim **limitativos do poder, resguardando situações individuais** (RAMOS, 2012).

Giselda Gondin Ramos define os princípios constitucionais gerais como (RAMOS, 2012, p. 405):

> "Os princípios gerais são aqueles que, contrastando com os primeiros, de natureza político-estruturante, estabelecem os limites do poder estatal, servindo de anteparo às situações individuais. A sua adjetivação omo geral denota o seu caráter universal, e a sede constitucional a sua fundamentalidade. Destarte, estes princípios caracterizam-se pela amplitude de incidência em todos os ramos do Direito, ou seja, se irradiam por todo o ordenamento jurídico nacional, de forma a constituírem-se pressupostos lógicos necessários de todas as normas legis, impondo a aplicação destas em perfeita consonância com os valores neles estabelecidos".

Dentre os princípios constitucionais gerais, costuma-se citar o princípio da liberdade, da segurança jurídica, do devido processo legal, da isonomia, da universalidade da jurisdição, entre outros.

A aplicação destes princípios à despesa pública é mais restrita que os princípios fundamentais, tendo em vista sua própria função de limitação do poder em proteção aos direitos, interesses individuais.

Não poderíamos deixar de analisa-los no campo dos gastos públicos em razão do seu caráter universal, ou seja, em razão de terem aplicação em vários ramos do direito.

Se ao invés de enxergarmos tais princípios como limites à intervenção o Estado e passarmos a vê-los como direitos que devem ser garantidos pelo Estado, fica mais evidente a sua aplicabilidade à despesa pública. É que todos

PRINCÍPIOS JURÍDICOS DA DESPESA PÚBLICA

os direitos, não somente os direitos sociais, impõem uma atuação positiva do Estado, que exige a realização de despesa pública, consoante revela a obra clássica *"The Cost of Rights – Why Liberty depends on Taxes"*, de Stephen Holmes e Cass R. Sunstein. Ademais, os direitos individuais podem ser violados também por particulares e não somente pelo Estado (eficácia horizontal dos direitos fundamentais).

Assim sendo, os direitos individuais e sociais também podem ser vistos como orientadores à formulação de políticas públicas que deverão intervir na proteção e na concretização destes direitos. O Estado, para isso, deverá fazer uso dos gastos públicos como um dos instrumentos na implementação destas políticas.

No tocante ao princípio da isonomia, é mais fácil utilizá-lo diretamente no campo da despesa pública. O respeito à ordem cronológica das exigibilidades das obrigações, para fins de pagamento, é um exemplo de aplicação do princípio. O tratamento isonômico dos entes subnacionais para a realização de transferências voluntárias é outro. Na sua aplicação ao campo da despesa pública, a isonomia, no mais das vezes, se confunde com o princípio da impessoalidade.

7.3. Princípios da Administração Pública

Há uma maior proximidade do direito dos gastos públicos com o direito administrativo do que com o direito tributário, motivo pelo qual preconizamos a aplicação, direta ou subsidiária, dos princípios jurídicos de direito administrativo à realização da despesa pública, mormente, se considerarmos que não há fronteiras rígidas entre um e outro ramo do direito e se considerarmos o "processo de concretização da despesa pública".

Antônio Luciano de Souza Franco sustenta a autonomia do direito financeiro em relação ao direito administrativo. Nada obstante, entendeu que é possível a aplicação de princípios do direito administrativo às relações e institutos do direito financeiro, tendo em vista a articulação entre a atividade administrativa e a atividade financeira. Nas palavras do autor (FRANCO, 2002, p. 102),

> "Nada obsta a que certos princípios gerais do Direito Administrativo se apliquem também – por integração ou aplicação directa – a relações e instituições de Direito Financeiro, quer pela íntima articulação entre atividade financeira e atividade administrativa em geral, quer por se tratar de princípios gerais de Direito Público".

O DIREITO DOS GASTOS PÚBLICOS NO BRASIL

Acresce o autor que (FRANCO, 2002, p. 102-103),

> "Sem fronteiras enganadoramente rígidas, a distinção entre Direito Financeiro e Direito Administrativo não pode deixar de passar pelo reconhecimento de que a atividade financeira é uma atividade política e administrativa, mas que são completamente diferentes as perspectivas de um ramo de Direito como Administrativo, marcado geneticamente pelo poder e autoridade administrativos, e de um ramo como o Financeiro, nascido da preocupação de delimitar os poderes da Administração em relação aos particulares e do primado do Parlamento".

Na Espanha, a *Ley General Presupuestaria* (LGP – Lei 47/2003), que disciplina o *"régimen presupuestario, económico-financiero, de contabilidad, intervención y de control financiero del sector público estatal"*, determina a aplicação subsidiária a este regime das normas de direito administrativo e, em sua falta, das normas de direito comum (artigo 4.3. LGP).

Juan José Bayona de Perogordo e Maria Teresa Soler Roch ressaltam as conexões entre o direito administrativo e o direito financeiro, pela circunstância de a própria administração financeira estar integrada à administração pública e sujeita, portanto, aos mesmos princípios e técnicas próprios do ordenamento jurídico-administrativo (PEROGORDO; ROCH, 1989)[140].

Apesar de reconhecer que o próprio conceito proposto de direito financeiro se baseia numa distinção entre função financeira e função administrativa, entendidas como funções públicas distintas, os autores espanhóis argumentam que o desenvolvimento doutrinário do Direito Administrativo o converteu, de certa forma, num "Direito Público Comum" e esta circunstância faz com que muitos aspectos do direito financeiro sejam remetidos, por sua condição de ramo do direito público, à regulação contida no ordenamento jurídico-administrativo (PEROGORDO; ROCH, 1989).

---

[140] Nas palavras dos autores (PEROGORDO; ROCH, 1989, p. 119): "Sin embargo, el desarrollo doctrinal del Derecho administrativo le há convertido em alguna medida en el Derecho público común y esta circunstancia hace que muchos de los aspectos del Derecho Financiero se remitan, por su condición de Derecho público, a la regulación que com carácter general se contiene en el ordenamiento jurídico-administrativo. De ahí deriva, sin duda, una estrecha relación entre ambas disciplinas que se mantiene ante la ausência de normativa – y su correspondiente elaboración doctrinal – de Derecho público que sirva de base común a las diversas disciplinas jurídico-públicas".

PRINCÍPIOS JURÍDICOS DA DESPESA PÚBLICA

No Brasil, os princípios da administração pública estão previstos, principalmente, no art. 37, *caput*, da Constituição Federal, alterado pela EC nº 19//1998 *verbis: "A administração pública direta e indireta de qualquer dos Poderes da União, dos Estados, do Distrito Federal e dos Municípios obedecerá aos princípios de legalidade, impessoalidade, moralidade, publicidade e eficiência (...)".*

Entretanto, o rol de princípios da administração pública não se resume a estes havendo outros princípios explícitos no próprio texto constitucional, tais como, o princípio da sujeição ao controle externo, do Poder Judiciário, do Parlamento e do Tribunal de Contas e, ainda, outros princípios implícitos, tais como, o da razoabilidade, autotutela e proporcionalidade.

Na Lei nº 9.784/1999, Lei do Processo Administrativo Federal, há uma explicitação dos princípios da administração pública previstos na Constituição Federal: legalidade, finalidade, motivação, razoabilidade, proporcionalidade, moralidade, ampla defesa, contraditório, segurança jurídica, interesse público e eficiência (art. 2º)[141].

---

[141] "Art. 2º A Administração Pública obedecerá, dentre outros, aos princípios da legalidade, finalidade, motivação, razoabilidade, proporcionalidade, moralidade, ampla defesa, contraditório, segurança jurídica, interesse público e eficiência.

Parágrafo único. Nos processos administrativos serão observados, entre outros, os critérios de:

I – atuação conforme a lei e o Direito;

II – atendimento a fins de interesse geral, vedada a renúncia total ou parcial de poderes ou competências, salvo autorização em lei;

III – objetividade no atendimento do interesse público, vedada a promoção pessoal de agentes ou autoridades;

IV – atuação segundo padrões éticos de probidade, decoro e boa-fé;

V – divulgação oficial dos atos administrativos, ressalvadas as hipóteses de sigilo previstas na Constituição;

VI – adequação entre meios e fins, vedada a imposição de obrigações, restrições e sanções em medida superior àquelas estritamente necessárias ao atendimento do interesse público;

VII – indicação dos pressupostos de fato e de direito que determinarem a decisão;

VIII – observância das formalidades essenciais à garantia dos direitos dos administrados;

IX – adoção de formas simples, suficientes para propiciar adequado grau de certeza, segurança e respeito aos direitos dos administrados;

X – garantia dos direitos à comunicação, à apresentação de alegações finais, à produção de provas e à interposição de recursos, nos processos de que possam resultar sanções e nas situações de litígio;

XI – proibição de cobrança de despesas processuais, ressalvadas as previstas em lei;

O DIREITO DOS GASTOS PÚBLICOS NO BRASIL

Ademais, as Constituições Estaduais tem contemplado um elenco maior de princípios constitucionais além daqueles contidos no art. 37, *caput*, CF/88, como é o caso da Constituição do Estado de São Paulo:

> "Artigo 111 – A administração pública direta, indireta ou fundacional, de qualquer dos Poderes do Estado, obedecerá aos princípios de legalidade, impessoalidade, moralidade, publicidade, razoabilidade, finalidade, motivação e interesse público".

Os princípios da administração pública encontram terreno fértil para aplicação no direito dos gastos públicos. Enxergando a despesa pública como um processo, observa-se que os gastos propriamente ditos estão vinculados a atos, fatos, negócios jurídicos disciplinados pelo direito administrativo, e que geram a despesa pública. Portanto, não é sem razão que se propõe a utilização dos princípios do direito administrativo como recursos para a interpretação do direito dos gastos públicos.

Veja, por exemplo, o princípio da impessoalidade, que se aplica à escolha do ente subnacional a receber transferências voluntárias ou à escolha da entidade privada sem fins lucrativos com a qual o Estado deve celebrar convênio, contrato de gestão ou termo de parceria. Ainda que a lei seja omissa no tocante ao ente ou entidade a ser beneficiada, o princípio da impessoalidade impõe que haja um procedimento de seleção e o princípio da motivação impõe que esta escolha seja justificada, com a identificação dos seus pressupostos de fato e de direito.

A administração federal, com efeito, deve tratar de forma imparcial e isonômica os entes subnacionais, no tocante às transferências voluntárias. Não pode, portanto, atrasar a apreciação de projetos propostos por prefeitos de partidos da oposição, ou ser menos rigorosa na apreciação de projetos propostos por prefeitos de partidos aliados. O mesmo raciocínio se aplica à celebração do convênio, ao repasse propriamente dito, à fiscalização da execução do objeto avençado e à análise da prestação de contas dos recursos repassados.

XII – impulsão, de ofício, do processo administrativo, sem prejuízo da atuação dos interessados;
XIII – interpretação da norma administrativa da forma que melhor garanta o atendimento do fim público a que se dirige, vedada aplicação retroativa de nova interpretação".

7.4. Princípios setoriais do direito dos gastos públicos

O princípio do bom e regular emprego dos recursos públicos é a principal diretriz que orienta a realização da despesa no Brasil. É um princípio implícito na Constituição Federal de 1988, mas já aparecia de forma clara no art. 93 do Decreto-lei nº 200/1967, segundo o qual, *"Quem quer que utilize dinheiros públicos terá de justificar seu bom e regular emprêgo na conformidade das leis, regulamentos e normas emanadas das autoridades administrativas competentes".*

Enquanto o "regular" se refere à conformidade da despesa com as leis, regulamentos ou normas emanadas pelas autoridades competentes, o "bom" se refere à utilização dos recursos de forma eficiente, eficaz, legítima, razoável de forma a melhor atender às necessidades coletivas.

Preferimos utilizar o termo "recursos" em relação ao termo "dinheiros", tendo em vista que aquele é mais amplo que este. Ao se falar em dinheiros, estaríamos restringindo o alcance do princípio às despesas que envolvam desembolsos de dinheiros públicos, o que não condiz com a acepção ampla de despesa pública, desenvolvida no capítulo 2.

O princípio do bom emprego dos recursos públicos pode ser extraído do art. 70, *caput*, da Constituição Federal, segundo o qual, a fiscalização da gestão pública, mediante controle externo, exercida pelo Parlamento e pelo Tribunal de Contas, deixando expressos os aspectos da gestão a serem controlados (aspecto financeiro, orçamentário, patrimonial, contábil e operacional) e os critérios de controle (legalidade, legitimidade e economicidade).

Os princípios da legalidade, legitimidade e economicidade não podem ser vistos apenas como parâmetros de controle externo, incidentes sob a atuação do controle, mas também como diretivas a serem observadas pelo administrador público.

De fato, se eles são parâmetros do controle externo, exercido pelo Parlamento e pelos Tribunais de Contas, não poderiam deixar de ser parâmetros a serem respeitados pelo próprio agente ou instituição controlada.

O raciocínio inverso nem sempre é válido. Nem sempre um princípio a ser seguido pelo administrador também deve ser parâmetro do controle pelo Parlamento ou pelos Tribunais de Contas.

Cabe observar que os referidos princípios incidem sobre o processo de concretização do gasto público, ou seja, sobre a política pública, os atos de gestão e a despesa propriamente dita. Pode-se falar, neste sentido, de uma política ou ato de gestão ilegítimo ou antieconômico. Desta forma, quando se fala em princípios setoriais do gasto público deve-se ter em mente esta concepção mais ampla da despesa, vista como um processo (cap. 3).

Convém ainda ressaltar que o princípio da legalidade não é um princípio exclusivo do direito dos gastos públicos, aplicando-se a vários ramos do direito (por exemplo, direito tributário, direito administrativo, direito penal, etc.). Mas em cada um destes ramos, ele apresenta-se com características próprias e, neste sentido, é que pode ser considerado um princípio específico do direito dos gastos públicos.

A legalidade e o da legitimidade da despesa pública são abordados em maior detalhe nos capítulos 8 e 9, respectivamente.

No capítulo 10, o princípio da economicidade deve ser abordado no contexto da avaliação dos resultados da gestão pública, juntamente com os princípios da eficiência, eficácia e efetividade da ação governamental.

7.5. "Princípios Orçamentários"

Segundo o Professor Francisco José Carrera Raya (RAYA, 1995), os *"princípios presupuestarios"* constituem um *"conjunto de regras jurídicas que devem inspirar a elaboração, aprovação, execução e controle do orçamento"*.

Antônio Luciano de Souza Franco, por sua vez, prefere chama-los de "regras orçamentais" (FRANCO, 2002).

James Giacomoni parece entender que se trata de regras orçamentárias e não princípios, conforme revela o seguinte excerto (GIACOMONI, 2005, p. 70):

> "Desde seus primórdios a instituição orçamentária foi cercada de uma série de regras com a finalidade de aumentar-lhe a consistência no cumprimento de sua principal finalidade: auxiliar o controle parlamentar sobre os Executivos. Essas regras (princípios) receberam grande ênfase na fase em que os orçamentos possuíam forte conotação jurídica e, alguns deles chegaram até os dias de hoje incorporados à legislação".

Não pretendo entrar na discussão se são princípios ou regras orçamentais, até mesmo, porque seria necessário analisar um a um à luz de diversos critérios de distinção. O fato é que, no Brasil, a terminologia "princípios orçamentários" é consagrada, tal como, em outros países como na Espanha.

Neste tópico, examina-se a aplicabilidade destes "princípios" à execução da despesa pública. Há consenso no sentido de que eles se aplicam à elaboração do orçamento, mas não se costuma fazer referências à aplicação dos princípios à execução e muito menos à atividade de controle financeiro.

PRINCÍPIOS JURÍDICOS DA DESPESA PÚBLICA

Costuma-se elencar os seguintes princípios orçamentários no Brasil (GIACOMONI, 2005):

a) unidade;
b) universalidade;
c) orçamento bruto;
d) anualidade (periodicidade);
e) exclusividade;
f) não afetação;
g) discriminação ou especificação;
h) clareza;
i) publicidade;
j) exatidão;
k) programação.

Convém lembrar que a concepção moderna destes "princípios" é de que eles não são absolutos, ou seja, possuem diversas exceções (GIACOMONI, 2005). É o caso do princípio da plenitude orçamental, formado pelos princípios da unidade e universalidade. As entidades da administração indireta e as paraestatais não sujeitas à legalidade orçamentária demonstram que, via de regra, o orçamento não é nem uno e nem universal.

Ademais, é importante também mencionar que nem todos os "princípios orçamentários" tem status constitucional[142]. Alguns princípios estão explícitos na CF/88, tal como, o princípio da exclusividade e o princípio da não afetação (art. 165, § 8º e no art. 167, IV, da CF/88, respectivamente), outros estão implícitos (princípio da programação, no art. 165, inciso I e § 1º, CF/88). Vários destes "princípios" encontram-se estabelecidos na Lei nº 4.320/1964 (arts. 2º a 8º) e na Lei de Responsabilidade Fiscal.

Passa-se, então, a examinar a possibilidade de aplicação, ainda que por analogia, dos referidos "princípios" à realização da despesa pública.

---

[142] José Alves Neto realizou um estudo sobre a evolução dos princípios orçamentários no direito brasileiro e constatou a progressiva incorporação dos princípios às Constituições. Atualmente, afirma que 11 dos 14 princípios considerados já estariam incorporados à Constituição Federal de 1988. Os princípios orçamentários considerados pelo autor foram: anualidade, clareza, especificação, exclusividade, não vinculação, legalidade, publicidade, unidade, universalidade, equilíbrio, exatidão, flexibilidade, programação e regionalização (ALVES NETO, 2006).

O DIREITO DOS GASTOS PÚBLICOS NO BRASIL

Um primeiro princípio é o do **orçamento bruto**, previsto no art. 6º, *caput*, da Lei nº 4.320/1964, segundo o qual *"Tôdas as receitas e despesas constarão da Lei de Orçamento pelos seus totais, vedadas quaisquer deduções"*. Em primeira análise, o dispositivo só faria referência à fase de elaboração orçamentária. O que está por trás deste princípio ou regra é a transparência do orçamento, indicando todas as receitas e todas as despesas pelos seus montantes brutos. É que ao realizar uma despesa, pode-se implicar na arrecadação simultânea de uma receita.Caso fossem incluídos os montantes líquidos, perder-se-ia informação.

Na execução orçamentária, então, pode-se questionar: ao empenhar a folha de pagamento dos servidores, a unidade administrativa deve empenhar a folha de pagamento bruta ou líquida? Ao realizar a despesa com a folha de pagamento, faz-se necessário o recolhimento de imposto de renda retido na fonte (IRRF) e a contribuição social para o regime de previdência.

Ora, se o empenho promove uma dedução nos créditos orçamentários concedidos e se estes estão na lei orçamentária pelos seus montantes brutos, então, a única conclusão possível é que o empenho da folha de pagamento deve ser feito no seu montante bruto.

O princípio da **exclusividade** impõe que a LOA, nos termos do art. 165, § 8º, da CF/88,

> "não conterá dispositivo estranho à previsão da receita e à fixação da despesa, não se incluindo na proibição a autorização para abertura de créditos suplementares e contratação de operações de crédito, ainda que por antecipação de receita, nos termos da lei".

Isso implica dizer que a LOA também não poderá estabelecer direitos subjetivos, a LOA não é lei de gastos, conforme já mencionado no capítulo 1.

O princípio da **anualidade**, por sua vez, implica que a vigência do crédito orçamentário é anual, ou seja, a autorização de gastar está sujeita a uma limitação temporal.

O princípio da **discriminação ou especificação**[143] e o princípio da **programação**[144] condicionam a realização da despesa pública, fazendo com que

---

[143] Nos termos do art. 5º da Lei nº 4.320/1964, o princípio veda à consignação de dotações globais destinadas a atender indiferentemente as despesas de pessoal, materiais e serviços de terceiros, etc. O art. 5º, § 4º, da LRF, por sua vez, veda a consignação de crédito orçamentário com finalidade imprecisa.

[144] O orçamento deve expressar as realizações e objetivos da forma programada.

PRINCÍPIOS JURÍDICOS DA DESPESA PÚBLICA

o orçamento estabeleça uma limitação qualitativa ou finalística do gasto público a ser realizado com uma determinada dotação orçamentária.

Como se pode observar alguns dos chamados "princípios orçamentários" tem importante aplicação na disciplina da realização do gasto público. Não se vislumbra, entretanto, a aplicação de princípios como o da unidade, universalidade ou não afetação.

Importante destacar que os "princípios orçamentários" tem sua aplicação restrita às despesas orçamentárias, não incidindo sobre as despesas *off--budget*.

7.6. Princípios da Responsabilidade Fiscal

A Lei de Responsabilidade Fiscal – LRF, a Lei Complementar nº 101/2000, constituiu um marco no Direito Financeiro Brasileiro e pôs em evidência alguns princípios que, apesar de não serem específicos dos gastos públicos, exercem importante papel na sua disciplina jurídica.

A LRF está calcada nos seguintes princípios: o equilíbrio fiscal ou das contas públicas, o planejamento, a transparência, o controle e a responsabilização. O equilíbrio das contas públicas é suportado pelos pilares formados pelos demais princípios.

Importante salientar que a LRF tão somente colocou em destaque a tais princípios, cujo fundamento pode ser encontrado na própria Constituição Federal ou em diplomas anteriores, tais como, o Decreto-lei nº 200/ /1967.

O **planejamento** é já estava previsto no Decreto-lei nº 200/1967 como princípio fundamental das atividades da administração federal (art. 6º, inciso I). Segundo o art. 7º do referido diploma, o planejamento deve promover o desenvolvimento econômico e social do país e a segurança nacional e compreende a elaboração e atualização dos seguintes instrumentos básicos: plano geral de governo; programas gerais, setoriais e regionais, de duração plurianual; o orçamento-programa anual e; a programação financeira de desembolso.

A Constituição Federal de 1988 institucionalizou a integração entre o planejamento e o orçamento ao tornar compulsória a elaboração de três instrumentos básicos: a lei orçamentária anual, a lei de diretrizes orçamentárias e o plano plurianual. Por sua vez, a Lei de Responsabilidade Fiscal procurou aperfeiçoar a sistemática traçada na CF/88, atribuindo novas e importantes funções à LOA e à LDO (NASCIMENTO; DEBUS, 2002).

O DIREITO DOS GASTOS PÚBLICOS NO BRASIL

O planejamento é o ponto de partida da LRF, através dele são estabelecidas as regras do jogo da gestão fiscal. Estas regras estabelecem metas, limites e condições para a gestão das receitas e despesas, especialmente às de pessoal (KHAIR, 2000).

A LRF dedicou um capítulo II (arts. 4º a 10) ao planejamento, mas outras regras constantes da lei, tais como, a disciplina a geração de despesa (art. 16) e a despesa de caráter continuado (art. 17), aparecem sob inspiração do princípio do planejamento.

Conforme mencionado, o planejamento é um conceito amplo que extrapola a responsabilidade fiscal e as leis de natureza orçamentária. De forma geral, **constitui um mecanismo de atuação racional do Estado para o alcance dos seus objetivos, antecipando os riscos e os problemas que possam ser enfrentados durante o percurso**.

Na lição de Lino Martins da Silva (SILVA, 2004, p. 33-34):

> "O planejamento deve ser anterior à realização das ações de governo, sendo entendido como um processo racional para definir objetivos, determinar os meios para alcançá-los e deve obedecer às seguintes características:
> – diagnóstico da situação existente;
> – identificação das necessidades de bens e serviços;
> – definição clara dos objetivos para a ação;
> – discriminação e quantificação de metas e seus custos;
> – avaliação dos resultados obtidos;
> – deve estar integrado com os demais instrumentos de planejamento".

O processo de planejamento pode se dar em diversos níveis de abstração. Para Lino Martins da Silva, o processo de planejamento envolve o estabelecimento de diretrizes, macroobjetivos e programas (SILVA, 2004).

Diretriz é o *"conjunto de critérios de ação e de decisão que deve disciplinar e orientar os diversos aspectos envolvidos no processo de planejamento"*. É o nível mais abstrato em que ocorre a formulação geral dos objetivos (SILVA, 2004, p. 42).

Macroobjetivos *"indicam o que deve ser feito para que a administração alcance os resultados desejados"* (SILVA, 2004, p. 42).

Programa, conforme já abordado no capítulo 3 (SILVA, 2004, p. 42):

> "corresponde à unidade básica de planejamento composta por um conjunto articulado de ações que se traduzem em bens e serviços ofertados diretamente à sociedade e que concorrem para um objetivo comum visando dar solução a um problema ou a atender uma demanda da sociedade".

PRINCÍPIOS JURÍDICOS DA DESPESA PÚBLICA

No tocante à despesa pública, **o princípio do planejamento impõe que qualquer ação que exija a realização da despesa deve ser planejada e que a despesa deve ser realizada no âmbito de uma ação racional com vistas ao atingimento dos objetivos estatais.** A inserção da despesa no âmbito de uma política ou programa público seria um exemplo de aplicação do princípio do planejamento ao gasto público.

A **transparência** é outro princípio que foi posto em evidência pela lei de responsabilidade fiscal.

A transparência fiscal envolve o conhecimento e a participação da sociedade em todos os atos relativos à arrecadação de receitas e à realização de despesas pelo Poder Público (NASCIMENTO; DEBUS, 2002).

A LRF dedicou uma seção (artigos 48 e 49) à transparência da gestão fiscal, mas outros dispositivos ao longo da lei também fazem referência ao tema, tais como, aqueles que disciplinam a escrituração contábil (arts. 50 e 51), o Relatório de Gestão Fiscal – RGF (arts. 54 e 55) e o Relatório Resumido da Execução Orçamentária – RREO (arts. 52 a 53).

A transparência do gasto público e a transparência fiscal fazem parte de um conceito mais amplo, o da transparência pública, que encontra fundamento constitucional, no art. 5º, inciso XXXIII, CF/88 (direito fundamental de receber dos órgãos públicos informações de seu interesse particular, ou de interesse coletivo ou geral) e no art. 37, § 1º, da CF/88 (princípio da publicidade da administração pública). O tema é abordado com maior detalhe no capítulo 11.

No tocante ao **princípio do controle**, a Lei de Responsabilidade Fiscal dedicou uma seção sobre o tema (art. 59). Neste tópico, a LRF dispõe sobre a fiscalização da gestão fiscal exercida pelo Poder Legislativo, pelo Tribunal de Contas, pelo Sistema de Controle Interno e pelo Ministério Público com ênfase em (art. 59, *caput*):

a) no atingimento das metas fiscais estabelecidas na lei de diretrizes orçamentárias;
b) nos limites e condições para realização de operações de crédito e inscrição em Restos a Pagar;
c) nas medidas adotadas para o retorno da despesa total com pessoal ao respectivo limite;
d) nas providências tomadas para recondução dos montantes das dívidas consolidada e mobiliária aos respectivos limites;
e) na destinação de recursos obtidos com a alienação de ativos, tendo em vista as restrições constitucionais e as desta Lei Complementar;

O DIREITO DOS GASTOS PÚBLICOS NO BRASIL

f) cumprimento do limite de gastos totais dos legislativos municipais, quando houver.

No tocante ao controle, a LRF criou um mecanismo de alerta (art. 59, § 1º), segundo o qual, os Tribunais de Contas deverão alertar os órgãos e poderes autônomos acerca de determinados fatos que possam vir a comprometer a gestão fiscal. Além disso, determinou aos Tribunais de Contas que verifiquem os cálculos dos limites de pessoal dos órgãos e poderes. Ao TCU, cabe, ainda, acompanhar o cumprimento nas normas relativas à aquisição de títulos pelo Banco Central do Brasil e pelo Tesouro Nacional (art. 59, § 3º).

Conforme ressaltado, o controle é mais amplo que a fiscalização da gestão fiscal e tem fundamento no próprio Estado Democrático de Direito (art. 1º, *caput*, CF/88). Na Constituição de 1988, o controle da atividade administrativa e financeira do Estado, exercido pelo Tribunal de Contas, pelo Ministério Público e pelo Sistema de Controle Interno dos Poderes, assumiu uma dimensão extremamente ampla, se comparado com o previsto nas Constituições anteriores.

A fiscalização contábil, financeira, orçamentária, operacional e patrimonial do Estado e da administração pública está disciplinada pela Constituição Federal, em especial, nos artigos 70 a 75.

O controle da despesa pública, nesta nova ordem constitucional, incide sobre todo o processo de concretização do gasto público, desde a formulação das políticas até o desembolso dos recursos. De fato, a fiscalização operacional a que se refere o art. 70 da Constituição Federal prega o controle dos resultados, sob os enfoques da economicidade, eficiência, eficácia e efetividade (*vide* capítulo 10).

No âmbito da disciplina da despesa pública, o controle produz diversas implicações.

A primeira e mais importante é o **dever de prestar contas** (art. 70, parágrafo único, CF/88). Numa primeira análise, a prestação de contas é um processo formal de controle legal e financeiro que coloca à disposição dos órgãos de controle informações e documentos visando avaliar a boa e regular aplicação dos recursos públicos (item 11.6.).

A segunda é a **justificação da despesa**, que corresponde ao princípio da motivação aplicado à despesa pública. A justificação da despesa compreende a informação sobre o processo de concretização da despesa pública, sendo um recurso essencial para se apurar a conformidade ou não da despesa com o ordenamento jurídico (item 11.7.).

234

PRINCÍPIOS JURÍDICOS DA DESPESA PÚBLICA

O **dever de colaboração** com o Tribunal de Contas (item 11.8.) também é decorrência do princípio do controle aplicado à despesa pública. O dever de colaboração se manifesta, por exemplo, no atendimento às solicitações de informações e documentos pelo Tribunal de Contas. O dever de colaboração tem a função de viabilizar o exercício das funções de controle pelo Tribunal de Contas.

Importante mencionar que o controle prévio da despesa, aquele exercido previamente ao ato produzir seus efeitos e como condição de eficácia para o ato, não mais existe no ordenamento jurídico pátrio.

Na Constituição de 1946, o art. 77, § 1º, dispunha que:

> "Os contratos que, por qualquer modo, interessarem à receita ou à despesa só se reputarão perfeitos depois de registrados pelo Tribunal de Contas. A recusa do registro suspenderá a execução do contrato até que se pronuncie o Congresso Nacional".

Ademais, qualquer ato que resultasse obrigação ao Tesouro Nacional deveria estar sujeito ao registro no Tribunal de Contas, nos termos do art. 77, § 2º, *verbis*:

> "Será sujeito a registro no Tribunal de Contas, prévio ou posterior, conforme a lei o estabelecer, qualquer ato de Administração Pública de que resulte obrigação de pagamento pelo Tesouro nacional ou por conta deste".

O registro, como condição de eficácia dos atos que geram despesa, foi suprimido pela Constituição de 1967.

A **responsabilização** é o último pilar da Lei de Responsabilidade Fiscal. A LRF propriamente dita apenas estabeleceu "sanções institucionais" incidentes sobre os entes federados que violarem os seus preceitos. Tais sanções são meios de coerção para que os entes se ajustem aos parâmetros fixados pela LRF. Dentre tais sanções, cabe mencionar: a vedação ao recebimento de transferências voluntárias, a vedação à realização de operações de crédito e impossibilidade de obtenção de garantias para a contratação de empréstimos. A Lei nº 10.028/2000, também chamada de "Lei dos Crimes Fiscais", complementa a LRF tipificando crimes e infrações aos comandos da Lei Complementar nº 101/2000, de responsabilidade pessoal dos gestores públicos.

No âmbito do direito dos gastos públicos, **a responsabilização é fundamental para assegurar o cumprimento da disciplina jurídica da despesa pública**.

A violação da disciplina jurídica da despesa pública é pressuposto da responsabilização financeira do gestor. De fato, a ilegalidade da despesa ou a irregularidade nas Contas são pressupostos para a aplicação, pelo Tribunal de Contas, das sanções previstas em lei, conforme dispõe o art. 71, VIII, da CF/88:

> "Art. 71. O controle externo, a cargo do Congresso Nacional, será exercido com o auxílio do Tribunal de Contas da União, ao qual compete:
> (...)
> VIII – aplicar aos responsáveis, em caso de ilegalidade de despesa ou irregularidade de contas, as sanções previstas em lei, que estabelecerá, entre outras cominações, multa proporcional ao dano causado ao erário".

7.7. O Princípio da Segregação de Funções

A segregação de funções é reconhecida no Brasil como um princípio de controle interno ou de auditoria. A segregação de funções tem aplicação, em especial, no procedimento de realização do gasto público (item 8.2.).

O principio não está positivado nas normas que disciplinam o gasto público, mas é reconhecido na jurisprudência do Tribunal de Contas da União e em normas que disciplinam o controle da administração pública. Nada obstante, a segregação de funções é consequência dos princípios da impessoalidade e da moralidade aplicados ao procedimento da despesa pública.

Segundo o glossário da Portaria TCU nº 63/1996 (revogada), **a segregação de funções é um princípio básico do sistema de controle interno, que consiste na separação de funções, nomeadamente de autorização, aprovação, execução, controle e contabilização de operações**.

No mesmo sentido, o Manual do Sistema de Controle Interno do Poder Executivo Federal, aprovado pela Instrução Normativa SFCI nº 01/2001, define segregação de funções como princípio de controle interno administrativo, segundo o qual:

> "a estrutura das unidades/entidades deve prever a separação entre as funções de autorização/aprovação de operações, execução, controle e contabilização, de tal forma que nenhuma pessoa detenha competências e atribuições em desacordo com este princípio".

A segregação de funções também está presente em normas de auditoria e controle interno no setor privado. A propósito, a Resolução nº 1.212/09 do

PRINCÍPIOS JURÍDICOS DA DESPESA PÚBLICA

Conselho Federal de Contabilidade[145], define o princípio como a "atividade de controle" de:

"atribuir a pessoas diferentes as responsabilidades de autorizar e registrar transações e manter a custódia dos ativos. A segregação de funções destina-se a reduzir as oportunidades que permitam a qualquer pessoa estar em posição de perpetrar e de ocultar erros ou fraudes no curso normal das suas funções".

Marcelo Cavalcanti Almeida considera a "segregação de funções" como princípio fundamental dos controles contábeis, ao lado da responsabilidade, das rotinas internas, da limitação de acesso aos ativos, do custo-benefício do controle, dentre outros. Para Almeida, *"a segregação de funções consiste em estabelecer que uma mesma pessoa não pode ter acesso aos ativos e aos registros contábeis devido ao fato de essas funções serem incompatíveis dentro do sistema de controle interno"* (ALMEIDA, 1996, p. 54).

Argumenta que *"caso um funcionário tenha acesso aos ativos e aos registros contábeis, ele poderia desviar fisicamente o ativo e baixá-lo contabilmente para a despesa, o que levaria a ocultar permanentemente esta transação"* (ALMEIDA, 1996, p. 54).

Para Jorge Ulisses Jacoby Fernandes, a segregação de funções é um princípio específico do controle (FERNANDES, 2003, p. 39):

"A atividade de controle deve ser exercida em separado, de forma segregada das demais funções. O princípio atua de dois modos distintos: primeiro no que tange ao aspecto estrutural; segundo, funcional. Significa isso que, na estruturação dos órgãos, deve a função de controle separar-se das demais, como contabilidade, licitação, jurídica, pagamentos, recebimentos, assessoria. O controle deve estar definido na estrutura orgânica, com identidade própria. Sob o aspecto funcional, significa que o órgão que exerce o controle não poderia ser encarregado de outras funções, limitando-se aatuar como controlador. Não devem, pois, as autoridades superiores encarregar os servidores de controle de outras atividades, sendo-lhes especialmente vedadas as tarefas executivas.(...) Importante lição legou o Tribunal de Contas do Estado do Rio Grande do Sul, em homenagem a esse princípio: **nenhum servidor ou seção administrativa deve controlar todos os passos-chave de uma mesma transação ou fato"** (grifo nosso).

---

[145] Aprova a Norma NBC TA 315 relativa à identificação e avaliação de riscos de distorção relevante por meio do entendimento da entidade e seu ambiente.

O princípio visa coibir a concentração de funções incompatíveis em determinados órgãos ou agentes, minimizando os riscos da ocorrência de fraudes ou desvios. Em geral, há incompatibilidade quando o exercício de uma função é acumulado com o controle desta mesma função.

A execução da despesa pública é um campo fértil de aplicação do princípio, uma vez que, neste procedimento, atuam agentes em diversas das suas fases, algumas das quais são incompatíveis entre si, tais como: a requisição de bem ou serviço, a emissão de empenho, o atesto de recebimento dos serviços, a realização de pagamentos e a contabilização.

A seguir, são apresentados um conjunto de julgados do Tribunal de Contas da União em que o princípio foi aplicado à despesa pública ou aos atos precedentes. Em alguns julgados, é citado o princípio da moralidade (art. 37, *caput*, CF/88) como fundamento da "segregação de funções".

No Acórdão TCU nº 95/2005 – Plenário, foi constatada a ausência de segregação de funções entre áreas administrativas e financeiras do órgão. Um mesmo servidor efetuava empenhos no SIAFI, atestava o recebimento dos serviços e realizava os pagamentos.

No Acórdão TCU nº 328/2002 – 1ª Câmara, é apontada a inexistência de segregação de funções desempenhadas por servidora, visto que ela era ao mesmo tempo requisitante dos serviços e ordenadora de despesas.

No Acordão nº 374/2005 – 1ª Câmara, o Tribunal apontou inexistência de segregação de funções, uma vez que constatou que o favorecido de ordens bancárias emitidas no SIAFI era o próprio operador do sistema.

No Acórdão nº 778/2004 – 1ª Câmara, o TCU constatou que foi atribuída a uma mesma servidora os encargos de emitir ordens bancárias no SIAFI, analisar as prestações de contas dos recursos e proceder a baixa das mesmas no sistema.

No Acórdão nº 782/2004 – 1ª Câmara, a ausência de segregação de funções é apontada como elemento facilitador de fraudes ocorridas no Centro de Pagamento do Exército. No item 9.3.3. do Acórdão, foi determinado ao Centro que adotasse providências para a segregação de funções e atividades incluindo a separação dos ambientes de desenvolvimento, teste e produção dos sistemas, de modo a minimizar a possibilidade da ocorrência de fraudes ocasionadas pelo fato de um mesmo usuário ser detentor de permissões para modificar o código fonte do sistema, inserir e consultar dados.

No Acórdão TCU nº 998/2006 – 2ª Câmara, a violação do princípio da segregação de funções é evidenciada pela autoconcessão de ressarcimento de despesas pelo Presidente da entidade.

PRINCÍPIOS JURÍDICOS DA DESPESA PÚBLICA

No Acórdão TCU nº 3.548/2006 – 1ª Câmara, o TCU entendeu que na composição de comissões de licitação deve ser observado o princípio da segregação de funções, de forma que nelas não figurem servidores participantes das fases de adjudicação e homologação.

Na Decisão TCU nº 1.049/2000 – Plenário, o TCU constatou a cumulação de funções de habilitação, concessão e revisão de benefícios, situação que considerou propícia à ocorrência de fraudes.

Na Decisão TCU nº 929/2001 – Plenário, o TCU considerou ilícita a escrituração contábil e a efetivação de pagamentos por um mesmo agente, o que viola o princípio da segregação de funções.

Na Decisão TCU nº 246/1997 – 1ª Câmara, foi constatada a ausência de segregação de funções no recebimento e na utilização de materiais de órtese, prótese e outros materiais especiais.

7.7.1. Segregação de Funções no Direito Estrangeiro

Em Portugal, o princípio está previsto no art. 42º da Lei de Enquadramento Orçamental (Lei nº 91/2001, de 20 de Agosto), a qual dispõe que:

> "As operações de execução do orçamento das receitas e das despesas obedecem ao princípio da segregação das funções de liquidação e cobrança, quanto às primeiras, e de autorização da despesa, de autorização de pagamento e pagamento, quanto às segundas".

Ademais, o art. 42º esclarece que *"a segregação de funções (...) pode estabelecer-se entre diferentes serviços ou entre diferentes agentes do mesmo serviço"*.

Na França, uma aplicação do princípio aparece na separação entre os ordenadores (*ordonnateurs*) e os contábeis (*comptables publics*) na fase de execução de receitas e despesas. Esta separação comporta dois elementos fundamentais: uma divisão orgânica e funcional de competências e, de outra parte, a independência das autoridades e a incompatibilidade das funções (BOUVIER; ESCLASSAN; LASSALE, 2008).

Na concepção francesa, o ordenador é um agente de autoridade, cujas competências cobrem grande parte do processo de execução das receitas e das despesas, exceto quanto ao manejo de recursos públicos. No tocante às despesas, o ordenador dispõe de competências mais amplas: ele se situa na origem do procedimento de emprego dos recursos públicos e a ele compete decidir a efetiva execução da despesa, possuindo uma grande margem de apreciação de conveniência e oportunidade (BOUVIER; ESCLASSAN; LASSALE, 2008).

O DIREITO DOS GASTOS PÚBLICOS NO BRASIL

Os contábeis públicos, por sua vez, são agentes que tem a exclusividade do manejo dos recursos públicos. Eles têm a obrigação de recolher as receitas dos organismos públicos, pagar as despesas e assegurar a conservação dos fundos e valores dos quais os organismos públicos são depositários (Bouvier; Esclassan; Lassale, 2008).

Os contábeis tem o dever de exercer o controle de regularidade das ordens de receitas e despesas emitidas pelos ordenadores. Este controle prévio ao recebimento ou ao desembolso é a base da separação orgânica das autoridades encarregadas da execução orçamentária, o que pressupõe a independência de umas em relação a outras. Com efeito, o contábil tem um dever limitado de obediência ao ordenador, podendo recusar a execução da ordem em caso de irregularidade (Bouvier; Esclassan; Lassale, 2008).

Para garantir esta independência, os contábeis e ordenadores pertencem a categorias distintas de agentes públicos e o ordenamento jurídico francês proíbe a cumulação das duas funções (Bouvier; Esclassan; Lassale, 2008).

Denomina-se "gestão de fato" (*gestion du fait*) o manejo oculto de recursos públicos por agentes que não tenham a qualidade de contábil público e o gestor de fato sujeita-se à responsabilização a que está sujeito o contábil perante a *Cour des Comptes* (Bouvier; Esclassan; Lassale, 2008).

7.8. Síntese

O núcleo comum de princípios jurídicos aplicáveis à despesa pública, em tudas as suas manifestações, incluindo o gasto tributário e os benefícios creditícios, é composto por princípios constitucionais, que abrangem os princípios fundamentais, os princípios constitucionais gerais, os princípios da administração pública, os princípios setoriais do direito dos gastos públicos e os princípios da responsabilidade fiscal.

Dentre as funções dos princípios, destaca-se a função interpretativa e a função supletiva ou subsidiária.

Os chamados "princípios orçamentários" também podem ser aplicáveis à despesa pública, ainda que estejam orientados principalmente à etapa de elaboração do orçamento público. Nada obstante, os mesmos tem sua aplicação restrita às despesas orçamentárias.

A Lei de Responsabilidade Fiscal põe em evidência princípios de estatura constitucional, tais como, o planejamento, a transparência, o controle

PRINCÍPIOS JURÍDICOS DA DESPESA PÚBLICA

e a responsabilização, que possuem importante influência na disciplina da despesa pública.

O princípio da segregação de funções é consequência do princípio da moralidade e da impessoalidade aplicados ao procedimento da despesa pública e impõe que a estrutura administrativa deve separar funções incompatíveis, tais como, as de autorização, aprovação, execução, controle e contabilização de operações.

8. Legalidade do Gasto Público

> "Ser a despesa legal significa que é conforme aos critérios constantes nas leis financeiras, reguladoras em todos os sentidos da relação jurídica financeira, sejam eles relativos ao cabimento, à inscrição, à contabilização, à efectivação da despesa e à fiscalização financeira, em qualquer das suas modalidades"
> (José Ricardo Catarino)

No ordenamento jurídico brasileiro, diversos dispositivos de status legal ou constitucional fazem menção à legalidade da despesa pública.

O art. 10, inciso IX, da Lei nº 8.429/92 (lei de improbidade administrativa) tipifica a ação de *ordenar ou permitir a realização de despesa não autorizada em lei ou regulamento* como ato de improbidade administrativa que causa dano ao erário.

O art. 359-D do Código Penal (incluído pela Lei nº 10.028/2000) tipifica a conduta de *ordenar despesa não autorizada em lei* como crime contra as finanças públicas.

O art. 1º, inciso V, do Decreto-lei nº 201/1967 (Responsabilidade dos Prefeitos e Vereadores), dispõe que é crime de responsabilidade do Prefeito Municipal, *ordenar ou efetuar despesas não autorizadas por lei, ou realizá-las em desacordo com as normas financeiras pertinentes*.

O art. 11 da Lei nº 1.079/1950 define como crime contra a guarda e legal emprego dos recursos públicos a conduta de *ordenar despesas não autorizadas por lei ou sem observância das prescrições legais relativas às mesmas*.

O art. 71, inciso VIII, da CF/88, dispõe que compete aos Tribunais de Contas aplicar aos responsáveis as sanções previstas em lei em caso de *ilegalidade da despesa*. Segundo a Constituição Federal, compete ainda ao Tribunal de

O DIREITO DOS GASTOS PÚBLICOS NO BRASIL

Contas *"assinar prazo para que o órgão ou entidade adote as providências necessárias ao exato cumprimento da lei, se verificada ilegalidade"*, nos termos do art. 71, IX, CF/88.

É possível, ainda, encontrar a expressão *"gestão ilegal"* na Lei Orgânica do TCU. O conceito de "gestão ilegal", mais amplo que o de "despesa ilegal", é uma hipótese em que o Tribunal poderá julgar irregulares as contas do responsável, consoante art. 16, inciso III, alínea b, da Lei nº 8.443/92 (Lei Orgânica do Tribunal de Contas da União).

Não faz parte do escopo deste trabalho interpretar a *"ilegalidade da despesa"* em cada um destes dispositivos supramencionados[146]. Os dispositivos sugerem que a expressão pode assumir diferentes sentidos, mormente, se considerarmos que várias leis disciplinam a despesa pública no ordenamento brasileiro (*vide* fontes do direito dos gastos públicos).

Quando se fala em ilegalidade da despesa, por razões históricas, o primeiro sentido que vem à mente é o da legalidade orçamentária. Mas, este não é o único sentido possível, pois leis de diversas naturezas, temporárias ou permanentes, disciplinam o gasto público, especialmente se este for considerado na sua concepção ampla.

Examinando a jurisprudência do Superior Tribunal de Justiça – STJ com a expressão de pesquisa *"ilegalidade prox despesa"*, é possível observar diversos julgados que fazem referência à violação de outros diplomas que não a lei orçamentária anual[147].

Com efeito, no AgRg no Resp nº 1237139/PE e na Ação Penal 480/MG, foi levantada a questão da ilegalidade da despesa em decorrência de inobservância dos arts. 62 e 63 da Lei nº 4.320/64. No caso concreto, não foi atestada

---

[146] Desvendar o sentido e alcance dos supramencionados dispositivos, majoritariamente do direito sancionatório, envolvem outras considerações que fogem do escopo desta obra. Para a tipificação da conduta do réu como incurso nos atos de improbidade administrativa, por exemplo, faz-se necessário comprovar, além da ilegalidade da despesa, o dolo (elemento subjetivo) na prática do tipo previsto no art. 10, IX, da Lei nº 8.429/92. A propósito, em diversos Acórdãos do STJ examinados, tendo por objeto a ilegalidade da despesa, o tema não é tratado com o devido detalhe e a ação é considerada improcedente em razão de ausência de comprovação deste elemento subjetivo do tipo.

[147] Nem sempre o STJ resolveu a questão da legalidade ou não da despesa, no caso concreto. O que se pretende evidenciar aqui é que a ilegalidade da despesa, referida no Acórdão, não está relacionada somente ao cumprimento da lei orçamentária anual, ou seja, à existência ou não de autorização orçamentária para a realização daquela despesa.

LEGALIDADE DO GASTO PÚBLICO

a adequada prestação do serviço contratado antes de ter ordenado o pagamento.

No Resp nº 1145001/RS e no MS nº 13.750/DF, a legalidade da despesa estava relacionada à legalidade de ato normativo ou de ato administrativo de remoção de agente público, a qual dava origem à despesa pública.

No Resp nº 1090707/SP, a legalidade da despesa estava ligada à nomeação e posse de servidores públicos dentro do prazo de 180 dias antes do término do mandato do prefeito, violando o art. 21, parágrafo único, da LRF. Tratava-se de recurso especial em ação popular que condenava o prefeito ao ressarcimento aos cofres públicos dos valores atinentes aos salários dos servidores e ao déficit orçamentário apurado.

No AgRg nos EDcl no Resp nº 727.966/SP, a legalidade estava relacionada à violação de norma disciplinadora do procedimento licitatório. O processo abordou o fracionamento de despesas com a construção de moradias, cujo total não autorizava a modalidade mais simples, mas sim concorrência, despontando, assim, a ilegalidade.

No Resp nº 37.275/SP, o STJ constatou ilegalidade e imoralidade de atos administrativos que autorizavam e determinavam o pagamento de despesas de viagem ao exterior de prefeito e sua esposa. A viagem oficial deveria ter sido somente à China e apenas do prefeito. Entretanto, o município fez o pagamento integral das despesas de toda a viagem, que incluiu, também, os Estados Unidos, Coréia do Sul e Japão.

Portanto, o que se observa destes julgados é que a ilegalidade da despesa pode estar relacionada ao **descumprimento do procedimento previsto na Lei nº 4.320/64** (liquidação da despesa), pode estar relacionada ao **descumprimento do procedimento licitatório prévio à contratação (Lei nº 8.666/93)**, ou ainda, a ilegalidade da despesa pode estar relacionada **ao ato administrativo que dá suporte à realização da despesa**.

Em Portugal, Antônio Luciano Souza Franco refere-se a duas modalidades de legalidade da execução da despesa pública: a legalidade substancial e a legalidade processual (FRANCO, 2003).

A legalidade substancial *"resulta do respeito pelo acto ou actos que integram o orçamento (lei e orçamentos de serviço) e por todos os outros actos praticados pela Administração; tanto como leis sobre a organização e funcionamento da Administração (...)"* (FRANCO, 2003, p. 429).

A legalidade processual corresponde ao processo de execução das despesas que, segundo o autor, é bastante complexo já que são necessários vários requisitos e formalidades. Este processo estaria fundado numa legislação arcaica de contabilidade pública, cujo princípio básico é o da separação dos poderes financeiros, e seria composto das seguintes etapas (FRANCO, 2003):

a) autorização para realização da despesa;
b) processamento;
c) verificação (legalidade e cabimento);
d) liquidação;
e) autorização de pagamento;
f) pagamento da despesa (ato real de despesa).

Na visão de Souza Franco, a execução do orçamento deve respeitar as leis em geral (legalidade genérica) e o próprio orçamento (legalidade específica). O cabimento orçamental seria uma forma específica de legalidade da despesa pública, que diz respeito à conformidade do ato gerador da despesa e o orçamento[148] (FRANCO, 2003).

Maria d'Oliveira Martins, por sua vez, afirma que o princípio da legalidade aplicável à despesa pública significa que todo fato gerador de despesa deve respeitar às normas legais aplicáveis (normas orçamentais, da contabilidade pública, de procedimento, normas de direito administrativo, substantivas ou procedimentais) (MARTINS, 2012).

Segundo Martins, classicamente, o princípio da legalidade da despesa pública estava associado à verificação do cumprimento da tipicidade qualitativa e quantitativa a que as mesmas despesas estão sujeitas. Ou seja, *"a verificação do cabimento orçamental consumia toda a verificação da legalidade da despesa pública"*. Atualmente, o principio da legalidade vai além, já não se aplicando mais à despesa pública tão-só através do instituto do orçamento do Estado (MARTINS, 2012).

Em Portugal, a conjugação do art. 105º, nº 2, da Constituição Portuguesa[149] com o artigo 42º, nº 6, da Lei de Enquadramento Orçamental (LEO)[150] e

---

[148] O autor afirma que o cabimento corresponde à legalidade específica, por ser uma forma específica de legalidade. Nesta obra, adotamos sentido diverso à expressão "legalidade específica". Nesta obra, a legalidade específica a que o autor se refere corresponde, parcialmente, à legalidade orçamentária.

[149] "O Orçamento é elaborado de harmonia com as grandes opções em matéria de planeamento e tendo em conta as obrigações decorrentes de lei ou de contrato".

[150] "Nenhuma despesa pode ser autorizada ou paga sem que, cumulativamente:
a) o facto gerador da obrigação de despesa respeite as normas legais aplicáveis;

LEGALIDADE DO GASTO PÚBLICO

com o artigo 44º da Lei de Organização e Processo do Tribunal de Contas (LOPTC) aponta claramente para a sujeição da despesa pública à um princípio da legalidade autônomo (MARTINS, 2012).

Em síntese, aponta a autora que (MARTINS, 2012, p. 208):

> "(...) a verificação do princípio da legalidade da despesa pública corresponde hoje, em concreto, ao cumprimento da legalidade genérica, ao cumprimento das normas legais aplicáveis ao caso (legalidade financeira), ao cabimento orçamental (legalidade orçamental), ao respeito das regras de contabilidade e à verificação da economia, eficiência e eficácia".

José Ricardo Catarino, na mesma linha, informa que a ilegalidade da despesa pode decorrer tanto da sua desconformidade com as normas orçamentais, procedimentais ou de contabilidade pública que deveria respeitar, como do procedimento ou ato administrativo estabelecido para a sua realização (CATARINO, 2011).

Segundo o autor, o conceito de legalidade financeira atualmente se estende para além do seu âmbito tradicional e deve ser visto agora não apenas na perspectiva da estrita conformidade com a lei, mas também aplicado às questões do respeito pelas normas de contabilidade pública e de adequação aos critérios de boa gestão, correção, eficácia e eficiência financeira (CATARINO, 2011).

Concluindo, esclarece que (CATARINO, 2011, p. 215):

> "Ser a despesa legal significa que é conforme aos critérios constantes nas leis financeiras, reguladoras em todos os sentidos da relação jurídica financeira, sejam eles relativos ao cabimento, à inscrição, à contabilização, à efectivação da despesa e à fiscalização financeira, em qualquer das suas modalidades".

Na Espanha, José Juan Ferreiro Lapatza esclarece que o gasto público está disciplinado em parte por normas estáveis e permanentes, que regulam o conteúdo, a formação, a execução e o controle da execução do orçamento, e, por outra parte, pelo próprio orçamento que determina, periodicamente, com

---

b) a despesa em causa disponha de inscrição orçamental, tenha cabimento na correspondente dotação, seja adequadamente classificada e obedeça ao princípio da execução do orçamento por duodécimos, salvas, nesta última matéria, as excepções previstas na lei;

c) a despesa em causa satisfaça o princípio da economia, eficiência e eficácia".

O DIREITO DOS GASTOS PÚBLICOS NO BRASIL

caráter de norma jurídica, as quantidades a serem gastas e as finalidades do gasto (Lapatza, 2004).

Neste capítulo, defende-se a tese de que o princípio da legalidade aplicado à despesa pública opera-se em diversos planos: legalidade orçamentária, legalidade global ou agregada, legalidade procedimental e legalidade específica (ou reserva legal das prestações pecuniárias). Cada uma dessas categorias disciplina um determinado aspecto da despesa pública:

a) a **legalidade orçamentária** refere-se à autorização orçamentária para a realização da despesa e, no Brasil, ao respeito às demais normas de natureza orçamentária, incluindo as contidas na Lei de Diretrizes Orçamentárias e no Plano Plurianual;

b) a **legalidade procedimental** refere-se à disciplina do procedimento de realização da despesa pública;

c) a **legalidade global ou agregada** refere-se à disciplina da despesa pública considerada no seu aspecto agregado (não individualmente considerada);

d) a **legalidade específica** (reserva legal em matéria de prestações pecuniárias) refere-se às normas que instituem direitos subjetivos de natureza pecuniária perante o Estado.

A maioria das normas legais que disciplinam a despesa pública podem ser enquadradas nestas categorias. Nada obstante, esta categorização não é exaustiva. Em geral, as vedações materiais à realização de despesas, tais como as previstas na legislação eleitoral (art. 73, incisos VI, alínea a; VII e VIII, da Lei nº 9.504/1997), não podem ser inseridas em nenhuma das categorias supramencionadas. Por outro lado, algumas normas que disciplinam os gastos públicos podem se encaixar em mais de uma categoria, como é o caso das relativas à limitação de empenho e movimentação financeira (legalidade global e procedimental).

Nossa divisão em quatro categorias, ainda que imperfeita, serve para evidenciar a existência de diversas outras normas disciplinadoras do gasto público que não as de natureza orçamentária, reforçando a tese de que o direito dos gastos públicos não pode ser considerado apenas um mero capítulo do direito orçamentário.

O gasto público só atende ao principio da legalidade se atender simultaneamente às quatro formas de legalidade apresentada, quando aplicáveis ou cabíveis no caso concreto.

8.1. Legalidade Orçamentária

Este trabalho sustenta a tese de autonomia do direito dos gastos públicos em relação ao orçamento público, sem deixar de reconhecer que o orçamento público, ou melhor, que as leis de natureza orçamentária, condicionam a realização da despesa pública. Estas condicionalidades correspondem ao que aqui se denomina legalidade orçamentária.

A legalidade orçamentária é o primeiro enfoque que vem à mente do leitor quanto se fala em legalidade da despesa pública. No Brasil, **a legalidade orçamentária compreende a aderência da despesa pública às regras e demais condicionalidades presentes na lei orçamentária anual, na lei de diretrizes orçamentárias e no plano plurianual (leis de natureza orçamentária)**. Corresponde, por exemplo, ao respeito aos créditos orçamentários concedidos e às categorias de programação presentes na lei orçamentária anual e nos diplomas que autorizam a abertura de créditos adicionais.

A legalidade orçamentária está expressa no art. 167, incisos I, II, VI e § 1º da Constituição Federal. Segundo estes dispositivos, é vedado *"o início de programas ou projetos não incluídos na lei orçamentária anual"*, é vedada *"a realização de despesa ou a assunção de obrigações diretas que excedam os créditos orçamentários ou adicionais"*, é vedada *"a transposição, o remanejamento ou a transferência de recursos de uma categoria de programação para outra ou de um órgão para outro, sem prévia autorização legislativa"*. Ademais, *"nenhum investimento cuja execução ultrapasse um exercício financeiro poderá ser iniciado sem prévia inclusão no plano plurianual, ou sem lei que autorize a inclusão, sob pena de crime de responsabilidade"*.

Ademais, a lei de diretrizes orçamentárias, seja por via direta ou indireta, incide sobre a fase de realização da despesa, também impondo condicionantes à realização da despesa. Sua importância como fonte do direito dos gastos públicos é cada vez maior, mormente no plano federal, em que a LDO é muito detalhista, haja vista a ausência de lei complementar prevista no art. 163, I c/c art. 165, § 9º, da Constituição Federal, que devia estabelecer normas gerais de finanças públicas, em caráter permanente (item 6.4.).

8.1.1. Que tipo de despesas estão sujeitas à legalidade orçamentária?

Feitas estas considerações iniciais, cabe indagar quais despesas estão sujeitas à legalidade orçamentária.

Como regra geral, exige-se autorização orçamentária das despesas realizadas pelos órgãos e entidades públicas integrantes do orçamento fiscal e da

O DIREITO DOS GASTOS PÚBLICOS NO BRASIL

seguridade social, ou seja, os órgãos da administração direta, as autarquias e fundações públicas e as empresas estatais dependentes. Por sua vez, no orçamento de investimentos das empresas estatais (não dependentes), constam apenas as despesas de capital e não as despesas operacionais.

O art. 6º da Lei nº 12.709/2012 (LDO 2013) dispõe acerca das entidades que devem ser incluídas no orçamento fiscal e da seguridade social (no orçamento relativo ao exercício de 2013):

> "Art. 6º Os Orçamentos Fiscal e da Seguridade Social compreenderão o conjunto das receitas públicas, bem como das despesas dos Poderes e do Ministério Público da União, seus fundos, órgãos, autarquias, inclusive especiais, e fundações instituídas e mantidas pelo Poder Público, bem como das empresas públicas, sociedades de economia mista e demais entidades em que a União, direta ou indiretamente, detenha a maioria do capital social com direito a voto e que dela recebam recursos do Tesouro Nacional, devendo a correspondente execução orçamentária e financeira, da receita e da despesa, ser registrada na modalidade total no SIAFI.
>
> Parágrafo único. Excluem-se do disposto neste artigo:
>
> I – os fundos de incentivos fiscais, que figurarão exclusivamente como informações complementares ao Projeto de Lei Orçamentária de 2013;
>
> II – os conselhos de fiscalização de profissão regulamentada, constituídos sob a forma de autarquia; e
>
> III – as empresas públicas ou sociedades de economia mista que recebam recursos da União apenas em virtude de:
>
> a) participação acionária;
> b) fornecimento de bens ou prestação de serviços;
> c) pagamento de empréstimos e financiamentos concedidos; e
> d) transferência para aplicação em programas de financiamento, nos termos do disposto na alínea "c" do inciso I do *caput* do art. 159, e no § 1º do art. 239, da Constituição."

Portanto, mesmo caracterizando-se como autarquias, não estão abarcadas pela lei orçamentária anual as despesas realizadas pelos Conselhos de Fiscalização Profissional (*vide* item 5.1.5.).

Apenas as empresas estatais dependentes deverão integrar o orçamento fiscal. No caso das empresas estatais não dependentes, suas despesas de investimentos constam do orçamento de investimentos das estatais (*vide* item 5.1.3.).

Além disso, as entidades paraestatais, tais como, as integrantes do Sistema "S", e as entidades de colaboração, tais como, as Organizações Sociais e as

LEGALIDADE DO GASTO PÚBLICO

OSCIPs também não estão sujeitas à legalidade orçamentária, ainda que recebam recursos provenientes de alguma dotação orçamentária da LOA (*vide* item 5.1.4.).

Importante mencionar, ainda, a despesa fiscal ou gasto tributário não necessita ser autorizada pela lei orçamentária anual. O art. 165, § 6º, da Constituição Federal, prescreve, no entanto, que *"O projeto de lei orçamentária será acompanhado de demonstrativo regionalizado do efeito, sobre as receitas e despesas, decorrente de isenções, anistias, remissões, subsídios e benefícios de natureza financeira, tributária e creditícia"*. Assim sendo, o gasto tributário e os benefícios de natureza creditícia só integram a LOA a título de informações complementares.

A legalidade orçamentária abarca, também, as normas constantes da LDO, as quais podem apresentar diretrizes para o gasto tributário e para os benefícios creditícios (item 6.4.2.). De fato, dentre as funções constitucionais da LDO, encontram-se as de dispor sobre as alterações na legislação tributária e sobre a política de aplicação das agências oficiais de fomento (art. 165, § 2º, CF/88).

8.1.2. Ampliação do escopo da legalidade orçamentária

O escopo da legalidade orçamentária também acompanhou a evolução do orçamento público, ampliando-se até o advento do orçamento-programa. Esta ampliação está relacionada com a utilização de novas classificações orçamentárias que condicionam a despesa de forma mais detalhada. No caso brasileiro, a LDO, inovação da Constituição de 1988, incidindo sobre a execução da despesa pública é um outro fator que contribuiu para ampliação desse escopo.

Conforme leciona Aliomar Baleeiro, nos seus primórdios, o orçamento foi um instrumento político para a defesa dos contribuintes contra os governos. Era, sobretudo, um dique para conter as despesas e consequentemente deter o apelo à tributação. Em razão disso, estava a grande preocupação com a manutenção do equilíbrio orçamentário. Havia um justificado horror às despesas públicas nos séculos XVII e XVIII. Afinal, nenhum proveito os contribuintes recebiam do funcionamento da *"opressora e parasitária máquina do governo"* (BALEEIRO, 1995, p. 395).

O orçamento público surgiu como instrumento formalmente acabado na Inglaterra em 1822, época em que o liberalismo estava em pleno desenvolvimento. É a época dos regimes constitucionais. A função principal do

O DIREITO DOS GASTOS PÚBLICOS NO BRASIL

orçamento público era a de controle político sobre o executivo, sendo um instrumento cuja preocupação principal era manter equilíbrio financeiro e evitar ao máximo a expansão dos gastos. À época, os impostos eram autorizados anualmente, o que permitia uma verificação crítica das despesas a serem custeadas com a receita dos tributos. James Giacomoni atribuiu a esta fase da evolução do orçamento público a denominação *"orçamento tradicional"* (GIACOMONI, 2005).

No orçamento tradicional, eram adotadas classificações orçamentárias apenas para instrumentalizar o controle das despesas, destacando-se as classificações por unidades administrativas (classificação institucional, ou seja, pelos órgãos responsáveis pelos gastos) e as classificações por objeto ou item de despesa (pessoal, material, etc.) (GIACOMONI, 2005).

O orçamento evoluiu acompanhando a evolução do Estado Liberal para o Estado do Bem Estar Social, que passou a ter outras funções de intervenção na ordem econômica e social. Com efeito, o orçamento passa a ser, além da função clássica de controle do Poder Executivo, um instrumento de administração, expressando um plano de ação do governo. O orçamento moderno não constitui, portanto, um mero demonstrativo contendo previsão de receitas e autorização de despesas.

Na América Latina, a Organização das Nações Unidas difundiu uma idealização de orçamento moderno chamado de orçamento-programa, cuja concepção básica foi extraída do *"performance budget"* americano. Trata-se de um sistema em que se presta particularmente mais atenção às coisas que o um governo realiza do que às coisas que adquire. Neste sentido, são elementos essenciais do orçamento-programa: os objetivos e propósitos perseguidos pela instituição e para cuja consecução são alocados os recursos, os programas, os custos dos programas e as medidas de desempenho com a finalidade de medir as realizações e os esforços despendidos na execução dos programas (GIACOMONI, 2005).

Esta concepção reflete-se nas classificações, nos indicadores e em outros elementos utilizados no orçamento-programa. De fato, a discriminação ou especificação da despesa no orçamento-programa é muito mais detalhada que no orçamento tradicional, que se limitava a determinar quanto cada órgão gastaria e em qual objeto de despesa.

A propósito, com a Portaria MPOG nº 42, de 14/4/1999 e com o Decreto 2.829, de 29/10/1998, são diversas as classificações da despesa utilizadas no orçamento público federal brasileiro: classificação institucional, classificação funcional, classificação por programas, classificação segundo a natureza da

LEGALIDADE DO GASTO PÚBLICO

despesa (por categorias econômicas, por grupos, por modalidade de aplicação e por elementos de despesa). Além disso, são utilizados no orçamento federal metas, produtos e outros indicadores.

No tocante à LDO, conforme já mencionado, sua importância cresceu ainda mais ante a ausência de lei complementar prevista no art. 163, I c/c art. 165, § 9º, da Constituição Federal, que devia estabelecer normas gerais de finanças públicas, em caráter permanente. No item 6.4. deste trabalho, aborda-se a LDO como fonte do direito dos gastos públicos, esclarecendo as matérias que vem sendo disciplinadas por esta espécie legislativa.

8.1.3. Caráter normativo e informativo das classificações orçamentárias

A Lei Orçamentária Anual contempla normas jurídicas que autorizam as unidades orçamentárias a realizar determinadas despesas. Esta autorização está sujeita a limitações de caráter temporal (exercício financeiro), de caráter quantitativo e de caráter qualitativo ou finalístico.

No orçamento-programa, as autorizações são concedidas por intermédio dos programas de trabalho, escritos na linguagem das classificações orçamentárias, que condicionam a realização da despesa pública, determinando, especialmente, a sua finalidade.

A classificação institucional responde quem é o responsável pela ação orçamentária. Ela reflete as estruturas organizacional e administrativa e compreende dois níveis hierárquicos: o órgão orçamentário e a unidade orçamentária (UO). As dotações orçamentárias são atribuídas às unidades orçamentárias, que são as responsáveis pela execução das ações (Brasil, 2013).

A classificação funcional da despesa é formada por funções e subfunções e busca identificar em que área de despesa a ação será realizada. A função é o maior nível de agregação das diversas áreas de atuação do setor público, tais como, educação, saúde, defesa, legislativa, energia, etc. A subfunção é o nível de agregação imediatamente inferior à função, tais como, educação superior, educação infantil, transporte rodoviário, etc. (Brasil, 2013).

A classificação por programas informa o tema da política pública em que a despesa será realizada. O programa é o elo entre a Lei Orçamentária Anual e o Plano Plurianual, sendo estruturado para o alcance de determinados objetivos. Segundo o art. 5º, inciso I, da LDO 2013, programa é *"o instrumento de organização da ação governamental visando à concretização dos objetivos pretendidos, sendo mensurado por indicadores estabelecidos no plano plurianual"*.

O DIREITO DOS GASTOS PÚBLICOS NO BRASIL

No atual Plano Plurianual da União (PPA 2012-2015, Lei nº 12.593/2012), os programas são divididos em programas temáticos e programas de gestão, manutenção e serviços ao Estado. **Programa Temático** é aquele *"que expressa e orienta a ação governamental para a entrega de bens e serviços à sociedade"* e o **Programa de Gestão, Manutenção e Serviços ao Estado** é aquele *"que expressa e orienta as ações destinadas ao apoio, à gestão e à manutenção da atuação governamental"* (art. 5º, incisos I e II). No PPA 2012-2015, a cada programa temático são associados objetivos, indicadores, valor global e valor de referência e para cada objetivos são associados um órgão responsável, metas e iniciativas (art. 6º).

Na Lei Orçamentária Anual, o Programa é composto por ações orçamentárias, que contribuem para atender ao objetivo do programa. As ações orçamentárias podem ser projetos, atividades ou operações especiais. Projeto é o *"instrumento de programação utilizado para alcançar o objetivo de um programa envolvendo um conjunto de operações, limitadas no tempo, das quais resulta um produto que concorre para a expansão ou o aperfeiçoamento da ação de governo"* (BRASIL, 2013, p. 52). A atividade difere do projeto por tratar-se de *"um conjunto de operações que se realizam de modo contínuo e permanente, das quais resulta um produto ou serviço necessário à manutenção da ação de Governo"* (BRASIL, 2013, p. 51). Por fim, as Operações Especiais são *"despesas que não contribuem para a manutenção, expansão ou aperfeiçoamento das ações de governo, das quais não resulta um produto e não geram contraprestação direta sob a forma de bens e serviços"* (BRASIL, 2013, p. 52). Importante mencionar que, no orçamento federal, as ações orçamentárias dispõem de vários atributos: título, subtítulo, descrição, tipo, base legal e produto.

As autorizações de gasto são atribuídas às ações orçamentárias e são compostas pela programação física e financeira. A programação física compreende as metas físicas, ou seja, *"a quantidade de produto [da ação] a ser ofertado por ação, de forma regionalizada, se for o caso, num determinado período e instituída para cada ano"*.

A "programação financeira"[151] para cada ação orçamentária compreende a natureza da despesa, o indicador de uso, o identificador de doação e de

---

[151] Não confundir a "programação financeira" da lei orçamentária com a prevista na LRF ou com a "programação da despesa" prevista na Lei nº 4.320/1964, que estão relacionadas à legalidade procedimental. Na LRF ou na Lei nº 4.320/1964, a programação financeira busca

operação de crédito e a classificação da despesa por indicador de resultado primário[152].

A natureza de despesa engloba:

a) a categoria econômica da despesa (despesas correntes ou despesas de capital);
b) o grupo natureza de despesa – GND (pessoal e encargos sociais, juros e encargos da dívida, outras despesas correntes, investimentos, inversões financeiras ou amortização da dívida);
c) a modalidade de aplicação, que indica se os recursos serão aplicados diretamente ou mediante transferência financeira para outros níveis de governos ou para entidades privadas sem fins lucrativos;
d) o elemento de despesa, que corresponde aos objetos de gasto;

O indicador de uso (IDUSO) visa *"completar a informação concernente à aplicação dos recursos e destina-se a indicar se os recursos compõem contrapartida nacional de empréstimos ou de doações ou destinam-se a outras aplicações"* (BRASIL, 2013, p. 85).

O identificador de doação e de operação de crédito (IDOC) identifica as doações de entidades internacionais ou operações de crédito contratuais alocadas nas ações orçamentárias, com ou sem contrapartida da União (BRASIL, 2013).

Por fim, o indicador de resultado primário (RP) tem por finalidade auxiliar na apuração do resultado primário previsto na LDO (BRASIL, 2013).

O que se observa destas diversas classificações orçamentárias (e demais itens da estrutura do orçamento) é que algumas têm caráter normativo, ou seja, constituem normas que autorizam a realização do gasto, mas condicio-

---

assegurar às unidades orçamentárias em tempo útil a soma de recursos necessários e suficientes a melhor execução do seu programa anual de trabalho, mantendo, durante o exercício, na medida do possível, o equilíbrio entre a receita arrecadada e a despesa realizada (art. 48 da Lei nº 4.320/1964).

[152] Segundo o art. 7º, *caput*, da LDO 2013, "Os Orçamentos Fiscal, da Seguridade Social e de Investimento discriminarão a despesa por unidade orçamentária, com suas categorias de programação detalhadas no menor nível, com as respectivas dotações, especificando a esfera orçamentária, o grupo de natureza de despesa, o identificador de resultado primário, a modalidade de aplicação, o identificador de uso e a fonte de recursos".

nando a despesa ao atendimento de determinada finalidade. Neste contexto, o que as classificações fazem é auxiliar na discriminação desta finalidade.

Por outro lado, existem classificações que não tem o caráter normativo, mas apenas informativo. São classificações que servem para auxiliar a apuração de indicadores ou prover outras informações para os usuários da contabilidade pública.

Para este livro, é importante identificar quais classificações têm caráter normativo e quais classificações tem caráter meramente informativo.

Em regra, pode-se afirmar que as classificações (e demais itens do orçamento público) que discriminem a finalidade da despesa tem caráter normativo, tais como, os atributos das ações orçamentárias (título, descrição, produto, etc.) e as próprias metas físicas atribuídas para cada ação.

Por outro lado, a LDO costuma estabelecer algumas classificações que, para serem alteradas, independem autorização legislativa. É o caso do art. 37 da LDO 2013, o qual dispõe que:

> "Art. 37. As classificações das dotações previstas no art. 7º poderão ser alteradas de acordo com as necessidades de execução, mantido o valor total do subtítulo e observadas as demais condições de que trata este artigo, nos casos de:
> I – Esfera Orçamentária;
> II – Fonte de Recursos;
> III – Modalidade de Aplicação – MA;
> IV – Identificador de Uso – IU; e
> V – Identificador de Resultado Primário – RP".

A modalidade de aplicação, por exemplo, deve ser alterada diretamente no sistema SIAFI pela unidade orçamentária (art. 37, § 4º, LDO 2013). As demais classificações podem ser alteradas por portaria da Secretaria de Orçamento Federal do Ministério do Planejamento, Orçamento e Gestão, no que se refere aos Orçamentos Fiscal e da Seguridade Social, ou por portaria do Departamento de Coordenação e Governança das Empresas Estatais, no que se refere ao Orçamento de Investimento (art. 37, § 2º, incisos I e II, LDO 2013).

As classificações que dispensam autorização legislativa para serem alteradas possuem, via de regra, um caráter meramente informativo. Caso contrário, tal dispensa poderia representar uma invasão à competência do Poder Legislativo em matéria orçamentária (art. 48, II, da CF/88).

LEGALIDADE DO GASTO PÚBLICO

8.2. Legalidade Procedimental

A legalidade procedimental (ou legalidade processual, segundo o Professor Souza Franco) corresponde à aderência ao procedimento legal previsto para a realização da despesa pública. O vício neste procedimento pode conduzir à ilegalidade da despesa pública[153].

A concretização do gasto público não se restringe à fase de desembolso dos recursos públicos. Como instrumento de uma política pública, o gasto público em sentido amplo se insere num processo que se inicia com a identificação de um problema de interesse público e termina com a execução de ações que visem suprimir as causas críticas ou, pelo menos, mitigar os efeitos do problema identificado[154]. No modelo apresentado no capítulo 3, parte-se dos objetivos fundamentais da República, dos direitos fundamentais e das competências dos entes (nível das funções de Estado), passando pelas políticas públicas até chegar à despesa pública propriamente dita.

Nesta linha, o gasto público propriamente dito não prescinde de um ato administrativo, de um ato normativo, de um contrato, de um convênio, de um procedimento administrativo e/ou de uma lei que, previamente, dê suporte ao desembolso de recursos públicos. E o direito dos gastos públicos não pode ficar restrito à fase final deste processo.

Nos manuais de direito financeiro costuma-se fazer referência tão somente às etapas da realização da despesa previstas na Lei nº 4.320/64, quais sejam, as fases de empenho, liquidação e pagamento (arts. 58 a 65).

No âmbito federal, este procedimento não se aplica às entidades e operações não sujeitas à legalidade orçamentária, tais como, o gasto tributário e os benefícios creditícios. Às empresas estatais não dependentes, não se aplica o disposto na Lei nº 4.320/1964, por força do que dispõem as LDOs. No caso de despesas operacionais destas estatais, nem faria sentido exigir o empenho, uma vez que não é necessário crédito orçamentário para a realização da despesa.

---

[153] *Vide*, por exemplo, os julgados no AgRg no Resp 1237139/PE e na Ação Penal 480/MG, ambos do Superior Tribunal de Justiça.

[154] Infelizmente, nem todo este processo de formulação de políticas públicas é disciplinado por regras jurídicas expressas. Inúmeros problemas na implementação, tais como, erros de cobertura, ineficiência na utilização dos recursos públicos, etc. são decorrentes de falhas no design das políticas.

O DIREITO DOS GASTOS PÚBLICOS NO BRASIL

Estas fases também não se aplicam à despesa orçamentária no âmbito do chamado "regime de adiantamento", também conhecido por suprimento de fundos[155]. Este regime consiste na *entrega de numerário a servidor, sempre precedida de empenho na dotação própria para o fim de realizar despesas, que não possam subordinar-se ao processo normal de aplicação"* (art. 68 da Lei nº 4.320/1964). Neste regime, há uma inversão das fases de pagamento e liquidação, mas não se dispensa o prévio empenho. O regime de adiantamento pode ser concedido para atender despesas eventuais que exijam pronto pagamento, despesas sigilosas e despesas de pequeno vulto, conforme dispõe o art. 45 do Decreto nº 93.872/1986, *verbis*:

> "Art. 45. Excepcionalmente, a critério do ordenador de despesa e sob sua inteira responsabilidade, poderá ser concedido suprimento de fundos a servidor, sempre precedido do empenho na dotação própria às despesas a realizar, e que não possam subordinar-se ao processo normal de aplicação, nos seguintes casos:
> I – para atender despesas eventuais, inclusive em viagens e com serviços especiais, que exijam pronto pagamento;
> II – quando a despesa deva ser feita em caráter sigiloso, conforme se classificar em regulamento; e
> III – para atender despesas de pequeno vulto, assim entendidas aquelas cujo valor, em cada caso, não ultrapassar limite estabelecido em Portaria do Ministro da Fazenda".

No caso de despesas atinentes a obras, serviços compras e locações, a Administração Pública deve realizar um procedimento prévio à contratação, o procedimento licitatório, ou realizar a contratação direta, mediante dispensa ou inexigibilidade de licitação. Este procedimento é disciplinado, principalmente, pela Lei nº 8.666/1993, Lei nº 10.520/2002 (Pregão) e o Regime Diferenciado de Contratação (Lei nº 12.462/2012). Nos dois primeiros casos, trata-se de normas gerais de licitação e contratos aplicáveis, portanto, a todos os entes federados.

---

[155] As despesas com o Cartão de Pagamento do Governo Federal (CPGF), conhecido vulgarmente por "Cartão Corporativo" estão sujeitas à mesma disciplina do regime de adiantamento ou suprimento de fundos. *Vide*, a propósito, o Decreto nº 5.355/2005, que disciplina a utilização do CPGF pelos órgãos e entidades da administração pública federal, direta, autárquica e fundacional.

LEGALIDADE DO GASTO PÚBLICO

Mesmo no tocante à contratação direta, hipóteses em que é dispensada a licitação ou em que a licitação é considerada inexigível, nos termos dos arts. 24 e 25 da Lei nº 8.666/1993, preconiza-se a adoção de um procedimento voltado à seleção do contratante, conforme leciona Marçal Justen Filho (JUSTEN FILHO, 2005, p. 228):

> "A contratação direta submete-se a um procedimento administrativo, como regra. Ou seja, **ausência de licitação não equivale a contratação informal, realizada com quem a Administração bem entender, sem cautelas, nem documentação. Ao contrário, a contratação direta exige um procedimento prévio, em que a observância de etapas e formalidades é imprescindível**. Somente em hipóteses-limite é que a Administração estaria autorizada a contratar sem o cumprimento dessas formalidades. Seriam aqueles casos de emergência tão grave que a demora, embora mínima, pusesse em ricos a satisfação dos valores a cuja realização se orienta a atividade administrativa.
>
> Nas etapas internas iniciais, a atividade administrativa será idêntica, seja ou não a futura contratação antecedida de licitação. Em um momento inicial, a Administração verificará a existência de uma necessidade a ser atendida. Deverá diagnosticar o meio mais adequado para atender ao reclamo. Definirá um objeto a ser contratado, inclusive adotando providências acerca da elaboração de projetos, apuração da compatibilidade entre a contratação e as previsões orçamentárias. Tudo isso estará documentado em procedimento administrativo, externando-se em documentação constante dos autos. **A diferença residirá em que, no momento de definir as fórmulas para contratação, a Administração constatará a inaplicabilidade das regras acerca de licitação**." (grifo nosso).

Renato Geraldo Mendes, nesta linha, entende que a própria contratação pública é uma realidade ampla vista como um processo (MENDES, 2012, p. 25):

> "Falar em contratação pública é falar em processo administrativo. Há uma estreita relação entre os dois. A contratação pública é inserida na ideia de processo, pois é por meio dele que ela é estruturada, desenvolvida, aperfeiçoada e atinge o seu fim".

O processo de contratação pública é definido como(MENDES, 2012, p. 25):

> "(...) o conjunto de fases, etapas e atos estruturado de forma lógica para permitir que a Administração, a partir da identificação precisa da sua necessidade e demanda, possa definir com precisão o encargo desejado, minimizar seus riscos e selecionar, isonomicamente, se possível, a pessoa capaz de satisfazer a sua necessidade pela melhor relação custo benefício".

O DIREITO DOS GASTOS PÚBLICOS NO BRASIL

Embora, nos dias atuais, as licitações e os contratos da administração pública constem dos compêndios de direito administrativo, antes do advento da Constituição de 1988, permanecia a dúvida se o tema deveria ser analisado à luz do direito administrativo ou do direito financeiro.

A dúvida tinha sua razão de ser, pois a definição da natureza jurídica das licitações determinava a competência para legislar sobre a matéria. Se fosse matéria de direito financeiro, a competência para elaborar normas gerais seria da União, consoante art. 8º, inciso XVII, alínea c, da Emenda Constitucional nº 1, de 17/10/1969[156]. Se fosse matéria de direito administrativo, caberia a cada um dos entes federados legislar sobre o tema.

Segundo Roberto Ribeiro Bazilli e Sandra Julien Miranda (BAZILLI; MIRANDA, 1999, p. 21):

> "O assunto era polêmico. Havia sérias divergências doutrinárias. Sobre a questão formaram-se duas grandes correntes. Os adeptos da primeira consideraram a licitação instituto de direito financeiro e os da segunda defenderam a sua inclusão no direito administrativo. E para estes a licitação é um ato-condição ou um procedimento administrativo. No direito pátrio, juristas como Ruy Barbosa Nogueira, Nascimento Franco, Barros Júnior e outros sustentavam ser a licitação um instituto de direito financeiro."

A segunda corrente era defendida por autores como Celso Antônio Bandeira de Mello, José Afonso da Silva e Geraldo Ataliba (BAZILLI; MIRANDA, 1999).

A questão foi contornada com a Constituição Federal de 1988, que estabelece a competência privativa da União para dispor sobre normas gerais de licitações e contratos (art. 22, XXI).

De qualquer forma, **é importante reconhecer que a licitação e a execução dos contratos são procedimentos disciplinados em lei que, quando cabíveis, antecedem a realização da despesa pública, fazendo parte da "legalidade procedimental".**

---

[156] Art. 8º. Compete à União:

(...)

XVII – legislar sôbre:

(...)

c) normas gerais sôbre orçamento, despesa e gestão patrimonial e financeira de natureza pública; de direito financeiro; de seguro e previdência social; de defesa e proteção da saúde; de regime penitenciário;

LEGALIDADE DO GASTO PÚBLICO

Convém mencionar que a própria Lei nº 4.320/1964 dispõe o respeito ao *"princípio da concorrência"* na aquisição de material, o fornecimento e a adjudicação de obras e serviços (art. 70) e este tópico é tratado em conjunto com o procedimento de realização da despesa pública.

O procedimento previsto nas leis de licitações e contratos não se aplica, também, às despesas de pessoal, às transferências voluntárias e às transferências de recursos para o setor privado.

No caso destas duas últimas despesas, ainda que o art. 116 da Lei nº 8.666/ /1993 determine a aplicação subsidiária desta lei aos convênios, ajustes ou instrumentos congêneres, o procedimento licitatório só é possível quando houver viabilidade de competição. Ademais, o critério de menor preço, técnica e preço, maior lance não se aplicam às situações em que há interesse mútuo entre os convenentes. A seleção pode ser necessária, em alguns casos, como no de entidades sem fins lucrativos para assegurar a isonomia e a impessoalidade, mas esta seleção não deve ser feita segundo os parâmetros da lei geral de licitações e contratos, que é mais adequada para a seleção de empresas privadas. Os artigos 23 a 32 da Lei nº 13.019/2014, ainda não em vigor, dispõem sobre o chamamento público para a seleção de Organização da Sociedade Civil (OSC) que deverá celebrar termo de colaboração ou de fomento com o Poder Público.

No caso das despesas de pessoal, a seleção do agente público, mediante concurso público ou processo seletivo simplificado, ocorre apenas uma vez, e as despesas com os seus vencimentos se protraem no tempo.

O procedimento previsto na Lei nº 4.320/1964 (empenho, liquidação e pagamento) também não é rigorosamente aplicável às despesas supramencionadas, especialmente, quanto à fase da liquidação. As despesas de pessoal não costumam ser tratadas de forma individualizada (por agente público) pelo órgão ou entidade pagadora, mas de forma agregada. Desta forma, o empenho é feito para a folha de pagamento como um todo e não um empenho para cada agente, ou seja, são vários credores. A eventual "liquidação" da despesa de pessoal pode ser feita antes do próprio empenho, por meio de controle de frequência ou pela avaliação de desempenho, antes da elaboração da folha de pagamento.

No tocante às despesas relativas às transferências, não é feita a liquidação prévia, uma vez que os repasses são feitos antes de o convenente executar o objeto pactuado.

Merecem destaque, por fim, as normas procedimentais constantes da Lei de Responsabilidade Fiscal.

No art. 16, a LRF estabelece um procedimento simplificado para a criação, expansão ou aperfeiçoamento da ação governamental, do qual decorra aumento de despesa. A criação, expansão ou aperfeiçoamento da ação governamental devem ser precedidos de estimativa de impacto orçamentário-financeiro (no exercício corrente e nos dois exercícios financeiros seguintes) e de declaração de adequação orçamentário-financeira firmada pelo ordenador de despesas, quanto à compatibilidade do aumento com a LOA, LDO e PPA (art. 16, incisos I e II, LRF). O atendimento a estes requisitos é condição prévia para o *"empenho e licitação de serviços, fornecimento de bens ou execução de obras* e para a *"desapropriação de imóveis urbanos a que se refere o § 3º do art. 182 da Constituição"* (art. 16, § 4º, LRF).

A LRF também dispõe sobre um procedimento, ainda que simplificado, para a realização do gasto tributário ou renúncia de receitas. Segundo o art. 14 da LRF:

> "A concessão ou ampliação de incentivo ou benefício de natureza tributária da qual decorra renúncia de receita deverá estar acompanhada de estimativa do impacto orçamentário-financeiro no exercício em que deva iniciar sua vigência e nos dois seguintes, atender ao disposto na lei de diretrizes orçamentárias e a pelo menos uma das seguintes condições:
>
> I – demonstração pelo proponente de que a renúncia foi considerada na estimativa de receita da lei orçamentária, na forma do art. 12, e de que não afetará as metas de resultados fiscais previstas no anexo próprio da lei de diretrizes orçamentárias;
>
> II – estar acompanhada de medidas de compensação, no período mencionado no *caput*, por meio do aumento de receita, proveniente da elevação de alíquotas, ampliação da base de cálculo, majoração ou criação de tributo ou contribuição.

Na hipótese de compensação prevista no art. 14, II, da LRF, a concessão ou ampliação do benefício fiscal só poderá entrar em vigor, quando implementadas as referidas medidas de compensação.

Importante lembrar que só mediante lei específica é que se pode conceder a maior parte dos benefícios fiscais dos quais resultem renúncia de receita, consoante dispõe o art. 150, § 6º, da CF/88.

Os artigos 18 a 30 da Lei nº 8.313/1991, Lei Rouanet, dispõem sobre aspectos procedimentais relativos à despesa fiscal atinente ao incentivo a projetos culturais previstos nesta lei. Dentre tais aspectos procedimentais, pode-se citar a obrigatoriedade de submissão de proposta de captação de recursos ao Ministério da Cultura e da aprovação deste Ministério, o depósito e movimen-

LEGALIDADE DO GASTO PÚBLICO

tação dos recursos em conta corrente específica, o respeito ao prazo de validade para a captação, etc.

Feito este panorama, pode-se concluir que, no direito dos gastos públicos, o aspecto procedimental do gasto público é o que apresenta maiores variações, quando se leva em conta os diferentes tipos englobados pelo conceito amplo apresentado. Não é, portanto, um aspecto que viabilize o tratamento unitário do direito dos gastos públicos.

8.3. Legalidade Global ou Agregada

A legalidade global ou agregada refere-se às normas legais que disciplinam a despesa pública sob o seu ponto de vista agregado. Não se trata, portanto, da disciplina de uma despesa singularmente considerada, mas do somatório de despesas de um mesmo grupo ou da despesa total realizada por determinado ente federado, órgão ou Poder.

Em regra, as normas que disciplinam a legalidade agregada visam atender recomendações da ciência econômica, mais especificamente, da macroeconomia, motivo pelo qual é fundamental o conhecimento deste ramo da ciência pelo operador do direito.

Estas normas buscam proteger a **equidade intergeracional e a sustentabilidade das finanças públicas e do crescimento econômico**. E a preocupação com este aspecto agregado da despesa passou a ganhar mais espaço no direito financeiro com o advento da Lei Complementar nº 101/2000 (Lei de Responsabilidade Fiscal).

O princípio da equidade intergeracional (ou equilíbrio intergeracional), segundo o Professor Joaquim Freitas da Rocha[157], é exigência de **um direito financeiro responsável**, significando que (ROCHA, 2013):

> "atores e decisores jurídico-financeiros devem ser dotados de uma visão temporal de longo prazo, que ultrapasse o momento decisório e permita projectar positivamente os efeitos da decisão num âmbito temporal alargado, abrangendo sujeitos que não tomaram partido da decisão".

Alerta o autor que, do ponto de vista positivo, torna-se imperativo que os bens públicos e semi-públicos produzidos no presente sejam aptos a projectar

---

[157] Professor da Escola de Direito da Universidade do Minho em Braga/Portugal.

O DIREITO DOS GASTOS PÚBLICOS NO BRASIL

as suas utilidades em momentos futuros temporalmente afastados, de modo a que as gerações vindouras possam retirar vantagens da sua efetivação. Neste sentido, deve-se dar prioridade a despesas de capital e de natureza reprodutiva, potenciadoras de proveitos em momentos temporalmente diferidos, colocando em plano secundário, na medida do possível, as despesas correntes e aquelas cuja utilidade se esgota no próprio período financeiro ou no ciclo de curto-prazo (ROCHA, 2013).

Do ponto de vista negativo, exige-se que *"as gerações futuras não sejam desproporcionalmente oneradas com encargos inerentes à satisfação das necessidades colectivas da geração presente"* (ROCHA, 2013).

Não seria constitucionalmente aceitável, por exemplo, que sejam contraídos empréstimos a longo prazo com o objetivo de custear investimentos presentes pouco reprodutivos. Nesta hipótese, os contribuintes integrantes do horizonte sociológico futuro deverão pagar por bens relativamente aos quais retiram pouco proveio ou vantagem (ROCHA, 2013).

Feitas estas considerações, cabe, agora, discutir as principais normas no direito financeiro brasileiro que disciplinam a despesa de forma agregada.

A disciplina das despesas de pessoal, ativo e inativo, do Estado é um dos principais campos de atuação da legalidade agregada. Seu controle é um dos pressupostos da responsabilidade na gestão fiscal (art. 1º, § 1º, LRF).

Os gastos com pessoal representam um dos principais itens da despesa primária dos governos, sendo consideradas "quase-obrigatórias" (item 13.2.). As despesas são rígidas, pois os governos dispõem de pouca flexibilidade para a dispensa de empregados e servidores públicos.

Ademais, este item de despesa apresenta um considerável crescimento vegetativo, uma vez que os estatutos e os planos de carreira dos servidores públicos costumam garantir vantagens pecuniárias (adicionais, gratificações, etc.) que são incrementadas periodicamente, tais como, anuênios, quinquênios, mudança de padrões/classes na carreira (promoções), etc.[158]. O cresci-

---

[158] Convém lembrar que, no âmbito federal, foram adotadas diversas medidas para conter o crescimento vegetativo da folha de pagamento, no bojo da reforma administrativa promovida no final dos anos 1990. Por exemplo, a Medida Provisória 2.225-45/2001 extinguiu o adicional de tempo de serviço prestado à União, suas autarquias e fundações públicas. A Lei nº 9.527//1997 extinguiu a incorporação das gratificações por exercício de função comissionada, por ano de exercício da função. A Emenda Constitucional nº 19/1998 também dispõe que "os acrés-

LEGALIDADE DO GASTO PÚBLICO

mento das despesas de pessoal ocorre independentemente da concessão de aumentos nos vencimentos.

Desta forma, despesa de pessoal é um item apto a comprometer parcela importante do orçamento público, limitando os recursos que podem ser alocados para investimentos e outras despesas destinadas à manutenção dos serviços públicos.

A preocupação com o assunto já vem de longa data[159], mas somente com o advento da LRF e da Lei nº 10.028/2000, que instituiu sanções pessoais à violação dos preceitos da LRF, estas normas ganharam eficácia, devido aos mecanismos de *"enforcement"* criados por estes diplomas e à estratégia de repartição dos limites de pessoal entre órgãos e Poderes da República dotados de autonomia financeira (arts. 18 a 20 da LRF).

cimos pecuniários percebidos por servidor público não serão computados nem acumulados para fins de concessão de acréscimos ulteriores" (art. 37, XIV).

[159] A Constituição de 1967 já abordava o tema no art. 66, § 4º, prescrevendo que "A despesa de pessoal da União, Estados ou Municípios não poderá exceder de cinquenta por cento das respectivas receitas correntes". A Emenda Constitucional nº 1/1969, por sua vez, remeteu à Lei Complementar o estabelecimento dos limites no art. 64 ("Lei complementar estabelecerá os limites para as despesas de pessoal da União, dos Estados e dos Municípios"). Nada obstante, o dispositivo não foi regulamentado, não tendo, portanto, aplicabilidade. O art. 169, da CF/88, também remeteu à Lei Complementar o estabelecimento dos limites para as despesas com pessoal ativo e inativo. Entretanto, enquanto esta leinão posse promulgada, deveria vale a regra constante do art. 38 do ADCT/88, o qual previa que a União e os entes subnacionais não poderia despender mais de 65% das suas receitas correntes com pessoal ativo e inativo. Além disso, quando a despesa de pessoal excedesse o limite de 65%, o ente deveria retornar àquele limite, reduzindo o percentual excedente à razão de um quinto por ano. O art. 169 da CF/88 foi regulamentado pela Lei Complementar nº 82/1995, a Lei Camata I, tendo sido estabelecido o limite de 60% da receita corrente líquida, vedando reajustes ou adequações da remuneração em caso de descumprimento dos limites. A Emenda Constitucional nº 19/1998 alterou o art. 169 da CF/88 prevendo mecanismos de "enforcement", tais como, a suspensão de repasses voluntários federais ou estaduais, para aqueles que não observassem os limites. Além disso, estavam previstas as medidas sequenciais para o ajustamento aos limites, tais como, a redução de, pelo menos, 20% das despesas com cargos em comissão e funções de confiança, a exoneração de serviços não estáveis e a perda de cargo de servidores estáveis. Foi editada a Lei Complementar nº 96/1999, Lei Camata II, regulamentando a alteração constitucional, reduzindo o limite global da União para 50%, com a inclusão dos instrumentos para tornar efetiva a aplicação da lei. A Lei Camata II foi revogada pela LRF (DIAS, 2009).

O DIREITO DOS GASTOS PÚBLICOS NO BRASIL

As normas que disciplinam a despesa de pessoal no seu aspecto agregado, contidas na LRF e na Lei nº 10.028/2000, envolvem:

a) o estabelecimento de limites à despesa de pessoal, ativo e inativo, como percentuais da Receita Corrente Líquida do ente federado em questão, limites que são repartidos (distribuídos em sublimites) por Poder ou por órgão com autonomia financeira (arts. 19 e 20 da LRF);

b) mecanismos de controle e transparência da despesa total com pessoal (art 22, da LRF – verificação quadrimestral dos limites; art. 55, I, a, da LRF – Relatório de Gestão Fiscal e art. 59, § 1º, II e § 2º – alerta dos Tribunais de Contas quando do atingimento de 90% do limite);

c) estabelecimento de medidas administrativas para a recondução da despesa total com pessoal aos limites estabelecidos (arts. 22 e 23, da LRF);

d) previsão de "sanções institucionais" aos entes/órgãos que descumprirem os limites estabelecidos (art. 23, § 3º, LRF).

Além das disposições da LRF, convém mencionar que a Emenda Constitucional nº 25/2000 incluiu o art. 29-A na Constituição Federal o qual estabeleceu limites à despesa total do Poder Legislativo Municipal, conforme a população do município. Além disso, estabeleceu que *"A Câmara Municipal não gastará mais de setenta por cento de sua receita com folha de pagamento, incluído o gasto com o subsídio de seus Vereadores"* (art. 29-A, § 1º).

Um outro aspecto da legalidade agregada diz respeito ao estabelecimento das metas fiscais de resultado, primário e nominal, visando o equilíbrio das contas públicas. As metas fiscais buscam evitar ou, pelo menos, controlar o déficit público. Desde a edição da LRF, observa-se que a União busca realizar superávits primários[160]. Entretanto, está fora de cogitação o atingimento de um superávit, ou até mesmo, um equilíbrio nominal[161].

---

[160] O resultado primário corresponde à diferença entre as receitas e as despesas não-financeiras do Estado. Exclui-se, portanto, do cálculo do resultado primário os gastos e recebimentos de juros.

[161] Diante dos déficits primários da União registrados em agosto e setembro de 2013, com características inéditas, Mansueto F. de Almeida Jr., economista do IPEA, aponta que a expectativa do Governo Federal de alcançar o déficit nominal zero frustrou-se. Nas palavras do autor

LEGALIDADE DO GASTO PÚBLICO

É importante ressaltar que, neste caso, a norma não disciplina diretamente a despesa pública considerada em seu conjunto, mas o resultado entre receitas e despesas.

A importância da questão é esclarecida por Joseph Eugene Stiglitz, que aponta as principais consequências econômicas do déficit público (STIGLITZ, 2000):

a) o déficit público afeta o equilíbrio intergeracional, pois parcela da obrigação/responsabilidade (*burden*) das despesas atuais é transferida para as gerações futuras;

b) a emissão de títulos, utilizadas para fazer face ao déficit, pode acarretar o decrescimento do investimento (privado) e prejudicar indiretamente as futuras gerações;

c) o endividamento externo pode aumentar com o déficit, reduzindo os padrões de vida no futuro.

O déficit público vai de encontro, portanto, ao equilíbrio intergeracional.

Retornando ao direito brasileiro, a LRF preconiza que a execução financeira e orçamentária deverá atender a metas fiscais de resultado, primário e nominal, que devem ser estabelecidas pela Lei de Diretrizes Orçamentárias. Para o cumprimento destas metas, a LRF estabelece mecanismos preventivos, tais como, o anexo de riscos fiscais na LDO, a reserva de contingência na LOA e as regras para a geração de despesa, para a criação ou aumento de despesas obrigatórias de caráter continuado. Além disso, há instrumentos corretivos, tais como, a limitação de empenho e movimentação financeira (art. 9º).

A legalidade agregada contempla, ainda, as normas que disciplinam a aplicação de recursos mínimos em ações e serviços de saúde e em manutenção

---

(ALMEIDA JR., 2013): "Alguns economistas do governo esperavam que, em 2014, a taxa de juros real no Brasil fosse de 2%, uma Selic entre 7% e 8% ao ano. Essa expectativa é cada vez mais distante e a tão esperada economia com os juros que traria a despesa com juros da divida pública para um valor inferior a 4% do PIB não ocorrerá, dado o crescimento da divida bruta e a alta da Selic. Adicionalmente, **a piora do primário mata a esperança de, no futuro próximo, alcançarmos um déficit nominal zero, a não ser que haja um forte crescimento da carga tributaria. Assim, falar em déficit nominal zero é '*wishful thinking*' ou coisa de mágico.** A dura realidade é que o resultado fiscal piorou. Ponto" (grifo nosso).

O DIREITO DOS GASTOS PÚBLICOS NO BRASIL

e desenvolvimento do ensino, uma vez que também são normas que disciplinam despesas em conjunto. Neste caso, entretanto, não se está buscando proteger a equidade intergeracional ou a sustentabilidade das finanças públicas. O que estas normas revelam é a prioridade concedida pelo legislador constituinte, originário ou derivado, às funções educação e saúde. Este tópico será abordado em maior detalhe no capítulo relativo às despesas obrigatórias (capítulo 13).

A legislação ordinária também pode contemplar, eventualmente, normas que disciplinam a despesa no seu aspecto agregado. Um exemplo é a legislação eleitoral que veda a realização, em ano de eleição, antes dos três meses que antecedem o pleito, a realização de despesas com publicidade que excedam a média dos gastos nos últimos 3 anos que atecedem o pleito ou do último ano imediatamente anterior à eleição (art. 73, inciso VII, da Lei nº 9.504/1997).

8.4. Legalidade Específica ou Reserva Legal das Prestações Pecuniárias

A legalidade específica ou a reserva legal das prestações pecuniárias impõe que direitos subjetivos relativos a prestações pecuniárias do Estado sejam estabelecidos em lei, a qual deverá estabelecer o valor da prestação ou a sua forma de cálculo, os beneficiários, os requisitos para a concessão e as hipóteses de extinção, se for o caso.

Em razão disso, veda-se a criação de direitos subjetivos de natureza pecuniária por meio de atos normativos infralegais ou a concessão de prestações pecuniárias que não tenham fundamento em lei.

Apesar da denominação, convém mencionar que não se exige, necessariamente, lei específica para todos os casos de criação de direitos subjetivos, mas apenas lei formal. Também não há que se confundir com a "legalidade específica" de Antônio Luciano de Souza Franco, que corresponde ao que definimos por "legalidade orçamentária". O autor português prefere utilizar a expressão "leis definidoras de direitos" para se referir ao princípio exposto no presente item.

A exigência de lei formal assume ainda mais relevância quando a prestação pecuniária implicar o **tratamento diferenciado entre os cidadãos** ou quando não houver contraprestação do beneficiário. Neste sentido, a lei formal é uma condição necessária de legitimidade da prestação, mormente se considerarmos que a despesa pública deve buscar atender, prioritariamente, necessidades gerais da coletividade.

LEGALIDADE DO GASTO PÚBLICO

Não é, portanto, condição suficiente, uma vez que leis que estabeleçam prestações para determinadas categorias, grupos sociais ou agentes públicos desvinculadas do interesse público ou que vão de encontro aos objetivos fundamentais da República ou aos princípios constitucionais padecem de inconstitucionalidade por ilegitimidade.

É o caso, por exemplo, do art. 37 e seguintes da Lei nº 12.663/2012 (Lei Geral da Copa), que estabelecem prêmios de R$ 100.000,00, isentos da incidência de imposto de renda, aos jogadores, titulares ou reservas, das seleções brasileiras campeãs das copas mundiais masculinas dos anos de 1958, 1962 e 1970. Ademais, é estabelecido um auxílio especial mensal para jogadores sem recursos ou com recursos limitados, que pode chegar até o valor máximo do salário benefício do Regime Geral de Previdência Social (art. 42)[162].

Os direitos subjetivos a prestações pecuniárias correspondem aos aos *entitlements* do direito americano, que, segundo James Giacomoni (GIACOMONI, 2011, p. 350):

> "Trata-se da obrigação legal estabelecida por meio de legislação que determina o pagamento de benefícios a qualquer pessoa ou unidade do governo que atenda aos requisitos definidos pela lei. Os que cumprem esses requisitos são, assim, intitulados para receber o benefício".

---

[162] O referido comando legal teve sua inconstitucionalidade questionada perante o Supremo Tribunal Federal pelo Procurador-Geral da República (ADI 4976). Segundo o PGR, "As vantagens concedidas são de índole estritamente privada, não envolvendo nenhum projeto de interesse do povo. A situação concreta relacionada com o fato de ser jogador, titular ou reserva, das seleções brasileiras campeãs das copas mundiais masculinas da Fifa nos anos de 1958, 1962 e 1970 não é justificativa suficiente para autorizar o pagamento, a custo do erário, de valores em benefício de determinadas ou determináveis pessoas". No tocante ao auxílio mensal, o PGR afirma que "Os artigos 39, 43 e 44 da Lei Geral da Copa deixam clara a natureza previdenciária do benefício, que está atrelado ao orçamento da seguridade social do Estado. Não há indicação da fonte de custeio total dos benefícios, mas a simples remissão à figura genérica do Tesouro Nacional (artigo 47), de modo que o benefício foi criado sem anterior previsão financeira" (cf. http://www.stf.jus.br. Notícia de 18/6/2013). Infelizmente, em 7/5/2014, o STF julgou improcedente a ADI. Os Ministros do STF não vislumbraram inconstitucionalidade na concessão das vantagens pecuniárias aos jogadores (http://goo.gl/HHXAnK).

O DIREITO DOS GASTOS PÚBLICOS NO BRASIL

Segundo Allen Schick, *"entitlement"* é uma determinação da lei que estabelece um direito subjetivo aos recursos públicos. Segundo o autor, o direito pode ser atribuído a um indivíduo, a uma família, ou a qualquer outro beneficiário. Usualmente, a lei estabelece os requisitos de elegibilidade e um calendário de pagamentos ou fórmula pela qual os pagamentos são computados. Geralmente, a lei não especifica ou limita a despesa total com *entitlements* (SCHICK, 2009).

Nos Estados Unidos, a obrigatoriedade do atendimento dos *"entitlements"* dispensa até mesmo a prévia existência dos créditos orçamentários (GIACOMONI, 2011).

Ante o que foi exposto, deve ser exigida lei formal para:

a) instituir programas assistenciais de transferência de renda;
b) concessão de subvenções econômicas;
c) concessão, pela via administrativa, de indenizações a vítimas de ações do Estado;
d) instituição de prêmios;
e) fixação de remuneração, incluindo gratificações, adicionais e outras vantagens, e subsídios de agentes públicos.

Entretanto, no dia a dia da administração pública, esta exigência é muitas vezes desrespeitada, uma vez que é fácil instituir, por meio de atos infralegais, benefícios, privilégios ou regalias a autoridades, agentes públicos ou ainda a grupos, associações ou movimentos que possuam ligações políticas privilegiadas no setor público. Tais atos não estão sujeitos à discussão e tramitação pública no parlamento.

Ademais, outros direitos subjetivos não pecuniários, mas que podem vir a ser traduzidos em dinheiro, também são comumente instituídos por meio de Decretos, Portarias ou outros atos normativos que não são submetidos à aprovação parlamentar[163]. Estes direitos subjetivos também estão sujeitos à reserva legal, pelas mesmas razões que os direitos a prestações pecuniárias.

---

[163] *Vide*, a propósito, o art. 27 do Decreto nº 71.733/1973 (regulamenta a Lei nº 5.809/1972), que foi alterado pelo Decreto nº 2.809/1998 e pelo Decreto nº 3.643/2000, regulando a concessão de passagens aéreas no âmbito do Poder Executivo para agentes públicos, civis ou militares, colaboradores, e pessoas designadas pelo Presidente e pelo Vice-Presidente da República. A Lei nº 5.809/1972, que dispõe sobre a remuneração de pessoal em serviço no exterior, não faz

LEGALIDADE DO GASTO PÚBLICO

Qual o fundamento da exigência de lei formal para definir direitos subjetivos a prestações pecuniárias?

O princípio da reserva legal em matéria de direitos a prestações pecuniárias pode ser inferido por meio do processo lógico de indução.

Leva-se em conta, por exemplo, os seguintes dispositivos:

a) o art. 37, inciso X, da Constituição Federal, alterado pela Emenda Constitucional nº 19/1998, que exige que a fixação da remuneração de servidores públicos e do subsídio de agentes públicos só poderá ser feita mediante lei específica, observada a iniciativa privativa de cada caso;

b) o art. 26, *caput*, da LRF, que dispõe que *"A destinação de recursos para, direta ou indiretamente, cobrir necessidades de pessoas físicas ou déficits de pessoas jurídicas deverá ser autorizada por lei específica"*;

c) o art. 28, *caput*, da LRF, que dispõe que salvo mediante lei específica, não poderão ser utilizados recursos públicos, inclusive de operações de crédito, para socorrer instituições do Sistema Financeiro Nacional,

---

nenhuma distinção quanto à categoria da passagem aérea a que deteria direito o agente público, não podendo, portanto, o Decreto efetuar tal distinção ou conceder tal direito subjetivo.

"Art. 27. A passagem aérea, destinada ao militar, e ao servidor público civil e aos seus dependentes será adquirida pelo órgão competente, observadas as seguintes categorias:

I – primeira classe: Presidente e Vice-Presidente da República e pessoas por eles autorizadas, Ministros de Estado, Secretários de Estado e os Comandantes do Exército, da Marinha e da Aeronáutica;

II – classe executiva: titulares de representações diplomáticas brasileiras, ocupantes de cargos de Natureza Especial, Oficiais-Generais, Ministros da Carreira de Diplomata, DAS-6 e equivalentes, Presidentes de Empresas Estatais, Fundações Públicas, Autarquias, Observador Parlamentar e ocupante de cargo em comissão designado para acompanhar Ministro de Estado; e

III – classe econômica:

a) demais militares e servidores públicos não abrangidos nos incisos I e II deste artigo e seus dependentes; e

b) acompanhante de que trata o art. 29, § 1º, alínea "a", da Lei nº 5.809, de 10 de outubro de 1972, do servidor público civil ou do militar designado para missão permanente ou transitória, com mudança de sede, por período superior a seis meses.

Parágrafo único. Aos ocupantes dos postos de Capitão-de-Mar-e-Guerra, Coronel, Conselheiro da Carreira de Diplomata e de cargos de DAS-5 e 4 e equivalentes poderá ser concedida, a critério do Secretário-Executivo ou de titular de cargo correlato, passagem da classe executiva nos trechos em que o tempo de vôo entre o último embarque no Território Nacional e o destino for superior a oito horas".

O DIREITO DOS GASTOS PÚBLICOS NO BRASIL

ainda que mediante a concessão de empréstimos de recuperação ou financiamentos para mudança de controle acionário;

d) o art. 19 da Lei nº 4.320/1964, que dispõe que a Lei de Orçamento não consignará ajuda financeira, a qualquer título, a empresa de fins lucrativos, salvo quando se tratar de subvenções cuja concessão tenha sido expressamente autorizada em lei especial.

Além disso, o STF, no RE nº 405.386/RJ, já decidiu que:

> "Há matérias a cujo respeito a disciplina não pode ser conferida por ato administrativo, demandando a edição de lei, ainda que em sentido meramente formal. É o caso das pensões especiais".

Outro fundamento do princípio da legalidade específica tem a ver com o disposto no art. 150, § 6º, da CF/88, segundo o qual, qualquer subsídio ou isenção, redução de base de cálculo, concessão de crédito presumido, anistia ou remissão, relativos a impostos, taxas ou contribuições, só poderá ser concedido mediante lei específica, federal, estadual ou municipal, que regule exclusivamente as matérias acima enumeradas ou o correspondente tributo ou contribuição.

Como o gasto tributário pode ser desdobrado em duas etapas fictícias, uma receita e uma despesa em sentido inverso tendo por beneficiário o contribuinte, se admitirmos que as prestações pecuniárias possam ser instituídas por atos infralegais, o comando constitucional contido no art. 150, § 6º, da CF/88 poderia ser facilmente burlado, bastando instituir, por meio de ato normativo, a devolução ao contribuinte do montante correspondente ao gasto tributário.

Por fim, o mais importante fundamento da reserva legal em matéria de direitos subjetivos a prestações pecuniárias é o próprio princípio da legalidade da administração pública (art. 37, *caput*, CF/88).

Segundo dispõe Paulo Modesto (MODESTO, 2010, p. 119):

> "É de domínio comum a afirmação segundo a qual, ao contrário do que sucede aos particulares, para a Administração Pública a lei não é um limite, mas um pressuposto de atuação. A Administração Pública somente pode atuar e prosseguir os fins previstos em lei. Os particulares podem fazer, ou omitir, desde que a lei não os obrigue ou proíba o contrário. Nessas fórmulas resume-se parte relevante do saber convencional sobre o assunto".

Atualmente, o princípio da legalidade da administração pública não se confunde com o do art. 5º, II, da CF/88, que dispõe que *"ninguém será obri-*

gado a fazer ou deixar de fazer alguma coisa senão em virtude de lei". Melhor dizendo, não se restringe à intervenção restritiva nos direitos fundamentais (*Eingriffsverwaltung*).

No âmbito do Estado Liberal, o princípio da legalidade da administração pública confundia-se com o contido no art. 5º, II, da CF/88, uma vez que, no âmbito do Estado mínimo, o essencial era limitar a interferência do Estado nos direitos individuais.

Neste sentido, Hartmut Maurer salienta que (MAURER, 2006):

> "a limitação da reserva de lei à administração de intervenção está antiquada. O desenvolvimento da democracia parlamentar, o significado crescente da administração de prestação e a penetração jurídico-constitucional em todos os âmbitos estatais pela Lei Fundamental exigem sua extensão".

Conclui que: *"as decisões fundamentais e importantes para a coletividade assim como para o cidadão particular devem ser tomadas pelo dador de leis e ser por ele respondidas"* (MAURER, 2006).

Segundo Paulo Modesto, a extensão da competência legislativa no Brasil é de tal ordem que somente a lei ou atos com força de lei podem introduzir inovações primárias na ordem jurídica, especialmente, no plano das situações jurídico-subjetivas. Em situações de normalidade institucional, afirma que os atos administrativos podem *"detalhar, densificar, operacionalizar direitos, deveres, situações jurídicas previamente consentidas em lei"* (MODESTO, 2010).

Ainda segundo o autor, os regulamentos, no Brasil, são expressamente preordenados a dar fiel execução à lei (regulamentos executivos), podem, ainda, em matéria de organização reordenar, reintegrar, sem criar direito ou dever individual novo, a partilha de atribuições e o funcionamento de órgãos administrativos previamente criados por lei, são os chamados regulamentos organizativos (MODESTO, 2010).

Com a inovação trazida pela Emenda Constitucional nº 32/2001, passou-se a admitir o chamado "regulamento autônomo" ou "regulamento independente", mas em matérias extremamente restritas, conforme se observa do art. 84, inciso VI, da CF/88, com a referida alteração:

> "Art. 84. Compete privativamente ao Presidente da República:
> (...)
> VI – dispor, mediante decreto, sobre:
> a) organização e funcionamento da administração federal, quando não implicar aumento de despesa nem criação ou extinção de órgãos públicos;
> b) extinção de funções ou cargos públicos, quando vagos".

O DIREITO DOS GASTOS PÚBLICOS NO BRASIL

Portanto, mesmo com a alteração trazida pela EC nº 32/2001, não há espaço para a edição de decretos, e muito menos outros atos normativos infralegais, que estabeleçam direitos subjetivos a prestações pecuniárias.

No direito alemão, costuma-se desdobrar o princípio da legalidade da administração pública (*Gesetzmäßigkeit der Verwaltung*) em dois princípios ou componentes:

a) o princípio da primazia da lei (*Vorrang des Gesetzes*);
b) o princípio da reserva de lei (*Vorbehalt des Gesetzes*).

O **princípio da primazia da lei** proíbe que a administração pública atue contrariamente à lei. Aplica-se a quaisquer atos da administração pública. É expresso no artigo 20, parágrafo 3, da Lei Fundamental (Artikel 20, Absatz 3, Grundgesetz): *"O poder executivo está vinculado à lei e ao Direito"*[164].

Por sua vez, o **princípio da reserva de lei** exige uma base legal para a atuação da administração pública (*"Kein Handeln ohne Gesetz"*). No caso de omissão da lei, não haveria espaço para a atuação da administração pública[165].

A reserva legal tem por fundamento o princípio do Estado de Direito e o princípio democrático. Entretanto, o âmbito de aplicação do princípio da reserva legal é controverso.

Convém destacar, preliminarmente, que uma reserva legal total (*Total-vorbehalt*), significando um total controle da administração pública pelo Parlamento, não é admitida no direito administrativo alemão, por tornar qualquer administração impossível.

Aplica-se, principalmente, à intervenção administrativa restritiva de direitos individuais (*Eingriffsverwaltung*). A dúvida surge quanto à aplicação do princípio à administração de prestações (*Leistungsverwaltung*). Neste caso, a jurisprudência alemã não tem reconhecido uma validade geral para o princípio da reserva legal[166].

---

[164] "die vollziehende Gewalt (...) sind an Gesetz und Recht gebunden".

[165] Segundo Verônica Schweikert, o princípio da reserva legal dispõe que a administração só poderá atuar, quando para isso for autorizada por lei (*"die Verwaltung darf nur tätig werden, wenn sie dazu durch Gesetz ermächtigt worden ist"*). *Vide* Notas de Aula de Direito Administrativo Geral (Allgemeines Verwaltungsrecht) na Univesidade de Bonn disponível em http://www.jura.uni-bonn.de.

[166] Nota de Aula do Professor Ulrich Stelkens, da *Deutsches Hochschule für Verwaltungswissenschaften Speyer*, sob título "Administrative Law and State Liability – § 4 Legality of Administration". Disponível em http://www.dhv-speyer.de.

LEGALIDADE DO GASTO PÚBLICO

A Corte Constitucional Federal Alemã (*Bundesverfassungsgericht*) desenvolveu a chamada Teoria da Essencialidade (*Wesentlichkeitstheorie*), segundo a qual, o legislador deve, em todos os ramos normativos fundamentais, especialmente no campo do exercício dos direitos fundamentais, tomar, eles próprios, todas as decisões fundamentais, não sendo permitida a delegação desta decisão para a administração pública[167].

Desta forma, o princípio da reserva legal no direito alemão tem validade não apenas no âmbito da intervenção estatal nos direitos individuais, mas também sobre **todas as decisões essenciais para o exercício dos direitos fundamentais e ainda para todas aquelas que tenham um significado fundamental para a comunidade**[168].

Convém mencionar, ainda, que, no direito alemão, os direitos e deveres em matéria de prestações sociais devem estar previstos em lei, consoante § 31 do *Sozialgesetzbuch* (SGB):

> "§ 31 – Reserva Legal. Direitos e Deveres no ramo das prestações sociais só podem ser fundamentos, criados, modificados ou retirados à medida que uma lei o impor ou permitir" (tradução livre)[169]

Se importarmos a teoria da essencialidade ao direito brasileiro, a prestação pecuniária estatal deverá estar sujeita à reserva legal. A prestação pecuniária é, por vezes, um mecanismo para exercício de alguns direitos sociais, e, em qualquer caso, é uma decisão de importância fundamental para a sociedade, especialmente, porque trata, do ponto de vista formal, os cidadãos de forma desigual (ainda que, eventualmente, para o atendimento de uma isonomia material).

Neste contexto, a reserva legal não deverá limitar-se às prestações pecuniárias, mas deve estender-se a outras prestações em benefício de determinados

---

[167] Cf. Verônica Schweikert (op. cit.). "Der Gesetzgeber muss in grundlegenden normativen Bereichen, zumal im Bereich derGrundrechtsausübung, alle wesentlichen Entscheidungen selber treffen" (BVerfGE 40, 237, <249f>).

[168] Cf. Notas de Aula do Professor Andreas Funke, segundo o qual, *"Der Grundsatz des Vorbehalts des Gesetzes gilt nicht nur für Eingriffe, sondern auch für Entscheidungen, die wesentlich für die Grundrechtsausübung oder sonst von grundlegender Bedeutung für das Gemeinwesen sind (Wesentlichkeitstheorie)"*. Disponível em http://www.jura.uni-freiburg.de.

[169] "§ 31 Vorbehalt des Gesetzes. Rechte und Pflichten in den Sozialleistungsbereichen dieses Gesetzbuchs dürfen nur begründet, festgestellt, geändert oder aufgehoben werden, soweit ein Gesetz es vorschreibt oder zuläßt".

O DIREITO DOS GASTOS PÚBLICOS NO BRASIL

indivíduos, autoridades ou grupos sociais às custas do Erário (por exemplo, as viagens de autoridades em aviões da Força Aérea Brasileira).

Tendo em vista que os recursos públicos são escassos, conceder direitos de natureza pecuniária a determinadas categorias, grupos de pressão, etc. implica dispor de menos recursos para o atendimento das necessidades gerais da coletividade. A lei formal é um fator de legitimidade do direito subjetivo às prestações pecuniárias ou não-pecuniárias que onerem os cofres públicos.

8.5. Síntese

No direito brasileiro, o princípio da legalidade do gasto público assume contornos próprios, não se resumindo à mera fixação da despesa na lei orçamentária.

A legalidade incide sobre diversos aspectos do gasto público, podendo ser desdobrada em:

a) a legalidade orçamentária refere-se à autorização orçamentária para a realização da despesa e, no Brasil, ao respeito às demais normas de natureza orçamentária, incluindo as contidas na Lei de Diretrizes Orçamentárias e no Plano Plurianual;

b) a legalidade procedimental refere-se à disciplina do procedimento de realização da despesa pública;

c) a legalidade global ou agregada refere-se à disciplina da despesa pública considerada no seu aspecto agregado (não individualmente considerada);

d) a legalidade específica (reserva legal em matéria de prestações pecuniárias) refere-se às normas que instituem direitos subjetivos de natureza pecuniária perante o Estado.

Este desdobramento é mais um argumento que reforça a tese de que o direito dos gastos públicos não pode ser considerado um mero capítulo do direito orçamentário.

9. Legitimidade do Gasto Público

> "What is the difference between a government and a criminal gang or protection racket such as the mafia? In a word, it is legitimacy. In practice, this vague notion suggests that people view the government – its institutional composition, its personnel, and its conduct – as morally acceptable or proper, whereas they view the mafia – at least in its conduct – as morally unacceptable or improper." (Robert Higgs).

Diante de seu caráter abstrato, de seu conteúdo axiológico e de seu importante papel na interpretação e na integração das normas do direito dos gastos públicos, é forçoso reconhecer na Constituição Federal de 1988 um novo princípio: o da legitimidade do gasto público.

No âmbito jurídico, o termo legitimidade tem sua utilização consagrada no Direito Processual. Fala-se, também, em legitimidade da Constituição ou do próprio Direito. No campo da gestão pública, entretanto, é mais adequado adotar o conceito oriundo da Ciência Política.

Ensina Rodrigo Borjaque (BORJA, 1998) que: *"no campo da política, a legitimidade é a justificação ética da origem do poder, do exercício do mando político, da procedência e da aplicação da lei ou de qualquer ato da autoridade pública"* (tradução livre)[170]. Segundo o autor, legítimo é o que guarda conformidade com a jus-

---

[170] "en el campo de la política, la legitimidad es la justificación ética del origen del poder, del ejercicio del mando político, de la procedencia y aplicação de la ley o de cualquer otro acto de la autoridad pública".

tiça, a equidade, a paz, a dignidade do homem, a liberdade, os direitos humanos e outros valores transcendentais e permanentes da vida social (BORJA, 1998)[171].

A partir da conceituação exposta pelo autor mexicano, percebe-se a grande amplitude do princípio da legitimidade, cujo conteúdo será melhor explorado a seguir.

Nesta linha, a legitimidade pode se referir à origem do poder, ao exercício do poder, ao Direito ou a qualquer ato da autoridade pública. Neste pano de fundo, insere-se a discussão da legitimidade dos atos de gestão, das políticas públicas, e, em especial, dos atos que importam em dispêndio de dinheiros públicos.

Trata-se de um princípio distinto do princípio da legalidade (e mais amplo que o mesmo), e cujo fundamento está na Constituição Federal de 1988 e na legislação infraconstitucional, tal como, por exemplo, na Lei Orgânica do Tribunal de Contas da União (Lei Federal nº 8.443/92).

Com efeito, o art. 70, *caput*, da CF/88, dispõe que a fiscalização orçamentária, financeira, patrimonial, contábil e operacional do Estado dar-se-á sob o aspecto da legitimidade. É o que a doutrina denomina *"controle de legitimidade"*, função constitucionalmente atribuída aos Tribunais de Contas.

Por sua vez, a Lei Orgânica do TCU faz referência à legitimidade dos atos de gestão como parâmetro para o julgamento das contas, conforme § 1º do artigo 1º e inciso I do artigo 16. Além disso, no mencionado diploma, são feitas referências ao "ato ilegítimo" como pressuposto de aplicação de multa ou de imputação de débito (art. 58).

Neste quadro normativo, não teria cabimento falar em controle de legitimidade da atividade financeira estatal, se a própria atividade não estivesse submetida a este princípio jurídico.

Nesta linha, Bruno Mitsuo Nagata sustenta que (NAGATA, 2011, p. 373):

> "(...) legitimidade, legalidade e economicidade expressam forte conteúdo axiológico, consubstanciando-se em standards radicados na exigência de justiça, razão pela qual podem elevar-se à condição de princípios. Gozando dessa condição, é imperioso verificar que legitimidade, economicidade e legalidade não são simples critérios que permitem aos órgãos de fiscalização apurar a correção de condutas.

---

[171] "es lo que guarda conformidad con la justicia, la equidad, la paz, la dignidad del hombre, la liberdad, los derechos humanos y otros valores transcedentales y permanentes de la vida social".

LEGITIMIDADE DO GASTO PÚBLICO

Os princípios encerram em seu conteúdo uma prescrição negativa que impede, de forma genérica, uma conduta contrária ao valor por eles expresso. Portanto, os princípios da legalidade, legitimidade e economicidade consignados no art. 70 têm dois destinatários. **Além de servir como critério de correção quando do processamento da atividade de controle, os citados princípios dirigem-se aos gestores da res pública, vedando condutas contrárias aos valores por eles expressos, objetivando, em última análise, uma atuação conforme o direito"** (grifo nosso).

A legitimidade, portanto, aparece como critério do controle da atividade financeira estatal e como princípio da gestão pública, ou mais especificamente, dos gastos públicos. Pode-se até discutir se a extensão ou amplitude da legitimidade como critério de controle pelos Tribunais de Contas é a mesma da legitimidade como princípio da gestão pública, mas não é possível deixar de reconhecer que o controle de legitimidade só tem razão de existir, se existir também a legitimidade como diretriz de conduta do agente público.

O reconhecimento do princípio da legitimidade, a propósito, tem importante função pedagógica, por fornecer ao gestor público, que se vê diante de incertezas no seu dia-a-dia, um dos parâmetros mais importantes para orientar sua conduta.

9.1. Direito Estrangeiro

O controle de legitimidade, exercido nos nossos moldes e amplitude, não está presente nos ordenamentos estrangeiros, o que dificulta o recurso ao direito alienígena como instrumento de auxílio à interpretação.

De fato, conforme consulta realizada ao *"Constitute Project"*[172], verifica-se a existência de 30 Constituições estrangeiras que fazem menção ao termo "legitimidade", consoante tabela a seguir. Na maioria dos casos, entretanto, o termo legitimidade se refere à legitimidade do poder político ou da autoridade, mas também são comuns as referências à legitimidade de eleições e

---

[172] O Constitute Project (http://www.constituteproject.org) é um projeto desenvolvido pela Universidade do Texas em Austin, com financiamento do Google Ideas e do The Indigo Trust, que busca propiciar uma ferramenta para a elaboração de novas Constituições, facilitando a análise e comparação de Constituições de quase todos os Estados. São omitidos apenas os países cuja constituição consiste de múltiplos documentos ou cujas constituições estão em fase de transição.

O DIREITO DOS GASTOS PÚBLICOS NO BRASIL

a legitimidade processual para ação visando declaração de inconstitucionalidade de lei ou ato normativo.

No tocante à legitimidade da gestão pública, foram encontradas referências em apenas 5 Constituições:

a) Bolívia (2009) – Legitimidade como Princípio da Administração Pública;
b) Burkina Faso (1991) – Legitimidade de Políticas Públicas;
c) Hungria (2011) – Legitimidade de Decisões Administrativas;
d) Itália (1947) – Controle prévio da legitimidade das medidas governamentais;
e) Namíbia (1990) – Legitimidade de Políticas Públicas.

No direito estrangeiro, o princípio mais próximo da legitimidade é o da justiça financeira, presente no ordenamento espanhol.

A Constituição Espanhola, no capítulo de direitos e deveres dos cidadãos, dispõe que *"El gasto público realizará una asignación equitativa de los recursos públicos y su programación y ejecución responderán a los criterios de eficiencia y economía"* (art. 31.2). O princípio da atribuição equitativa dos recursos públicos ou da justiça material do gasto é o que mais se aproxima do princípio da legitimidade previsto na Constituição Federal Brasileira.

Constituição	Utilização do Termo Legitimidade
Algéria (1963)	Legitimidade do Estado e dos Exercícios dos Poderes
Angola (2010)	Legitimidade Processual para requerer a declaração de inconstitucionalidade (*ex post abstract control*)
Bahrein (2002)	Legitimidade do Governo assegurada pelo Rei
Benin (1990)	Direito e o Dever de qualquer membro de órgão constitucional de reestabelecer a legitimidade constitucional, em caso de golpe de Estado, fazendo uso, inclusive, dos acordos existentes de cooperação militar ou de defesa.
Bolívia (2009)	A administração pública é governada pelos princípios da legitimidade, legalidade, publicidade, compromisso e interesse social, ética, transparência, equidade, competência, eficiência, qualidade, cordialidade, honestidade, responsabilidade e resultados.
Bulgária (1991)	A legitimidade de uma eleição pode ser contestada perante a Suprema Corte, mediante o procedimento estabelecido em lei.
Burkina Faso (1991)	O Governo participa dos debates relativos à orientação, mérito, legitimidade e efetividade das políticas governamentais, nos termos da lei (No tocante às relações entre o Governo e o Parlamento). A fonte de toda legitimidade [do poder] deriva da Constituição. Todo poder que não derive da Constituição, tais como, no caso de um golpe de Estado é ilegal, sendo, neste caso, reconhecido o direito à desobediência civil a todos os cidadãos.
Cabo Verde (1980). Rev. 1992	Tradução de "legalidade democrática" por "democratic legitimacy". Legitimidade processual para recorrer ao Tribunal Constitucional.
República Central Africana (2004). Rev. 2010	O sufrágio universal é a fonte da legitimidade do poder público.

LEGITIMIDADE DO GASTO PÚBLICO

Cuba (1976). Rev. 2002	Legitimidade das Lutas pela Libertação Nacional (No contexto dos princípios anti-imperialistas e internacionalistas assumidos pelo Estado Cubano).
Djibouti (1992) Rev. 2010	A legitimidade popular é a fundação e fonte de todo poder, sendo expressa pelo sufrágio universal, igual e secreto.
El Salvador (1983) Rev. 2003	Legitimidade de Leis e Decretos relativos à Reforma Agrária, reconhecida na medida em que eles não contrariem o disposto na Constituição.
Eritréia (1997)	Constituição como fonte de legitimidade do governo e base para proteção dos direitos, liberdades, da dignidade dos cidadãos e da justa administração.
Guatemala (1985). Rev. 1993	Legitimidade da Resistência das pessoas para a proteção e defesa dos direitos e garantias previstos na Constituição.
Hungria (2011)	Cortes (Tribunais) decidem acerca da legitimidade das decisões administrativas, além de matérias criminais, disputas cíveis e outras matérias previstas em lei. Competência do Procurador-Geral e dos serviços de persecução penal para supervisionar a legitimidade da aplicação da lei penal. Legitimidade das medidas adotadas em estado de crise nacional ou estado de emergência.
Iraque (2005)	As pessoas como fonte de autoridade e legitimidade, devendo exercê-la mediante votação direta, secreta e geral, ou mediante as instituições constitucionais.
Itália (1947). Rev. 2007	A Corte de Contas exerce o controle prévio da legitimidade das medidas governamentais, bem como, a fiscalização "ex-post" da administração do orçamento do Estado. Legitimidade Constitucional dos Estatutos Regionais, das Leis e Medidas adotadas pelas Províncias e Municipalidades. Questionamento da Legitimidade Constitucional das Leis perante à Corte Constitucional.
Líbano (1926) Rev. 2004	Não existe legitimidade à autoridade que contradiga à Carta de Co-existência.
Líbia (2011)	Legitimidade da Revolução de 17 de fevereiro. O Conselho de Transição Nacional constitui o único representante da nação e retira sua legitimidade da Revolução de 17 de fevereiro.
Malásia (1957) Rev. 1996	Legitimidade no contexto do Direito de Família.
Marrocos (2011)	Eleições livres, transparentes e honestas constituem a fundação da legitimidade da representação democrática.
Namíbia (1990) Rev. 2010	Deveres e Funções do Gabinete: Dever de atender aos encontros da Assembleia Nacional e estar disponível para responder aos questionamentos e debates atinentes à legitimidade, efetividade e direção das políticas públicas.
Nicarágua (1985) Rev. 2005	Competência do Conselho Supremo Eleitoral de monitorar e resolver as disputas concernentes aos representantes e dirigentes de partidos políticos.
Paraguai (1992) Rev. 2011	Habeas Corpus preventivo. Exame da Legitimidade das Circunstâncias que ameaçam à liberdade física individual.
Portugal (1976) Rev. 2005	A lei estabelece as regras respeitantes à legitimidade para a celebração das convenções colectivas de trabalho, bem como à eficácia das respectivas normas.
Serra Leoa (1996) Rev. 2008	Princípios da Política Estatal. A soberania pertence ao povo de Serra Leoa do qual o Governo, mediante a Constituição, deriva todos os seus poderes, autoridade e legitimidade.
Tailândia (2007)	O ombudsman pode submeter à Corte de Constitucional ou às Cortes Administrativas questões concernentes à legitimidade das regulações, ordens e ações adotadas por agentes públicos e empregados de empresas estatais.
Togo (1992) Rev. 2007	A fonte de toda legitimidade [do poder/autoridade] deriva da Constituição. Direito e o Dever de qualquer membro de órgão constitucional de reestabelecer a legitimidade constitucional, em caso de golpe de Estado, fazendo uso, inclusive, dos acordos existentes de cooperação militar ou de defesa.
Iêmen (1991) Rev. 2001	O Parlamento (House of Representatives) tem competência para determinar a legitimidade dos seus membros.

O DIREITO DOS GASTOS PÚBLICOS NO BRASIL

José Pascual García traça as seguintes diretrizes para a concretização do princípio da justiça material do gasto no Direito Espanhol (GARCIA, 2005).

Em primeiro lugar, segundo o autor, o princípio implica na **proscrição do gasto injusto**, expressão dentro da qual se compreende o gasto arbitrário, aquele que contradiz as aspirações sociais e econômicas plasmadas na Constituição, o que favorece às desigualdades entre cidadãos e territórios. Assim, uma atribuição de recursos públicos que não corresponda aos valores superiores de justiça e igualdade poderia ser tachada de inconstitucional (GARCIA, 2005).

Em segundo lugar, para que se promovam as condições para a liberdade e igualdade do indivíduo e dos grupos em que se integram e para a aplicação dos princípios reitores da política econômica e social, se requerem, em grande parte, o gasto público. Assim, a proteção da família, a proteção integral dos filhos, a manutenção de um regime público de seguridade social e o direito a uma vida digna se mostram como outras tantas metas de raiz constitucional que dificilmente poderiam ser alcançadas sem um emprego intenso de recursos públicos (GARCIA, 2005).

Em terceiro lugar, o autor informa que **a atribuição equitativa de recursos seria o reverso da moeda do princípio da capacidade contributiva do direito tributário**. Esta correlação seria especialmente apreciável nos gastos sociais que, como transferências em favor de determinados cidadãos, podem constituir-se em verdadeiros impostos negativos. A seleção dos destinatários de tais transferências deve inspirar-se em critérios como a igualdade, os níveis de necessidade econômica, isto é, os critério que determinam a obrigação de contribuir, mas em sentido inverso (GARCIA, 2005).

Por fim, destaca que, dentro da tipologia de normas constitucionais, o art. 31.2 pertence às que encerram um princípio. Não configuraria, por tanto, um direito dos cidadãos em sentido estrito, com as garantias a eles dispensadas pela Constituição. Não obstante, tem a cobertura e proteção do art. 53.1 da Constituição Espanhola, ou seja, o evento vinculante para todos os poderes públicos, a reserva de lei para regular a matéria que, em todo caso, deve respeitar seu conteúdo essencial e a proteção jurisdicional através do recurso de inconstitucionalidade (GARCIA, 2005).

Na Itália, apesar da Constituição atribuir expressamente ao Tribunal de Contas o *"controle di legittimità"* (art. 100)[173], termo *"legittimità"* assume

---

[173] Articolo 100. (...) *La Corte dei conti esercita il controllo preventivo di legittimità sugli atti del Governo, e anche quello successivo sulla gestione del bilancio dello Stato. Partecipa, nei casi e nelle forme stabilite*

LEGITIMIDADE DO GASTO PÚBLICO

o sentido de legalidade, conforme revela o Dizionario Giuridico Simone Online[174]:

> "Legitimidade do ato administrativo: é o estado de conformidade do ato administrativo aos requisitos (inerentes ao agente, ao objeto, à forma, à função e ao conteúdo) exigidos pela lei a fim de que o ato, além de existente, seja também válido (isto é, legítimo)"[175].

Gianni de Luca, nesta mesma linha, distingue o controle de *legittimità* e o controle de mérito. O controle de *legittimità* se limita a averiguar a conformidade à lei do ato do órgão controlado. O controle de mérito extende o exame à oportunidade e à conveniência que inspirou tal ato (LUCA, 2008)[176].

Luigi Delpino e Federico del Giudice sustentam que *"os requisitos da legittimità do ato administrativo são aqueles requisitos exigidos pela lei a fim de que o ato, além de existente, seja também válido, ou seja, legítimo"* (DELPINO; GIUDICE, 2008, p. 342). Desta forma, os autores identificam a legitimidade do ato com a validade do ato.

Na Belgica, o instituto mais próximo do controle de legitimidade é o *"contrôle du bon emploi des deniers publics"*, definido a partir dos conceitos de economicidade, eficácia e eficiência. Consoante informa o sítio da *"Cour des Comptes – Rekenhof"* da Bélgica[177]:

> "A corte de contas é igualmente encarregada de proceder o controle do bom emprego dos dinheiros públicos a fim de informar ao parlamento o modo como são geridos os serviços públicos. A natureza deste controle é definido por referência a três conceitos: economicidade/economia, eficácia e eficiência. O controle de economicidade/economia consiste em verificar se os recursos

---

dalla legge, al controllo sulla gestione finanziaria degli enti a cui lo Stato contribuisce in via ordinaria. (http://www.senato.it).

[174] Cf. http://www.simone.it.

[175] "Legittimità dell'atto amministrativo: é lo stato di conformità dell'atto amministrativo ai requisiti (inerenti all'agente, all'oggetto, alla forma, alla funzione ed al contenuto) richiesti dalla legge affinché l'atto, oltre che esistente, sia anche valido (cioè legittimo)".

[176] "La dottrina distingue i controlli in: a) controlli di legittimità e controlli di merito, se si limitano ad accertare la conformità alla legge dell'operato dell'organo controllato oppure estendendo-no il sindacato all'opportunità ed alla convenienza che hanno ispirato tale operato".

[177] Cf. http://www.ccrek.be/FR/MissionsEtCompetences.htm.

financeiros, humanos e materiais são, tanto de um ponto de vista qualitativo quanto do ponto de vista quantitativo, adquiridos em momento oportuno e no melhor custo. O exame de eficácia apura em que medida os objetivos e finalidades atribuídas são atendidas. O exame de eficiência mede a relação entre os meios utilizados e os resultados obtidos.Em outros termos, o exame de eficiência visa assegurar que os recursos financeiros, humanos e materiais são utilizados de maneira ótima"[178].

Na Alemanha, os critérios de auditoria (ou de controle) utilizados pelo *"Bundesrechnungshof"* (Corte de Contas Federal) são a regularidade e a economicidade, não havendo instituto próximo ao controle de legitimidade[179]:

> "Os critérios de fiscalização/auditoria são a regularidade e a economicidade. Nas Auditorias valem dois critérios: a regularidade e a economicidade. No exame da regularidade, a Corte de Contas Federal verifica o respeito às Leis, aos Orçamentos e aos Regulamentos Administrativos. No exame de economicidade, a Corte de Contas verifica a relação entre os Custos e os Benefícios. A Corte de Contas Federal dirige sua especial atenção às despesas de pessoal e à eficácia da ação administrativa. Crescente importância tem um adequado Controle dos Resultados, em especial, por meio da Auditoria de Programas e de outros grandes Projetos ou Planos. Ela deve responder se as medidas da administração, de fato, levam aos objetivos visados e se são submetidas a uma adequada avaliação final"[180].

---

[178] "La Cour des comptes est également chargée de procéder au contrôle du bon emploi des deniers publics afin d'informer le Parlement quant à la manière dont sont gérés les services publics. La nature de ce contrôle est définie par référence à trois concepts: l'économie, l'efficacité et l'efficience. Le contrôle de l'économie consiste à vérifier si les ressources financières, humaines et matérielles mises en œuvre sont, tant d'un point de vue qualitatif que quantitatif, acquises aux moments opportuns et au meilleur coût. L'examen de l'efficacité donne la mesure dans laquelle les objectifs et les finalités assignés sont atteints. L'examen de l'efficience mesure le rapport entre les moyens mis en œvre et les résultats obtenus ou. En d'autres termes, il vise à s'assurer que les ressources financières, humaines et matérielles sont utilisées de manière optimale".

[179] Cf. http://www.bundesrechnungshof.de.

[180] "Prüfungsmaßstäbe sind Ordnungsmäßigkeit und Wirtschaftlichkeit. Bei der Prüfung gelten zwei Maßstäbe: Ordnungsmäßigkeit und Wirtschaftlichkeit. Bei der Prüfung der Ordnungsmäßigkeit achtet der Bundesrechnungshof auf die Einhaltung der Gesetze, des Haushaltsplanes und der Verwaltungsvorschriften. Bei der Wirtschaftlichkeit untersucht er das Verhältnis von Kosten und Nutzen. Der Bundesrechnungshof richtet sein besonde-

LEGITIMIDADE DO GASTO PÚBLICO

9.2. Doutrina Nacional

O que há de comum entre os autores brasileiros é o entendimento de que a legitimidade é um "plus" em relação à legalidade formal. Acentuam que o controle da legitimidade envolve aspectos que extrapolam o mero caráter formal de legalidade. É um controle de natureza substancial.

Na doutrina pátria, os autores costumam destacar apenas alguns dos aspectos do princípio da legitimidade sem, com a devida vênia, revelar todas as suas dimensões. A legitimidade está, assim, vinculada a um ou mais princípios da gestão pública, conforme é possível observar nos excertos a seguir.

Francisco Eduardo Carrilho Chaves associa a legitimidade aos princípios da impessoalidade, da moralidade e do interesse público (CHAVES, 2007):

> "A verificação da atuação dos administradores consoante os ditames legais aplicáveis é o controle pelo aspecto da legalidade. Busca-se a constatação de **que o ato, além de legal, está permeado pelos melhores princípios de boa administração, conjugando o interesse público, a impessoalidade e a moralidade.** Exemplos basilares de atos ilegítimos são aqueles em que há desvio de finalidade e a prática do nepotismo. Ainda não há lei que proíba expressamente o nepotismo no âmbito dos Poderes Legislativo e Executivo. A despeito de não ser ilegal, a contratação de parentes está longe de se enquadrar como boa prática administrativa, de estar condizente com o interesse público, bem como de ser impessoal e moral" (grifo nosso).

Pedro Roberto Decomain, por sua vez, identifica a legitimidade com a moralidade (DECOMAIN, 2006, p. 202):

> "Legitimidade poderia, pois, ser assimilada a moralidade, de sorte que perquirir da primeira, no exercício de atividade de controle externo da Administração Pública, seria perquirir concomitantemente da segunda. Em decorrência, o ato que atendesse ao princípio da moralidade administrativa seria ato legítimo, ao passo que aquele que da moralidade se distanciasse, por ilegítimo haveria que ser conisderado."

res Augenmerk auf den Personalaufwand und die Wirksamkeit der Aufgabenerfüllung. Zunehmende Bedeutung hat eine sachgerechte Erfolgskontrolle, insbesondere bei der Prüfung von Programmen und sonstigen großen Vorhaben. Sie muss die Frage beantworten, ob die Maßnahmen der Verwaltung auch tatsächlich zum beabsichtigten Ziel führen und einer sachgerechten Schlussbewertung unterzogen warden".

O DIREITO DOS GASTOS PÚBLICOS NO BRASIL

O ilustre administrativista Hely Lopes Meirelles associa a legitimidade ao atendimento do interesse público (MEIRELLES, 1994, p. 569-570):

> "A administração pública, em todas as suas manifestações, deve atuar com legitimidade, ou seja, segundo as normas pertinentes a cada ato e de acordo com a finalidade e o interesse coletivo na sua realização. Até mesmo nos atos discricionários a conduta de quem os pratica há de ser legítima, isto é, conforme as opções permitidas em lei e as exigências do bem comum. Infringindo as normas legais, ou relegando os princípios básicos da Administração, ou ultrapassando a competência, ou se desviando da finalidade institucional, o agente público vicia o ato de ilegitimidade e o expõe a anulação pela própria administração ou pelo judiciário, em ação adequada".

Lino Martis da Silva teve o mérito de reconhecer a legitimidade como princípio jurídico da despesa pública, ao lado de outros, tais como, a oportunidade, a legalidade e a economicidade. O autor vincula o princípio da legitimidade ao da utilidade, ao do consentimento coletivo e ao da possibilidade contributiva (SILVA, 2004, p. 127-128):

> "A utilidade é o princípio em função do qual a despesa deve atender ao custeio dos gastos necessários ao funcionamento dos organismos do Estado, bem como dos serviços públicos, objetivando ao atendimento da coletividade. (...)
> A utilidade da despesa deve ser encarada de modo que ela se enquadre nos limites da legitimidade. (...) Assim, além de atender ao princípio da utilidade, a despesa para ser legítima precisa fundamentar-se nas seguintes condições:
> • consentimento coletivo – manifestado periodicamente pela representação popular. Nesta condição, as despesas públicas estão legitimadas pela discussão na lei orçamentária;
> • possibilidade contributiva – a regra é de que não se pode exigir um esforço excessivo dos contribuintes, pois tal prática traria uma quebra na harmonia que deve haver entre a entidade arrecadadora e os contribuintes".

O princípio da legitimidade, ainda segundo o autor, decorre diretamente o princípio da oportunidade, segundo o qual, *"a despesa, para ajustar-se precipuamente à necessidade coletiva, deve ser oportuna"* (SILVA, 2004). Ademais,

> "a oportunidade da despesa também é analisada em função da situação econômica do momento. Há despesas que são oportunas em ocasiões de precariedade econômica e sua execução, sem interesse imediato, agrava ainda mais

as dificuldades dos contribuintes. Assim, o princípio da oportunidade estabelece que a despesa deve adaptar-se às reais possibilidades financeiras dos contribuintes, ou seja, sua capacidade contributiva".

Segundo Regis Fernandes de Oliveira, a legitimidade é associada ao atendimento das necessidades públicas (OLIVEIRA, 2006, p. 382):

> "A legitimidade diz respeito não à obediência formal do preceito superior, mas ao real atendimento das necessidades públicas, efetuando-se o contraste da norma com as finalidades encampadas no sistema financeiro, para saber-se do atingimento do bem jurídico que se pretendeu alcançar. Passa a ser admitido o exame do mérito. Examina-se o eventual desvio de poder. Filosoficamente, a legitimidade tem sentido axiológico, ou seja, apenas será legítimo aquilo que atende a natureza do homem. Teria aspecto crítico. Não é nesse sentido que a palavra foi empregada pelo legislador constituinte".

Hélio Saul Mileski também reconhece a existência de um princípio da legitimidade. Associa-o à substância do ato controlado, à moralidade administrativa e ao interesse público (MILESKI, 2003, p. 249-250):

> "De uma maneira geral, legitimidade deriva de legalidade. Legitimidade seria então estar conforme à Lei e ao Direito. Contudo, deixa de encerrar apenas uma conformação de natureza legislativa, indo mais além, na medida em que se estrutura em fundamentos de moralidade, identificando-se com os valores, princípios e fins que regem a ação administrativa, na consecução dos objetivos estatais – o interesse público. Desse modo, legitimidade tem, aproximadamente, o sentido de justiça, de racionalidade no exercício da atividade financeira. O aspecto da legitimidade, por seguinte, engloba os princípios orçamentários e financeiros, derivados da idéia de segurança jurídica ou de justiça, que são princípios informativos do controle determinado constitucionalmente. assim, o controle efetuado sob a conformação da legitimidade do ato fiscalizado significa proceder à investigação dos elementos ideológicos e teleológicos do ato praticado pelo administrador, possibilitando a identificação de eventuais desvio de finalidade ou de poder, de fraude à lei ou de ações contrárias aos princípios de direito".

José Nagel, na mesma linha, vincula a legitimidade à moralidade e à persecução do interesse público (NAGEL, 1997, p. 32):

> "Controle de legitimidade – significa, por sua vez, não apenas a conformidade do ato às prescrições legais, mas também o atendimento aos princípios

e fins da norma jurídica e, em tese, da moralidade e da finalidade pública, ou seja, a despesa pública para ser legítima precisa estar direcionada no sentido da concretização do bem comum".

Jorge Ulisses Jacoby Fernandes, por sua vez, salienta que (FERNANDES, 2003, p. 653-654):

> "A legitimidade no plano jurídico é o atributo do ato que se conforma com a pretensão da lei, guarda conformidade com a forma, com o seu objetivo. Quando, porém, na esfera particular do controle, sem incorrer numa transladação de sentido, o termo vivifica o componente subjacente, a origem dos recursos públicos pode com essa se compatibilizar. Desse modo, não é legítimo o uso de recurso público que não vise a preservação do elemento intrínseco à origem, ou seja, que não emprega a finalidade pública. É o caso do gasto feito por um órgão em coquetel, para o qual está prevista dotação orçamentária: legal, mas não legítimo. Diversamente, se o mesmo ocorre em uma embaixada, que tem em sua natureza a atividade de representação, o fato pode ser legítimo. Compreende-se porque a legitimidade assume feição ética, o agir virtuoso, a efetivação do bem e da justiça. Sob o aspecto do controle a apreciação deontológica da legitimidade encontra-se em íntima afinação com os princípio da razoabilidade – para alguns autores –, da proporcionalidade, da supremacia do interesse público sobre o privado".

Para José Afonso da Silva, o controle de legitimidade é o controle de mérito da despesa pública (SILVA, 2005, p. 463):

> "controle de legitimidade, que a Constituição tem como diverso da legalidade, de sorte que parece, assim, admitir exame de mérito a fim de verificar se determinada despesa, embora não ilegal, fora ilegítima, tal como atender à ordem de prioridade estabelecida no plano plurianual".

Ricardo Lobo Torres vincula o controle de legitimidade ao controle de economicidade e de eficiência (TORRES, 2000):

> "O controle de legitimidade é o que se exerce sobre a legalidade e a economicidade da execução financeira e orçamentária. As finanças públicas no Estado Social de Direito, que, ao contrário do Estado Guarda-Noturno ou do Estado Liberal do Século Passado, tem a sua dimensão intervencionista e assistencialista, não se abre apenas para a tomada de contas ou para o exame formal da legalidade, senão que exige também o controle de gestão, a análise dos resultados e a apreciação da justiça e do custo/benefício a ver se o cidadão realmente obtém a contrapartida do seu sacrifício econômico".

Francisco Carlos Ribeiro de Almeida acentua o caráter ético da legitimidade (ALMEIDA, 2000):

> "Legalidade x Legitimidade – o que é legal pode ser ilegítimo.
> (...)
> Já a legitimidade tem exigências mais amplas visto que inclui o questionamento acerca da justificação e dos valores do poder legal. A legitimidade é a legalidade acrescida de sua valoração. No conceito de legitimidade entram as crenças de determinada época, que presidem a manifestação de consentimento e obediência.Por exemplo, a legalidade de um regime democrático é o seu enquadramento nos moldes de uma constituição observada e praticada, sua legitimidade será sempre o poder contido naquela constituição, exercido de conformidade com as crenças, os valores e os princípios da ideologia democrática".

Almeida entende que a legitimidade deve preponderar sobre a legalidade, haja vista que a legitimidade estaria vinculada aos interesses, necessidades e aceitação social e expressaria melhor o dinamismo presente na relação entre o ordenamento jurídico positivo e a realidade político-econômico-social de uma sociedade (ALMEIDA, 2000).

Bruno Mitsuo Nagata enxerga o princípio da legitimidade como um limite à atuação discricionária do poder público em matéria financeira. Sustenta que se trata de um conceito abstrato associado aos valores de justiça, ao interesse público, mas que pode ser concretizado com apoio aos princípios da proporcionalidade e razoabilidade, nos casos mais tormentosos (NAGATA, 2011).

Nas palavras do autor (NAGATA, 2011, p. 381):

> "A legalidade, de seu turno, é um conceito por demais abstrato, mas expressa valores que se confundem com a ideia de justiça. A legitimidade deve ser encarada sob perspectiva finalística, ou seja, uma conduta legítima é aquela que atende ao interesse público. Portanto, a discricionariedade do administrador há de encontrar limites na legitimidade, de modo que as escolhas que comportam a faculdade discricionária só serão legítimas se atenderem ao interesse público. Mas indaga-se sobre o que seria uma conduta legítima que realiza o interesse público. Tal questionamento encontra resposta em padrões éticos universais que permitem distinguir o certo do errado. Em casos mais tormentosos, propõe-se um esforço dialético que, baseado no caso concreto, há de chegar a uma síntese justa. Nesse particular, a legitimidade, além de buscar fundamento nos padrões morais, encontra apoio no estudo dos princípios da proporcionalidade e da razoabilidade".

José Ribamar Caldas Furtado, discorrendo sobre o controle da legitimidade da administração pública, aproximou-se do conceito aqui sustentado.

Caldas Furtado afirma que o constituinte de 1988 idealizou a fiscalização indo além do controle formal de legalidade, alcançando a análise da gestão, o controle de resultados e o exame da efetivação de justiça na aplicação de recursos públicos (FURTADO, 2006).

Assevera que o sistema será tanto mais legítimo quanto mais e melhor prestar serviços aos hipossuficientes à conta dos mais abastados. A ideia de legitimidade estaria associada à de justiça, moralidade, racionalidade, proporcionalidade, eficiência, etc., que são conceitos abertos (FURTADO, 2006).

Nada obstante, os atos ilegítimos ficam ainda mais robustos ou evidentes no cenário em que as necessidades básicas são insatisfeitas (sistema de saúde ineficiente, educação fundamental precária, falta de saneamento básico, ausência de segurança pública, carência de moradia e marginalidade social) (FURTADO, 2006).

Levando em conta que administrar recursos públicos é fazer escolhas em fase da escassez dos recursos frente às ilimitadas necessidades públicas, afirma que *"os dispêndios serão tanto mais legítimos quanto mais direcionados aos anseios da sociedade"* (FURTADO, 2006).

Conclui que a legitimidade abarca um feixe de princípios e valores aplicáveis à Administração Pública (FURTADO, 2006):

> **"A fiscalização da legitimidade da despesa pública é o controle ex post da concretização de uma plêiade de valores consagrados pela sociedade e albergados em princípios jurídicos aplicáveis à Administração Pública.** É a moralidade que conduz o agente governamental a atuar distinguindo o que é honesto do desonesto, em consonância com as diretrizes do órgão ou entidade a que serve e ao fim a que se destina a sua gestão, que é o interesse coletivo; é a impessoalidade que impede que a ação governamental seja utilizada em favor da promoção pessoal de autoridades ou servidores públicos (CF, art. 37, § 1º); é a finalidade que impõe ao gestor político o dever de compatibilizar o espírito da lei autorizadora do investimento com o objetivo que deve ter todo e qualquer dispêndio público – o bem comum; é o dever de motivar que possibilita aos cidadãos o conhecimento das razões fundamentadoras das decisões, que serão sempre movidas na direção do interesse público; é a lógica do razoável que impõe limites ao processo de escolha dos investimentos do Estado; é a proporcionalidade que proíbe o excesso dos meios em relação aos fins desejados pela coletividade; é a publi-

LEGITIMIDADE DO GASTO PÚBLICO

cidade que instrumentaliza a transparência fiscal, base da gestão fiscal responsável; é a eficiência que faz o Estado melhor atender os cidadãos a um custo menor; é a supremacia do interesse público que coloca a vontade coletiva acima da pretensão individual" (grifo nosso).

Durval Carneiro Neto, discorrendo sobre presunção de legitimidade dos atos administrativos, destaca que a legitimidade está relacionada à obediência ao ordenamento jurídico, em especial, às normas de natureza principiológica (CARNEIRO NETO, 2008, p. 173):

> "a legitimidade administrativa consiste na legalidade qualificada pelo interesse público. Por isso não se olvida que, no atual contexto do Estado de Direito, a expressão, empregada para qualificar a atuação da Administração Pública, envolve algo mais do que a simples obediência à legislação em seu sentido formal. **A atuação legítima implica obediência a todos os mandamento dos sistema jurídico, não apenas a regras extraídas dos dispositivos escritos de determinada lei, mas, sobretudo, as normas de natureza principiológica que dão flexibilidade ao processo de adequada aplicação do Direito aos casos concretos**" (grifo nosso).

Para Durval Carneiro Neto, a legitimidade jurídica é um conceito que vai muito além da mera aplicação das normas extraídas mecanicamente dos textos escritos da legislação (legitimação formal). **Decisão legítima é aquela que, toma como ponto de partida o texto abstrato da lei, mas que se inspira em todos os valores provenientes do sistema jurídico, em especial, dos princípios constitucionais, de forma a obter a aplicação do Direito mais adequada à hipótese do caso concreto** (CARNEIRO NETO, 2008).

Lembra o autor, entretanto, que é possível resgatar a tradicional sinonímia entre legalidade e legitimidade, não no sentido original que restringe à estrita obediência literal ao texto legislativo, mas em razão da própria ampliação do conceito de legalidade, com vistas a alcançar todos os mandamentos (regras e princípios) dispostos no sistema jurídico. Fazendo uma analogia com o cálculo vetorial da física-matemática, afirma que a legalidade administrativa é a *"norma resultante da soma de todos os vetores normativos incidentes nos casos concretos e da qual decorra a solução juridicamente mais adequada às peculiaridades de cada situação"* (DURVAL, 2008, p. 174). Neste sentido, a conformidade à lei passa a ser vista como a conformidade ao Direito.

9.3. Nossa posição

Traçado o panorama da doutrina nacional e estrangeira, apresenta-se aqui uma visão da legitimidade que se aproxima de Durval Carneiro Neto e Caldas Furtado, mas que faz um sincretismo das conceituações apresentadas pelos demais autores.

Preliminarmente, é importante mencionar que o princípio incide sobre a formulação de políticas públicas, os atos de gestão de bens e recursos públicos e, consequentemente, sobre a despesa pública em sentido estrito (desembolso de recursos públicos).

Desta forma, pode-se falar em política ilegítima, quando, por exemplo, busca atingir objetivos e metas contrários aos objetivos fundamentais da República, ou ainda, quando, na seleção de um público-alvo para uma determinada política, o Estado restringe o acesso dos mais necessitados aos benefícios da ação governamental.

O interesse pelo princípio decorre da enorme margem de discricionariedade conferida pela lei ao administrador público para a gestão de recursos públicos e para a formulação de políticas públicas. Inexistisse tal margem de liberdade, a questão poderia ser mais facilmente resolvida pelo controle de legalidade estrita.

No tocante à despesa pública, a lei orçamentária concede às unidades orçamentárias (UO) uma dotação visando o atendimento de uma finalidade pública. A ação orçamentária expressa estes objetivos. Entretanto, não especifica, não determina de forma detalhada como eles serão atingidos. Existem, ainda, as ações orçamentárias do tipo *"guarda-chuva"*, que permitem abarcar uma variedade de objetos (*vide* item 16.2.).

No tocante à gestão de bens públicos, a regulação legal é ainda mais rarefeita, fato que reforça a importância dos princípios que regulam a substância do ato público. Esta margem de liberdade é também ampla na formulação de políticas públicas, inclusive quanto à definição dos seus beneficiários, o que requer um parâmetro de justiça e razoabilidade no qual deva pautar esta atividade estatal. Neste contexto, é a legitimidade o critério que justificará, por exemplo, porque determinada ação estatal beneficia um grupo social e não outro ou uma determinada região e não outra.

Conforme apontado por diversos autores, o princípio da legitimidade **incide sobre a substância ou sobre a essência da atividade estatal**. Deixa-se à legalidade o papel de regular o aspecto formal dos atos da administração.

LEGITIMIDADE DO GASTO PÚBLICO

À semelhança do princípio do devido processo legal, o princípio da legitimidade é o polo para onde converge um feixe de princípios (muitos dos quais foram citados anteriormente), tais como, a democracia, o estado de direito, a legalidade, a moralidade, a impessoalidade, a finalidade, o interesse público, a utilidade, o consentimento coletivo, a justiça/equidade, a isonomia, a ecologia, a oportunidade e a razoabilidade e a economicidade.

Alguém pode argumentar que, com tantos parâmetros, o princípio da legitimidade é excessivamente vago, impreciso, aberto, sujeito à apreciação subjetiva e, portanto, inadequado para fins de controle (até mesmo, por sujeitar o gestor público à enorme insegurança jurídica)[181].

Procede parcialmente esta argumentação. É possível observar esta indeterminação em vários princípios encampados pela noção de legitimidade (como por exemplo, moralidade) e nem por isso negamos-lhes a eficácia de princípios da administração pública. O que pode justificar tais críticas é a exigência de ponderação, no caso concreto, dentre os princípios que compõem a legitimidade.

Há situações em que a ilegitimidade é patente, quando, por exemplo, são realizadas despesas no atendimento de necessidades supérfluas, se necessidades básicas não são atingidas ou ainda quando despesas são voltadas para beneficiar grupos sociais, econômicos ou autoridades que poderiam atender aquela necessidade por conta própria. Neste sentido, é prudente a observação feita por Marcos Mendes no sentido de que a legitimidade da ação governamental está justamente na correção das falhas de mercado (MENDES, 2014).

---

[181] A despeito de todas estas considerações, são fartamente noticiados na imprensa casos de má utilização de recursos públicos em que a ilegitimidade é patente. São situações incapazes de obter o consentimento de qualquer contribuinte:

a) gastos com festas, festas juninas, almoços e solenidades por repartições públicas;

b) nepotismo;

c) gastos com viagens ao exterior para levando toda a família, inclusive a sogra, em jatinho alugado pelo Governo do Estado;

d) atos que importem em benefícios individuais ou egoísticos;

e) pagamento de tratamento em hospitais privados exclusivamente para determinadas autoridades públicas;

f) aquisição de veículos para jogadores de futebol vencedores da Copa do Mundo.

O princípio da legitimidade, portanto, pode ser apreciado com o auxílio de parâmetros bem mais palpáveis, tais como:

a) o atendimento aos objetivos e metas previstas na dotação orçamentária;
b) as competências do órgão ou da entidade pública;
c) a conjuntura socioeconômica;
d) os destinatários ou beneficiários imediatos da despesa pública (ou da ação governamental).

Numa determinada conjuntura socioeconômica, determinadas despesas podem ser admitidas (por exemplo, aquisição de veículos mais modernos para o órgão público). Em outra, podem ser vistas como supérfluas ou voluptuárias. Sob este ponto de vista, o princípio da legitimidade assemelha-se ao da economicidade, ou seja, exige do gestor a busca por uma relação custo/benefício ótima.

Por outro lado, determinadas despesas, tais como as com coquetéis ou recepções de autoridades, poderiam ser realizadas com frequência, atendidos os demais requisitos legais, por órgãos de diplomacia, cuja função precípua é representar o Estado Brasileiro, mas não por universidade, que tem o ensino como sua função principal.

Deve-se ter em mente, também, o atingimento dos objetivos da República Federativa do Brasil (art. 3º, CF/88), tais como, a redução das desigualdades sociais e regionais, na parcela que for cabível ao órgão ou entidade pública submetida ao controle.

Neste contexto, são também ilegítimas as despesas que importem discriminação em razão de sexo, raça, origem, ideologia e religião (art. 3º, inciso IV e art. 5º, incisos I e VI, CF/88).

O princípio da legitimidade tem estatura constitucional, podendo ser utilizado, em tese, no controle abstrato da constitucionalidade, por exemplo, de leis que atribuam benefícios desrazoáveis e imorais a determinado grupo de pessoas, às custas do Tesouro Público.

Já outrora mencionamos que legalidade não se identifica com legitimidade e que a ilegalidade importa em ilegitimidade, mas não o contrário. Nada obstante, no controle de legitimidade exercido pelos Tribunais de Contas, a legalidade deve ser vista como presunção de legitimidade, uma vez que ao gestor público não cabe, em qualquer caso, discutir a constitucionalidade das leis.

Outro ponto interessante acerca desta relação é o fato de, nalgumas vezes, a própria lei estabelecer parâmetros de legitimidade das despesas públicas.

LEGITIMIDADE DO GASTO PÚBLICO

Vide, por exemplo, o caso da Lei de Diretrizes Orçamentárias da União (LDO), que proíbe a consignação de dotações orçamentárias para realização de despesas com clubes de servidores, veículos de representação (salvo para autoridades que integram a cúpula dos poderes) e mobiliário para imóveis funcionais (art. 31, LDO 2007). Nestas situações, a Lei versa sobre a substância dos atos de gestão e os proíbe, por se tratar de atos que visam atender interesses particulares de autoridades ou grupos específicos, mas não o interesse público.

No Estado de Direito, toda ação estatal deve atender aos valores, objetivos e aos princípios insculpidos na Constituição e é o princípio da legitimidade o veículo que abre as portas para estes preceitos se reflitam, também, na gestão dos recursos públicos. Neste sentido, a proteção ao meio ambiente é um objetivo constitucional que se incorpora ao direito dos gastos públicos, via legitimidade.

9.4. Síntese

A Constituição Federal de 1988 inovou ao incorporar ao ordenamento jurídico pátrio o princípio da legitimidade do gasto público. Concebido como um aspecto do controle financeiro, a legitimidade já é reconhecida como uma diretriz a ser seguida pelo gestor público.

A legitimidade extrapola a legalidade formal e incide sobre a substância da gestão pública. A legitimidade pode incidir nos planos da despesa pública, dos atos de gestão e das políticas públicas.

A legitimidade tem aplicação especial no controle da discricionariedade em matéria financeira.

À semelhança do princípio do devido processo legal, o princípio da legitimidade é o polo para onde converge um feixe de princípios, tais como, a democracia, o estado de direito, a legalidade, a moralidade, a impessoalidade, a finalidade, o interesse público, a utilidade, o consentimento coletivo, a justiça/equidade, a isonomia, a ecologia, a oportunidade e a razoabilidade e a economicidade. Neste sentido, a legitimidade pode ser vista como a conformidade com o próprio Direito. É o princípio da legitimidade o veículo que abre as portas para que os valores, princípios e objetivos presentes na Constituição se reflitam também no gasto público.

10. O Resultado do Gasto Público

> "Alles, was, unwirtschaftlich (=nicht rational) ist, ist auch gemeinwohlwidrig, aber nicht alles, was gemainwohlwidrig ist, ist auch unbedingt unwirtschaftlich" (Hans Herbert von Arnim)

> "Al definir el gasto público como el proceso de satisfacción de las necesidades públicas, parece desprenderse como característica del mismo, la efectividad, en el sentido de que, todo empleo de fondos públicos que no consiga mitigar o satisfacer la necesidad, constituye lisa y llanamente un despilfarro sancionable" (Juan José Bayona de Perogordo y Maria Teresa Soler Roch)

O resultado do gasto público ou do setor público em geral é um tema que ganhou destaque nas últimas décadas com a crise fiscal do Estado de bem-estar.

As transformações sociais produzidas nas últimas décadas tem posto em destaque a falta de adequação das velhas formas de intervenção pública. Alterações demográficas, envelhecimento da população, processo de imigração, globalização e mobilidade de capitais tem colocado novos desafios ao setor público. Além disso, nos países desenvolvidos e em muitos países em desenvolvimento, houve uma grande alteração na relação entre os cidadãos e os poderes públicos com relação à provisão de bens e serviços públicos (BOLE *et al.*, 2007).

Segundo Valentín Bole *et al.* (BOLE *et al.*, 2007, p. 26),

> "Los ciudadanos no sólo demandan más cantidad de servicios públicos, sino que exigen la satisfacción de nuevas demandas que surgen como conse-

O DIREITO DOS GASTOS PÚBLICOS NO BRASIL

cuencia de las profundas transformaciones sociales y económicas a las que se enfrentan las sociedades modernas".

Ante as demandas do cidadão-cliente por melhores serviços por parte da Administração Pública e a resistência da sociedade ao aumento de carga tributária para satisfazer estas demandas, o único caminho em vista é o da melhoria do desempenho na ação do poder público[182].

No Direito Constitucional Brasileiro, a preocupação com o desempenho da gestão pública surge com força na Constituição de 1988.

Sob a égide da Constituição de 1967, a disciplina da fiscalização financeira (arts. 71 a 73) não fazia qualquer referência à avaliação de desempenho na gestão pública, havendo apenas algumas referências na legislação infraconstitucional.

Por exemplo, o art. 26, III, do Decreto-lei nº 200/1967, prescrevia que a eficiência administrativa era um dos objetivos da supervisão ministerial. Nada obstante, na Reforma Administrativa promovida pelo referido Decreto-lei, a eficiência não estava contemplada dentre os princípios fundamentais da administração federal (art. 6º)[183]

O art. 14 do referido diploma preocupava-se com o custo-benefício dos controles administrativos (que buscam mitigar ou eliminar os riscos na administração pública), *verbis*:

> "Art. 14. O trabalho administrativo será racionalizado mediante simplificação de processos e supressão de contrôles que se evidenciarem como puramente formais ou cujo custo seja evidentemente superior ao risco".

Na Constituição Federal de 1988, há diversas referências às dimensões do desempenho: eficiência, eficácia e economicidade. No art. 70, *caput*, a Constituição prescreve que a economicidade é um dos aspectos da fiscali-

---

[182] O Estado também pode aumentar os tributos indiretos que não são tão perceptíveis pelo cidadão. Aparecem embutidos nos preços dos produtos e o cidadão nem sempre consegue associar o aumento de preços ao aumento dos tributos indiretos. As reações da sociedade ao aumento de tributos indiretos não são tão intensas quanto em relação ao aumento de tributos diretos ou até mesmo de tarifas controladas pelo poder público.

[183] O Art. 6º do Decreto-lei nº 200/1967 prescreve que as atividades da administração pública federal deverão atender aos seguintes princípios fundamentais: planejamento, coordenação, descentralização, delegação de competência e controle.

O RESULTADO DO GASTO PÚBLICO

zação contábil, financeira, orçamentária, operacional e patrimonial da União e das suas entidades da administração indireta[184]. O art. 74, inciso II, da CF/88, dispõe que compete ao sistema de controle interno comprovar a legalidade e avaliar os resultados, quanto à eficácia e eficiência, da gestão orçamentária, financeira e patrimonial nos órgãos e entidades da administração pública, bem como a aplicação de recursos públicos por entidades de direito privado[185].

A Reforma Administrativa Constitucional de 1998 veio inserir a eficiência dentre os princípios constitucionais da administração pública no art. 37, *caput*, da CF/88. Preocupou-se, ainda, com a qualidade da prestação dos serviços públicos (art. 37, § 3º, I, CF/88, com redação dada pela EC 19/1998) e permitiu a ampliação da autonomia gerencial, orçamentária e financeira dos órgãos e entidades da administração pública, mediante contrato firmado entre os administradores e o poder público, que tenha por objeto a fixação de metas de desempenho para o órgão/entidade (art. 37, § 8º, CF/88, inserida pela EC nº 19/1998).

No plano legal, a Lei nº 8.443/1992 (Lei Orgânica do TCU) dispõe que compete ao TCU auditar programas e projetos autorizados pela Lei Orçamentária Anual, avaliando os seus resultados quanto à eficácia, eficiência e economicidade (art. 38, inciso IV)[186].

10.1. Panorama do Direito Estrangeiro

Em Portugal, não consta do texto constitucional referência expressa aos princípios da economicidade, eficiência ou eficácia. O art. 214 da Constituição Portuguesa dispõe que *"O Tribunal de Contas é o órgão supremo de fiscalização da*

---

[184] "Art. 70. A fiscalização contábil, financeira, orçamentária, operacional e patrimonial da União e das entidades da administração direta e indireta, quanto à legalidade, legitimidade, economicidade, aplicação das subvenções e renúncia de receitas, será exercida pelo Congresso Nacional, mediante controle externo, e pelo sistema de controle interno de cada Poder.

[185] Dispositivo semelhante consta do art. 20, inciso II, da Lei nº 10.180/2001, que dispõe sobre as finalidades do Sistema de Controle Interno do Poder Executivo Federal.

[186] A Lei também se preocupou com o desempenho do controle. Segundo o art. 90, § 2º, da Lei nº 8.443/1992, no relatório anual que deverá encaminhar ao Congresso Nacional, o Tribunal de Contas da União deverá fazer análise da evolução dos custos de controle, de sua eficiência, eficácia e economicidade.

O DIREITO DOS GASTOS PÚBLICOS NO BRASIL

legalidade das despesas públicas e de julgamento das contas que a lei mandar", nada mencionando acerca da fiscalização de desempenho.

Entretanto, no plano legal, tanto a Lei de Enquadramento Orçamental (LEO), quanto a Lei de Organização e Processo do Tribunal de Contas (LOPTC) fazem referência às dimensões do desempenho.

O artigo 42º, nº 6, alínea c, da LEO, dispõe que nenhuma despesa pode ser autorizada ou paga sem que *"a despesa em causa satisfaça o princípio da economia, eficiência e eficácia"*. O respeito aos princípios da economia, eficiência e eficácia deverá ser verificado, especialmente, em relação àquelas despesas que, pelo seu elevado montante, pela sua continuidade no tempo, uma vez iniciadas, ou por qualquer outro motivo, envolvam um dispêndio significativo de dinheiros públicos (art. 42º, nº 8, LEO).

O artigo 19º da LEO dispõe que deve necessariamente fazer parte dos programas orçamentais um conjunto de indicadores que permitam avaliar a economia, a eficiência e a eficácia da sua realização.

Segundo a doutrina portuguesa, programa orçamental é (MARTINS; MARTINS; MARTINS, 2009, p. 135):

> "um instrumento de racionalização orçamental, que reúne conjuntos de despesas de carácter plurianual, que concorrem para um ou vários objetivos específicos, relativos a uma ou mais políticas públicas".

O artigo 5º da LOPTC, por sua vez, dispõe que é competência material essencial do Tribunal de Contas:

> "f) Apreciar a legalidade, bem como a economia, eficácia e eficiência, segundo critérios técnicos, da gestão financeira das entidades referidas nos n.os 1 e 2 do artigo 2º, incluindo a organização, o funcionamento e a fiabilidade dos sistemas de controlo interno"

Ademais, outros dispositivos da LOPTC fazem referência à economia, eficácia e eficiência:

a) artigo 41º, nº 2 – Relatório e Parecer sobre a Conta Geral do Estado[187];

---

[187] "O relatório e parecer sobre a Conta Geral do Estado emite um juízo sobre a legalidade e a correcção financeira das operações examinadas, podendo pronunciar-se sobre a economia, a eficiência e a eficácia da gestão e, bem assim, sobre a fiabilidade dos respectivos sistemas de controlo interno".

O RESULTADO DO GASTO PÚBLICO

b) artigo 50 – Fiscalização Sucessiva[188];

c) artigo 54 – Verificação Externa das Contas[189].

Na Espanha, os princípios relativos aos resultados do gasto público ganham destaque constitucional. De fato, o art. 31.2. da Constituição Espanhola dispõe que: *"El gasto público realizará una asignación equitativa de los recursos públicos, y su programación y ejecución responderán a los criterios de eficiencia y economia"* (grifo nosso). Interessante mencionar que o referido artigo está disposto dentre os Direitos e Deveres dos Cidadãos, ao lado do dever fundamental que todos em contribuir para o sustento dos gastos públicos em conformidade com sua capacidade econômica (art. 31.1).

No Direito Alemão, o princípio da economicidade (*Wirtschaftlichkeitsprinzip*) está presente em diplomas nos diversos níveis da pirâmide normativa (ARNIM, 1988).

Na Lei Fundamental (*Grundgesetz*), o art. 114 II, dispõe que[190]

> "A Corte de Contas Federal, sujos membros gozam de independência judicial, audita as contas, bem como a economicidade e conformidade da execução do orçamento e da gestão das finanças públicas" (tradução livre).

Por sua vez, a *Haushaltsgrundsätzegesetz* – HGrG (Lei de Princípios Orçamentários), no § 6 I, dispõe que *"Na elaboração e na execução do orçamento, devem ser atendidos os princípios da economicidade e da modicidade"*[191].

---

[188] "No âmbito da fiscalização sucessiva, o Tribunal de Contas verifica as contas das entidades previstas no artigo 2º, avalia os respectivos sistemas de controlo interno, aprecia a legalidade, economia, eficiência e eficácia da sua gestão financeira e assegura a fiscalização da compartipação nacional nos recursos próprios comunitários e da aplicação dos recursos financeiros oriundos da União Europeia".

[189] "O processo de verificação externa das contas conclui pela elaboração e aprovação de um relatório, do qual deverão, designadamente, constar: (...) h) A apreciação da economia, eficiência e eficácia da gestão financeira, se for caso disso".

[190] "Der Bundesrechnungshof, dessen Mitglieder richterliche Unabhängigkeit besitzen, prüft die Rechnung sowie die Wirtschaftlichkeit und Ordnungsmäßigkeit der Haushalts- und Wirtschaftsführung".

[191] "Bei Aufstellung und Ausführung des Haushaltsplans sind die Grundsätze der Wirtschaftlichkeit und Sparsamkeit zu beachten".

O DIREITO DOS GASTOS PÚBLICOS NO BRASIL

Merece destaque ainda, a *Bundeshaushaltsordung – BHO*, que é uma lei que regula o orçamento público federal alemão, incluindo a contabilidade pública e a fiscalização exercida pelo Tribunal de Contas Federal Alemão.

No § 7, a BHO dispõe sobre a Economicidade, a Modicidade e a Análise Custo-Benefício[192].

Segundo o referido dispositivo legal, os princípios da economicidade e modicidade devem ser obedecidos quando da elaboração e da execução do orçamento. Estes princípios obrigam a verificar em que medida as tarefas estatais e os objetivos públicos que servem às atividades econômicas (*öffentlichen Zwecken dienende wirtschaftliche Tätigkeiten*) podem ser alcançados mediante terceirização (*Ausgliederung*), privatização ou desestatização.

Ademais, para todas as medidas de efeitos financeiros, devem ser realizados estudos de viabilidade econômica e providências de distribuição de riscos.

Em determinados casos, aos prestadores privados deve ser dada a oportunidade de demonstrar se e em que medida eles podem desempenhar, tão bem ou melhor, tarefas estatais ou atividades públicas servindo fins de natureza econômica.

Por fim, o dispositivo dispõe genericamente que, em algumas áreas, deverá ser conduzida a análise de custo-benefício.

Hans Herbert von Arnim salienta, ainda, em que na legislação dos Estados-membros da federação e nas comunas alemãs, é possível encontrar dispositivos que preconizam o princípio da economicidade e da modicidade (ARNIM, 1998).

---

[192] "(1) Bei Aufstellung und Ausführung des Haushaltsplans sind die Grundsätze der Wirtschaftlichkeit und Sparsamkeit zu beachten. Diese Grundsätze verpflichten zur Prüfung, inwieweit staatliche Aufgaben oder öffentlichen Zwecken dienende wirtschaftliche Tätigkeiten durch Ausgliederung und Entstaatlichung oder Privatisierung erfüllt werden können.

(2) Für alle finanzwirksamen Maßnahmen sind angemessene Wirtschaftlichkeitsuntersuchungen durchzuführen. Dabei ist auch die mit den Maßnahmen verbundene Risikoverteilung zu berücksichtigen. In geeigneten Fällen ist privaten Anbietern die Möglichkeit zu geben darzulegen, ob und inwieweit sie staatliche Aufgaben oder öffentlichen Zwecken dienende wirtschaftliche Tätigkeiten nicht ebenso gut oder besser erbringen können (Interessenbekundungsverfahren).

(3) In geeigneten Bereichen ist eine Kosten- und Leistungsrechnung einzuführen".

10.2. As dimensões do Resultado

A ação governamental pode ser visualizada num modelo *input/output*. Segundo este modelo, a organização consome recursos (*input*), tais como, recursos humanos, informações, materiais, monetários, etc. e produz bens ou serviços (*output*). Estes bens e serviços produzem um impacto, especialmente, de médio e longo prazo, sobre um público-alvo (*outcome*). Os *outcomes* são os objetivos-finais de ação governamental, enquanto os *outputs* são produtos intermediários.

Os conceitos de economia ou economicidade, eficiência, eficácia e efetividade (os 4 E's) correspondem a diferentes dimensões dos resultados, expressos por relações entre os *inputs*, *outputs* e *outcomes*.

A eficiência corresponde à relação entre os *outputs* e os *inputs*. Mede a relação entre os bens e serviços produzidos e os recursos utilizados.

A eficiência pode ser medida de dois modos diferentes (AZZONE, 2008):

a) a **eficiência econômica**, que considera a relação entre o *output* e os recursos utilizados em termos "econômicos", ou seja, o custo dos recursos (*output*/custo do *input*);

b) a **eficiência técnica**, que considera a relação entre o produto e os recursos em termos "físicos" (*output*/quantidade do *input*).

Pode-se, também, fazer a distinção entre eficiência técnica e eficiência alocativa, conforme revelam Ulrike Mandl, Adriaan Dierx e Fabienne Ilzkovitz (MANDL; DIERX; ILZKOVITZ, 2008, p. 4)[193]:

> "Quando se mede eficiência, uma distinção deve ser feita entre a eficiência técnica e a eficiência alocativa. A eficiência técnica mede simplesmente a rela-

---

[193] "When measuring efficiency, a distinction can be made between technical and allocative efficiency. Technical efficiency measures the pure relation between inputs and outputs taking the production possibility frontier into account. Technical efficiency gains are a movement towards this production possibility frontier ('best practice'). However, not every form os technical efficiency makes economic sense, and this is captured by allocative efficiency which introduces costs and benefits. Allocative efficiency reflects the link between the optimal combination of inputs taking into account costs and benefits and the output achieved. For instance to instruct pupils, there is a mix of inputs necessary, such as teachers, books and infrastructure. The attainment rate could be maximized by an optimal combination of these inputs".

O DIREITO DOS GASTOS PÚBLICOS NO BRASIL

ção entre os inputs e os outputs levando-se em conta a curva de possibilidade de produção. Os ganhos de eficiência técnica são movimentos em direção à fronteira de possibilidades de produção ('boas práticas'). Entretanto, nem toda forma de eficiência técnica faz sentido do ponto de vista econômico, e isso é capturado pela eficiência alocativa, que introduz custos e benefícios. A eficiência alocativa reflete o link entre a combinação ótima de inputs tendo em conta os custos e benefícios e o output alcançado. Por exemplo, na educação infantil, há uma combinação de inputs necessária, tais como professores, livros e infraestrutura. A taxa de atendimento escolar pode ser maximizada por meio de uma combinação ótima destes inputs" (tradução livre).

Portanto, os ganhos de eficiência técnica correspondem a movimentos em direção à fronteira de eficiência ou à curva de possibilidades de produção. Por sua vez, a eficiência alocativa corresponde à combinação ótima de insumos para a produção dos bens e serviços.

A economicidade ou economia está relacionada à aquisição dos insumos ou fatores de produção utilizados pela organização (Azzone, 2008). Será mais econômica a organização que adquirir insumos ao melhor preço, mantida a qualidade.

A efetividade relaciona o *input* ou o *output* com os objetivos finais a serem alcançados (*outcome*). A efetividade corresponde ao impacto da ação administrativa na população-alvo. A efetividade, entretanto, está mais sujeita aos fatores ambientais, ou seja, está mais sujeita a fatores exógenos à ação administrativa, sendo importante isolar a contribuição da mesma para o alcance do resultado.

Por fim, a eficácia diz respeito ao alcance de objetivos previamente formulados. Segundo Azzone, a eficácia tem relação com a prestação de serviços coerentes com as expectativas do usuário, seja interno ou externo (2008, p. 48),

> "A eficácia mede a capacidade das administrações ou de suas unidades organizativas de produzirem serviços com características coerentes com as expectativas dos usuários, sejam estes externos (no dos serviços finais, tais como, assistência sanitária ou formação escolástica) ou internos (no caso dos serviços do tipo instrumentais, tais como, a gestão dos recursos humanos ou os processos de suprimento)" (tradução livre)[194].

---

[194] "l'efficacia misura la capacità delle amministrazioni o di loro unità organizzative, di realizare servizi con caratteristiche coerenti con le aspetative degli utente, siano essi esterni (nel caso

O RESULTADO DO GASTO PÚBLICO

Alguns autores incluem, ainda, dentre as dimensões do resultado a satisfação do usuário e a equidade.

Feitas estas considerações iniciais, será abordado o entendimento dos autores, nacionais ou estrangeiros, acerca das dimensões do resultado da ação administrativa.

Antônio Luciano de Souza Franco, abordando a execução do orçamento público, aponta que existe hoje um consenso sobre três critérios ou padrões de análise de resultados, teorizados desde os anos 70 por Elmer Staats[195] (FRANCO, 2003).

A economia questiona se será possível obter o mesmo rendimento com o menor custo e diz respeito aos fatores de produção. A eficiência, que questiona se será possível obter mais rendimento com o mesmo custo. A eficácia que questiona se foi obtido o resultado pretendido e em que medida (FRANCO, 2003).

No Brasil, Paulo Soares Bugarin afirma que a economicidade, no plano da ciência econômica e da teoria geral da administração, vincula-se à ideia fundamental de desempenho qualitativo. Trata-se da *"obtenção do melhor resultado estratégico possível de uma determinada alocação de recursos financeiros, econômicos e/ou patrimoniais em um dado cenário socioeconômico"* (BUGARIN, 2004).

O estudo da economicidade comportaria dois enfoques: o enfoque do direito constitucional econômico e o do direito constitucional financeiro, que abarca o controle externo da administração pública (BUGARIN, 2004).

Num primeiro sentido, economicidade comporta o sentido daquilo que é econômico, à ideia de algo relativo à economia, ciência que trata dos fenômenos relativos à produção, à distribuição e ao consumo de bens e serviços, ou seja, a ciência da escassez. A economicidade parece conduzir à ideia-chave da busca permanente pelos agentes públicos delegados do complexo e diverso corpo social, da melhor alocação possível dos escassos recursos públicos disponíveis para a solução, ou, pelo menos, mitigação, dos gravíssimos problemas

---

di servizi 'finali', come l'assistenza sanitaria o la formazione scolastica) o interni (nel caso di servizi di tipo strumentale, come la gestione delle risorce umani o i processi di approvvigionamento)".

[195] Elmer Boyd Staats foi *Comptroller General of the United States* e titular do *General Accounting Office – GAO*, órgão de controle externo financeiro no âmbito federal dos Estados Unidos, no período de 1966 a 1981.

O DIREITO DOS GASTOS PÚBLICOS NO BRASIL

sociais existentes no lamentável, vergonhoso e humilhante quadro de desigualdade que caracteriza o espaço socioeconômico nacional (BUGARIN, 2004, p. 129).

O autor defende a necessária integração ou vinculação entre o princípio da economicidade com os demais princípios jurídico-constitucionais correlatos: proporcionalidade, indisponibilidade do interesse público, eficiência, moralidade, razoabilidade e legitimidade. A relação entre economicidade e proporcionalidade seria traduzida por uma análise de custo-benefício (BUGARIN, 2004).

No tocante à relação entre economicidade e eficiência, sustenta o autor que a inserção do princípio da eficiência no texto constitucional revela uma tentativa de ajustar o texto do art. 37 com o do art. 70. Quanto à relação com o princípio da moralidade, afirma que agir econômico se qualifica como um agir moral, sentido específico de moralidade administrativa. Afirma que, balizada pelo princípio da razoabilidade, pode ser autorizada que não seja adotada a solução que ofereça maior vantagem econômica em si, mas a que se revele mais adequada ou razoável para o alcance das finalidades públicas almejadas, especialmente em contextos de graves carências sociais, calamidade pública, etc. (BUGARIN, 2004).

Do ponto de vista do controle, o princípio da economicidade autoriza o órgão de controle externo a realizar o (BUGARIN, 2004, p. 140):

> "exame, em especial, pari passu dos elementos de fato informadores dos diversos processos subjetivos de tomadas de decisão de gastos /investimentos públicos vis-à-vis o conjunto objetivo dos resultados alcançáveis, qualificando-os, efetiva ou potencialmente, como ganhos ou perdas sociais, evitando-se, deste modo, a despesa pública antieconômica e a consequente perpetração do, muitas vezes irremediável, prejuízo social".

Ao examinar o conjunto de deliberações do Tribunal de Contas da União acerca do princípio da economicidade, Bugarin apresenta as seguintes constatações (BUGARIN, 2004):

a) o reconhecimento de uma relação umbilical entre economicidade e razoabilidade;

b) o reconhecimento da importância para o controle da economicidade, dados os elementos fáticos presentes, de uma análise comparatica de custo-benefício social entre a alternativa adotada e outra(s) possível(is), visando verificar se os valores contratados estão em conformidade com os praticados no mercado;

O RESULTADO DO GASTO PÚBLICO

c) existência de posições divergentes acerca da importância e/ou necessidade de um exercício de ponderação entre legalidade e economicidade;

d) a existência de posições divergentes quanto aos exatos limites do alcance do controle de economicidade no que tange ao mérito administrativo.

Na Espanha, José Pascual Garcia revela que o conceito de economia (art. 31 CE) é mais inseguro que o de eficiência. Segundo o autor, há quem o identifique com o conceito de eficiência, na sua dupla acepção. Afirma que, aqueles que fazem a distinção, consideram que a economia se refere às condições em que uma organização adquire os seus recursos. Desta forma, uma operação é considerada econômica, se a aquisição se realiza de na quantidade e na qualidade adequadas, no momento oportuno, e ao menor preço possível (GARCÍA, 2005).

A eficiência exige que a relação entre os recursos empregados e os resultados obtidos seja máxima, dentro das condições impostas pelo contexto. Um programa ou atividade será considerado eficiente, quando maximiza o numerador, para um determinado valor do denominador, ou se minimiza o denominador, para um determinado valor de numerador, da relação resultados/recursos (GARCÍA, 2005).

Para José Pascual García, o conceito de eficácia faz referência ao grau de consecução dos objetivos propostos. Mais eficaz será a gestão, na medida em que houver um maior grau de atingimento destes objetivos (GARCÍA, 2005).

Germán Oron Moratal, ao abordar a eficiência e a economia, afirma que, para alguns autores, não há distinção entre os dois critérios previstos no art. 31.2 da Constituição Espanhola, ambos os critérios preconizam a utilização dos recursos de tal modo que se obtenha a maximização dos resultados com um custo mínimo. Entretanto, o autor defende a distinção entre os conceitos de economia, eficiência e eficácia (MORATAL, 1995).

Salienta que estes critérios têm como destinatário natural, dentro da estrutura organizativa dos poderes públicos, a Administração Pública, tanto o Governo, titular da iniciativa legislativa, da função executiva e do poder regulamentar, como os níveis inferiores que podem influenciar através dos distintos procedimentos legais ou administrativos na tomada das decisões de gasto público (MORATAL, 1995).

Entende que, em caso de conflito, deve prevalecer o princípio da atribuição equitativa de recursos. Segundo Moratal, a programação e execução do

O DIREITO DOS GASTOS PÚBLICOS NO BRASIL

gasto público com critérios de eficiência e economia não deveria pressupor, unicamente, a transposição à gestão de recursos públicos de técnicas de gestão próprias e tradicionais do setor privado, caracterizadas pela obtenção do máximo benefício com o menor custo, mas esta programação e execução deve ter como pressuposto prévio a atribuição equitativa dos recursos, segundo dispõe o art. 31 da Constituição Espanhola (MORATAL, 1995).

Na Alemanha, Hans Herbert von Arnim[196], apresenta o conceito de *"Wirtschaftlichkeit"* baseado na regulamentação do § 7 da BHO (ARNIM, 1998, p. 19):

> "Segundo o princípio da 'Wirtschaftlichkeit', em todas as ações do governo federal alemão, incluindo aquelas de caráter organizatório ou processual, deve-se se esforçar para obter a melhor relação entre os objetivos perseguidos e os meios empregados. A melhor relação meios-objetivos ocorre quando um determinado resultado é obtido com o menor emprego dos meios ou quando, com um determinado emprego de meios, for alcançado o melhor resultado" (tradução livre)[197].

Com base nesta descrição, o termo *"Wirtschaftlichkeit"* é melhor traduzido por eficiência e não por economicidade, tal como é comumente traduzida por alguns autores brasileiros. Isso tem por base a distinção entre economicidade, ligada à aquisição de insumos, e a eficiência, ligada à relação de insumos e produtos (*output/input*).

Segundo Arnim, esta definição do princípio compreende duas concepções, uma concepção mínima (*Das Minimalprinzip*) e uma concepção máxima (*Das Maximalprinzip*) (ARNIM, 1998).

Na sua formulação mínima, o princípio dispõe que há ineficiência (*Unwirtschaftlichkeit*) quando, uma determinada tarefa pouder ser executada com menor emprego de insumos de pessoal e despesas gerais e administrativas.

---

[196] Professor da *Deutschen Universität für Verwaltungswissenschaften Speyer*.

[197] "Nach dem Grundsatz der Wirtschaftlichkeit ist bei allen Maßnahmen des Bundes einschließlich solcher organisatorischer oder verfahrenmäßiger Art die günstige Relation zwischen dem verfolgten Zweck und den einzusetzenden Mitteln anzustreben. Die günstiste Zweck-Mittel-Relation besteht darin, daß entweder:
– ein bestimmtes Ergebnis mit möglichst geringem Einsatz von Mitteln oder
– mit einem bestimmten Einsatz von Mitteln das bestmögliche Ergebnis erzielt wird".

O RESULTADO DO GASTO PÚBLICO

Na sua formulação máxima, a ineficiência ocorre quando uma mesma tarefa puder ser mais produtiva (*ergiebiger*), com o mesmo emprego de recursos (Arnim, 1998).

Arnim também distingue o conceito de Wirtschaftlichkeit com outros conceitos relacionados, tais como, os de *Effizienz, Rationalität, Sparsamkeit, Effektivität, Subsidiarität, Zweckmäßigkeit, Gemeinwohl.*

O *Effizienzprinzip* dispõe que, de todas as alternativas possíveis à administração, deverá ser escolhida aquela que produz o maior benefício líquido[198].

O *Rationalprinzip* dispõe que os objetivos devem ser alcançados com menor emprego possível de meios ou os meios devem ser empregados para a realização mais ampla possível de objetivos[199]. Em razão disso, Arnim afirma que, segundo a opinião majoritária, este princípio se confunde com o da *Wirtschaftlichkeit* (Arnim, 1998).

O princípio da *Sparsamkeit* (modicidade ou parcimônia), presente em alguns dispositivos legais no Direito Alemão (*vide* BHO) estaria relacionado ao princípio da *Wirtschaftlichkeit*, mas com ele não se confunde. O princípio da modicidade estaria relacionado à minimização dos custos, mas não a qualquer preço (Arnim, 1998).

Effektivität, na opinião do autor, significa a extensão (grau), no qual um objetivo é alcançado com determinados meios. Impõe o mais amplo alcance dos objetivos (*möglichst weitgehende Zweckerreichung*) (Arnim, 1998).

Diante disso, Arnim considera que *Sparsamkeit* e *Effektivität* são apenas componentes do princípio da *Wirtschaftlichkeit*, sendo complementares entre si. O primeiro estaria relacionado ao *Minimalprinzip* e o segundo ao *Maximalprinzip* (Arnim, 1998).

O princípio da *Subsidiarität* significa que o Estado só deve realizar tarefas que a Sociedade por si mesma não consegue lidar. Segundo Arnim, o princípio estaria contido no *Wirtschaftlichkeitsprinzip* (Arnim, 1998).

O conceito de *Zweckmäßigkeit* pode ser traduzido por utilidade, funcionalidade ou adequação aos objetivos previstos em lei. Segundo o autor,

---

[198] "Das Effizienzprinzip besagt, daß von allen erreichbaren Alternativen diejenige auszuwählen ist, die den größten Nettonutzen erbringt".

[199] "Das Rationalprinzip besagt, daß Ziele mit dem Einsatz möglichst geringer Mittel zu erreichen bzw. Mittel zu Erreichung möglichst weigehender Zielverwirklichung zu verwenden sind".

O DIREITO DOS GASTOS PÚBLICOS NO BRASIL

"Zweckmäßigkeit significa que os negócios estatais devem ser realizados de acordo com os objetivos legais e também a sua óptima e ampla realização"[200]. Para o autor, a *Wirtschaftlichkeit* é uma forma de *Zweckmäßigkeit* (ARNIM, 1998).

Para o autor, o conceito de *Gemeinwohl* (interesse público) inclui o conceito de *Wirtschaftlichkeit*. Segundo Arnim (ARNIM, 1998, p. 59), tudo o que for ineficiente, ou seja, irracional, também é contrário ao interesse público, mas nem tudo que é contrário ao interesse público, é também ineficiente[201].

10.3. Os 4 E's e o Processo de Concretização do Gasto Público

É importante mencionar que os referidos princípios fazem referência a conceitos de outras ciências, em especial, à ciência econômica, motivo pelo qual também são chamados por alguns autores de princípios extrajurídicos (*vide* RAYA, 1994).

Das dimensões do resultado (os 4 E's), apenas a efetividade não se encontra contemplada explicitamente pela Constituição Federal, possivelmente, pelo fato de que o impacto da ação governamental estar fortemente sujeito a outros fatores ambientais que fogem do controle da Administração Pública (fatores exógenos).

Nesta obra, adota-se a distinção entre economicidade (ou economia) e eficiência, devendo restringir o primeiro conceito apenas às condições de aquisição dos insumos da administração pública.

Em razão disso, é possível afirmar que dos 4 E's apenas a economicidade aplica-se diretamente à despesa pública num sentido mais estrito e aos atos geradores de despesa. Em razão disso, a Lei nº 8.443/1993 (Lei Orgânica do TCU) fala em *"ato antieconômico"*, mas não em ato ineficiente.

De fato, a eficácia, eficiência e efetividade incidem, mais propriamente, no processo de concretização da despesa pública. E, portanto, estão mais relacionados às políticas e os programas públicos. Desta forma, pode-se falar que um determinado programa é ineficiente, ineficaz ou inefetivo.

---

[200] "Zweckmäßigkeit meint das Handeln gemäß gesetzen Zwecken und ihre möglichst weitgehende (optimale) Verwirklichung".
[201] "Alles, was, unwirtschaftlich (=nicht rational) ist, ist auch gemeinwohlwidrig, aber nicht alles, was gemainwohlwidrig ist, ist auch unbedingt unwirtschaftlich".

O RESULTADO DO GASTO PÚBLICO

Todos os 4 E's são aplicáveis às diversas etapas do ciclo da política pública. Em especial, na formulação de alternativas, tomada de decisão, quanto na avaliação da política, os princípios encontram um campo fértil de aplicação.

É na tomada de decisão que a eficiência deve prevalecer na escolha da melhor alternativa formulada. Na identificação do problema, deve-se realizar estudos que permitam que as intervenções estatais sejam mais efetivas. A implementação deverá se pautar pela eficácia, atingimento dos objetivos, e pela economicidade na aquisição dos insumos. Por fim, a avaliação deverá revelar os 4 E's da política pública, propiciando informações que retroalimentem o ciclo da política pública, de forma a corrigir os erros e formular novas e melhores alternativas.

A impugnação de uma política, ato de gestão ou despesa por razões de ineficiência, antieconomicidade, ineficácia ou inefetividade, apenas com argumentos meramente qualitativos é, entretanto, inviável. Em razão disso, a avaliação dos 4 E's geralmente é feita mediante a utilização de indicadores de desempenho, que traduzem os conceitos em termos numéricos ou quantitativos.

Convém reconhecer que há diversos empecilhos de ordem prática para a apreciação dos 4 E's.

Em primeiro lugar, as prestações públicas (bens e serviços – *outputs*) não são negociadas do mercado, dificultando a sua quantificação. Há uma dificuldade na mensuração dos benefícios proporcionados pela ação pública.

Em segundo lugar, há um defasamento temporal entre o *input* e o *output*, e mais ainda, entre o *input* e o *outcome*, o que dificulta a mensuração. Como medir, por exemplo, o impacto da educação universitária pública, que se dará por diversos anos após a ação governamental, durante a carreira profissional, e estará sujeita a diversos fatores exógenos e incontroláveis pela administração?

Em terceiro lugar, em especial quanto à mensuração da efetividade, tendo em vista estes fatores exógenos e incontroláveis, há a dificuldade de se isolar a contribuição da administração para o impacto observado na população-alvo.

10.4. Qualidade do Gasto Público

Qualidade do gasto público é uma expressão comumente citada por economistas e juristas. Apesar disso, é difícil encontrar autores que definam expres-

O DIREITO DOS GASTOS PÚBLICOS NO BRASIL

samente o conceito de qualidade do gasto público. O que é possível inferir dos textos[202] é que a qualidade do gasto público está diretamente relacionada aos resultados das ações e programas governamentais custeados com estes gastos. Por vezes, a qualidade pode se referir a uma dimensão específica do resultado, tal como, a eficiência, a eficácia ou a efetividade.

Júlio Francisco Gregory Brunet, Ana Maria de Aveline Bertê e Clayton Brito Borges realizaram um estudo para medição da qualidade do gasto efetuado pelos governos das 27 unidades da federação brasileiras. Para tal, os autores construíram um Índice de Qualidade do Gasto Público (IQGP), que classifica as unidades da federação segundo a qualidade da despesa realizada nas áreas mais significativas da atuação dos governos estaduais: educação,

---

[202] Ricardo Alfredo Ribeiro Bezerra, no seu texto "Incentivos para a promoção da qualidade do gasto público: fortalecendo o vínculo entre recursos e resultados", deixa clara a relação entre qualidade dos gastos públicos e o resultado ou desempenho da gestão pública, sem definir expressamente o que seja gasto público. Segundo o autor, "(...) a falta de integração entre as várias fases do processo orçamentário, aliada à insuficiência de sistemas de informação, impede o alinhamento dos programas e dos objetivos e indicadores de avaliação com os desafios estratégicos do país, o que inviabiliza a avaliação da eficiência, da qualidade e eficácia dos gastos públicos" (BEZERRA, 2008, p. 20). Em outra oportunidade, o autor afirma que "Apesar de haver consenso generalizado de que a qualidade do gasto público é ruim, entre cidadãos contribuintes e usuários dos serviços públicos, não há clareza por parte dos dirigentes e políticos de que a fraca performance do gasto público esteja correlacionada principalmente com a falta de sentido estratégico do sistema orçamentário" (BEZERRA, 2008, p. 42-43). Numa última passagem, Bezerra afirma que "o conceito dos cidadãos contribuintes e usuários dos serviços públicos sobre a qualidade do gasto público federal, como também o sentimento público de que os impostos pagos não têm contrapartida equivalente nos serviços ofertados pelo Estado, não gera mudança no sentido de maior efetividade nos gastos públicos" (BEZERRA, 2008, p. 43). Alexandre Maia et al., no seu texto "A importância da melhoria da qualidade do gasto público no Brasil – propostas práticas para alcançar este objetivo", relaciona a qualidade do gasto público à eficiência do gasto público. Segundo os autores, "a palavra qualidade pode ter muitas definições. Uma delas é 'eficiência', que, por sua vez, pode significar, segundo definição do Dicionário Houaiss, a virtude ou característica de se conseguir o melhor rendimento com o mínimo de erro e/ou dispêndios de energia, tempo, dinheiro ou meios. Para Renato Chaves, 'a melhoria da qualidade do gasto pública redunda em melhorar a eficiência desse gasto, ou seja, determinado investimento deverá ser concluído com o menor custo possível e gerar o máximo de benefícios para a sociedade' " (MAIA, 2009, p. 4).

O RESULTADO DO GASTO PÚBLICO

saúde, segurança pública, judiciária e legislativa. O índice compara as despesas efetuadas (despesa per capita), de acordo com funções selecionadas da classificação funcional dos orçamentos estaduais, com indicadores socioeconômicos de resultado, que quantificam os efeitos das politicas públicos junto à população[203]. No tocante às funções educação e saúde, os autores concluem que, de forma geral, as unidades da federação com menor insumo (menor despesa per capita) apresentariam um melhor desempenho em termos de qualidade do gasto público. Segundo os autores, *"o retorno obtido em termos de melhoria na qualidade de vida da população não é proporcional ao aumento da despesa"*, havendo uma deseconomia de escala nas unidades da federação com os maiores insumos. No tocante à função segurança pública, os autores apontam que as unidades da federação com maior gasto apresentam menores índices de retorno, ou seja, seus níveis de criminalidade e violência são maiores. Por fim, no tocante as funções judiciária e legislativa, os autores apontam que a dispersão em termos do IQGP é muito acentuada não podendo ser feito um julgamento preciso sobre o desempenho do governo das unidades da federação em ambas as funções (BRUNET; BERTÊ, BORGES, 2007).

---

[203] Na função legislativa, por exemplo, o indicador utilizado é o número de projetos apreciados por deputado federal. Na função judiciária, o indicador utilizado é o percentual de casos julgados na justiça comum de 1º grau e em Tribunais de Justiça dos Estados e o percentual de casos julgados nos Juizados Especiais. Na função segurança pública, são considerados indicadores: o número de homicídios, o número de roubos, o número de furtos e o número de óbitos em acidentes de trânsito, todospor 100 mil habitantes. Na função saúde, foram considerados o número de adolescentes grávidas, o número de óbitos de mães por 100 mil crianças nascidas vidas, o número de crianças com baixo peso ao nascer, o percentual de crianças menores de 1 ano com vacinas em dia, o número de óbitos por 1000 crianças nascidas vidas, a expectativa de vida em anos, a taxa de incidência de AIDS, a taxa de incidência de tuberculose, a taxa de incidência de dengue e o número de óbitos por suicídio por 100 mil habitantes. Por fim, na função educação e cultura, foram considerados o percentual de abandono escolar na rede estadual de ensino fundamental e o percentual na rede estadual de ensino médio, o percentual de pessoas de 15 anos ou mais analfabetas, o percentual de aprovação escolar na rede estadual de ensino fundamental e o percentual de aprovação na rede estadual de ensino médio, a média de anos de estudo da população de 25 anos ou mais de idade, o percentual de alunos com conhecimento adequado em matemática e língua portuguesa na 4ª série do ensino fundamental, na 8ª série do ensino fundamental e na 3ª série do ensino médio e, por fim, a defasagem escolar média das pessoas entre 10 e 14 anos.

O indicador de gasto público elaborado pelos autores é composto por indicadores de eficiência, no caso das funções judiciária e legislativa, e de efetividade, no caso das funções saúde, educação e cultura e segurança pública. Desta forma, trata-se de uma avaliação geral/global de uma dimensão do desempenho (eficiência ou efetividade).

Conquanto considere louvável a elaboração de um indicador geral de qualidade do gasto público, a medição do indicador com as fontes de dados disponíveis e a comparação entre os entes da federação, impõe-se reconhecer as limitações do referido estudo, em termos de suas conclusões e de utilidade pratica. Em primeiro lugar, não é possível concluir que, no tocante às funções saúde, educação e segurança pública, os Estados com menor (ou maior) IQGP gastem pior (ou melhor) o dinheiro público. Tratando-se de indicadores de impacto ou efetividade, eles estão mais sujeitos a fatores exógenos (de outros atores) ou independentes da ação governamental. Um indicador de eficiência iria refletir melhor se o dinheiro público é aplicado de forma racional ou não.

Ainda que não estivesse sujeito a estas limitações, um indicador geral como o IQGP teria pouca utilidade na gestão pública, uma vez que uma função é composta por diversos programas ou políticas públicas, sendo difícil, apenas com esta informação, identificar as políticas/programas que não estão sendo "bem geridos" e devem ter seu curso alterado. Pelas mesmas razões, não é possível utilizar o índice para fins de responsabilização dos gestores.

10.4.1. Conceito de Qualidade

Qualidade é um conceito subjetivo relacionado, principalmente, às percepções de um indivíduo acerca de um produto ou serviço. Trata-se, ainda, de um conceito multidimensional, conforme observar-se-á a seguir.

No tocante aos produtos, a qualidade pode estar relacionada à durabilidade, à utilidade, ao design, à resistência ou ao atendimento às necessidades do cliente. Os produtos são físicos e tangíveis, sendo possível a medição de algumas destas dimensões da qualidade por meio de testes internos ou com o uso de equipamentos[204].

---

[204] Cf. http://goo.gl/sNPfNW.

O RESULTADO DO GASTO PÚBLICO

O mesmo não ocorre com os serviços, que tem como características a intangibilidade, inseparabilidade[205], variabilidade[206] e perecibilidade[207]. Alguns aspectos da qualidade dos serviços, avaliados pelos clientes, estão relacionados às seguintes variáveis (TEIXEIRA; TEIXEIRA; SOUSA, 2010):

a) consistência: diz respeito à conformidade com experiência anterior e à ausência de variabilidade no resultado e no processo;
b) competência: diz respeito à habilidade e conhecimento para a execução do serviço, relacionando-se com as necessidades técnicas dos consumidores;
c) velocidade do atendimento: diz respeito à prontidão da empresa e seus funcionários para realizar o serviço, relacionando-se com o tempo de espera, real ou percebido;
d) atendimento/atmosfera: diz respeito à atenção personalizada ao cliente, à boa comunicação, à cortesia e ao ambiente;
e) flexibilidade: diz respeito à capacidade de mudar e adaptar a operação, devido a mudanças nas necessidades do cliente, no processo ou no suprimento de recursos;
f) credibilidade/segurança: diz respeito à baixa percepção de risco à habilidade de transmitir confiança;
g) acesso: diz respeito à facilidade de contato e acesso, à localização conveniente e ao horário de operação;

---

[205] Nos serviços, não existe um processo longo de elaboração do resultado final, como no caso dos produtos. O fornecedor de serviços e o cliente estão inseridos no processo onde este último obtém um benefício que lhe é ofertado pelo primeiro. Diferentemente dos produtos, a produção e o consumo dos serviços são realizadas simultaneamente, isso faz com que o aspecto do controle de qualidade de serviços seja de difícil avaliação, pois não há um interim entre o prestador e o cliente para ser analisados e corrigidas eventuais falhas (TEIXEIRA; TEIXEIRA; SOUSA, 2010).

[206] A variabilidade tem relação com o fato de os serviços dependerem de pessoas para serem realizados, sendo que estas mudam de acordo com as circunstâncias internas e externas a elas. Para minimizar estes efeitos, deve-se investir em treinamento e seleção de pessoal, para que como consequência seja verificada a padronização em qualquer unidade daquela empresa (TEIXEIRA; TEIXEIRA; SOUSA, 2010).

[207] Diferentemente dos produtos, os serviços não são estocáveis (TEIXEIRA; TEIXEIRA; SOUSA, 2010).

O DIREITO DOS GASTOS PÚBLICOS NO BRASIL

h) tangíveis: diz respeito à qualidade ou aparência de qualquer evidência física, tais como, os bens facilitadores, as instalações, o pessoal e outros consumidores;

i) custo: diz respeito ao baixo custo de fornecimento dos serviços.

De qualquer forma, a qualidade dos produtos ou serviços está relacionada ao grau em que as expectativas do cliente estão sendo atendidas.

10.4.2. Qualidade do Serviço Público e Qualidade do Setor Público

Diante disso, observa-se que a qualidade do gasto público é algo diverso da qualidade da prestação do serviço público. Aquela está relacionada ao desempenho ou aos resultados da gestão pública, enquanto esta está relacionada às características supramencionadas, tais como, consistência, competência, velocidade do atendimento, atmosfera, credibilidade, acesso, tangíveis e custo.

A qualidade dos gastos públicos também não se confunde com a qualidade do setor público, que é avaliada somente em relação às funções do Estado. Segundo o economista italiano Vito Tanzi, a qualidade do setor público é a característica que permite o setor público perseguir os seus objetivos do modo mais eficiente possível (TANZI, 1999).

Segundo o autor, *"um setor público de alta qualidade não é o mesmo que uma política econômica de alta qualidade. Um setor público de alta qualidade é simplesmente o instrumento que facilita a formulação e a implementação de boas políticas"* (tradução livre) (TANZI, 1999)[208].

Segundo Tanzi, o setor público de alta qualidade requer um sistema tributário eficiente e um sistema de despesas que minimiza as despesas improdutivas e ineficientes. Outros requisitos são apontados por Vito Tanzi como indicativos de um setor público de alta qualidade:

a) regras/regulamentação: a qualidade do setor público é maior quando as leis são relativamente poucas, claramente escritas (e, portanto, não sujeitas à interpretação conflitante), compreensíveis e não conflitantes entre si;

---

[208] "(...) high quality public sector is not necessarily the same thing as a high quality economic policy. A high quality public sector is simply the instrument that facilitates the formulation and the implementation of good policy".

b) sinergia;
c) transparência;
c) ausência de corrupção.

Desta forma, embora a expressão "qualidade do gasto público" não se identifique com a "qualidade do serviço público" ou a "qualidade do setor público", estes conceitos estão relacionados.

O termo "qualidade" é muito genérico, pelo seu caráter multidimensional, não fornece muitas informações acerca do objeto em questão, no caso o gasto público.

Diante disso, ainda que a expressão "qualidade do gasto público" seja usual, citada por diversos autores, no Brasil e no exterior, ela é ambígua e dispensável, podendo ser perfeitamente substituível pelos resultados da gestão pública ou por uma de suas dimensões: economicidade, eficiência, eficácia ou efetividade.

10.5. Síntese

Os resultados do gasto público podem ser expressos por suas dimensões de desempenho: economicidade, eficácia, eficiência e efetividade. A economicidade está relacionada à aquisição dos insumos da ação administrativa nas melhores condições. A eficácia diz respeito ao grau de atingimento dos objetivos propostos. A eficiência diz respeito à relação entre os produtos e os insumos. A efetividade diz respeito ao impacto da ação governamental no público-alvo. Em razão disso, a economicidade é a que se aplica ao gasto público em sentido estrito e as demais se referem a todo o processo de concretização da despesa pública.

As dimensões de economicidade, eficácia e eficiência foram contempladas como princípios jurídicos explícitos pela Constituição Federal, o mesmo não acontecendo com a efetividade, possivelmente, em razão de esta estar sujeita a fatores exógenos à ação administrativa.

Todos os 4 E's são aplicáveis às diversas etapas do ciclo da política pública. É na tomada de decisão que a eficiência deve prevalecer na escolha da melhor alternativa formulada. Na identificação do problema, deve-se realizar estudos que permitam que as intervenções estatais sejam mais efetivas. A implementação deverá se pautar pela eficácia, atingimento dos objetivos propostos, e pela economicidade na aquisição dos insumos. Por fim, a avaliação deverá revelar os 4 E's da política pública, propiciando informações que retroalimentem o ciclo da política pública, de forma a corrigir os erros e formular novas alternativas que sejam mais eficientes e efetivas.

A expressão "qualidade do gasto público", embora seja usual e citada por diversos autores, no Brasil e no exterior, é ambígua e dispensável, podendo ser perfeitamente substituível pelos resultados da gestão pública ou por uma de suas dimensões: economicidade, eficiência, eficácia ou efetividade.

11. Transparência, Prestação de Contas e Controle

"Nossa sociedade precisa de cidadãos responsáveis, pessoas que não deixem de fazer perguntas críticas por medo de se decepcionar. Nossa sociedade precisa de indivíduos atentos, que não repassem sua responsabilidade aos messias, líderes ou chefes da manada, e que estejam dispostos e tenham condições de diferenciar as boas informações das ruins e, com base nas boas informações, tomar decisões corretas"

"Assim, precisávamos frequentemente tomar decisões: quais vazamentos deveriam ser colocados sob os holofotes? Quais documentos deveriam ficar armazenados com muitos milhares de outros materiais não publicados nos servidores? (...) Cada escolha é uma espécie de censura – e a censura é uma intervenção política. Em tese, ela já começa quando os participantes concordam com a opção por certo tema e desviam a atenção pública para um problema específico" (Daniel Domscheit-Berg)

A transparência, a prestação de contas e o controle das despesas públicas são tópicos inter-relacionados. Estes tópicos abarcam questões acessórias do gasto público, mas não irrelevantes ou desimportantes, estando relacionadas a deveres a serem cumpridos, geralmente, após à realização da despesa propriamente dita.

O princípio da transparência, o dever de prestar contas e a sua sujeição ao controle estatal e social fazem parte do regime jurídico básico do gasto público.

O DIREITO DOS GASTOS PÚBLICOS NO BRASIL

Entretanto, deve-se alertar que o descumprimento destes mandamentos raramente acarreta nulidade da despesa pública, sendo mais comum, nesta hipótese, a responsabilização dos gestores públicos e dos entes públicos. Em algumas hipóteses excepcionais, a lei prescreve que a eficácia do ato esteja condicionada à sua publicidade[209].

Neste capítulo, faz-se um panorama da transparência da despesa pública, abordando a sua evolução e o longo caminho que ainda deve ser percorrido. Em seguida, aborda-se o dever de prestar contas, o de justificação das despesas e o dever de colaboração perante o Tribunal de Contas.

11.1. Conceito de Transparência do Gasto Público

Diversas expressões são usadas pelos juristas e economistas para designar determinados aspectos ou a própria integralidade da transparência pública: "transparência fiscal", "transparência na gestão fiscal", "transparência administrativa", "transparência na gestão pública", "transparência orçamental", etc.

Ao se falar em transparência pública, vem à mente as ideias de publicidade e de acesso à informação dos atos praticados pelo Estado, num contexto de distanciamento entre o Estado e o cidadão. A transparência é justamente um mecanismo que aproxima o Estado do cidadão, permitindo que este participe mais ativamente da condução dos negócios públicos.

Wallace Paiva Martins Júnior, nesta linha, entende que o princípio da transparência administrativa é decorrência do princípio democrático, sendo composto por três subprincípios (e instrumentos): o princípio da publicidade, da motivação e da participação popular (MARTINS JÚNIOR, 2004).

A publicidade é *"um dos expoentes mais qualificados da transparência, obrigando a Administração Pública à exposição de todo e qualquer comportamento administrativo e conferindo certeza a condutas estatais e segurança aos administrados"*. É o primeiro estágio da transparência administrativa ao permitir o conhecimento e o acesso aos negócios públicos (MARTINS JÚNIOR, 2004, p. 19).

---

[209] *Vide*, por exemplo, o art. 26, *caput*, da Lei nº 8.666/1993, que condiciona a eficácia da dispensa ou inexigibilidade de licitação à sua publicação na imprensa oficial. No art. 61, parágrafo único, da mesma lei, exige-se a publicação resumida do instrumento de contrato na imprensa oficial como condição de eficácia do contrato.

TRANSPARÊNCIA, PRESTAÇÃO DE CONTAS E CONTROLE

A participação popular decorre e é proporcionada pela transparência administrativa, com a finalidade de, a partir do conhecimento viabilizado pela publicidade, possibilitar uma atuação mais ativa do administrado (MARTINS JÚNIOR, 2004).

A motivação, terceiro subprincípio, é vista como um ponto de ligação entre a transparência e o devido processo legal. Nas palavras do autor (MARTINS JÚNIOR, 2004, p. 25-26):

> "Como meio de externação dos motivos condutores do ato e requisito de validade do ato, a motivação garante aos administrados o conhecimento das razões e fundamentos e serve como parâmetro para o diagnóstico da fidelidade aos princípios da Administração Pública e para a mensuração da materialidade, qualificação jurídica e adequação dos fatos e da decisão tomada, considerados o objeto e a finalidade".

A motivação impõe-se, sobretudo, no contexto da intervenção estatal na vida das pessoas (MARTINS JÚNIOR, 2004)[210].

Segundo o autor, os três componentes (publicidade, motivação e participação popular) interagem e relacionam-se mutuamente: a publicidade permite o conhecimento do ato; a motivação é reforçada pela publicidade nos aspectos da exteriorização dos fundamentos e de sua comunicação; a participação popular pressupõe a abertura dada pela publicidade, viabilizando a integração e influência no processo decisório (MARTINS JÚNIOR, 2004).

Sérgio Assoni Filho também relaciona os conceitos de publicidade, transparência, participação popular e democracia. Segundo o autor (ASSONI FILHO, 2009, p. 257):

> "A visibilidade dos atos e decisões governamentais tem como finalidade alcançar a transparência da gestão pública, no sentido de que esta última deve ser reconhecida pela busca efetiva de participação popular na determinação dos objetivos traçados pelos gestores, como fruto de um embate argumentativo ocasionado no meio social, do qual decorrem as propostas para a implementação das políticas públicas".

---

[210] Reforça esta assertiva o disposto nos incisos I e II do art. 50 da Lei nº 9.874/1999 (Lei de Processo Administrativo Federal), segundo os quais, os atos administrativos deverão ser motivados, com indicação dos fatos e dos fundamentos jurídicos, quando neguem, limitem ou afetem direitos ou interesses ou imponham ou agravem deveres, encargos ou sanções.

O DIREITO DOS GASTOS PÚBLICOS NO BRASIL

Segundo Assoni Filho, a participação popular neste processo decisório tem como importante resultado prático o alcance da legitimidade na tomada das decisões governamentais (ASSONI FILHO, 2009).

A transparência do gasto público nada mais é do que um subconjunto da transparência pública, restrito à despesa pública em sentido amplo. Portanto, a transparência do gasto público não se restringe à publicidade dos gastos, mas abarca também a participação popular e a motivação. Este último sub-princípio é traduzido como justificação da despesa.

11.2. Evolução da Transparência do Gasto Público no Brasil

A transparência do gasto público teve muitos avanços, legislativos e administrativos, recentemente, mas ainda tem um longo caminho a ser percorrido para que seja atingida a sua plenitude. É provável, ainda, que o cidadão nunca obtenha o pleno conhecimento do que ocorre no Estado, até mesmo, porque há matérias relacionadas à segurança do Estado e à intimidade e privacidade dos cidadãos que estão excluídas do acesso e da divulgação pública (art. 5º, XXXIII, CF/88).

Dentre os avanços administrativos, podemos citar os Portais Públicos de Transparência (por exemplo, o Portal da Transparência administrado pela CGU) e os sítios eletrônicos de licitações públicas (tais como, o Comprasnet do Governo Federal), que surgiram mesmo antes de eventual obrigatoriedade legal.

Dentre os marcos legislativos da transparência do gasto público no Brasil, podemos citar:

a) a Constituição Federal de 1988;
b) a Lei nº 9.755, de 16/12/1998 (Home Page Contas Públicas);
c) Lei Complementar nº 101/2000 (Lei de Responsabilidade Fiscal);
d) Lei Complementar nº 131/2009 ("Lei da Transparência");
e) Lei nº 12.527/2011 (Lei de Acesso à Informação).

Na Constituição Federal de 1988, já se observa alguns avanços em relação ao Regime Constitucional anterior. Entretanto, à época da sua promulgação, a rede mundial de computadores (Internet) e os próprios recursos de tecnologia da informação, que viabilizam a efetivação do princípio da transparência, ainda não estavam tão difundidos, motivo pelo qual as normas de transparência contidas na Carta Constitucional não contemplam este instrumento, diferentemente, do que ocorre com a legislação surgida a partir do final da

TRANSPARÊNCIA, PRESTAÇÃO DE CONTAS E CONTROLE

década de 1990. Além disso, a transparência na Constituição tem, via de regra, um sentido amplo, abrangendo, mas não se restringindo aos gastos públicos (transparência pública).

Consta da Carta Magna o direito fundamental de receber dos órgãos públicos informações de seu interesse particular, ou de interesse coletivo ou geral, que deverão ser prestadas no prazo da lei, sob pena de responsabilidade, ressalvadas aquelas cujo sigilo seja imprescindível à segurança da sociedade e do Estado (art. 5º, inciso XXXIII, CF/88). Tal dispositivo serviu de fundamento constitucional para o acesso à informação regulamentado pela Lei nº 12.527/2011, a Lei de Acesso à Informação (LAI).

A CF/88 também prescreveu a publicidade como princípio da Administração Pública (art. 37, *caput*) e vedou que a "publicidade" (atividade profissional de difusão comercial) dos atos, programas, obras e campanhas do Estado fosse usada para outros fins que não os de caráter educativo, informativo ou de orientação social (art. 37, § 1º).

A CF/88 ainda prescreveu a publicação pelo Poder Executivo do Relatório Resumido de Execução Orçamentária (RREO), que deverá conter as Receitas e Despesas executadas pelo ente federado, num determinado bimestre (art. 165, § 5º). Neste relatório, as despesas apresentam-se agregadas e não individualizadas.

No caso dos municípios, a CF/88 estabeleceu que as suas contas deverão ficar, por 60 dias, anualmente, à disposição de qualquer contribuinte, para exame e apreciação o qual poderá questionar-lhes a legitimidade, nos termos da lei (art. 31, § 3º).

Com o advento da Emenda Constitucional nº 19/1998, foram introduzidas duas disposições constitucionais relativas à transparência. Prescreveu-se que a lei deveria disciplinar a participação do usuário de serviços públicos na Administração Pública, regulando, principalmente, o acesso a registros administrativos e a informações sobre atos de governo, observado o disposto no art. 5º, incisos X e XXXIII da CF/88 (art. 37, § 3º, II, CF/88).

Ademais, prescreveu que os Poderes da República deveriam publicar anualmente os valores dos subsídios e da remuneração dos seus cargos e empregos públicos (art. 39, § 6º, da CF/88, alterada pela EC nº 19/1998).

A Lei nº 9.755, de 16/12/1998, também foi outro marco no avanço da transparência dos gastos públicos. Ela determinou ao Tribunal de Contas da União a criação e administração de um sítio eletrônico "Contas Públicas" com dados e informações relativa à execução orçamentária da União, Estados, Distrito

O DIREITO DOS GASTOS PÚBLICOS NO BRASIL

Federal e Municípios. No tocante ao gasto público, a Homepage deveria disponibilizar, relativamente aos entes federados:

a) o Relatório Resumido da Execução Orçamentária (RREO);
b) os Resumos de Instrumentos de Contrato e Aditivos e as comunicações ratificadas pela autoridade superior, relativas as contratações diretas, previstas na Lei nº 8.666/1993;
c) as relações mensais de compras feitas pela Administração Direta e Indireta.

A Homepage "Contas Públicas" pode ser vista como uma precursora dos atuais Portais da Transparência. Apesar de prescrever prazos para divulgação das informações pelo TCU, a lei não estabeleceu a obrigação de os entes subnacionais encaminharem ao referido Tribunal as informações requeridas ou as disponibilizarem em seus sítios eletrônicos. O assunto foi regulamentado pela Instrução Normativa TCU nº 28 de 5/5/1999.

Entretanto, a medida é de constitucionalidade questionável, uma vez que lei ordinária ou a Instrução Normativa do TCU não são espécies legislativas aptas a veicular normas gerais de direito financeiro, vinculando os entes subnacionais. Nos termos do art. 163, inciso I, da CF/88, exige-se Lei Complementar para estabelecer normas gerais sobre finanças públicas.

Nada obstante, os itens relacionados na Lei já são de publicação obrigatória pelos entes federados, seja com base na Constituição Federal, seja com base em leis nacionais, tais como, a Lei nº 8.666/1993. Por sua vez, a Lei nº 4.320/1964, que estabelece normas gerais de direito financeiro, obriga os entes federados a fornecerem informações e balanços ao Conselho Técnico de Economia e Finanças do Ministério da Fazenda para fins da publicação do Balanço Consolidado do Setor Público (art. 112).

O próximo marco da transparência é a Lei Complementar nº 101/2000 (Lei de Responsabilidade Fiscal), cujo Capítulo IX é dedicado à Transparência, Controle e Fiscalização. A LRF, nestes dispositivos, dispõe sobre a transparência da gestão fiscal ou transparência fiscal, conceitos que tratam os dados sobre a despesa pública de forma agregada, com a preocupação de evidenciar a situação fiscal do país aos investidores ou credores, nacionais ou internacionais, demonstrando a sua capacidade (ou não) de honrar os seus compromissos financeiros. Esta visão é coerente com o contexto fiscal da época em que a lei foi editada, ou seja, o período em que a "âncora cambial" do programa de estabilização do Governo Federal foi substituída pela "âncora fiscal", no momento pós-crise cambial de 1999.

TRANSPARÊNCIA, PRESTAÇÃO DE CONTAS E CONTROLE

No art. 48 da LRF, foram estabelecidos os instrumentos de transparência da gestão fiscal, que merecerão ampla divulgação, inclusive pela Internet:

a) os planos, orçamentos e lei de diretrizes orçamentárias;
b) as prestações de contas e o parecer prévio sobre as contas;
c) o relatório resumido da execução orçamentária e o relatório de gestão fiscal;
d) as versões simplificadas destes documentos.

Segundo a LRF, a participação popular e a realização de audiências públicas durante os processos de elaboração e discussão dos planos, LDO e orçamentos seriam outros mecanismos para assegurar a transparência da gestão fiscal (art. 48, parágrafo único, LRF – versão original).

Na LRF, a transparência da gestão fiscal abarcou, ainda, as prestações de contas do Chefe do Poder Executivo (art. 49) e dos chefes dos demais Poderes e Ministério Público (art. 56), a escrituração contábil e a consolidação das contas (arts. 50 e 51) e os relatórios RREO (arts. 52 e 53) e RGF (arts. 54 e 55).

Importante notar que, no caso de descumprimento pelos entes subnacionais dos deveres relativos à transparência fiscal, foram estabelecidas as chamadas "sanções institucionais". Com efeito, o descumprimento do prazo para publicação do RREO (30 dias após o encerramento de cada bimestre) sujeita os entes à vedação do recebimento de transferências voluntárias e à vedação à contratação de operações de crédito (art. 52, § 2º, LRF). Da mesma forma, o descumprimento dos prazos para envio de informações sobre as contas para fins de consolidação. Ademais, incorre nas mesmas sanções institucionais os entes ou poderes e órgãos autônomos em caso de descumprimento do prazo para publicação do Relatório de Gestão Fiscal (art. 55, § 3º).

A falta de publicação do Relatório de Gestão Fiscal, nos prazos e condições previstas em lei, ainda é uma conduta mais grave, pois, além da sanção institucional prevista ao ente, poder ou órgão, importa na responsabilidade pessoal do agente público que der causa à falta, sujeitando-o à multa de até 30% dos vencimentos anuais, nos termos do inciso I e § 1º do art. 5º da Lei nº 10.028/2000 ("Lei dos Crimes Fiscais").

A Lei Complementar nº 131/2009, chamada de Lei da Transparência, também promoveu importantes alterações na Lei de Responsabilidade Fiscal no tocante à transparência fiscal, conferindo publicidade às despesas singularmente consideradas/pormenorizadas e reforçando a importância dos sistemas informatizados de administração financeira, tais como, o SIAFI e o SIAFEM.

O DIREITO DOS GASTOS PÚBLICOS NO BRASIL

Para assegurar a transparência, a Lei Complementar nº 131/2009, obrigou os entes a liberar ao pleno conhecimento e acompanhamento da sociedade, em tempo real, de informações pormenorizadas sobre a execução orçamentária e financeira, em meios eletrônicos de acesso público (Internet).

Com efeito, os entes deverão disponibilizar, no tocante à despesa pública, informações sobre os atos praticados nas Unidades Gestoras no decorrer da execução da despesa, no momento da sua realização, com a disponibilização mínima dos dados referentes ao número correspondente do processo, ao bem fornecido ou serviço prestado, à pessoa física ou jurídica beneficiária e ao processo licitatório correspondente (art. 48-A, inciso I , da LRF, incluído pela LC 131/2009).

Além disso, para assegurar a transparência, os entes federados deveriam adotar um sistema integrado de administração financeira que atenda aos padrões mínimos de qualidade definidos pelo Poder Executivo Federal (art. 48, parágrafo único, inciso III, da LRF, incluído pela LC 131/2009).

Foram estabelecidos prazos para o cumprimento das determinações constantes da LC 131/2009, segundo o porte do ente federado. Em caso de descumprimento, os mesmos estão sujeitos à suspensão das transferências voluntárias, enquanto perdurar este fato (arts. 73-B e 73-C, da LRF, incluído pela LC 131/2009).

A última etapa da evolução legislativa sobre a transparência foi a Lei de Acesso à Informação (LAI), Lei nº 12.527/2011, que veio regulamentar e conferir eficácia ao art. 5º, inciso XXXIII[211], ao art. 37, § 3º, II[212], e ao art. 216[213], todos, da CF/88.

---

[211] Art. 5º, inciso XXXIII, CF/88: "Todos têm direito a receber dos órgãos públicos informações de seu interesse particular, ou de interesse coletivo ou geral, que serão prestadas no prazo da lei, sob pena de responsabilidade, ressalvadas aquelas cujo sigilo seja imprescindível à segurança da sociedade e do Estado".

[212] Art. 37, § 3º, CF/88: "§ 3º A lei disciplinará as formas de participação do usuário na administração pública direta e indireta, regulando especialmente:

I – as reclamações relativas à prestação dos serviços públicos em geral, asseguradas a manutenção de serviços de atendimento ao usuário e a avaliação periódica, externa e interna, da qualidade dos serviços;

II – o acesso dos usuários a registros administrativos e a informações sobre atos de governo, observado o disposto no art. 5º, X e XXXIII".

[213] "Art. 216. Constituem patrimônio cultural brasileiro os bens de natureza material e imaterial, tomados individualmente ou em conjunto, portadores de referência à identidade, à

TRANSPARÊNCIA, PRESTAÇÃO DE CONTAS E CONTROLE

A LAI estabelece os procedimentos para assegurar o direito fundamental de acesso à informação, inclusive, no tocante aos gastos realizados por *"órgãos públicos integrantes da administração direta dos Poderes Executivo, Legislativo, incluindo as Cortes de Contas, e Judiciário e do Ministério Público"* e pelas *"as autarquias, as fundações públicas, as empresas públicas, as sociedades de economia mista e demais entidades controladas direta ou indiretamente pela União, Estados, Distrito Federal e Municípios"* (art. 1º, parágrafo único).

O acesso à informação relativa à despesa pública fica evidente, quando a lei garante a publicidade da aplicação dos recursos recebidos por entidades privadas sem fins lucrativos, diretamente do orçamento ou mediante subvenções sociais, contrato de gestão, termo de parceria, convênios, acordo, ajustes ou outros instrumentos congêneres, para a realização de ações de interesse público (art. 2º). Este dispositivo constitui importante indicativo de que as despesas realizadas por entidades privadas com recursos públicos são também despesas públicas (*vide* item 2.3.2.).

No art. 8º, a LAI disciplina a chamada "transparência ativa", que é a divulgação de dados por iniciativa do próprio setor público, tornadas públicas independentemente de requerimento, utilizando principalmente a internet[214]:

> "Art. 8º É dever dos órgãos e entidades públicas promover, independentemente de requerimentos, a divulgação em local de fácil acesso, no âmbito de suas competências, de informações de interesse coletivo ou geral por eles produzidas ou custodiadas.
>
> § 1º Na divulgação das informações a que se refere o **caput**, deverão constar, no mínimo:
>
> I – registro das competências e estrutura organizacional, endereços e telefones das respectivas unidades e horários de atendimento ao público;
>
> II – registros de quaisquer repasses ou transferências de recursos financeiros;
>
> III – registros das despesas;

ação, à memória dos diferentes grupos formadores da sociedade brasileira, nos quais se incluem:

(...)

§ 2º – Cabem à administração pública, na forma da lei, a gestão da documentação governamental e as providências para franquear sua consulta a quantos dela necessitem".

[214] Cf. http://www.acessoainformacao.gov.br.

O DIREITO DOS GASTOS PÚBLICOS NO BRASIL

IV – informações concernentes a procedimentos licitatórios, inclusive os respectivos editais e resultados, bem como a todos os contratos celebrados;

V – dados gerais para o acompanhamento de programas, ações, projetos e obras de órgãos e entidades; e

VI – respostas a perguntas mais frequentes da sociedade.

Nos artigos 10 a 20, a LAI disciplina os procedimentos concernentes à "transparência passiva", que é a disponibilização de informações públicas em atendimento a demandas específicas de uma pessoa física ou jurídica[215].

Merece destaque, pelo caráter inovador, a disciplina legal da restrição de acesso à informação, nos artigos 21 a 31.

Por fim, a LAI também prevê a responsabilização administrativo-disciplinar dos agentes públicos, civis ou militares por violações aos preceitos da Lei (art. 32) e, ainda, por particulares que detenham informações de natureza pública em virtude de vínculo de qualquer natureza com o Poder Público (art. 33).

11.3. O Longo Caminho a Percorrer

Sem dúvida, a evolução legislativa e das práticas administrativas atinentes à transparência pública após a redemocratização do Brasil é notável. Entretanto, após esta longa trajetória, muito ainda falta a percorrer para que a transparência proporcione informação que permita ao cidadão influir, de forma relevante, na atuação da administração pública, favorecendo o uso racional dos recursos públicos.

Preliminarmente, impende salientar que os dados primários sobre gastos públicos, de natureza contábil, obtidos através dos sistemas de administração financeira, não são, diretamente, úteis para destinatário final da informação: o cidadão, o parlamentar, gestor público de alto nível, o credor do poder público ou investidor privado.

Obviamente, cada um destes usuários tem um interesse específico na informação sobre o gasto público, que necessita de um tratamento prévio, também específico, que pode ser feito por meio dos órgãos de controle, interno e externo, por meio de auditorias privadas, bancos, agências de rating,

---

[215] Cf. http://www.acessoainformacao.gov.br.

TRANSPARÊNCIA, PRESTAÇÃO DE CONTAS E CONTROLE

sindicatos, organizações não-governamentais (por exemplo, ONG Contas Abertas) e a própria imprensa.

A análise e interpretação dos dados é fundamental para que a informação possa ter utilidade para o seu usuário.

Ocorre, que o art. 13, inciso III, do Decreto nº 7.724/2012, que regulamenta a LAI, dispõe que não serão atendidos os pedidos de informação *"que exijam trabalhos adicionais de análise, interpretação ou consolidação de dados e informações, ou serviço de produção ou tratamento de dados que não seja de competência do órgão ou entidade"*.

Tal dispositivo pode servir de pretexto para o indeferimento de pedidos de informação, quando a Administração não deseja revelar informações importantes ao cidadão. Afinal, a análise, interpretação, consolidação e tratamento dos dados são atribuições inerentes à função administrativa, mas nem sempre estão expressamente listadas nas competências dos órgãos e das entidades. Às vezes, os gestores das políticas públicas fazem parte de um órgão/ /departamento e os responsáveis pela execução da despesa fazem parte de outro, não cabendo ao cidadão desvendar de quem é a competência para prestar a informação desejada.

Da mesma forma, as outras exceções ao pedido de informação previstas no art. 13, incisos I e II, do referido Decreto, também dão margem à apreciação subjetiva, podendo negar a prestação de informações relevantes.

Do ponto de vista do cidadão, interessa saber como estão sendo aplicados os recursos públicos. E a resposta a esta questão não é simples. A transparência do gasto público não pode estar restrita à despesa em sentido estrito, devendo contemplar os processos e os resultados da ação governamental.

Os resultados das políticas e programas públicos são geralmente medidos por meio de um sistema de indicadores de economicidade, eficiência, eficácia e efetividade. Este sistema de medição pode exigir acesso a diversas fontes de informação. Diversos agentes públicos podem ser necessários para alimentar os bancos de dados destas fontes. Pesquisas também podem ser necessárias. Enfim, a transparência do gasto público tem custos.

A importância dos resultados para a transparência é tamanha que Valentín Bote *et al.*, autores espanhóis, construíram toda a sua obra "Transparencia Pública" focados na avaliação de programas públicos (BOTE *et al.*, 2007). Nas palavras dos autores (BOTE *et al.*, 2007, p. 27-28):

> "La evaluación de los resultados de los programas públicos resulta clave em **la respuesta que desde el sector público se debe dar ante la demanda ciudadana de un incremento em la eficiência**. No sólo juega um papel cen-

O DIREITO DOS GASTOS PÚBLICOS NO BRASIL

tral em el incremento de la eficiência operativa y estratégica de las Administraciones Públicas, sino que su papel también desborda el ámbito técnico y de gestión para, con total propriedade, **reclamar un papel político relevante em la medida en que aspira a proporcionar información útil para la toma de decisiones políticas**" (grifo nosso).

Ao cidadão também interessa saber quem paga e quem se beneficia de um programa público. Trata-se de informação relevante para aferir o atendimento da justiça financeira.

11.4. Transparência das Renúncias de Receitas e dos Benefícios Creditícios

A transparência das renúncias de receitas e dos benefícios creditícios faz parte deste caminho a ser percorrido mencionado no item anterior.

A Constituição Federal e a Lei de Responsabilidade Fiscal se preocuparam especificamente com a transparência das renúncias de receitas e dos benefícios de natureza creditícia. E esta também tem sido a principal preocupação e economistas.

Segundo o art. 165, § 6º, da Constituição Federal,

> "O projeto de lei orçamentária será acompanhado de demonstrativo regionalizado do efeito, sobre as receitas e despesas, decorrente de isenções, anistias, remissões, subsídios e benefícios de natureza financeira, tributária e creditícia".

A Lei de Responsabilidade Fiscal preocupa-se com a transparência do impacto fiscal das operações das agências oficiais de fomento, tais como, o BNDES, exigindo que uma avaliação circunstanciada deste impacto conste da Prestação de Contas apresentada pelo Chefe do Poder Executivo ao Congresso Nacional, nos termos do art. 49, parágrafo único, *verbis*:

> "Art. 49 (...)
> Parágrafo único. A prestação de contas da União conterá demonstrativos do Tesouro Nacional e das agências financeiras oficiais de fomento, incluído o Banco Nacional de Desenvolvimento Econômico e Social, especificando os empréstimos e financiamentos concedidos com recursos oriundos dos orçamentos fiscal e da seguridade social e, no caso das agências financeiras, **avaliação circunstanciada do impacto fiscal de suas atividades no exercício**" (grifo nosso).

TRANSPARÊNCIA, PRESTAÇÃO DE CONTAS E CONTROLE

Nas palavras de José Serra, ex-Deputado Federal, relator da Comissão Temática sobre Tributação, Orçamento e Finanças da Constituinte de 1988, já se pronunciava sobre o disposto do art. 165, § 6º, da CF/88 (SERRA, 1989):

> "São itens que representam 'gastos' cujo conhecimento, hoje, só é menos obscuro do que a forma como são decididos. Sua reiterada explicitação representará um largo passo o sentido de uma avaliação qualitativa e quantitativa mais adequada da alocação dos recursos públicos".

Nesta linha, a transparência das renúncias de receitas e dos benefícios de natureza creditícia não pode ficar limitada à divulgação do montante estimado destes gastos em sentido amplo e com o seu efeito regionalizado.

Ao cidadão interessa saber: os resultados do gasto tributário e dos benefícios creditícios; quais os objetivos destas despesas em sentido amplo; se estes objetivos estão sendo alcançados, saber se constituem uma boa política, levando-se em conta a eficiência econômica, a justiça e a equidade; como se relacionam com outros programas de gasto; saber quem se beneficia destes gastos em sentido amplo, dentre outras questões que permitam reconsiderar, se for o caso, os referidos gastos, eliminando-os e substituindo-os por instrumentos mais eficazes e eficientes, e, porque não dizer, mais transparentes.

A resposta a estas questões torna-se ainda mais imprescindível quando se observa o expressivo montante dos gastos tributários e dos benefícios creditícios (*vide* 16.4.2.), o que vem representando enormes desafios ao exercício do controle.

11.5. Os perigos da Transparência Ativa

É importante fazer um alerta quanto à transparência ativa da despesa pública, especialmente, quando houver ênfase na divulgação parcial de dados e informações relativas às despesas públicas. Transparência ativa é a divulgação de informações de informações independentemente de requerimento disciplinada no art. 8º da LAI.

Por mais paradoxal que possa parecer, a divulgação parcial não deixa de ser uma forma de censura, tendo em vista que a atenção do cidadão tem limites. É limitado, também, o espaço de divulgação nos órgãos de imprensa. Se este espaço tiver sido preenchido, não haverá espaço para outras informações, por mais relevantes que sejam.

Cabe fazer uma analogia com o foco de luz num teatro. Quando a luz foca em determinada área do teatro ou num personagem específico, as atenções do público se voltam para esta área ou personagem, deixando de lado o que acontece fora da área iluminada.

É o caso, por exemplo, da extensa publicidade conceida às remunerações ou subsídios de servidores e agentes públicos, de forma individualizada, tal como, ocorreu após a edição do Decreto nº 7.724/2012 (*vide* art. 7º, § 3º, VI[216]), será este o foco de atenção da imprensa e da população, independentemente da informação sobre a produtividade daquele funcionário ou não.

Neste caso concreto, o controle social é pouco eficaz, uma vez que, salvo quanto ao teto constitucional, a mera divulgação não permite aferir sobre a regularidade ou não da referida remuneração/subsídio. Para tal aferição, há a necessidade de examinar todo o assento funcional do agente público.

Portanto, ainda que existam outros itens de despesa com maior materialidade e relevância, ainda que haja itens mais sujeitos a riscos de ilegalidade, ou cujo controle social seja mais eficaz, é, em relação, aquele item enfaticamente divulgado que a atenção da opinião pública estará voltada.

A título de exemplificação, a divulgação da compra da tapioca pelo Ministro do Esporte[217] com o Cartão de Pagamento do Governo Federal (CPGF) foi maior que o prejuízo sofrido pelo Fundo Soberano[218]. Inúmeros Acórdãos do TCU que geram condenações mais elevadas ou que tratam de assuntos mais relevantes para a administração pública não receberam o mesmo tratamento da imprensa que a referida tapioca.

Outra questão importante é a divulgação de dados brutos sem a devida contextualização, análise, tratamento ou esclarecimentos pode transmitir impressões equivocadas acerca das despesas.

É o que faz a ONG Contas Abertas[219], na seção denominada "Carrinho de Compras", onde divulga despesas "curiosas" feitas pelos órgãos e entidades públicas, mas sem nenhuma análise ou contextualização, não transmitindo,

---

[216] Inclui, dentre as informações a serem divulgadas no âmbito da Transparência Ativa, "a remuneração e subsídio recebidos por ocupante de cargo, posto, graduação, função e emprego público, incluindo auxílios, ajudas de custo, **jetons** e quaisquer outras vantagens pecuniárias, bem como proventos de aposentadoria e pensões daqueles que estiverem na ativa, de maneira individualizada, conforme ato do Ministério do Planejamento, Orçamento e Gestão".

[217] Cf. http://www1.folha.uol.com.br/folha/brasil/ult96u390119.shtml.

[218] Cf. http://goo.gl/3pzVlC.

[219] Cf. http://www.contasabertas.org.br.

TRANSPARÊNCIA, PRESTAÇÃO DE CONTAS E CONTROLE

portanto, nenhuma informação relevante ao cidadão a tal ponto de ter que fazer o seguinte alerta a cada publicação:

> "Vale ressaltar que, a princípio, não existe nenhuma ilegalidade nem irregularidade neste tipo de gasto feito pela União e que o eventual cancelamento de tais empenhos certamente não ajudaria, por exemplo, na manutenção do superávit do governo ou em uma redução significativa de despesas. A intenção de publicar essas aquisições é popularizar a discussão em torno dos gastos públicos junto ao cidadão comum, no intuito de aumentar a transparência e o controle social, além de mostrar que a Administração Pública também possui, além de contas complexas, despesas curiosas".

De fato, determinadas despesas que podem ser razoáveis ou necessárias à implementação de determinados programas ou para o andamento do serviço público, mas sob o ponto de vista do cidadão comum podem parecer incompreensíveis.

11.6. Dever de Prestar Contas e Sujeição ao Controle

Uma das finalidades da transparência e dos seus subprincípios, publicidade e motivação, é justamente propiciar o exercício do controle, em especial, do controle social.

O controle é, entretanto, um conceito muito mais amplo, mesmo quando restrito à administração pública, conforme revela a definição de Hely Lopes Meirelles (MEIRELLES, 1994, p. 570): *"Controle, em tema de administração pública, é a faculdade de vigilância, orientação e correção que um Poder, órgão ou autoridade exerce sobre a conduta funcional de outro".*

O princípio do controle é corolário do Estado Democrático de Direito (art. 1º, *caput*, CF/88) e incide sobre todas as funções estatais. Não poderia, portanto, deixar de incidir sobre a realização da despesa pública.

José Pascual García esclarece que é por meio de um sistema de controles políticos, técnicos e administrativos, e não pela via processual, que se garante que o Poder Público destine recursos dos cidadãos à cobertura das necessidades públicas. Nas palavras do autor (GARCÍA, 2005, p. 147):

> "Las garantias de que los poderes públicos destinen los recursos que administran de los ciudadanos a la cobertura de las necesidades públicas no se han articulado tanto a través de la vía procesal, de difícil aplicación en el campo del gasto, cuanto a través de um sistema de controles políticos, técnicos y administrativos".

Ainda segundo García, os mencionados controles afetam o gasto público em toda a sua dinâmica (GARCÍA, 2005):

a) antes do nascimento, através da aprovação do orçamento pelo Parlamento;
b) quando se executa, mediante uma sucessão de atos administrativos, a cada um dos quais precede ou acompanha um ato de controle e segue um ato contábil, que, dentre outras, cumpre um fim de controle;
c) uma vez realizado, mediante a fiscalização das contas e da gestão dos entes públicos.

Um destes controles a posteriori impõe ao gestor **o dever de prestar contas dos recursos geridos**. Em linguagem coloquial, o dever de prestar contas traduz-se em uma satisfação que o gestor deve prestar ao titular dos recursos geridos.

O dever tem por fundamento a separação entre a gestão e a propriedade dos recursos (bens, dinheiros e valores), presente tanto em organizações de direito privado, quanto em organizações de direito público (GOMES, 2012).

No direito público, o dever de prestar contas está previsto de forma ampla no art. 70, parágrafo único, da Constituição Federal:

> "Prestará contas qualquer pessoa física ou jurídica, pública ou privada, que utilize, arrecade, guarde, gerencie ou administre dinheiros, bens e valores públicos ou pelos quais a União responda, ou que, em nome desta, assuma obrigações de natureza pecuniária.

Na definição de Luis Miguel Téllez Mellado, a prestação de contas é um processo formal de controle legal e financeiro, o qual obriga as autoridades do serviço público a colocar à disposição da Controladoria a informação que permite avaliar a adequada utilização dos recursos postos à disposição destas autoridades (MELLADO, 2007).

A Lei nº 13.019/2014, que disciplina a relação entre o Estado e as Organizações da Sociedade Civil – OSCs, apresenta um conceito legal de prestação de contas, restrito às parcerias voluntárias. Neste diploma, a prestação de contas é definida como (art. 2º, XIV, Lei nº 13.019/2014):

> "procedimento em que se analisa e se avalia a execução da parceria quanto aos aspectos de legalidade, legitimidade, economicidade, eficiência e eficácia, pelo qual seja possível verificar o cumprimento do objeto da parceria

TRANSPARÊNCIA, PRESTAÇÃO DE CONTAS E CONTROLE

e o alcance das metas e dos resultados previstos, compreendendo 2 (duas) fases:

    a) apresentação das contas, de responsabilidade da organização da sociedade civil;

    b) análise e manifestação conclusiva das contas, de responsabilidade da administração pública, sem prejuízo da atuação dos órgãos de controle;"

Nesta definição, é possível generalizar os seguintes aspectos da prestação de contas:

a) é um procedimento formal;
b) busca verificar o atendimento da legalidade, legitimidade, economicidade e do alcance das metas na gestão de recursos públicos;
c) a prestação de contas pode ser dirigida à administração pública ou aos órgãos de controle, tais como, o Tribunal de Contas, que manifesta-se definitivamente sobre a regularidade ou não das contas.

O conteúdo da prestação de contas, via de regra, está regulamentado por normas infralegais e é variável conforme a natureza dos recursos geridos.

Ela pode ser composta, dentre outras informações e documentos, por demonstrativos contábeis e/ou financeiros, comprovantes de despesas, extratos bancários, relatórios e informações de desempenho da gestão (Gomes, 2012).

11.7. Justificação da Despesa

A justificação da despesa é o corolário do princípio da motivação no direito dos gastos públicos.

A justificação da despesa, entretanto, não é a mera indicação dos fundamentos de fato e de direito em que se apoia a despesa pública. Consiste também na documentação comprobatória em que está fundamentada a despesa, tais como:

a) os processos licitatórios ou de contratação direta, se for o caso;
b) os contratos e seus termos aditivos;
c) os convênios, contratos de repasse e outros ajustes feitos pelo Poder Público;
d) atos administrativos geradores de despesa;
e) documentos relativos à liquidação da despesa: medições, atestos de entrega de bens ou de realização de serviços.

O DIREITO DOS GASTOS PÚBLICOS NO BRASIL

Acima de tudo, a justificação da despesa compreende a informação sobre o contexto da despesa pública, ou seja, a informação acerca de qual programa ou política pública a despesa está inserida, e em que medida a despesa contribui para a consecução dos objetivos daquele programa ou política pública.

Desta forma, a justificação da despesa é **um recurso essencial para se apurar a conformidade ou não da despesa com o ordenamento jurídico**.

Apesar de intrinsecamente relacionados, faz-se necessário distinguir entre a prestação de contas e a justificação da despesa.

Via de regra, o conteúdo da justificação da despesa difere do da prestação de contas. A prestação de contas abrange apenas os documentos e informações no interesse do órgão controlador, conforme dispuser as normas aplicáveis.

No caso do controle financeiro externo da União, é o próprio TCU que edita Instruções Normativas disciplinando as peças que deverão compor à prestação de contas, fazendo uso da competência do art. 3º da Lei nº 8.443/ /1992 (Lei Orgânica do TCU)[220].

Eventualmente, poderão ser solicitadas informações adicionais, no julgamento das contas ou em processos de fiscalização do Tribunal de Contas, relativas à justificação da despesa.

A prestação de contas está relacionada aos recursos geridos e a justificação apenas à despesa pública. Na prestação de contas, por exemplo, pode ser necessário evidenciar as operações realizadas com os recursos, que podem ser bens, dinheiros e valores públicos, bem como os privados pelos quais o Poder Público responda.

Em determinadas situações, as prestações de contas podem ser dispensadas, tendo em vista o princípio do custo-benefício do controle. A justificação pode até ser simplificada, em atendimento ao mesmo princípio, mas nunca poderá ser dispensada.

A justificação da despesa decorre do ônus do gestor público de comprovar a boa e regular aplicação dos recursos públicos (art. 93 do Decreto-lei nº 200/1967).

---

[220] "Art. 3º Ao Tribunal de Contas da União, no âmbito de sua competência e jurisdição, assiste o poder regulamentar, podendo, em conseqüência, expedir atos e instruções normativas sobre matéria de suas atribuições e sobre a organização dos processos que lhe devam ser submetidos, obrigando ao seu cumprimento, sob pena de responsabilidade".

O art. 50 da Lei nº 9.784/1999, Lei de Processo Administrativo Federal, não fornece o fundamento jurídico para o dever de justificar a despesa pública[221]. De fato, na maior parte dos casos em que a motivação é obrigatória, segundo o referido dispositivo, a hipótese refere-se à intervenção do Estado na liberdade individual. Quando se está lidando com a despesa pública, entretanto, se está lidando com interesses ou direitos difusos e não com direitos individuais.

Da mesma forma que a motivação, a justificação da despesa tem por finalidade viabilizar o exercício do controle[222]. Na ausência de justificação da despesa, deve-se presumir a ocorrência de dano ao erário (débito), sujeitando

---

[221] "CAPÍTULO XII

DA MOTIVAÇÃO

Art. 50. Os atos administrativos deverão ser motivados, com indicação dos fatos e dos fundamentos jurídicos, quando:

I – neguem, limitem ou afetem direitos ou interesses;

II – imponham ou agravem deveres, encargos ou sanções;

III – decidam processos administrativos de concurso ou seleção pública;

IV – dispensem ou declarem a inexigibilidade de processo licitatório;

V – decidam recursos administrativos;

VI – decorram de reexame de ofício;

VII – deixem de aplicar jurisprudência firmada sobre a questão ou discrepem de pareceres, laudos, propostas e relatórios oficiais;

VIII – importem anulação, revogação, suspensão ou convalidação de ato administrativo.

§ 1º A motivação deve ser explícita, clara e congruente, podendo consistir em declaração de concordância com fundamentos de anteriores pareceres, informações, decisões ou propostas, que, neste caso, serão parte integrante do ato.

§ 2º Na solução de vários assuntos da mesma natureza, pode ser utilizado meio mecânico que reproduza os fundamentos das decisões, desde que não prejudique direito ou garantia dos interessados.

§ 3º A motivação das decisões de órgãos colegiados e comissões ou de decisões orais constará da respectiva ata ou de termo escrito".

[222] Wallace Paiva Martins Júnior esclarece que a motivação tem dupla finalidade: "garantia de bom funcionamento (moralização, eficiência) e de respeito aos direitos dos administrados, otimização do controle judiciário e viabilização dos demais modos de controle, convencimento do interessado ou da coletividade sobre a legalidade e conveniência e oportunidade, requisito do ato administrativo e elemento de sua validade, transparência administrativa, melhora das relações entre Administração Pública e administrados pela explicação das razões da decisão e legitimidade do poder" (Martins Júnior, 2004, p. 236).

O DIREITO DOS GASTOS PÚBLICOS NO BRASIL

o gestor público responsável à responsabilidade financeira reintegratória[223] (GOMES, 2012).

11.8. Dever de Colaboração com o Tribunal de Contas

O dever de colaboração dos gestores públicos com os órgãos de controle é uma decorrência da sujeição ao controle, da transparência, da justificação da despesa e da prestação de contas. De que valeria o administrador público promover a justificação da despesa, se a guardasse para si, não a disponibilizando para os cidadãos e os órgãos de controle?

No âmbito federal, a Lei nº 8.443/1992 prescreve, em vários dispositivos, os deveres dos administradores públicos perante o Tribunal de Contas da União, sujeitando-os, em caso de descumprimento, à aplicação de multa (responsabilidade financeira sancionatória por ato não essencialmente financeiro) e à medida de afastamento cautelar do responsável.

Com efeito, o art. 42 da Lei nº 8.443/1992 dispõe que:

> "Art. 42. Nenhum processo, documento ou informação poderá ser sonegado ao Tribunal em suas inspeções ou auditorias, sob qualquer pretexto.
>
> § 1º No caso de sonegação, o Tribunal assinará prazo para apresentação dos documentos, informações e esclarecimentos julgados necessários, comunicando o fato ao Ministro de Estado supervisor da área ou à autoridade de nível hierárquico equivalente, para as medidas cabíveis.
>
> § 2º Vencido o prazo e não cumprida a exigência, o Tribunal aplicará as sanções previstas no inciso IV do art. 58 desta Lei."

O art. 58, incisos IV, V e VI, da Lei nº 8.443/1992, estabelece a aplicação de multa em caso de *"não atendimento, no prazo fixado, sem causa justificada, a diligência do Relator ou a decisão do Tribunal"*, *"obstrução ao livre exercício das inspeções e auditorias determinadas"* e *"sonegação de processo, documento ou informação, em inspeções ou auditorias realizadas pelo Tribunal"*.

O Tribunal também pode conceder medida cautelar, promovendo o afastamento temporário do responsável que estiver obstaculizando o exercício

---

[223] A responsabilidade financeira reintegratória consiste na obrigação de repor os recursos públicos envolvidos no ilícito ao Poder Público. A responsabilidade financeira é efetivada pelo Tribunal de Contas no exercício do seu controle financeiro (GOMES, 2012).

da fiscalização da Corte de Contas, nos termos do art. 44 da Lei nº 8.443/
/1992, *verbis*:

> "Art. 44. No início ou no curso de qualquer apuração, o Tribunal, de ofício ou a requerimento do Ministério Público, determinará, cautelarmente, o afastamento temporário do responsável, se existirem indícios suficientes de que, prosseguindo no exercício de suas funções, possa retardar ou dificultar a realização de auditoria ou inspeção, causar novos danos ao Erário ou inviabilizar o seu ressarcimento".

Em Portugal, a LOPTC também faz referência ao dever de colaboração com o Tribunal de Contas, sujeitando os infratores à responsabilidade financeira.

Com efeito, o art. 66º da LOPTC dispõe que o Tribunal poderá aplicar multa (por outras infrações) em caso do descumprimento do dever de colaboração, especificando as seguintes situações:

a) Pela falta injustificada de remessa de contas ao Tribunal, pela falta injustificada da sua remessa tempestiva ou pela sua apresentação com deficiências tais que impossibilitem ou gravemente dificultem a sua verificação;

b) Pela falta injustificada de prestação tempestiva de documentos que a lei obrigue a remeter;

c) Pela falta injustificada de prestação de informações pedidas, de remessa de documentos solicitados ou de comparência para a prestação de declarações;

d) Pela falta injustificada da colaboração devida ao Tribunal;

e) Pela inobservância dos prazos legais de remessa ao Tribunal dos processos relativos a atos ou contratos que produzam efeitos antes do visto;

f) Pela introdução nos processos de elementos que possam induzir o Tribunal em erro nas suas decisões ou relatórios.

Observa-se, assim, que o dever de colaboração tem a função de viabilizar o exercício das funções de controle pelo Tribunal de Contas, da mesma forma que a transparência tem por função viabilizar o controle social.

11.9. Síntese

O princípio da transparência do gasto público é a projeção do princípio da transparência pública ao gasto público, sendo uma decorrência do princípio democrático e do Estado de Direito. Apresenta-se decomposto nos subprincípios da publicidade, motivação e participação popular, seguindo a visão de Wallace Paiva Martins Júnior.

A transparência do gasto público apresentou uma grande evolução desde o advento da Constituição Federal de 1988, com a Lei nº 9.755/1998, com a Lei de Responsabilidade Fiscal, com a Lei da Transparência e a Lei de Acesso à Informação. Entretanto, ainda há um grande caminho a percorrer. A transparência deve proporcionar informação útil ao cidadão para que este influa, decisivamente, na administração pública. Os dados primários obtidos dos sistemas de informação da administração pública podem não ser úteis ao cidadão, podendo ser exigida análise, interpretação, consolidação ou tratamento dos dados para que estes sirvam ao propósito da cidadania. A avaliação dos resultados dos programas públicos e a sua divulgação é, neste contexto, essencial. Da mesma forma, é essencial a divulgação das informações pertinentes ao gasto tributário e os benefícios creditícios.

Uma das finalidades da transparência e seus subprincípios é justamente propiciar o exercício do controle, especialmente, o controle social. Um destes controles a posteriori impõe o dever de prestar contas e o dever de colaboração perante o Tribunal de Contas. A justificação da despesa é a motivação aplicada à despesa pública.

O dever de colaboração dos administradores públicos perante o Tribunal de Contas tem por finalidade viabilizar o exercício do controle, enquanto a transparência tem de viabilizar o controle social.

12. Interpretação e Integração

> "Deve o Direito ser interpretado inteligentemente: não de modo que a ordem legal envolva um absurdo, prescreva inconveniências, vá ter a conclusões inconsistentes ou impossíveis. Também se prefere a exegese de que resulte eficiente a providência legal ou válido o ato, à que tome aquela sem efeito, inócua, ou este, juridicamente nulo. (...) Portanto, a exegese há de ser de tal modo conduzida que explique o texto como não contendo superfluidades, e não resulte um sentido contraditório com o fim colimado ou o caráter do autor, nem conducente a conclusão física ou moralmente impossível"
> (Carlos Maximiliano)

Um dos objetivos deste trabalho é identificar os critérios que permitam verificar a conformidade ou não da despesa pública com o ordenamento jurídico. Para isso, não basta conhecer as fontes do direito dos gastos públicos, faz-se necessário conhecer as diretrizes que devem ser adotadas para a interpretação destes textos normativos e, além disso, conhecer as técnicas que devam ser adotadas para preencher seus vazios, suas lacunas, a fim de que se possa dar uma resposta jurídica à questão da juridicidade ou não da despesa pública.

Dúvidas sobre a aplicação dos recursos públicos são rotineiras entre os gestores públicos, os quais padecem de terrível insegurança jurídica. Estando sujeitos a diversas esferas de responsabilidade (civil, penal, financeira, administrativa e por improbidade administrativa), os administradores, por receio de serem responsabilizados, optam, muitas vezes, por não tomar uma decisão de gastar ou adiam a tomada desta decisão, prejudicando o fun-

O DIREITO DOS GASTOS PÚBLICOS NO BRASIL

cionamento da administração pública e a continuidade da prestação de serviços públicos.

A situação é agravada pela falta de sistematização da legislação que regula os gastos públicos no Brasil, pela a existência de uma legislação esparsa (distribuída por diversos diplomas normativos) e pela existência de uma legislação infralegal disciplinando matérias que deveriam ser reguladas por lei ou que, até mesmo, contrariam a lei. Além disso, a não edição da lei complementar de finanças públicas a que se refere o art. 165, § 9º, da Constituição Federal, também constitui outro agravante, e as matérias acabam sendo indevidamente reguladas pela Lei de Diretrizes Orçamentárias.

12.1. Interpretação no Direito dos Gastos Públicos no Brasil

Segundo Hans Kelsen, a interpretação jurídica é uma operação mental que acompanha o processo da aplicação do Direito no seu progredir de um escalão superior para um escalão inferior. A norma de escalão superior determina não só o processo em que a norma inferior ou o ato de execução são postos, mas também, eventualmente, o conteúdo da norma a estabelecer ou do ato de execução a realizar (KELSEN, 1999).

O Direito a ser aplicado, segundo Kelsen, é como uma moldura dentro da qual há várias possibilidades de aplicação. Nesta linha, Kelsen ensina que (KELSEN, 1999, p. 392):

> "a necessidade de uma interpretação resulta justamente do fato de a norma aplicar ou o sistema das normas deixarem várias possibilidades em aberto, ou seja, não conterem ainda qualquer decisão sobre a questão de saber qual dos interesses em jogo é o de maior valor, mas deixarem antes esta decisão, a determinação da posição relativa dos interesses, a um ato de produção normativa que ainda vai ser posto – à sentença judicial, por exemplo".

Eros Roberto Grau, por sua vez, ensina que a interpretação é a *"atividade que se presta a transformar textos – disposições, preceitos, enunciados – em normas"*. Segundo o Professor, o que se interpreta são os textos normativos, e da interpretação dos textos resultam as normas (GRAU, 2003).

Nesta linha, Humberto Ávila afirma que normas não são textos nem o conjunto deles, mas os sentidos construídos a partir da interpretação sistemática de textos normativos. Não há, segundo o autor, uma correspondência biunívoca entre dispositivo e norma. Há casos em que há norma, mas não há dispositivo (por exemplo, princípio da segurança jurídica). Há casos em que há

INTERPRETAÇÃO E INTEGRAÇÃO

dispositivo e não há norma (enunciado constitucional que prevê a proteção de Deus). Há hipóteses em que há apenas um dispositivo a partir do qual se constrói mais de uma norma (por exemplo, enunciado que prescreve lei para instituição ou aumento de tributos). Noutros casos, há mais de um dispositivo, mas a partir dele só é construída uma norma (ÁVILA, 2008).

Previamente à interpretação, o aplicador deverá proceder a um trabalho de "crítica" do texto normativo, verificando a sua autenticidade e constitucionalidade. Segundo Maximiliano, *"A base de toda exegese é um texto que se precisa compreender, e a fixação da existência e da força obrigatória do mesmo chama-se crítica"* (MAXIMILIANO, 2006, p. 34). No Brasil, além da autenticidade, a constitucionalidade do dispositivo também deve ser objeto de um exame preliminar. De fato, *"um preceito contrário ao estatuto supremo não necessita de exegese, porque não obriga a ninguém: é como se nunca tivesse existido"* (MAXIMILIANO, 2006, p. 35).

Na mesma linha, Mariano Abad *et al.* ensina que a aplicação do direito consiste de uma série de operações (ABAD *et al.*, 1992):

a) análise dos fatos concretos com todas as circunstâncias relevantes, sobre os quais deverá recair a aplicação das normas jurídicas;

b) seleção das normas jurídicas aplicáveis, tendo em conta o conjunto de normas do ordenamento jurídico, de acordo com o sistema de fontes estabelecido e a hierarquia de normas;

c) uma vez selecionada a norma aplicável, realiza-se a interpretação, determinando seu conteúdo normativo (o alcance e o significado da norma).

Os doutrinadores de teoria geral do direito costumam classificar a interpretação segundo a pessoa que a realiza (interpretação autêntica, judicial ou doutrinária) e segundo os resultados da interpretação (interpretação declarativa, restritiva ou extensiva).

Dentre os métodos que costumam ser citados para a interpretação, merecem destaque o método gramatical, o histórico, o teleológico e o sistemático.

O método gramatical toma por base o significado das palavras do texto normativo e sua função gramatical. É o primeiro passo para a interpretação, mas não considera a unidade do ordenamento jurídico e sua adequação à realidade social. O método histórico consiste na investigação dos ancedentes da norma. Neste método, as exposições de motivos, as discussões e documentos do processo legislativos são muito úteis no trabalho de interpretação. Além

O DIREITO DOS GASTOS PÚBLICOS NO BRASIL

disso, a legislação precedente também é um recurso importante, uma vez que a maioria das normas constitui a continuidade ou a modificação das disposições precedentes. A interpretação lógico-sistemática leva em conta o sistema em que se insere o texto e procura fazer uma concatenação entre este e os demais elementos da própria lei. O método pressupõe a unidade e a coerência do ordenamento jurídico (MONTORO, 2009).

Existe, ainda, o método comparativo, que, na visão de Carlos Maximiliano, é o processo sistemático levado às últimas consequências (MAXIMILIANO, 2006).

Nesta oportunidade, caberia indagar se existem ou não métodos ou técnicas de interpretação particulares ao direito dos gastos públicos.

Carlos Maximiliano sustenta que a interpretação varia conforme o ramo do Direito. Nas palavras do autor (MAXIMILIANO, 2006, p. 247):

> "A teoria orientadora do exegeta não pode ser única e universal, a mesma para todas as leis, imutáveis no tempo; além dos princípios gerais, observáveis a respeito de quaisquer normas, há outros especiais, exigidos pela natureza das regras jurídicas, variável conforme a fonte de que derivam, o sistema político a que se acham ligadas e as categorias diversas de relações que disciplinam. O que não partir desse pressuposto, essencial à boa Hermenêutica, incidirá em erros graves e frequentes".

Maximiliano exemplifica (MAXIMILIANO, 2006, p. 247):

> "As disposições de Direito Público se não interpretam do mesmo modo que as do Direito Privado; e em um e outro ainda os preceitos variam conforme o ramo particular a que pertencem as normas: os utilizáveis no Constitucional diferem dos empregados no Criminal; no Comercial não se procede exatamente como no Civil, e, no seio deste, ainda a exegese dos contratos e das leis excepcionais se exercita mediante regras especiais".

Ao abordar a evolução e os métodos tradicionalmente utilizados para a interpretação das normas financeiras, Mariano Abad *et al.* vai no sentido contrário ao sustentado por Carlos Maximiliano. Os autores espanhóis afirmam que, historicamente, a doutrina negava a possibilidade de que as normas financeiras fossem interpretadas com as mesmas regras e com os mesmos princípios das demais normas jurídicas (ABAD *et al.*, 1992).

Nas palavras dos autores (ABAD *et al.*, 1992, p. 173),

> "Se consideraba que la especial naturaliza de las leyes tributarias impedia la aplicación de las reglas de interpretación formuladas para las leyes en gene-

INTERPRETAÇÃO E INTEGRAÇÃO

ral. Se afirmaba uqe las leyes tributarias son leyes de naturaliza peculiar que debían interpretarse y aplicarse según sistemas especiales".

Havia, assim, quem sustentasse que as regras financeiras tinham a condição de normas de exceção ou especiais, requerendo, por conseguinte, métodos e técnicas especiais de interpretação e quem sustentasse que as normas de direito financeiro tinham natureza comum ou ordinária, devendo ser aplicados os métodos de interpretação válidos para qualquer disciplina jurídica (ABAD *et al.*, 1992).

Na primeira corrente, formaram-se duas correntes opostas: os que defendiam que, em caso de dúvida, as normas financeiras deviam ser interpretadas sempre no sentido mais favorável ao contribuinte (*in dubio contra fiscum*) e aqueles que, em situação análoga, defendiam que a lei deveria ser aplicada de forma que favoreça ao ente tributante (*in dubio pro fiscum*). Os autores criticam ambas as visões por considera-las unilaterais (ABAD *et al.*, 1992).

Recentemente, a doutrina rechaça o caráter excepcional atribuído às leis financeiras, sendo majoritária a corrente que defende o emprego dos mesmos métodos usados na interpretação das leis em geral (ABAD *et al.*, 1992)[224].

---

[224] Entretanto, alguns métodos particulares foram estabelecidos pela literatura tributária recente. Trata-se da metodologia econômica, com tendência à fuga do formalismo jurídico na aplicação das normas tributárias e também evitar toda remissão aos conceitos de direito privado. O objeto da imposição está constituído pelos valores econômicos existentes e pelos movimentos destes valores e não pelo que resulta da sua aparência jurídica. Uma variante deste método de interpretação foi a doutrina ou teoria dos tipos que surgiu na Alemanha com vistas a evitar a elusão ou evasão fiscal mediante a utilização de formas autorizadas pelo direito privado. Em essência, esta doutrina postulava o abandono da configuração isolada dos fatos imponíveis e sua substituição por uma configuração típica de caráter econômico. Por fim, também convém mencionar a chamada interpretação funcional das leis tributárias defendida pelo Professor Benvenuto Griziotti e sua escola (Escola de Pávia), que concebiam a atividade financeira como um todo indivisível, que inclui os aspectospolítico, econômico, jurídico e técnico, de modo que não se pode separar o Direito Financeiro das Ciências das Finanças. Com estes pressupostos, Griziotti desenvolve sua ideia de que as normas devem ser interpretadas conforme a função e natureza da lei financeira, conduzindo à ideia de que, no direito tributário, deve-se investigar a capacidade contributiva para afetar. À luz desta interpretação, deve-se proceder a uma exata valoração da norma jurídica tributária aplicável, tendo em conta não tanto a forma jurídica dada pelos sujeitos em suas relações sociais, mas também a efetiva relação econômica subjacente, que pode ou não concordar com o revestimento jurídico dado a mesma (ABAD *et al.*, 1992).

De fato (ABAD *et al.*, 1992, p. 174),

> "Efectivamente, la doctrina moderna, sin discrepâncias, rechaza el carácter expecional atribuído tradicionalmente a las leyes financeiras. Pues no son ellas «odiosas», ni especiales o excepcionales, ni restrictivas de la libertad o de la propriedade, sino como todas las demás leyes: crean derechos y obligaciones, normales y ordinários, y son el médio para la subsistência del Estado y la realización de sus fines. De ahí, en fin, que las normas jurídicas que delimitan el fenómeno financiero deban cualificarse de ordinárias, sin más especificidade que la inherente a sus modalidades propias, por lo cual corresponde aplicarlas e interpretarlas recurriendo a todos los métodos y procedimientos usuales em las demás ramas del Derecho".

As normas do direito dos gastos públicos, salvo as de natureza orçamentária, não podem ser consideradas excepcionais ou especiais em relação às demais normas jurídicas, motivo pelo qual os métodos a serem utilizados para a interpretação deveriam ser os mesmos da legislação comum.

Entretanto, não podemos deixar de reconhecer que algumas diretivas de interpretação variam conforme o ramo do Direito em questão. Com efeito, no Direito do Trabalho, na dúvida, aplica-se o *in dubio pro operario*, no Direito Penal, não se admite a interpretação extensiva ou a analogia na aplicação dos tipos penais, etc.

No direito dos gastos públicos não poderia ser diferente.

No Brasil, as regras de interpretação e integração do direito estão contidas na Lei de Introdução às Normas do Direito Brasileiro (LINDB). Segundo o art. 5º da LINDB[225], *"Na aplicação da lei, o juiz atenderá aos fins sociais a que ela se dirige e às exigências do bem comum"*.

Não há, entretanto, regras explícitas de interpretação no direito financeiro brasileiro, com exceção às regras de interpretação relativas ao direito tributário, contidas no Código Tributário Nacional. Assim sendo, cabe questionar se tais regras poderiam ser aplicadas subsidiariamente à realização da despesa pública em sentido amplo.

---

[225] A Lei de Introdução ao Código Civil – LICC foi renomeada para "Lei de Introdução às Normas do Direito Brasileiro" pela Lei nº 12.376/2010 para evidenciar a aplicabilidade da norma a todos os ramos do Direito e não somente ao Direito Civil.

INTERPRETAÇÃO E INTEGRAÇÃO

12.1.1. Regras de Interpretação previstas no CTN

Ao tratarem dos critérios de interpretação e integração do Direito Financeiro, os doutrinadores costumam a abordar os critérios ao Direito Tributário, tendo em vista que a lei tributária estabelece parâmetros para tal interpretação.

No Brasil, os doutrinadores abordam os parâmetros previstos no Código Tributário Nacional (arts. 101 a 112). Na Espanha, o mesmo acontece: os doutrinadores de direito financeiro abordam os parâmetros de aplicação, interpretação e integração contidos nos artigos 10 a 16 da *Ley General Tributária* (LGT – Lei nº 58/2003).

O Direito Tributário preocupa-se com a segurança jurídica das relações entre o fisco e o sujeito passivo da obrigação tributária (contribuinte ou responsável), com a proteção dos direitos do sujeito passivo contra eventual arbítrio da Administração Tributária, motivo pelo qual o legislador estabeleceu critérios específicos de aplicação, interpretação e integração. Ademais, o que está sendo disciplinado é uma relação jurídica específica.

Roque Antônio Carrazza, discutindo sobre a segurança jurídica e a tributação, salienta que (CARRAZZA, 2005, p. 421):

> "O princípio constitucional da segurança jurídica exige, ainda, que **os contribuintes tenham condições de antecipar objetivamente seus direitos e deveres tributários,** que, por isto mesmo, só podem surgir de lei, igual para todos, irretroativa e votada pela pessoa política competente" (grifo nosso).

Em decorrência do princípio da segurança jurídica, Carrazza destaca o princípio da tipicidade fechada, segundo o qual *"os tipos tributários devem minuciosos, para que não haja espaço, por parte do Fisco, nem para o emprego da analogia, nem da discricionariedade"* (CARRAZZA, 2005, p. 414).

Na mesma linha, segundo Carrazza, a segurança jurídica exige que a lei tributária seja estritamente interpretada, pois estando em pauta, na tributação, a liberdade e a propriedade das pessoas, as leis tributárias não se compadecem com uma interpretação extensiva ou analógica. Além disso, a segurança jurídica leva ao princípio do exclusivismo, com a consequente proibição do emprego de normas indeterminadas (CARRAZZA, 2005).

Por fim, sustenta o autor que os aplicadores das leis tributárias, a Administração Tributária ou o Juiz, não tem qualquer possibilidade de preencher as lacunas, que devem ser entendidas como domínios para os quais o legislador não quis disciplinar. Em suma, segundo o autor, *"as lacunas das leis tributá-*

O DIREITO DOS GASTOS PÚBLICOS NO BRASIL

rias, quer intencionais, quer as involuntárias, são insuscetíveis de integração analógica" (CARRAZZA, 2005, p. 417).

No Direito Financeiro, há uma pluralidade de relações jurídicas, o que, de plano, inviabilizaria o estabelecimento em lei de critérios de interpretação e integração que tivessem aplicabilidade por todos os seus sub-ramos. Dentre estas relações jurídicas, cabe destacar as relações jurídicas de natureza financeira entre os entes federados, a relação entre os gestores públicos e o Estado, a relação entre o Estado e o cidadão e entre o Estado e as entidades privadas, com ou sem fins lucrativos.

O direito dos gastos públicos, em síntese, busca **a boa e regular aplicação dos recursos públicos** e este deve ser o parâmetro principal que deve pautar a interpretação das suas normas e a integração de suas lacunas.

Analisando especificamente os dispositivos do CTN relativos à interpretação da legislação tributária (arts. 109 a 112), observa-se a sua inaplicabilidade às normas que disciplinam o direito dos gastos públicos.

O art. 109 do CTN dispõe que *"Os princípios gerais de direito privado utilizam-se para pesquisa da definição, do conteúdo e do alcance de seus institutos, conceitos e formas, mas não para definição dos respectivos efeitos tributários".*

Enquanto os institutos de direito privado estão presentes na legislação tributária, especialmente, na definição do fato gerador do tributo, eles não são comuns no direito dos gastos públicos, que possuem institutos próprios.

Por sua vez, os atos e fatos geradores da despesa pública nunca se submetem integralmente a um regime de direito privado. Consoante a lição da Professora Maria Sylvia Zanella Di Pietro (DI PIETRO, 2002, p. 64):

> "quando a Administração emprega modelos privatísticos, nunca é integral a sua submissão ao direito privado; às vezes, ela se nivela ao particular, no sentido de que não exerce sobre ele qualquer prerrogativa de Poder Público; mas nunca se despe de determinados privilégios (...) e sempre se submete a restrições concernentes à competência, finalidade, motivo, forma, procedimento e publicidade. Outras vezes, mesmo utilizando o direito privado, a Administração conserva algumas de suas prerrogativas, que derrogam parcialmente o direito comum, na medida necessária para adequar o meio utilizado ao fim público a cuja consecução se vincula por lei".

Os contratos administrativos, neste sentido, regulam-se, prioritariamente, pelos preceitos de direito público, aplicando-lhes, subsidiariamente, os princípios da teoria geral dos contratos e as disposições de direito privado, consoante art. 54 da Lei nº 8.666/1993.

INTERPRETAÇÃO E INTEGRAÇÃO

Portanto, tal parâmetro de interpretação não é aplicável ao direito dos gastos públicos. As mesmas considerações valem para o artigo 110 do CTN, segundo o qual:

> "A lei tributária não pode alterar a definição, o conteúdo e o alcance de institutos, conceitos e formas de direito privado, utilizados, expressa ou implicitamente, pela Constituição Federal, pelas Constituições dos Estados, ou pelas Leis Orgânicas do Distrito Federal ou dos Municípios, para definir ou limitar competências tributárias".

O art. 111 do CTN dispõe que deverão ser interpretadas literalmente as hipóteses de suspensão e exclusão do crédito tributário, a outorga de isenção e a dispensa do cumprimento de obrigações tributárias acessórias.

As hipóteses de suspensão do crédito tributário estão relacionadas no art. 151 do CTN, alterado pela Lei Complementar nº 104, tais como, a moratória, o depósito em montante integral, as reclamações e recursos administrativos, a medida liminar ou tutela antecipada em mandado de segurança ou em outras espécies de ações judiciais e o parcelamento. A suspensão do crédito tributário paralisa, temporariamente, a exigibilidade do crédito.

Não se vislumbra situação semelhante às hipóteses de exclusão do crédito que justifiquem a aplicação analógica da norma de interpretação no caso do direito dos gastos públicos.

As hipóteses de exclusão do crédito tributário são a isenção e a anistia (art. 175 do CTN). A exclusão impede a constituição do crédito tributário.

Neste caso, é possível vislumbrar a aplicação analógica do dispositivo legal, ou seja, interpretar literalmente, às normas que estabelecem direitos subjetivos a prestação(ões) pecuniária(s).

Do ponto de vista do patrimônio público, são duas faces da mesma moeda. Na hipótese de isenção ou anistia, os recursos financeiros deixam de entrar nos cofres públicos, em benefício de um contribuinte/responsável determinado, no caso das prestações pecuniárias, os recursos financeiros deixam os cofres públicos em benefício de um cidadão determinado. O impacto sob os cofres públicos será semelhante, se os montantes envolvidos forem iguais. Em ambos os casos, deverá haver uma lei estabelecendo as hipóteses em que a isenção, anistia ou as prestações pecuniárias devem ser concedidas.

Conforme ensina Hugo de Brito Machado, a regra é o pagamento dos tributos, é que todos paguem tributos segundo a capacidade contributiva de cada um e que todos cumpram as obrigações tributárias acessórias. A dis-

O DIREITO DOS GASTOS PÚBLICOS NO BRASIL

pensa deste cumprimento é excepcional. Segundo Machado, *"o direito excepcional deve ser interpretado literalmente, e este princípio de hermenêutica jurídica justifica a regra do art. 111 do CTN, impondo a interpretação literal"* (MACHADO, 2005, p. 125).

No caso dos gastos públicos, a regra é que os tributos devem ser utilizados para o atendimento das necessidades gerais da coletividade, haja vista o art. 3º, inciso IV, da Constituição Federal. As normas que estabelecem direitos subjetivos a prestações pecuniárias devem ser encaradas como um direito excepcional.

Por fim, o art. 112 do CTN versa sobre a aplicação de penalidades, o que não é objeto do presente estudo.

Diante disso, é possível concluir que as regras de interpretação previstas do CTN tem pouca aplicabilidade ao direito dos gastos públicos.

12.1.2. Regras de Interpretação

A Lei nº 9.784/1999 estabelece um dos poucos parâmetros legais de interpretação aplicáveis ao direito dos gastos públicos. Trata-se do método de interpretação teleológico, consoante art. 2º, parágrafo único, inciso XIII, da Lei nº 9.784/1999: *"interpretação da norma administrativa da forma que melhor garanta o atendimento do fim público a que se dirige, vedada aplicação retroativa de nova interpretação".* O **método teleológico** é também o implicitamente preconizado pela Lei de Introdução às Normas do Direito Brasileiro no seu artigo 5º.

O método teleológico aplicado ao direito dos gastos públicos exige o auxílio de ciências extrajurídicas, tais como, a economia, ciência da administração, a sociologia e a ciência política. Afinal, como saber se uma determinada despesa atinge o fim público a que se dirige se isso envolve o conhecimento de relações de causalidade das ciências do "ser"?

Entretanto, ao estabelecer regras de interpretação na lei, costuma-se entender que se trata apenas de uma referência ao aplicador, que pode fazer uso de outros métodos que não aqueles nela previstos.

Juarez Freitas, adotando um conceito mais amplo de interpretação sistemática, defende que *"a interpretação jurídica é a interpretação sistemática ou não é interpretação".* Segundo o autor, *"toda interpretação deve ser vista funcionalmente como sistemática e, em razão disso, hierquizadora"* (FREITAS, 2004, p. 294).

Na visão de Freitas, a intepretação sistemática é a mais compatível com as presentes e multifacetadas funções do Direito contemporâneo e realiza-

INTERPRETAÇÃO E INTEGRAÇÃO

-se em consonância com a rede hierarquizada de princípios, normas estritas e de valores compreendidos dinamicamente e em conjunto. Neste contexto, o controle de constitucionalidade nada mais é do que uma espécie de controle de sistematicidade do Direito. Para o autor, a interpretação literal seria apenas um dos momentos da interpretação sistemática (FREITAS, 2004).

O direito dos gastos públicos é formado por uma diversidade de normas, que regulam diferentes aspectos da despesa pública. Há normas que estabelecem direitos subjetivos, há normas que regulam o procedimento da despesa pública, há normas que disciplinam a despesa no seu aspecto agregado, dentre outras (*vide* capítulo 8).

Neste ramo do Direito, é possível encontrar:

a) normas que **permitem** a realização de uma determinada despesa pública, tais como, as autorizações previstas na lei orçamentária anual;

b) normas que **proíbem** a realização de determinadas despesas, tais como, a vedação à subvenção de igrejas e cultos religiosos (art. 19, I, da CF/88) e

c) normas que **obrigam** a realização de determinadas despesas, tais como, as que obrigam a aplicação de recursos mínimos em manutenção e desenvolvimento do ensino e em ações e serviços de saúde (art. 212, *caput*, e art. 198, § 2º, da CF/88).

Neste contexto, é de se esperar que inexistam parâmetros de interpretação que possam ser aplicados de forma uniforme para todo o direito dos gastos públicos, mesmo para as normas de mesma natureza.

Por exemplo, nas normas de natureza procedimental, é de se esperar um formalismo moderado, admitindo-se a interpretação extensiva do texto normativo, tendo em vista o caráter instrumental do procedimento. Entretanto, quando este procedimento envolve vários interesses ou direitos contrapostos (procedimentos de competição, tais como, a licitação), o formalismo passa a ser mais rígido e o método de interpretação literal parece ser o mais adequado.

Com efeito, a Lei nº 9.874/1999, Lei do Processo Administrativo Federal, estabelece que, nos processos administrativos, deverá ser observada *"adoção de formas simples, suficientes para propiciar adequado grau de certeza, segurança e respeito aos direitos dos administrados"* (art. 2º, parágrafo único, inciso IX), ao mesmo tempo em que exige a *"observância das formalidades essenciais à garantia dos direitos dos administrados"* (art. 2º, parágrafo único, inciso VIII).

Neste contexto, ao invés de tentar procurar parâmetros gerais de interpretação para o direito dos gastos públicos, procura-se, meramente, tecer algumas diretrizes para a interpretação de situações específicas, tais como, a interpretação das dotações orçamentárias e das leis que estabelcem direitos subjetivos a prestações pecuniárias.

12.1.2.1. Interpretação à Luz dos Princípios

Conforme foi mencionado no capítulo 7, os princípios jurídicos do gasto público exercem importante função na interpretação das regras atinentes à despesa pública.

Segundo Gisela Gondin Ramos (RAMOS, 2012, p. 98-99):

> "Na sua atuação interpretativa, os princípios funcionam como vetores exegéticos, para concretização do direito, orientando o intérprete na construção de sentido e extensão das normas jurídicas".

Toda interpretação de regra da qual resulte contradição, ainda que implícita ou velada, com algum princípio, será nula. E, mesmo quando a regra admitir duas interpretações defensáveis, só alcançará legitimidade a opção que se mostre mais apta a compatibilizar o sentido e alcance da regra ao princípio (RAMOS, 2012).

No âmbito do direito dos gastos públicos, uma diretriz importante na interpretação das regras é o princípio constitucional implícito do bom emprego dos recursos públicos, ou ainda, do uso racional dos recursos públicos. Um sentido que venha contrariar, direta ou indiretamente, este princípio deve ser, de plano, descartado.

12.1.2.2. Contexto do Gasto Público

Considerando que o gasto público é um instrumento de política pública, as normas, especialmente aquelas que autorizam a realização da despesa pública, devem ser interpretadas de forma a atingir os objetivos, as metas e o público-alvo definidos na política em questão. Dentre os sentidos possíveis do texto normativo, deve-se optar por aquele que privilegie a eficácia e a efetividade da política pública.

Interpretar uma norma relativa à despesa pública, segundo o contexto, nada mais é do que uma forma de interpretação teleológica.

INTERPRETAÇÃO E INTEGRAÇÃO

12.1.2.3. Direitos Subjetivos a Prestações Pecuniárias

No tocante às normas que estabelecem direitos subjetivos a prestações pecuniárias estatais, deve-se privilegiar uma interpretação literal ou restrita do texto normativo.

Em primeiro lugar, cabe aqui uma interpretação analógica do art. 175 do CTN, uma vez que a isenção é análoga e simétrica à prestação pecuniária. A isenção e as prestações pecuniárias equivalem à utilização de recursos para o atendimento de necessidades de grupos, indivíduos ou setores da sociedade, em detrimento dos demais, mormente quando não há contraprestação.

Trata-se de uma situação excepcional, uma vez que os recursos públicos devem ser canalizados prioritariamente para o atendimento de necessidades gerais da coletividade. Quando custeados com impostos, a regra deve ser a universalidade dos serviços públicos e não a focalização, ainda que, na prática, apenas os mais necessitados venham a fazer uso daquela utilidade posta à disposição de todos. A focalização fecha, de plano, as portas para aqueles que não são os beneficiários da política ou do programa, devendo ser vista de forma excepcional para o exercício da função redistributiva do Estado, ou custeada mediante taxas cobradas dos próprios beneficiários do serviço público específico e divisível (arts. 77 e 79 do CTN).

Conforme salientou Hugo de Brito Machado, o direito excepcional deve ser interpretado literalmente (MACHADO, 2005).

Outro argumento no sentido da interpretação literal ou restrita é o princípio da legalidade específica ou reserva legal em matéria de prestações pecuniárias estatais (item 8.4.).

No caso da isenção, o Supremo Tribunal Federal, no AI 360461 – AgR/ /MG, já se pronunciou no sentido de que é vedado ao Judiciário a extensão do benefício fiscal àqueles não contemplados pela *favor legis* sob o argumento da isonomia, tendo em vista a reserva constitucional de lei em sentido formal e o princípio da separação de poderes. Eventuais discriminações que constituam privilégios estatais ilegítimos devem ser extirpadas do ordenamento jurídico, por inconstitucionalidade[226].

---

[226] "AI 360461 AgR/MG – MINAS GERAIS
AG.REG.NO AGRAVO DE INSTRUMENTO
Relator(a): Min. CELSO DE MELLO
Julgamento: 06/12/2005 Órgão Julgador: Segunda Turma

O DIREITO DOS GASTOS PÚBLICOS NO BRASIL

As mesmas considerações devem valer, também, para as prestações pecuniárias estatais.

(...)

EMENTA: AGRAVO DE INSTRUMENTO – IPI – AÇÚCAR DE CANA – LEI Nº 8.393/91 (ART. 2º) – ISENÇÃO FISCAL – CRITÉRIO ESPACIAL – APLICABILIDADE – EXCLUSÃO DE BENEFÍCIO – ALEGADA OFENSA AO PRINCÍPIO DA ISONOMIA – INOCORRÊNCIA – NORMA LEGAL DESTITUÍDA DE CONTEÚDO ARBITRÁRIO – ATUAÇÃO DO JUDICIÁRIO COMO LEGISLADOR POSITIVO – INADMISSIBILIDADE – RECURSO IMPROVIDO. CONCESSÃO DE ISENÇÃO TRIBUTÁRIA E UTILIZAÇÃO EXTRAFISCAL DO IPI. – A concessão de isenção em matéria tributária traduz ato discricionário, que, fundado em juízo de conveniência e oportunidade do Poder Público (RE 157.228/SP), destina-se – a partir de critérios racionais, lógicos e impessoais estabelecidos de modo legítimo em norma legal – a implementar objetivos estatais nitidamente qualificados pela nota da extrafiscalidade. A isenção tributária que a União Federal concedeu, em matéria de IPI, sobre o açúcar de cana (Lei nº 8.393/91, art. 2º) objetiva conferir efetividade ao art. 3º, incisos II e III, da Constituição da República. Essa pessoa política, ao assim proceder, pôs em relevo a função extrafiscal desse tributo, utilizando-o como instrumento de promoção do desenvolvimento nacional e de superação das desigualdades sociais e regionais. O POSTULADO CONSTITUCIONAL DA ISONOMIA – A QUESTÃO DA IGUALDADE NA LEI E DA IGUALDADE PERANTE A LEI (RTJ 136/444-445, REL. P/ O ACÓRDÃO MIN. CELSO DE MELLO). – O princípio da isonomia – que vincula, no plano institucional, todas as instâncias de poder – tem por função precípua, consideradas as razões de ordem jurídica, social, ética e política que lhe são inerentes, a de obstar discriminações e extinguir privilégios (RDA 55/114), devendo ser examinado sob a dupla perspectiva da igualdade na lei e da igualdade perante a lei (RTJ 136/444-445). A alta significação que esse postulado assume no âmbito do Estado democrático de direito impõe, quando transgredido, o reconhecimento da absoluta desvalia jurídico-constitucional dos atos estatais que o tenham desrespeitado. Situação inocorrente na espécie. – A isenção tributária concedida pelo art. 2º da Lei nº 8.393/91, precisamente porque se acha despojada de qualquer coeficiente de arbitrariedade, não se qualifica – presentes as razões de política governamental que lhe são subjacentes – como instrumento de ilegítima outorga de privilégios estatais em favor de determinados estratos de contribuintes. ISENÇÃO TRIBUTÁRIA: RESERVA CONSTITUCIONAL DE LEI EM SENTIDO FORMAL E POSTULADO DA SEPARAÇÃO DE PODERES. – A exigência constitucional de lei em sentido formal para a veiculação ordinária de isenções tributárias impede que o Judiciário estenda semelhante benefício a quem, por razões impregnadas de legitimidade jurídica, não foi contemplado com esse "favor legis". **A extensão dos benefícios isencionais, por via jurisdicional, encontra limitação absoluta no dogma da separação de poderes. Os magistrados e Tribunais, que não dispõem de função legislativa – considerado o princípio da divisão funcional do poder –, não podem conceder, ainda que sob fundamento de isonomia, isenção tributária em**

INTERPRETAÇÃO E INTEGRAÇÃO

12.1.2.4. Interpretação das Dotações Orçamentárias

Conforme foi mencionado anteriormente, as dotações orçamentárias condicionam a execução da despesa pública (orçamentária) ao estabelecerem limitações de três naturezas: limitação temporal, limitação quantitativa e limitação finalística. As normas da LOA que estabelecem dotações orçamentárias permitem a realização do gasto público, mas sob as três limitações apresentadas.

As dotações orçamentárias possuem uma peculiaridade em relação aos demais textos normativos, pois não estão escritas em linguagem natural, mas na *"linguagem das classificações orçamentárias"*.

Para compreender esta linguagem, e, portanto, conhecer a LOA, faz-se necessário recorrer à Lei de Diretrizes Orçamentárias (LDO), que estabelece a estrutura e a organização do orçamento e define estas classificações, fornecendo elementos que permitam concluir, ainda, se tais classificações possuem caráter normativo ou informativo (item 8.1.3.).

Com efeito, a LDO não apenas orienta a elaboração da LOA, mas também orienta a sua interpretação durante a execução orçamentária. Saber o que significa o que na LOA requer consultar a LDO, pois foi com base nesta é que a LOA foi elaborada.

Além disso, a LDO estabelece um Anexo de Metas e Prioridades para o exercício seguinte, incluindo as despesas de capital, nos termos do que dispõe o art. 165, § 2º da Constituição Federal. Das ações previstas no Plano Plurianual, a LDO seleciona algumas ações a serem consideradas prioridades para o exercício seguinte. Para que sejam de fato prioridades, as ações devem ter precedência sobre àquelas não incluídas no Anexo.

Isso não significa que estas dotações tenham caráter impositivo, mas que o percentual de sua execução deve ser maior que aquelas que não estejam alocadas no anexo.

---

favor daqueles a quem o legislador, com apoio em critérios impessoais, racionais e objetivos, não quis contemplar com a vantagem desse benefício de ordem legal. Entendimento diverso, que reconhecesse aos magistrados essa anômala função jurídica, equivaleria, em última análise, a converter o Poder Judiciário em inadmissível legislador positivo, condição institucional que lhe recusa a própria Lei Fundamental do Estado. Em tema de controle de constitucionalidade de atos estatais, o Poder Judiciário só deve atuar como legislador negativo. Precedentes" (grifo nosso).

Portanto, na aplicação da LOA, o Poder Executivo deverá ter em mente as ações previstas como prioritárias na LDO para o exercício em questão.

Recentemente, as LDOs federais tem regulado diversas matérias, até mesmo aquelas que deveriam ser objeto de leis permanentes e não temporárias.

Algumas destas matérias estão relacionadas aos gastos públicos (*vide* item 6.4.2.). Mas, mesmo quando não está disciplinando diretamente o gasto, a lei oferece recurso interpretativo para a autorização de gasto contida na LOA.

Veja, por exemplo, **a exigência de categoria de programação específica para determinadas despesas**. Ao interpretarmos uma dotação orçamentária genérica Y da LOA (por exemplo, Administração Geral), e se questionarmos se uma despesa X pode ser realizada nesta dotação, cabe verificar há exigência ou não de categoria de programação específica na LDO para aquele tipo de despesa. Havendo exigência de categoria de programação específica, a despesa X não pode ser realizada naquela dotação, sob pena de contornar, por via oblíqua, o preceito contido na LDO, que busca proporcionar maior transparência a despesas em determinadas ações naquele exercício financeiro. Neste caso, a despesa X só pode ser realizada com base nas autorizações constantes de uma dotação orçamentária específica.

A utilização da LDO como auxílio à interpretação, no entanto, deve ser ponderada. A LDO não é veículo adequado para a definição de institutos jurídicos de direito financeiro ou para disciplinar matérias que extrapolem o exercício financeiro a que se refere a LDO.

Uma questão interessante diz respeito à interpretação das dotações em que, no título ou subtítulo da ação orçamentária, contemplem um determinado beneficiário, por exemplo, uma entidade sem fins lucrativos.

A questão não é meramente hipotética. A Resolução nº 01/2006 – CN, no seu artigo 50, inciso II, alínea c, exige que as emendas individuais ao Projeto de LOA que destinarem recursos a entidades privadas deverão identificar a entidade beneficiada, seu endereço e o nome dos seus responsáveis. O próprio Manual de Emendas do Congresso Nacional ao Orçamento da União para 2013 também preconiza a designação da entidade beneficiária (BRASIL, 2012).

Em consideração ao princípio da impessoalidade, na execução da referida dotação, deve-se desconsiderar a designação contida na ação orçamentária, promovendo-se uma interpretação conforme a Constituição.

Conforme já foi mencionado, as dotações orçamentárias não criam direitos subjetivos, e devem estar direcionadas a ações de interesse público. As transferências às entidades privadas devem ser reguladas por lei (*vide* capítulo 15),

INTERPRETAÇÃO E INTEGRAÇÃO

mas, independentemente disso, faz-se necessária uma seleção da entidade privada que irá realizar a ação de interesse público, em atenção ao princípio da impessoalidade da administração pública. Ora, se é necessária um procedimento prévio de seleção pela administração pública, não faz sentido designá-la previamente na lei orçamentária anual.

A Nota Técnica Conjunta nº 7/2009, da Consultoria de Orçamento e Fiscalização Financeira da Câmara dos Deputados (COFF/CD) e da Consultoria de Orçamento, Fiscalização e Controle do Senado Federal (CONORF/SF), de 16/9/2009, abordou o assunto considerando juridicamente viável a aprovação de emendas parlamentares para a transferência a entidades privadas sem fins lucrativos a título de contribuições correntes:

> **"3.3.1 com identificação da entidade no subtítulo,** no caso em que possa se enquadrar em pelo menos uma das seguintes hipóteses:
> **a)** inclusão de entidade para qual haja autorização de transferência em lei específica; ou,
> **b)** reforço de dotação constante do PLOA.
>
> **3.3.2 sem a identificação da entidade no subtítulo,** se o parecer preliminar ao orçamento autorizar a identificação da entidade apenas na justificativa da emenda. Vale salientar que tal identificação tem caráter meramente indicativo, uma vez que a escolha da entidade dependerá de a mesma ser selecionada pela Administração federal, em atendimento à LDO 2010".

A nota técnica, como se pode observar, buscou conciliar dispositivos constantes da Resolução nº 01/2006 – CN, da LRF e da LDO 2010.

Nada obstante, a identificação com mero caráter indicativo contraria o princípio da impessoalidade. Portanto, só é possível identificar a entidade no título ou subtítulo da ação orçamentária, se houver lei específica, diversa das leis de natureza orçamentária, designando especificamente aquela entidade como beneficiária de um recurso.

Caso não haja menção específica àquela entidade na lei, será necessário um procedimento seletivo para a escolha da entidade, atendendo aos princípios da publicidade e impessoalidade, hipótese em que é inviável a referida identificação.

A desconsideração da entidade identificada na ação orçamentária, quando da sua aplicação, também pode ser concluída a partir da aplicação analógica do art. 100, *caput*, da Constituição Federal, que proíbe a designação de casos ou pessoas nas dotações orçamentárias e nos créditos adicionais abertos com vistas ao pagamento de precatórios.

12.2. Integração de Lacunas no Direito dos Gastos Públicos no Brasil

É importante questionar se faz sentido falar em integração de lacunas se no âmbito da administração pública vigora o princípio da legalidade, incluindo o subprincípio da reserva legal.

De fato, se a administração pública só pode fazer o que a lei expressamente autoriza, na hipótese da lei ser omissa, conclui-se que o ato ou negócio jurídico ou despesa pública não estariam autorizados.

Ocorre que a reserva legal nunca é absoluta (*Totalvorbehalt*), e, por vezes, a lei autoriza o administrador a realizar uma determinada despesa, mas não traça os contornos desta autorização/permissão.

Nesta hipótese, haveria uma lacuna a ser preenchida. É o caso, por exemplo, de um programa ou ação incluído na lei orçamentária, sem que haja uma lei de natureza permanente que os discipline, ou seja, uma "lei de gasto" na terminologia usada por Bayona de Perogordo e Soler Roch.

Ao abordar a integração das normas financeiras, Mariano Abad *et al.* apontam que (ABAD *et al.*, 1992, p. 183):

> "Y si existen lagunas de la ley, la exigéncia de que para cualquier caso concreto se encuentre una solución prácticamente definitiva, impone el que dichas lagunas se integren. De ahí que se pueda concluir que, dado el sistema de fuentes de nuestro ordenamiento positivo, ley, costumbre y princípios generales del Derecho, eéste tiene una fuerza expansiva que permite colmar las posibles lagunas de la ley, acudiendo a tal fin a los diversos medios de integración del Derecho positivo. La integración consiste, pues, em síntese, em la labor de llenar las lagunas que existan en ordenamiento jurídico.
>
> No obstante, algunos autores, como Albiñana, consideran que el juego de los princípios de reserva de ley y de preferencia de ley impiden la posibilidad de que existan lagunas en el ámbito tributário. **Sin embargo, es indiscutible su existência y, por ello, la necesidad de su integración, especialmente en aquellos sectores del Derecho Tributario que no se encuentran taxativamente amparados por el principio de legalidad (Sainz de Bujanda).** Em cuanto a los procedimientos que pueden adoptarse a este fin de suplir la evidente insuficiência de la ley, el Derecho ofrece dos medios fundamentales: la analogia y el recurso a la aplicación de los princípios generales del Derecho" (grifo nosso).

No Brasil, os critérios de integração de lacunas estão previstos no art. 4º da Lei de Introdução às Normas do Direito Brasileiro (LINDB) dispõe que

INTERPRETAÇÃO E INTEGRAÇÃO

"Quando a lei for omissa, o juiz decidirá o caso de acordo com a analogia, os costumes e os princípios gerais de direito".

Os costumes tem pouca aplicação no direito administrativo e financeiro, submetidos ao princípio da legalidade. Resta, portanto, a analogia e os princípios gerais de direito como mecanismos de integração do ordenamento jurídico.

A analogia consiste em aplicar a um determinado caso, não previsto em lei, a solução prevista para outros casos diferentes, mas que guardem semelhança essencial com a hipótese não prevista. Em razão disso, sustenta-se que, com a analogia, não se está criando um novo direito, mas, tão somente, pondo em evidência a existência de um princípio jurídico contido na lei e que se aplica a hipóteses não previstas, mas cuja *ratio* é similar à que concorre nas hipóteses nas quais se aplica o citado princípio (ABAD *et al.*, 1992).

A analogia é, portanto, um método lógico que supõe a concorrência dos seguintes requisitos (ABAD *et al.*, 1992):

a) a ausência de uma norma reguladora específica da relação jurídica que se trata;

b) a existência de uma norma positiva que regule expressamente hipóteses de fato análogas ou semelhantes e;

c) a possibilidade de extensão da *ratio iuris* que constitue o fundamento da norma, a qual deve ser estendida analogicamente à hipótese não regulada por existir entre tais hipóteses essa afinidade que impõe sua regulamentação segundo o mesmo princípio.

O emprego da analogia tem suas limitações, conforme evidencia o art. 108, § 1º, do Código Tributário Nacional, *"O emprego da analogia não poderá resultar na exigência de tributo não previsto em lei"*, uma vez que a instituição do tributo está sujeita a reserva legal.

Da mesma forma, no direito dos gastos públicos, a analogia tem seu emprego limitado quando houver matérias sujeitas à reserva legal. **O emprego da analogia não poderá, por exemplo, resultar na autorização para a realização de uma determinada ação orçamentária, se ações semelhantes e com a mesma *ratio iuris* tiverem sido contempladas pela LOA. Da mesma forma, o emprego da analogia não poderá resultar na criação de um direito subjetivo à prestação pecuniária que não estiver previsto expressamente na lei.**

No tocante à utilização dos princípios gerais de direito, costuma-se fazer ressalvas quanto às divergências a respeito do que seriam tais princípios.

O DIREITO DOS GASTOS PÚBLICOS NO BRASIL

Conforme relata Gisela Gondin Ramos (RAMOS, 2012, p. 171):

> "Os autores, tanto na doutrina jurídica nacional, como também na estrangeira, se por um lado divergem quanto à definição dos princípios gerais do direito, de outro destoam quanto à identificação destes, não obstante se possa afirmar que a grande maioria deles reconheça como tais os princípios da justiça, da igualdade, da liberdade e da dignidade da pessoa humana".

Mariano Abad *et al.*, de forma sintética, agrupam duas concepções sobre os princípios gerais de direito (ABAD *et al.*, 1992, p. 186-187):

a) a concepção jusnaturalista, segundo a qual, os princípios gerais de direito *"serían las verdades jurídicas universales dictadas por la recta razón. Son normas que, aunque no formalizadas positivamente, poseen innegable vigencia por formar parte de un sistema superior o transcendente"*;

b) a concepção positivista, segundo a qual, os princípios gerais de direito *"son aquellos que sirven de fundamento al Derecho positivo de cada país y pueden inducirse mediante um processo de generalización y decantación de las disposiciones particulares"*, *"son los princípios sistemáticos del ordenamiento jurídico em los que las normas particulares se inspiran"*.

Sem pretender entrar nesta polêmica, o que o art. 4º da LINDB dispõe é que os princípios jurídicos são elementos de integração do ordenamento jurídico.

Em razão disso, o que se propõe aqui é **a utilização hierarquizada dos princípios jurídicos na colmatação das lacunas, partindo-se dos princípios setoriais do gasto público, passando pelos princípios da administração pública, até chegar aos princípios constitucionais fundamentais.** Desta forma, parte-se dos princípios menos abstratos para os princípios mais abstratos, procurando-se a solução, em último caso, nos princípios gerais de direito.

Nada impede, ainda, que o "contexto da despesa" e a própria lei de diretrizes orçamentárias, mencionados anteriormente, sejam utilizados como instrumentos para a integração do direito dos gastos públicos, uma vez que contemplam elementos de orientação à realização do gasto público.

12.3. Síntese

Os métodos de interpretação e integração do direito dos gastos públicos não diferem em sua essência dos métodos utilizados para a interpretação e inte-

INTERPRETAÇÃO E INTEGRAÇÃO

gração da legislação comum. Entretanto, algumas particularidades na interpretação/integração do direito dos gastos públicos se justificam como em qualquer ramo do direito.

Desta forma, preconiza-se que a interpretação das normas seja feita considerando-se o princípio do bom e regular emprego dos recursos públicos, os demais princípios jurídicos e o contexto da despesa pública. No caso das dotações orçamentárias, propõe-se a interpretação segundo a lei de diretrizes orçamentárias, que define as classificações orçamentárias, a estrutura e organização da LOA e dispõe sobre as metas e prioridades da administração pública para o exercício financeiro em questão.

No caso de dotações que identifiquem entidades privadas sem fins lucrativos como beneficiárias, deve-se interpretá-las a luz do princípio da impessoalidade, desconsiderando tal identificação (Interpretação conforme a Constituição).

As normas que instituem direitos subjetivos a prestações pecuniárias devem ser interpretadas literal ou restritivamente, sob pena de violar o princípio da reserva legal (item 8.4.).

No tocante à integração de lacunas, propõe-se, em atenção ao art. 4º da LINDB, a utilização hierarquizada dos princípios jurídicos na colmatação das lacunas, partindo-se dos princípios setoriais do gasto público, passando pelos princípios da administração pública, até chegar aos princípios constitucionais fundamentais. Desta forma, parte-se dos princípios menos abstratos para os princípios mais abstrados, procurando-se a solução, em último caso, nos princípios gerais de direito.

Parte 3
Temas Selecionados do Direito dos Gastos Públicos

13. Despesas Obrigatórias

> "Se o objetivo ou programa em questão puder ser efetivado sem aquela despesa ou sem que a despesa atinja a integralidade do montante previsto, então não é preciso que o gasto se realize. (...) Não há a obrigação de sua total realização, desde que o objetivo a que se destina seja alcançado. A realização do programa é obrigatória, o gasto não. O gasto público pode ser necessário ou não para que se realize o programa positivado, mas não será, em si mesmo, posto em termos obrigatórios na lei orçamentária. (...) A despesa pública não é em si mesma um fim; é meio (jurídico) para a concretização das finalidades atribuídas o Estado. O que não é lícito é o gasto ser realizado fora da meta imposta" (Celso de Barros Correia Neto).

O tema das despesas públicas obrigatórias é um assunto frequentemente abordado por economistas e por responsáveis pelo planejamento público como um dos responsáveis pelo enrijecimento do orçamento público. De fato, as despesas obrigatórias ou quase-obrigatórias, juntamente com as vinculações de receitas, reduzem a flexibilidade no Estado na alocação dos recursos públicos para o atendimento de outras demandas da sociedade.

A despeito da sua importância no direito dos gastos públicos, o tema é ainda pouco abordado sobre o ponto de vista jurídico. Por outro lado, são comuns textos que advogam a natureza impositiva do orçamento público, tese que é contestada nesta obra.

Neste capítulo, discute-se o conceito de despesas obrigatórias no Brasil, distinguindo-o das vinculações de receitas. Constata-se que despesas podem ser tidas como obrigatórias ou "quase-obrigatórias" conforme a fonte da obrigatoriedade. Ademais, destaca-se que as vinculações de receitas também são mecanismos que condicionam a realização da despesa pública. Por fim, faz-se uma análise crítica do orçamento impositivo.

Em primeiro lugar, cabe identificar quais as despesas seriam obrigatórias e no que consiste tal obrigatoriedade.

Em Portugal, o art. 16º da Lei de Enquadramento Orçamental informa que as Despesas obrigatórias deverão ser inscritas obrigatoriamente no orçamento do Estado, e consistem nas *"dotações necessárias para o cumprimento das obrigações decorrentes de lei ou de contrato"*, nas *"dotações destinadas ao pagamento de encargos resultantes de sentenças de quaisquer tribunais"* e *"outras dotações determinadas por lei"*.

O preceito visa, portanto, a garantia de inscrição no orçamento de determinadas dotações e dirige-se, primeiramente, ao Governo, na medida em que este não deve deixar de inscrever na proposta de orçamento as dotações acima referidas (MARTINS; MARTINS; MARTINS, 2009).

Segundo Guilherme d'Oliveira Martins, Guilherme Waldemar d'Oliveira Martins e Maria d'Oliveira Martins (MARTINS; MARTINS; MARTINS, 2009, p. 123):

> "a insuficiência de dotações relativamente a encargos assumidos anteriormente pelo Estado tem merecido a censura dos tribunais, não só porque à mesma corresponde o desvalor da inconstitucionalidade e da ilegalidade, mas também porque fazem com que as correspondentes assunções de encargos constituam 'défices' ocultos que onerarão orçamentos futuros".

Na Espanha, a *"Ley General Presupuestaria"* (Lei nº 47/2003, de 26 de novembro), dispõe no seu artigo 33, item 2.a, que os *"Presupuestos Generales del Estado"* determinarão as obrigações econômicas que, **no máximo**, podem ser reconhecidas pelos sujeitos que integram o setor público administrativo ou órgãos com dotação diferenciada[227]. Desta forma, resta evidente que,

---

[227] "Artículo 33 – Alcance subjetivo y contenido
1. Los Presupuestos Generales del Estado estarán integrados por:
a) Los presupuestos de los órganos con dotación diferenciada y de los sujetos que integran el sector público administrativo.

DESPESAS OBRIGATÓRIAS

da lei orçamentária na Espanha, não resulta a obrigação de gastar (GARCÍA, 2005).

No ordenamento jurídico espanhol, a obrigação de gastar aparece em algumas situações. Quando se estiver diante de obrigações pecuniárias que devem ser cumpridas pela Administração em virtude de um mandato legal, o emprego dos créditos concedidos constitui um dever para a Administração. Estas obrigações correspondem aos direitos subjetivos dos cidadãos, que podem exigir o seu cumprimento por via judicial (GARCÍA, 2005).

Quando se estiver diante de obrigações adquiridas validamente pela Administração em um exercício anterior, a Administração terá o dever de empregar os créditos. Fora destas hipóteses, só existe um dever genérico da Administração de empregar os créditos na medida em que o gasto é necessário para o cumprimento dos seus fins (GARCÍA, 2005).

Apesar de serem tratados conjuntamente, como fatores que provocam a rigidez do orçamento público, as despesas obrigatórias se distinguem das vinculações de receitas.

Segundo André Castro Carvalho, a despesa obrigatória, como o próprio nome diz, obriga ao gasto no exercício financeiro, diferentemente da vinculação. Esta apenas estabelece um elo normativo entre uma fonte e o destino e não uma obrigatoriedade de gasto. Nada impede, portanto, que os recursos

---

b) Los presupuestos de operaciones corrientes y los de operaciones de capital y financieras de las entidades del sector público empresarial y del sector público fundacional.

c) Los presupuestos de los fondos a que se refiere el artículo 2.2 de esta ley.

2. Los Presupuestos Generales del Estado determinarán:

a) Las obligaciones económicas que, como máximo, pueden reconocer los sujetos referidos en el párrafo a) del apartado anterior.

b) Los derechos a reconocer durante el correspondiente ejercicio por los entes mencionados en el párrafo anterior.

c) Los gastos e ingresos y las operaciones de inversión y financieras a realizar por las entidades contempladas en el párrafo b) del apartado anterior.

d) Los objetivos a alcanzar en el ejercicio por cada uno de los gestores responsables de los programas con los recursos que el respectivo presupuesto les asigna.

e) La estimación de los beneficios fiscales que afecten a los tributos del Estado.

f) Las operaciones financieras de los fondos a que se refiere el párrafo c) del apartado anterior" (grifo nosso).

vinculados sejam colocados em conta apartada como uma poupança, garantindo a manutenção de recursos para as despesas determinadas em épocas de maiores necessidades (CARVALHO, 2010).

Nas palavras do autor (CARVALHO, 2010, p. 285):

> "As despesas obrigatórias são, substanciamente, obrigações a todos os entes federativos de gastos mínimos em determinada seara social. Não se confundem com as vinculações: aquelas obrigam ao gasto em determinado exercício financeiro, diferentemente das afetações. Estas últimas podem ter os recursos utilizados em exercício diverso do arrecadado, consoante disposição do artigo 8º, parágrafo único, da LRF, desde que respeitado o vínculo entre receita e despesa. Exemplos típicos de despesas obrigatórias estão na saúde e educação, com as respectivas Emendas Complementares nº 29, de 2000, e nº 14, de 1996 e nº 53, de 2006".

Diante do exposto, o que se observa é que a obrigatoriedade da despesa pode consistir da:

a) aplicação de recursos mínimos em determinada área ou função orçamentaria;
b) aplicação do montante total de uma dotação orçamentária;
c) vedação ao contingenciamento ou limitação de empenho de determinada dotação orçamentária;
d) obrigatoriedade de inscrição no orçamento de determinada despesa.

Ante a estas divergências de entendimento sobre o que consiste a obrigatoriedade da despesa, nesta obra, optou-se por seguir a linha de Regis Fernandes de Oliveira, que levou em conta a hierarquia da norma para classificar o gasto em constitucional, legal e político, adotando, assim, um critério jurídico de classificação da despesa pública.

Nesta linha, as despesas obrigatórias são aquelas assim consideradas pela Constituição Federal e as despesas "quase-obrigatórias" aquelas em que a lei é a fonte da obrigatoriedade.

DESPESAS OBRIGATÓRIAS

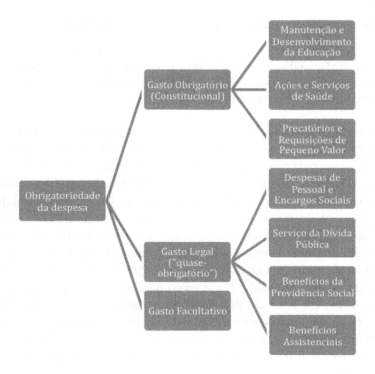

13.1. Despesas obrigatórias – O gasto constitucional

Algumas despesas têm a sua força obrigatória em decorrência de disposições constitucionais, ainda que a eficácia destas disposições possa estar condicionada à regulamentação por meio de leis complementares ou ordinárias.

São os chamados "gastos constitucionais" na visão de Regis Fernandes de Oliveira, os quais abrangem:

a) a aplicação de recursos mínimos na manutenção e desenvolvimento do ensino – MDE (art. 212, *caput*, CF/88);
b) a aplicação de recursos mínimos em ações e serviços de saúde (art. 198, § 2º, da CF/88, incluído pela EC nº 29/2000);
c) os precatórios apresentados até 1º de julho, os quais deverão ser inscritos no orçamento e pagos até o final do exercício financeiro subsequente (art. 100, § 5º, da CF/88, com redação dada pela EC nº 62//2009).

No tocante ao primeiro item, o art. 212, *caput*, da CF/88:

"A União aplicará, anualmente, nunca menos de dezoito, e os Estados, o Distrito Federal e os Municípios vinte e cinco por cento, no mínimo, da receita resultante de impostos, compreendida a proveniente de transferências, na manutenção e desenvolvimento do ensino".

Não são computadas as transferências da União para os Estados, Distrito Federal e Municípios ou dos Estados para os Municípios, para efeito de cômputo da receita, pela esfera que a transferir (art. 212, § 1º). Segundo o art. 60, VIII, do ADCT/88 (incluído pela EC nº 53/2006), apenas 30% da complementação da União para o Fundo de Manutenção e Desenvolvimento da Educação Básica e Valorização dos Profissionais da Educação Básica – FUNDEB poderá ser computada para fins da aplicação mínima em MDE. Por óbvio, não podem ser computados nesta aplicação mínima as despesas realizadas com os recursos da contribuição do salário-educação (art. 212, § 5º, CF/88, com redação da EC nº 53/2006). Os gastos com os programas suplementares de apoio à educação básica, de alimentação e assistência à saúde (art. 208, VII, CF/88), também não deverão ser computados nesta aplicação mínima, uma vez que deverão ser custeados com recursos provenientes de contribuições sociais e outros recursos orçamentários e não com recursos de impostos (art. 212, § 4º, CF/88).

No art. 70 da Lei nº 9.394, de 20/12/1996, Lei de Diretrizes e Bases da Educação Nacional – LDB, são definidas as despesas consideradas como em manutenção e desenvolvimento do ensino (MDE) para fins do cômputo da aplicação mínima a que se refere o art. 212, *caput*, da CF/88, dentre as quais, destacam-se a remuneração do pessoal docente, a aquisição, manutenção e conservação das instalações e equipamentos necessários ao ensino, a aquisição de material didático-escolar, a manutenção de programas de transporte escolar, dentre outras[228].

---

[228] "Art. 70. Considerar-se-ão como de manutenção e desenvolvimento do ensino as despesas realizadas com vistas à consecução dos objetivos básicos das instituições educacionais de todos os níveis, compreendendo as que se destinam a:

I – remuneração e aperfeiçoamento do pessoal docente e demais profissionais da educação;

II – aquisição, manutenção, construção e conservação de instalações e equipamentos necessários ao ensino;

III – uso e manutenção de bens e serviços vinculados ao ensino;

DESPESAS OBRIGATÓRIAS

Por outro lado, no art. 71 da LDB, são relacionadas despesas que não poderão ser consideradas como de MDE, tais como, programas suplementares de alimentação, obras de infraestrutura, remuneração de pessoal docente em desvio de função ou em atividade alheia à manutenção e desenvolvimento do ensino[229].

Também é obrigatória a aplicação mínima de recursos em ações e serviços de saúde, consoante art. 198, § 2º, da CF/88, incluído pela EC nº 29//2000[230].

IV – levantamentos estatísticos, estudos e pesquisas visando precipuamente ao aprimoramento da qualidade e à expansão do ensino;
V – realização de atividades-meio necessárias ao funcionamento dos sistemas de ensino;
VI – concessão de bolsas de estudo a alunos de escolas públicas e privadas;
VII – amortização e custeio de operações de crédito destinadas a atender ao disposto nos incisos deste artigo;
VIII – aquisição de material didático-escolar e manutenção de programas de transporte escolar".
[229] "Art. 71. Não constituirão despesas de manutenção e desenvolvimento do ensino aquelas realizadas com:
I – pesquisa, quando não vinculada às instituições de ensino, ou, quando efetivada fora dos sistemas de ensino, que não vise, precipuamente, ao aprimoramento de sua qualidade ou à sua expansão;
II – subvenção a instituições públicas ou privadas de caráter assistencial, desportivo ou cultural;
III – formação de quadros especiais para a administração pública, sejam militares ou civis, inclusive diplomáticos;
IV – programas suplementares de alimentação, assistência médico-odontológica, farmacêutica e psicológica, e outras formas de assistência social;
V – obras de infra-estrutura, ainda que realizadas para beneficiar direta ou indiretamente a rede escolar;
VI – pessoal docente e demais trabalhadores da educação, quando em desvio de função ou em atividade alheia à manutenção e desenvolvimento do ensino".
[230] "Art. 198. As ações e serviços públicos de saúde integram uma rede regionalizada e hierarquizada e constituem um sistema único, organizado de acordo com as seguintes diretrizes:
(...)
§ 2º A União, os Estados, o Distrito Federal e os Municípios aplicarão, anualmente, em ações e serviços públicos de saúde recursos mínimos derivados da aplicação de percentuais calculados sobre:
I – no caso da União, na forma definida nos termos da lei complementar prevista no § 3º;

O DIREITO DOS GASTOS PÚBLICOS NO BRASIL

Esta aplicação mínima foi regulamentada pela Lei Complementar nº 141/ /2012. A Lei definiu que a União deverá aplicar, em ações e serviços públicos de saúde, o montante correspondente ao valor empenhado no exercício financeiro anterior, acrescido de, no mínimo, o percentual correspondente à variação nominal do Produto Interno Bruto (PIB) ocorrida no ano anterior ao da lei orçamentária anual (art. 5º).

No caso dos Estados e do Distrito Federal, foi estabelecida a aplicação mínima de 12% (doze por cento) da arrecadação dos impostos a que se refere o art. 155 e dos recursos de que tratam o art. 157, a alínea "a" do inciso I e o inciso II do *caput* do art. 159, todos da Constituição Federal, deduzidas as parcelas que forem transferidas aos respectivos Municípios (art. 6º).

Por fim, os Municípios e o Distrito Federal deverão aplicar 15% (quinze por cento) da arrecadação dos impostos a que se refere o art. 156 e dos recursos de que tratam o art. 158 e a alínea "b" do inciso I do *caput* e o § 3º do art. 159, todos da Constituição Federal (art. 7º). Os Estados, DF e Municípios deverão obedecer aos limites previstos nas suas Constituições Estaduais ou Leis Orgânicas, casos estas estabeleçam percentuais superiores aos previstos na Lei Complementar nº 141/2012 (art. 11).

A ausência de regulamentação do que deveria ser considerado "ações e serviços públicos em saúde" dava margem a interpretações jurídicas diversas dos órgãos de controle financeiro e do Ministério Público, o que é um fator de insegurança jurídica para o gestor público.

A Lei Complementar nº 141/2012 teve o mérito de discriminar que ações deveriam ser consideradas para fins de cômputo da referida aplicação mínima e que ações não deveriam ser consideradas.

No art. 3º da referida Lei[231], com efeito, define-se que, para fins de aplicação mínima, devem ser consideradas as despesas referentes à vigilância em

---

II – no caso dos Estados e do Distrito Federal, o produto da arrecadação dos impostos a que se refere o art. 155 e dos recursos de que tratam os arts. 157 e 159, inciso I, alínea a, e inciso II, deduzidas as parcelas que forem transferidas aos respectivos Municípios;
III – no caso dos Municípios e do Distrito Federal, o produto da arrecadação dos impostos a que se refere o art. 156 e dos recursos de que tratam os arts. 158 e 159, inciso I, alínea b e § 3º."
[231] "Art. 3º Observadas as disposições do art. 200 da Constituição Federal, do art. 6º da Lei nº 8.080, de 19 de setembro de 1990, e do art. 2º desta Lei Complementar, para efeito da apuração da aplicação dos recursos mínimos aqui estabelecidos, serão consideradas despesas com ações e serviços públicos de saúde as referentes a:

DESPESAS OBRIGATÓRIAS

saúde, à atenção integral e universal à saúde em todos os níveis de complexidade, à remuneração do pessoal ativo da área de saúde e em atividade nas ações de saúde elencadas, dentre outras.

Por outro lado, o art. 4º da Lei[232] estabelece as despesas que não serão consideradas para fins da aplicação mínima, tais como, o pagamento de inativos

I – vigilância em saúde, incluindo a epidemiológica e a sanitária;
II – atenção integral e universal à saúde em todos os níveis de complexidade, incluindo assistência terapêutica e recuperação de deficiências nutricionais;
III – capacitação do pessoal de saúde do Sistema Único de Saúde (SUS);
IV – desenvolvimento científico e tecnológico e controle de qualidade promovidos por instituições do SUS;
V – produção, aquisição e distribuição de insumos específicos dos serviços de saúde do SUS, tais como: imunobiológicos, sangue e hemoderivados, medicamentos e equipamentos médico--odontológicos;
VI – saneamento básico de domicílios ou de pequenas comunidades, desde que seja aprovado pelo Conselho de Saúde do ente da Federação financiador da ação e esteja de acordo com as diretrizes das demais determinações previstas nesta Lei Complementar;
VII – saneamento básico dos distritos sanitários especiais indígenas e de comunidades remanescentes de quilombos;
VIII – manejo ambiental vinculado diretamente ao controle de vetores de doenças;
IX – investimento na rede física do SUS, incluindo a execução de obras de recuperação, reforma, ampliação e construção de estabelecimentos públicos de saúde;
X – remuneração do pessoal ativo da área de saúde em atividade nas ações de que trata este artigo, incluindo os encargos sociais;
XI – ações de apoio administrativo realizadas pelas instituições públicas do SUS e imprescindíveis à execução das ações e serviços públicos de saúde; e
XII – gestão do sistema público de saúde e operação de unidades prestadoras de serviços públicos de saúde".
[232] Art. 4º Não constituirão despesas com ações e serviços públicos de saúde, para fins de apuração dos percentuais mínimos de que trata esta Lei Complementar, aquelas decorrentes de:
I – pagamento de aposentadorias e pensões, inclusive dos servidores da saúde;
II – pessoal ativo da área de saúde quando em atividade alheia à referida área;
III – assistência à saúde que não atenda ao princípio de acesso universal;
IV – merenda escolar e outros programas de alimentação, ainda que executados em unidades do SUS, ressalvando-se o disposto no inciso II do art. 3º;
V – saneamento básico, inclusive quanto às ações financiadas e mantidas com recursos provenientes de taxas, tarifas ou preços públicos instituídos para essa finalidade;
VI – limpeza urbana e remoção de resíduos;

O DIREITO DOS GASTOS PÚBLICOS NO BRASIL

na área de saúde, o pagamento de pessoal ativo em exercício em atividade alheia à respectiva área, a assistência à saúde sem atendimento de caráter universal, a limpeza urbana, dentre outras.

O precatório ou ofício precatório é, segundo o Professor Regis Fernandes de Oliveira, *"a solicitação que o juiz da execução faz ao presidente do tribunal respectivo para que este requisite verba necessária ao pagamento de credor de pessoa jurídica de direito público, em face de decisão judicial transitada em julgado"*. O Presidente do Tribunal, recebendo o ofício, numera-o e comunica à Fazenda Pública respectiva para que efetue o pagamento (OLIVEIRA, 2006, p. 523).

Segundo o art. 100, § 5º, da CF/88, alterada pela EC nº 62/2009:

> "É obrigatória a inclusão, no orçamento das entidades de direito público, de verba necessária ao pagamento de seus débitos, oriundos de sentenças transitadas em julgado, constantes de precatórios judiciários apresentados até 1º de julho, fazendo-se o pagamento até o final do exercício seguinte, quando terão seus valores atualizados monetariamente".

Ao longo do exercício financeiro, o Poder Executivo libera os recursos consignados no orçamento para o pagamento dos precatórios e de posse destas verbas, o Presidente do Tribunal encaminha o numerário aos juízes para que efetuem o pagamento dos precatórios sob sua responsabilidade (OLIVEIRA, 2006).

A força obrigatória da aplicação dos recursos mínimos em saúde e educação é evidenciada pelo fato de esta constituir princípio constitucional sensível, cuja violação enseja a intervenção federal nos Estados e Distrito Federal, conforme art. 34, inciso VII, da CF/88, com redação dada pela EC nº 29/2000, ou intervenção do Estado nos municípios, por força do art. 35, inciso III, da CF/88.

VII – preservação e correção do meio ambiente, realizadas pelos órgãos de meio ambiente dos entes da Federação ou por entidades não governamentais;

VIII – ações de assistência social;

IX – obras de infraestrutura, ainda que realizadas para beneficiar direta ou indiretamente a rede de saúde; e

X – ações e serviços públicos de saúde custeados com recursos distintos dos especificados na base de cálculo definida nesta Lei Complementar ou vinculados a fundos específicos distintos daqueles da saúde.

No caso dos precatórios, em caso de preterição do direito de precedência do credor ou a não alocação orçamentária do valor necessário à satisfação do crédito, é admitido, mediante requisição do credor, o sequestro da quantia respectiva (art. 100, § 5º, CF/88, com redação dada pela EC nº 62/2009). Ademais, o não pagamento de precatórios pode ensejar intervenção federal nos Estados ou intervenção estadual nos municípios, consoante, respectivamente, o art. 34, V e o art. 35, I, da Constituição Federal.

13.2. Despesas "quase-obrigatórias" – O gasto legal

Uma segunda categoria de despesas públicas tem sua força obrigatória decorrente de lei.

O principal motivo para o enquadramento nesta categoria é que o não atendimento destas despesas no prazo legal não gera consequências jurídicas tão graves quanto o não atendimento da aplicação mínima de recursos em educação e saúde e o pagamento dos precatórios, conforme exposto pelo item anterior.

Via de regra, o atraso no pagamento das despesas "quase-obrigatórias" importa, tão somente, no pagamento de correção monetária e juros[233].

Ademais, não deverão ser objeto de limitação de empenho as despesas que constituam obrigações legais do ente federado (art. 9º, § 2º, LRF), mas este não é o critério distintivo entre as categorias de despesas obrigatórias e quase-obrigatórias propostas no presente trabalho: tanto as primeiras, quanto as últimas não estão sujeitas à limitação de empenho e movimentação financeira prevista na LRF.

Diversas despesas podem ser enquadradas nesta categoria, conforme evidencia o Anexo V da LDO 2013. Dentre as referidas despesas, merecem destaque:

a) as despesas de pessoal e encargos sociais correspondentes;

---

[233] Observa-se, entretanto, a existência de ações de improbidade administrativa contra Prefeitos decorrentes do atraso reiterado no pagamento de despesas de pessoal pelos municípios. *Vide*, por exemplo, sentença de 1º grau proferida pelo Juízo da Comarca de Poço Branco/RN que julgou procedente o pedido do Ministério Público Estadual do Rio Grande do Norte em ação civil pública por improbidade administrativa movida contra o ex-Prefeito de Poço Branco/RN (Processo nº 0000146-72.2008.8.20.0149). Disponível em http://www.mp.rn.gov.br.

O DIREITO DOS GASTOS PÚBLICOS NO BRASIL

b) o serviço da dívida pública;
c) os benefícios da previdência social (Lei nº 8.213/1991);
d) o benefício de prestação continuada – BPC previsto na Lei Orgânica da Assistência Social – LOAS (Lei nº 8.742/1993);
e) o bolsa-família (Lei nº 10.836/2004).

Convém mencionar que algumas das despesas "quase-obrigatórias" podem até ter fundamento constitucional, tal como é o caso do Benefício de Prestação Continuada (BPC).

Neste tópico, são analisados detidamente os dois primeiros itens supramencionados.

13.2.1. Pessoal e Encargos Sociais[234]

As despesas de pessoal e os encargos sociais são despesas cuja obrigatoriedade decorre de lei. Com efeito, o art. 37, inciso X, da Constituição estabelece que a remuneração e os subsídios dos agentes públicos deverá ser fixado em lei específica. Os encargos sociais também são decorrentes de lei, tal como, a Lei nº 10.887/2004, que estabelece a contribuição social do servidor público de

---

[234] Marcos Mendes adota um critério não-jurídico para a distinção entre despesas obrigatórias e quase-obrigatórias. Segundo o autor, as despesas de pessoal foram incluídas na categoria das despesas quase-obrigatórias tendo em vista apresentarem certa flexibilidade em relação às despesas obrigatórias. Nas palavras do autor (MENDES, 2009, p. 27-28): "A despesa de pessoal e encargos sociais não foi incluída no grupo de despesasobrigatórias porque ela tem um pouco mais de flexibilidade. O governo tem mais controle sobre essa despesa do que sobre os benefícios previdenciários. Enquanto no caso dos benefícios o governo tem que aceitar pagar todos os benefícios novos, que tenham sido solicitados em conformidade com a lei; no caso da despesa de pessoal, ele pode simplesmente decidir não contratar servidores adicionais. É verdade que, por um lado, o setor público enfrenta dificuldades para demitir servidores, em função de dispositivos que garantem estabilidade no emprego, o que torna a folha de pagamento rígida no curto prazo. Mas, por outro lado, o governo pode optar por não conceder reajustes reais de salários por um tempo (enquanto que no caso dos benefícios previdenciários o reajuste do salário-mínimo catapulta as despesas). O governo também pode emagrecer o quadro de cargos de confiança (que não gozam de estabilidade). No médio e longo prazo essa despesa torna-se ainda mais flexível, desde que haja uma política racional de recursos humanos, que evite a contratação em excesso e não pague remunerações acima do padrão do setor privado".

DESPESAS OBRIGATÓRIAS

qualquer dos Poderes da União, suas autarquias e fundações, para o regime próprio de previdência social (art. 4º).

Com vistas a dar maior transparência, as LDOs da União têm determinado que a LOA contemple em categorias de programação específicas o atendimento às despesas de pessoal e encargos sociais decorrentes da concessão de qualquer vantagem ou aumento de remuneração e do provimento de cargos, empregos e funções (art. 12, XV, da Lei nº 12.919/2013 – LDO 2014 e art. 12, XV, da Lei nº 12.708/2012 – LDO 2013).

Há diversos mecanismos previstos na legislação e que buscam assegurar o pagamento das despesas de pessoal.

Em primeiro lugar, não poderá haver anulação da dotação relativa às despesas de pessoal previstas no projeto de LOA com vistas a indicar os recursos necessários às emendas parlamentares ao orçamento, conforme dispõe o art. 166, § 3º, II, a, da CF/88.

Em segundo lugar, o controle das despesas de pessoal, ativo e inativo, dos entes federados, estabelecido pela Constituição Federal e pela Lei de Responsabilidade Fiscal também garante, indiretamente, o pagamento das despesas de pessoal.

Em terceiro lugar, conforme já mencionado anteriormente, a despesa de pessoal e os encargos sociais não estãos sujeitos à limitação de empenho prevista no art. 9º, § 2º, da LRF (*vide*, por exemplo, o Anexo V da LDO 2013).

13.2.2. Serviço da Dívida Pública

O serviço da dívida pública corresponde ao pagamento de juros, encargos e amortização da dívida pública.

Não se confunde com o refinanciamento da dívida[235] que é a emissão de novos títulos públicos com a finalidade de arrecadar recursos para a amortização (pagamento do principal) dos títulos que estão vencendo. O refinanciamento é a substituição da parcela correspondente ao principal dos títulos vencidos por novos títulos (CHAGAS, 2010).

---

[235] Segundo o art. 29, V, da LRF, o refinanciamento da dívida mobiliária corresponde à *"emissão de títulos para pagamento do principal acrescido da atualização monetária"*. Por sua vez, o art. 67, parágrafo único, da LDO 2013 define o refinanciamento como *"o pagamento do principal, acrescido da atualização monetária da dívida pública federal, realizado com receita proveniente da emissão de títulos"*.

O DIREITO DOS GASTOS PÚBLICOS NO BRASIL

A rigor, o serviço da dívida não é uma obrigação decorrente de lei, mas uma obrigação contratual do poder público. Entretanto, a Constituição Federal e a lei asseguram um tratamento jurídico a estas despesas de forma semelhante às demais despesas "quase-obrigatórias".

Em primeiro lugar, são despesas sujeitas à legalidade orçamentária, nos termos do art. 5º, § 1º, da LRF: *"Todas as despesas relativas à dívida pública, mobiliária ou contratual, e as receitas que as atenderão, constarão da lei orçamentária anual"*.

Em segundo lugar, o pagamento do serviço da dívida pública não está sujeito à limitação de empenho e movimentação financeira, nos termos do art. 9º, § 2º, da LRF, da mesma forma que as demais obrigações legais e constitucionais do ente federado.

Da mesma forma que as despesas de pessoal, também não poderá haver anulação das dotações relativas ao serviço da dívida no projeto de LOA, para fins de obter os recursos necessários às emendas parlamentares ao orçamento, conforme dispõe o art. 166, § 3º, II, b, da CF/88.

As despesas com o serviço da dívida devem constar da Lei Orçamentária Anual (e das leis de créditos adicionais) separadamente das despesas com o refinanciamento da dívida (art. 5º, § 2º, LRF e art. 67, LDO 2013), concedendo maior transparência aos referidos gastos[236].

13.3. Crítica ao Orçamento Semi-Impositivo (EC nº 86/2015)

Alguns autores advogam o caráter impositivo do orçamento público. Adilson Abreu Dallari, por exemplo, afirma que (DALLARI, 2011, p. 326-327):

> "(...) não faz sentido algum o delineamento de todo um sistema orçamentário calcado no planejamento e na afirmação do direito à transparência da gestão fiscal, se as dotações orçamentárias não tiverem caráter impositivo. De nada vale assegurar a participação popular no momento de elaboração do orçamento se, no decorrer do exercício financeiro, o Poder Executivo não tiver o dever de executar o que foi planejado, mediante um processo de consulta

---

[236] No orçamento federal, costuma-se utilizar dois programas para atender às despesas com o serviço da dívida pública: Programa 0905 – Operações Especiais: Serviço da Dívida Interna – Juros e Amortizações e Programa 0906 – Operações Especiais: Serviço da Dívida Externa – Juros e Amortizações. Cf. http://www.orcamentofederal.gov.br.

DESPESAS OBRIGATÓRIAS

pública seguido de um cuidadoso exame pelos representantes do povo nas casas legislativas.

Pode-se afirmar, com segurança, que o antigo debate sobre o caráter autorizativo ou impositivo do orçamento não tem mais sentido, diante da pletora de normas que não deixam sobra de dúvida quanto ao fato de que o sistema de orçamentos é, na verdade, um subsistema do conjunto articulado de projetos e programas que devem orientar o planejamento governamental, o qual, nos termos do art. 174 da CF, é determinante para o setor público".

O chamado "orçamento impositivo" é um tema estritamente relacionado à obrigatoriedade da despesa. É um tema que desperta grande interesse de alguns parlamentares, que buscam, por meio de emendas à lei orçamentária, atrair recursos públicos para suas bases parlamentares.

De fato, acaba de ser aprovada a Emenda Constitucional nº 86/2015 que instituiu o orçamento "quase-impositivo".

Segundo a referida Emenda Constitucional, que altera o art. 166, § 11º, da Constituição, é obrigatória a execução orçamentária e financeira das programações das emendas ao orçamento em montante correspondente a 1,2% da receita corrente líquida realizada no exercício anterior, conforme critérios de execução "equitativa" da programação (considera-se equitativa a execução que atenda de forma igualitária e impessoal às emendas apresentadas, independentemente da autoria).

Ademais, a EC estabelece que, quando a emenda for destinada a Estados, Distrito Federal ou a Municípios, a transferência independerá da adimplência do ente federativo destinatário. Por fim, em caso de impedimento de ordem técnica, no empenho da despesa, os Poderes e os órgãos com autonomia financeira deverão encaminhar ao Poder Legislativo as justificativas do impedimento no prazo de 120 dias após a publicação da LOA (conforme art. 166, §§ 13 e 14, alterados pela EC nº 86/2015). Por sua vez, o Poder Executivo, até 30 dias do término do referido prazo, deverá encaminhar ao Poder Legislativo proposta de lei de crédito adicional com o remanejamento da programação cujo impedimento for considerado insuperável. Se, até 20 de novembro, ou até trinta dias após o término do prazo anterior, o Congresso Nacional não deliberar sobre o referido projeto, o remanejamento será implementado por ato do Poder Executivo, nos termos previstos na lei orçamentária.

A referida Emenda Constitucional só contribui para o uso irracional dos recursos públicos, com prejuízo à economia e à eficiência da gestão pública.

O DIREITO DOS GASTOS PÚBLICOS NO BRASIL

O mesmo ocorre com qualquer proposta que obrigue a execução financeira das dotações orçamentárias sem compromisso com o atingimento das metas constantes da Lei Orçamentária Anual. De fato, o texto do § 11º do art. 166, inserido pela EC, faz referência expressa ao montante financeiro da execução orçamentária (1,2% da receita corrente líquida do exercício anterior) e não da execução das metas físicas.

O que interessa à sociedade é justamente o atingimento das metas e finalidades previstas na programação orçamentária e não o empenho da dotação orçamentária, considerando o caráter instrumental da despesa pública. Com efeito, a obrigatoriedade de execução de determinadas dotações não implica, por si só, no atingimento das metas/objetivos/finalidades previstas. **A despesa orçamentária é apenas um dos instrumentos para que o Estado alcance atinja os seus objetivos.** A despesa pública não é fim em si mesma.

Celso de Barros Correia Neto, nesta linha, afirma que a normatividade do orçamento público não pode ser compreendida na sua integralidade sem que se considere a sua dupla finalidade prescritiva: as metas e os meios. Há normas que prescrevem finalidades ou programas a serem logrados, e há normas que oferecem os meios financeiros para financiar as atividades (CORREIA NETO, 2013).

Nas palavras do autor (CORREIA NETO, 2013, p. 32-33):

> "Se o objetivo ou programa em questão puder ser efetivado sem aquela despesa ou sem que a despesa atinja a integralidade do montante previsto, então não é preciso que o gasto se realize. Agora, o gasto, obviamente, não pode se afastar da meta prevista, sob pena de desvio de finalidade e responsabilização funcional. As dotações orçamentárias são limites máximos dos gastos que podem ser realizados com determinadas finalidades. **Não há a obrigação de sua total realização, desde que o objetivo a que se destina seja alcançado. A realização do programa é obrigatória, o gasto não. O gasto público pode ser necessário ou não para que se realize o programa positivado, mas não será, em si mesmo, posto em termos obrigatórios na lei orçamentária.** Ao afirmar que o orçamento traça planos ou objetivos, que obrigatoriamente devem ser cumpridos, e oferece recursos para lográ-los, 'Esta obrigatoriedade não exclui as economias, ou seja, a diferença a menor do gastado em relação ao orçado, sempre que esta diferença não implique descumprimento do plano', como salienta Dino Jarach. A despesa pública não é em si mesma um fim; é meio (jurídico) para a concretização das finalidades atribuídas o Estado. O que não é lícito é o gasto ser realizado fora da meta imposta" (grifo nosso).

DESPESAS OBRIGATÓRIAS

Ademais, existem inúmeras outras condições jurídicas para a realização do gasto público que não aquelas previstas na lei orçamentária, incluindo os princípios da legitimidade e economicidade. Tal impositividade não pode implicar desprezo pelas demais regras que disciplinam o gasto público. E é isso que pretende a referida EC nº 86/2015 ao referir-se, apenas, aos impedimentos de ordem técnica e não aos impedimentos de ordem jurídica. O direito dos gastos públicos não se limita à lei orçamentária.

Deve-se levar em conta as razões pelas quais algumas dotações orçamentárias não costumam ser utilizadas, tais como:

a) a falta de projeto básico e executivo, que atenda os requisitos legais, no caso de obras e serviços de engenharia;
b) a falta de planejamento das compras;
c) a falta de estudos de impacto ambiental e licença ambiental;
d) a falta de estudos de impacto no trânsito;
e) as deficiências na formulação de políticas públicas.

Ademais, um projeto que era considerado viável e adequado em determinado momento, pode não mais sê-lo em um momento subsequente.

Todos estes elementos são pressupostos para o uso racional dos recursos públicos. Não se trata, portanto, meramente de impedimentos de ordem técnica, mas também de ordem jurídica, uma vez que alguns dos itens supramencionados são exigências legais ou consequências dos princípios do gasto público.

Atualmente, é comum que os órgãos e entidades da administração pública utilizem os recursos públicos de forma irracional no final do exercício financeiro. Tendo em vista os contingenciamentos realizados ao longo do ano e a liberação dos créditos orçamentários e da disponibilidade financeira apenas no final do exercício financeiro, muitos empenhos são realizados no final de dezembro, sem que haja preocupação com questões de eficiência e economicidade.

Há, ainda, questões procedimentais relativas às licitações que devem ser levadas em conta. Disputas, administrativas ou judiciais, no processo licitatório podem implicar no atraso da execução das dotações orçamentárias.

Além disso, o contingenciamento das dotações orçamentárias pode ser necessário para o atendimento das metas fiscais.

Em se tratando de transferências voluntárias, há um rol de requisitos que devem ser cumpridos, nos termos do art. 25 da LRF. O que a PEC faz é transformar uma transferência voluntária numa transferência obrigatória, retirando os incentivos para que os entes subnacionais cumpram os preceitos da lei de responsabilidade fiscal.

Para que a PEC faça sentido, os entes subnacionais receptores das transferências também deveriam ser obrigados a executar a despesa no exercício financeiro e o atendimento das metas/objetivos previstos nas categorias de programação. Caso contrário, os recursos só seriam transferidos para a gestão do ente subnacional, sem que seja cumprida a finalidade para a qual foram destinados.

A PEC é também mais um estímulo às fraudes e desvios de recursos públicos, por reforçar um mecanismo já tradicional de desvio envolvendo as emendas orçamentárias, evidenciado pela CPI do Orçamento de 1993 e pela CPI das Ambulâncias de 2006[237].

Há que se mencionar, ainda, que as emendas orçamentárias não propiciam uma visão global do problema que se busca solucionar, não permitindo que os recursos públicos sejam alocados segundo critérios de equidade e isonomia. Por exemplo, municípios com as mesmas necessidades podem ser tratados de forma diferente, tão somente, em razão de terem ou não "padrinhos" no Parlamento[238].

---

[237] Maria Fernanda Colaço Alves e Antônio Carlos de Azevedo Sodré realizaram um estudo sobre as emendas parlamentares e a corrupção municipal no Brasil. Os autores concluíram que há uma forte relação entre as transferências intergovernamentais via emenda parlamentares e a corrupção nos municípios brasileiros. Segundo os autores, os municípios que receberam recursos de emendas parlamentares se mostraram, em média, 35% mais corruptos. Salientam que, apesar de não ser possível, com as técnicas empregadas, estabelecer uma relação causal entre corrupção municipal e emendas parlamentares, a existência de uma relação significativa entre estas duas variáveis merece ser documentada e debatida. Destacam que o aumento da corrupção está mais ligado ao fato de um município receber alguma emenda do que ao valor total das emendas repassadas a ele, mesmo quando este valor é considerado per capita (ALVES; SODRÉ, 2010).

[238] A equidade a que se refere a EC nº 86/2015 é a igualdade e a impessoalidade no tratamento dos parlamentares, no tocante à execução das suas emendas individuais, e não a equidade no atendimento às demandas da sociedade. Segundo o art. 166, § 18, inserido pela EC nº 86//2015: "§ 18. Considera-se equitativa a execução das programações de caráter obrigatório que atenda de forma igualitária e impessoal às emendas apresentadas, independentemente da autoria".

Consoante levantamento realizado pelo Estadão Dados, 51% dos municípios brasileiros não são beneficiados com recursos das emendas parlamentares nos orçamentos de 2011, 2012 e 2013. Municípios com situação econômica e social semelhante, podem ser tratados de forma desigual, em função de terem ou não "padrinhos políticos"[239]:

> "Dos 5.570 municípios brasileiros, 2.719 aparecem como destino de sugestões de gastos feitas por parlamentares nos Orçamentos de 2011, 2012 e 2013; sem 'padrinhos' políticos em Brasília, os demais 2.851 foram ignorados nestes três últimos anos. As cidades de Frei Paulo e Campo do Britto, interior de Sergipe, ficam a menos de 30 km uma da outra. Ambas têm 15 mil habitantes e economia baseada na agricultura, na pecuária e no comércio. A primeira exibe em suas ruas várias placas de investimentos federais. Já a segunda comemora quando consegue pagar os funcionários em dia. A distorção tem explicação. Nos últimos três anos, Frei Paulo foi alvo de 20 emendas parlamentares federais. Campo do Britto, de nenhuma. Essa distorção seria maior se todos os recursos fossem de fato liberados, algo que poderá ocorrer caso o projeto de Orçamento impositivo, que torna obrigatório o pagamento das emendas parlamentares, seja aprovado e passe a valer no ano que vem. Levantamento do Estadão Dados com todas as 24.448 emendas apresentadas por deputados e senadores nos últimos três anos mostra que, se o Orçamento impositivo estivesse em vigor desde então, a totalidade dos repasses via emenda seria embolsada por menos da metade das prefeituras do País. Dos 5.570 municípios brasileiros, 2.719 (49%) aparecem como beneficiários de emendas nos Orçamentos de 2011, 2012 e 2013. Os demais 2.851 (51%), sem 'padrinhos' e com baixa influência política, foram desconsiderados pelos parlamentares".

O argumento dos parlamentares para apoiar a proposta é que o Poder Executivo utiliza a liberação das emendas constitucionais para garantir a fidelidade dos parlamentares no Congresso Nacional. Entretanto, a atuação do membro do Poder Legislativo não deveria estar focada em buscar recursos para a sua base eleitoral, visando à reeleição e perpetuação no Poder.

Em ambos os casos, trata-se de disfunções do sistema político brasileiro e que não serão resolvidas por meio do orçamento impositivo.

---

[239] Cf. Site do Jornal O Estado de São Paulo. http://goo.gl/NAEFUu.

13.4. Síntese

A Constituição Federal impõe a obrigatoriedade de aplicação de recursos mínimos em ações e serviços de saúde, na manutenção e desenvolvimento do ensino e a obrigatoriedade de inscrição orçamentária e pagamento dos precatórios judiciais. Trata-se do "gasto constitucional" na visão de Regis Fernandes de Oliveira.

Da mesma forma, pode-se falar no "gasto legal", referindo-se àqueles que tem sua força obrigatória decorrente de lei. É o caso das despesas de pessoal e encargos sociais, o serviço da dívida pública, os benefícios da previdência social e os benefícios assistenciais (Benefício de Prestação Continuada – BPC e Bolsa-Família).

Em ambos os casos, os gastos não estão sujeitos à limitação de empenho prevista no art. 9º, § 2º, da Lei de Responsabilidade Fiscal.

O que se pode concluir é que a fonte da obrigatoriedade não é o orçamento público. A obrigatoriedade advém da Constituição Federal e de leis, tais como as que estabelecem direitos subjetivos a prestações pecuniárias do Estado, o que constitui mais um fator no sentido de desvincular a disciplina do gasto público do direito orçamentário.

14. Transferências Voluntárias

"As transferências discricionárias são definidas em cada processo orçamentário e resultam de negociações entre autoridades centrais e governos subnacionais e seus representantes no parlamento; em tese, deveriam ser utilizadas para complementar e auxiliar as transferências regulamentadas ou 'estruturais', por apresentarem maior flexibilidade em situações excepcionais de curto prazo, em que há pressão sobre a estrutura de financiamento tal como definida pelas receitas próprias acrescidas das transferências legais. Desse ponto de vista, as transferências discricionárias deveriam ser essencialmente não regulares. A existência de fluxos amplos e regulares de transferências discricionárias para regiões e/ou funções de gasto reflete, em geral, estruturas federativas em que o governo central e sua burocracia detêm elevado poder decisório sobre o conjunto do gasto público ou situações de transição em que a divisão de trabalho e as funções dos diversos níveis de governo não estão adequadamente ajustadas (...) A existência de um volume elevado de transferências discricionárias é, segundo diversos observadores, prejudicial ao sistema federativo" (Sérgio Prado, Waldemir Quadros e Carlos Eduardo Cavalcanti).

No conceito de gasto público em sentido estrito (aspecto material), incluem-se as transferências intergovernamentais voluntárias, pois estão abrangidas pelas definições constantes do art. 12, §§ 2º e 6º, da Lei nº 4.320/64, podendo consistir de transferências correntes ou de capital.

O DIREITO DOS GASTOS PÚBLICOS NO BRASIL

Este capítulo discute a disciplina jurídica desta modalidade de transferências, também denominadas discricionárias[240], vistas como **instrumentos de descentralização negociada de recursos e encargos entre os entes federados**.

O enfoque será dado às transferências do governo central aos governos subnacionais (Estados, Municípios e Distrito Federal), uma vez que a maior parte das transferências voluntárias no Brasil ocorre neste sentido[241], e ao papel do órgão concedente, que vem sendo reiteradamente descumprido no âmbito da administração federal.

Os repasses voluntários permitem a obtenção de "ganhos de eficiência" no âmbito de um Estado Federativo, pois possibilitam o aproveitamento da estrutura administrativa local ou regional para a execução de objetos de interesse comum entre os entes federados. Esta espécie de transferências permite, ainda, a alocação flexível dos recursos, visando o atendimento de necessidades imprevistas ou imprevisíveis. Desta forma, o Governo Central pode, por exemplo, transferir recursos para a execução de atividades de reconstrução e recuperação de áreas vitimadas por calamidades públicas, como enchentes, secas e outros eventos naturais.

Por outro lado, estes repasses apresentam inúmeras anomalias[242]:

a) constituem mecanismo de fácil desvio de recursos públicos;

---

[240] Segundo José Maurício Conti, as transferências voluntárias, ou discricionárias, são transferências dos recursos de uma unidade para outra que dependem de decisão de autoridade, vinculadas a critérios não rígidos, que podem ser alterar conforme as circunstâncias (CONTI, 2001, p. 39). A característica central das transferências voluntárias, conforme se pode observar, é a existência de uma decisão discricionária do órgão repassador, em contraposição às transferências obrigatórias ou automáticas, que "estão previstas no ordenamento jurídico de determinado Estado de forma que devam ser operacionalizadas por ocasião do recebimento dos recursos, independentemente de decisões de autoridades", sendo o que ocorre com as diversas transferências constitucionais brasileiras (arts. 157 a 159) (CONTI, 2001, p. 39).

[241] Nesta linha, o art. 62 da LRF impõe que os municípios só poderão contribuir para o custeio de despesas de competência de outros entes da federação, se houver autorização na LDO e na LOA e se for celebrado acordo, ajuste, convênio ou outro instrumento congênere, conforme sua legislação.

[242] No item 9.2. do Acórdão nº 2.518/2012 – Plenário, o Tribunal de Contas da União determinou a realização de ações de controle com o objetivo de avaliar a política de alocação de recursos federais aos municípios mediante transferências voluntárias, considerando, dentre outros pon-

TRANSFERÊNCIAS VOLUNTÁRIAS

b) a maior parte dos municípios receptores para quais são destinados os recursos possuem estruturas e sistemas de controle interno deficientes e/ou inexistentes, que facilitam o desvio dos recursos transferidos;

c) o governo central não acompanha adequada e tempestivamente a aplicação dos recursos transferidos.

Tudo isso compromete os resultados da ação orçamentária descentralizada e contribui para a redução da transparência na execução do gasto público.

É importante lembrar que as despesas realizadas pelos entes subnacionais com recursos oriundos das transferências voluntárias também são despesas públicas, uma vez que o recurso não perdeu o caráter público com a transferência de um para outro ente público.

Além disso, a deficiência na análise da prestação de contas pelos órgãos repassadores reforça a "impunidade" dos administradores públicos faltosos e dificulta a recomposição do erário no tocante aos recursos desviados[243].

Os repasses voluntários vêm sendo caracterizados, ainda, por **um tratamento não isonômico dos estados e municípios**, em que os aliados políticos são beneficiados, por um volume maior de recursos transferidos, pela rapidez

tos: a falta de critérios racionais para a alocação de recursos aos municípios, que acaba sendo mais política do que técnica; a ausência de ações coordenadas entre os órgãos repassadores, que expressem políticas mais amplas com objetivos nacionais; ineficiências decorrentes do fato de as transferências dependerem principalmente da iniciativa dos interessados ou de um parlamentar e a ausência de indicadores e metas mais precisos que permitam verificar os resultados alcançados e a eficiência das ações conduzidas, inclusive em termos de impacto nas condições de vida da população e que possam ser utilizados como critérios para o recebimento de novos recursos pelos municípios.

[243] No Parecer das Contas do Governo da República relativo ao exercício financeiro de 2009, o Tribunal de Contas da União aponta que, entre 2006 e 2009, houve um aumento nos valores empenhados para transferências voluntárias. No tocante às transferências para Estados e Distrito Federal, o montante empenhado em 2006 foi de 4503 milhões de reais, enquanto que em 2009 foi de 11219 milhões de reais, representando um aumento de 149%. No tocante às transferências para municípios, os valores empenhados aumentaram 86%, de 7752 milhões para 14423 milhões. Nada obstante, no mesmo período, a quantidade de prestação de contas não analisadas cresceu 19%, enquanto o valor total associado a estas prestações cresceu 47%. Para piorar, número de prestações de contas não apresentadas pelos entes receptores cresceu de 5.546, correspondendo a 2,80 bilhões de reais, em 2006 para 6.132, correspondendo a 4,50 bilhões de reais, em 2009.

na liberação dos recursos e, o que é pior, pela ausência de critérios técnicos e jurídicos na celebração dos ajustes[244].

Ao sobrepor critérios políticos aos critérios técnicos, o órgão repassador desvia o seu foco dos objetivos e metas dos programas constantes do orçamento federal. A título de ilustração, os indicadores de desempenho dos programas federais executados por meio da descentralização de recursos (tais como, Combate à Dengue, Combate e Prevenção de Enchentes, Saneamento Básico) são sofríveis[245].

Ademais, as transferências são usadas pelo Governo Central para "desincumbir-se" das suas atribuições constitucionais, deixando o ônus político pela inexecução do programa para os Estados e Municípios.

Há, entretanto, algumas boas notícias no que tange às transferências voluntárias.

O Acórdão TCU nº 2.066/2006 – Plenário determinou ao Ministério do Planejamento, Orçamento e Gestão (MPOG) que implementasse um sistema de informática em plataforma Web que permita o acompanhamento on-line de todos os convênios e outros instrumentos jurídicos utilizados para a transferência de recursos federais a outros órgãos e entidades, aos entes federados e às entidades do setor privado.

---

[244] *Vide*, por exemplo, notícia publicada no site Folha Online em 19.11.2007, sob título "Governo Federal privilegia prefeituras da base aliada", segundo o qual: "O governo (...) destinou, em 2007, 73% do R$ 1,5 bilhão destinado pelo governo federal a prefeituras aliadas, a 11 meses das eleições municipais de 2008, (...) Um mapa da distribuição das verbas por meio de convênio com as cem maiores cidades do país mostra que das 30 mais beneficiadas proporcionalmente pelo governo em 2007 (reais por habitante), 26 são comandadas por partidos aliados (...). A conta revela que as prefeituras oposicionistas receberam 26% dos recursos, embora governem 37% da população. Administrações municipais da base aliada governam 62% da população entre as cem cidades" (http://goo.gl/WXbei0).

[245] Em 17.04.2010, o Portal G1 publicou matéria mostrando a desigualdade na distribuição de recursos no combate às enchentes pelo Ministério da Integração Nacional (http://goo.gl/VmlyEv). Segundo a matéria, auditoria do TCU na Secretaria Nacional de Defesa Civil teria demonstrado que, no período de 2004 a 2009, o Rio de Janeiro, Estado que foi muito afetado com as enchentes do início de 2010, recebeu apenas 0,65% das verbas federais relativas às ações de prevenção e combate às catástrofes naturais. O Relatório do TCU apontava que as verbas eram transferidas sem seguir nenhuma tendência razoável, tais como, fatores de risco e histórico de eventos. Até a data da matéria, 133 pessoas teriam morrido no Rio de Janeiro em função da temporada de chuvas.

Este sistema é o SICONV (Sistema de Gestão de Convênios), acessível na Internet pelo Portal dos Convênios[246], que visa dar transparência às fases de celebração, execução e prestação de contas dos convênios. O sistema disponibilizará informações pertinentes à execução de transferências voluntárias não acessíveis ao público em geral e mesmo aos órgãos de controle, tais como, o próprio instrumento do convênio, o plano de trabalho, as licitações realizadas pelo convenente, os bens adquiridos, os contratos e as notas fiscais correspondentes. O SICONV permitirá, ainda, a geração automática das prestações de contas, simplificando a vida do órgão receptor.

A tendência é que não existam mais contas correntes específicas[247] para a execução dos convênios. A execução financeira pelo ente receptor seria feita integralmente no sistema informatizado, a semelhança do que ocorre com o Sistema integrado de Administração Financeira da União (SIAFI), mas sob controle do ente concedente. Quando isso acontecer plenamente, será necessário rever o próprio conceito de transferência voluntária, uma vez que também não haverá mais o repasse financeiro.

A propósito, o Decreto nº 7.641/2011 determinou ao Ministério do Planejamento, Orçamento e Gestão – MPOG a criação da Ordem Bancária de Transferências Voluntárias – OBTV que compreende, segundo o art. 3º, parágrafo único:

> "a minuta da ordem bancária de pagamento de despesa do convênio, termo de parceria ou contrato de repasse encaminhada virtualmente pelo SICONV ao Sistema Integrado de Administração Financeira - SIAFI, mediante autorização do Gestor Financeiro e do Ordenador de Despesa do convenente, ambos previamente cadastrados no SICONV, para posterior envio, pelo próprio SIAFI, à instituição bancária que efetuará o crédito na conta corrente do beneficiário final da despesa"

A ordem bancária, portanto, é gerada pelo SICONV e enviada ao SIAFI que repassará às instituições financeiras que efetuaram o pagamento me-

---

[246] http://www.convenios.gov.br.

[247] Segundo art. 54 da Portaria Interministerial CGU/MF/MP nº 507/2011, os recursos liberados deverão ser depositados e geridos em conta bancária específica do convênio exclusivamente em instituições financeiras controladas pela União e, quando não empregados na sua finalidade, deverão estar obrigatoriamente aplicados em caderneta de poupança ou em fundo lastreado em títulos públicos.

O DIREITO DOS GASTOS PÚBLICOS NO BRASIL

diante crédito na conta corrente do destinarário ou saque no caixa[248]. A OBTV deve estar em funcionamento no SICONV a partir de 30/7/2012.

Dentre as vantagens da OBTV, pode-se citar um melhor controle e transparência nos gastos com recursos sob gestão descentralizada.

14.1. Legislação aplicável às transferências voluntárias

As disfunções apontadas exigem a imposição de uma disciplina jurídica mais rígida na concessão, no objeto, na execução e no controle das transferências voluntárias.

O regime jurídico das transferências voluntárias abrange normas constitucionais, leis complementares, leis ordinárias e normas infralegais.

A disciplina constitucional estabelece que a fiscalização da aplicação dos recursos transferidos aos Estados e aos Municípios pela União será do Tribunal de Contas da União (art. 71, VI, CF/88). Analogicamente, se o Estado ou o Município repassarem recursos voluntariamente a outro ente, será o Tribunal de Contas do Estado ou do(s) Município(s) o órgão competente para fiscalizar a aplicação dos recursos (art. 75).

Na Constituição, também está prevista a proibição de

> "transferência voluntária de recursos e a concessão de empréstimos, inclusive por antecipação de receita, pelos Governos Federal e Estaduais e suas instituições financeiras, para pagamento de despesas com pessoal ativo, inativo e pensionista, dos Estados, do Distrito Federal e dos Municípios" (art. 167, X, CF/88),

bem como a proibição dos repasses voluntários aos Estados e Municípios que ultrapassem os limites de despesas de pessoal, ativo ou inativo, previstos em lei complementar (art. 169, § 2º, CF/88).

A Lei Complementar nº 101/2000 (Lei de Responsabilidade Fiscal) regula o tema no art. 25, definindo o conceito de transferências voluntárias, elencando requisitos para a sua concessão e execução. A Lei de Responsabilidade Fiscal atribui, ainda, novas funções à Lei de Diretrizes Orçamentárias, tais como, a de estabelecer requisitos adicionais para a concessão de transferências voluntárias (art. 25, § 1º).

---

[248] Cf. Portal dos Convênios. http://goo.gl/OGZyCF.

O art. 10 da Lei nº 11.945/2009 distingue o ato de entrega de recursos a título de transferências voluntárias, das liberações financeiras correspondentes. Segundo o referido dispositivo legal, este ato de entrega ocorre no momento da celebração do convênio ou do contrato de repasse, enquanto que as liberações financeiras devem ser realizadas segundo o cronograma de desembolso definido nestes instrumentos de formalização. O artigo 11, da referida lei, dispõe que:

> "As liberações financeiras das transferências voluntárias decorrentes do disposto no art. 10 desta Lei não se submetem a quaisquer outras exigências previstas na legislação, exceto aquelas intrínsecas ao cumprimento do objeto do contrato ou convênio e respectiva prestação de contas e aquelas previstas na alínea a do inciso VI do art. 73 da Lei nº 9.504, de 30 de setembro de 1997".

Portanto, o que a Lei nº 11.945/2009 faz é determinar o momento em que as condições e requisitos supramencionados para a realização da transferência voluntária devem ser verificados, qual seja, o momento da celebração do convênio, do contrato de repasse ou de seus aditivos.

Uma vez celebrado o ajuste, as liberações financeiras ficam submetidas ao cronograma de desembolso previsto neste instrumento e as demais condições relativas ao cumprimento do objeto e prestação de contas, mas não mais às condições previstas na LRF.

Com tantas exigências, em especial as da LRF, foi criado o Cadastro Único de Convênio (CAUC), por meio da Instrução Normativa nº 01, de 4/5/2001, da Secretaria do Tesouro Nacional, com vistas a

> "simplificar a verificação, pelo gestor público do órgão ou entidade concedente, do atendimento, pelos convenentes e entes federativos beneficiários de transferência voluntária de recursos da União, das exigências estabelecidas pela Constituição Federal, pela Lei de Responsabilidade Fiscal (LRF), pela Lei de Diretrizes Orçamentárias (LDO) e legislação aplicável".

A LRF estabelece, ainda, hipóteses de suspensão do recebimento de transferências voluntárias, além da já mencionada extrapolação dos limites com as despesas de pessoal:

a) não instituição, previsão e efetiva arrecadação de todos os tributos de competência constitucional do ente da federação;

b) ultrapassagem dos limites para a dívida consolidada do ente, após o prazo para retorno ao limite (art. 31, § 2º);

c) não encaminhamento das contas da gestão fiscal ao Poder Executivo Federal para fins de consolidação, nos prazos estabelecidos em lei (art. 51, § 2º).

O art. 116 da Lei nº 8.666/93, Lei Geral de Licitações e Contratos da Administração Pública, regula a celebração de convênios e outros instrumentos de natureza financeira, os planos de trabalho, a aplicação dos recursos transferidos em aplicação financeira. O dispositivo legal determina a aplicação subsidiária das demais normas constantes da Lei aos convênios de natureza financeira.

No âmbito federal, existe, ainda, uma regulamentação infralegal versando sobre as transferências voluntárias. Inicialmente, vigorava a Instrução Normativa nº 01/1997 da Secretaria do Tesouro Nacional. Esta IN disciplinava a celebração e a execução de convênios de natureza financeira para a execução descentralizada de Programas de Trabalho de órgãos ou entidades da Administração Pública Federal. É o diploma que regulava pormenorizadamente a matéria, disciplinando desde as fases pré-celebração até a prestação de contas e a instauração da Tomada de Contas Especial, no caso de irregularidades na execução das transferências.

Recentemente, foram editados Decretos do Presidente da República disciplinando o tema no âmbito federal (Decreto nº 6.170/2007 e alterações), bem como a Portaria Interministerial MP/MF/CGU nº 127, de 29/05/2008, que substituiu a IN STN nº 01/97. Em 2011, foi editada a Portaria Interministerial MP/MF/CGU nº 507, de 24/11/2011 que revogou a Portaria Interministerial anterior e passou a regular as transferências a partir de então.

Os diplomas infralegais, por si só, não produzem inovações primárias na ordem jurídica, criando deveres ou direitos subjetivos a particulares ou aos entes subnacionais.

A União, ao editar o referido diploma, vincula-se àquela normatividade infralegal, não podendo atuar de fora dos seus parâmetros, salvo eventual ilegalidade ou inconstitucionalidade contida no ato normativo. Trata-se da *"autovinculação unilateral abstrata", buscando "disciplinar aspectos da lei que ensejam atuação administrativa discricionária, evitando disparidades na aplicação concreta da norma legal"*, nas palavras do Professor Paulo Modesto (MODESTO, 2010).

Os entes subnacionais, ao celebrarem os convênios ou contratos de repasse com a União, aderem voluntariamente aos termos do ajuste estabelecidos pela União, os quais, por sua vez, devem estar de acordo com a Instrução Normativa ou as Portarias Interministeriais mencionadas. Em razão disso, o ato normativo infralegal não gera, por si só, obrigações aos entes subnacionais. Estes se obrigam na medida em que aderem aos termos do ajuste estabelecido pela União. É uma espécie de "convênio de adesão".

Neste capítulo, não se pretende abordar exaustivamente a disciplina jurídica das transferências voluntárias, matéria que mereceria uma obra completa e ainda, assim, estaria sujeita a alterações infralegais. Este tema mereceria uma disciplina legal mais extensa e completa, sob forma de normas gerais de direito financeiro.

Assim sendo, o objetivo deste capítulo é trazer ao leitor os principais pontos do regime jurídico destes repasses, distinguindo-os das demais formas de transferências intergovernamentais e ressaltar o seu papel como instrumento de descentralização de programas do orçamento central.

14.2. Conceito Legal de Transferências Voluntárias

O art. 25, *caput*, da Lei Complementar nº 101/2000 (Lei de Responsabilidade Fiscal), define as transferências voluntárias como sendo

> "a entrega de recursos correntes ou de capital a outro ente da Federação, a título de cooperação, auxílio ou assistência financeira, que não decorra de determinação constitucional, legal ou os destinados ao Sistema Único de Saúde".

Com base neste conceito legal, não são transferências voluntárias os repasses realizados para entidades privadas, com ou sem fins lucrativos, etc., ainda que para a execução de programas do governo central e, ainda, que estes repasses sejam feitos mediante os mesmos instrumentos de formalização utilizados para as transferências voluntárias (ex. convênios).

A Lei de Responsabilidade Fiscal, a propósito, estabeleceu uma diferença de tratamento jurídico entre as transferências voluntárias e as transferências ao setor privado, incluindo, para as chamadas organizações não-governamentais (ONGs) ou entidades sem fins lucrativos em geral.

Neste último caso, o art. 26, *caput*, da LRF exige a existência de uma lei específica autorizando a transferência, que pode ser do tipo empréstimos, subvenções, participação em constituição ou aumento de capital.

Consoante esclarece Selene Peres Peres Nunes (NUNES, 2001, p. 133):

> "Isso quer dizer que, para que possam ser destinados recursos públicos a pessoas físicas e jurídicas, não basta que a autorização esteja no orçamento ou em seus créditos adicionais. Precisa haver uma lei que trate exclusivamente

O DIREITO DOS GASTOS PÚBLICOS NO BRASIL

> desse assunto, aprovada pela Câmara dos Vereadores, autorizando a destinação de recursos. Se o número de beneficiados for muito grande, para simplificar a operacionalização dos procedimentos, a lei poderá ser do tipo 'guarda-chuva', autorizando a operação em si e as condições de acesso a ela, sem nominar os beneficiários".

A lei é, portanto, um instrumento de legitimação da alocação de recursos públicos para o setor privado, com ou sem fins lucrativos, ainda que para execução de programas de interesse mútuo. A Lei nº 13.019/2014, ainda não em vigor, cumpriu este papel ao regular as parcerias voluntárias entre as organizações da sociedade civil (OSC) e o Estado (*vide* capítulo 15).

14.3. Funções das Transferências Voluntárias

As transferências voluntárias constituem espécie do gênero transferências intergovernamentais, que consistem de (GOMES, 2007):

> "repasses de recursos financeiros entre entes descentralizados de um Estado, ou entre estes e o poder central, com base em determinações constitucionais, legais ou, ainda, em decisões discricionárias do órgão ou entidade concedente, com vistas ao atendimento de determinado objetivo genérico (tais como, a manutenção do equilíbrio entre encargos e rendas ou do equilíbrio inter-regional) ou específico (tais como, a realização de um determinado investimento ou a manutenção de padrões mínimos de qualidade em um determinado serviço público prestado)".

Nos Estados que adotam a forma federativa[249], caracterizada pela autonomia dos entes descentralizados que o compõem, as transferências intergover-

---

[249] Uma coisa é a denominação utilizada para a forma de estado e outra é a forma de estado em si, caracterizada pela presença ou não de entes subnacionais autônomos, com competências políticas, materiais e financeiras próprias. Segundo José Maurício Conti, há que se reconhecer uma falta de precisão na classificação que divide os Estados em Estado Unitário e Estado Federal. Segundo o autor, mesmo nos Estados Unitários, são estabelecidas divisões territoriais de Poder, com maior ou menor grau de autonomia em relação ao Poder Central. Por outro lado, nos Estados ditos Federais, há Estados que conferem elevado grau de autonomia às Unidades Subnacionais e aqueles em que a autonomia dos Membros da Federação é reduzida (CONTI, 2001, p. 6-7). Espanha e Brasil exemplos da falta de precisão das classificações usualmente

TRANSFERÊNCIAS VOLUNTÁRIAS

namentais cumprem um importante papel ao assegurar, imediatamente, a autonomia financeira e, mediatamente, a autonomia política dos entes subnacionais[250].

Com efeito, as transferências intergovernamentais permitem (GOMES, 2007):

a) a manutenção do equilíbrio entre os encargos dos entes subnacionais (competências materiais) e as suas rendas (competência tributária);
b) a promoção do equilíbrio inter-regional (*horizontal gap*);
c) a correção de externalidades (*interstate spillovers*);
d) a manutenção de padrões mínimos de qualidade de determinados serviços públicos, dentre outras funções.

Merece um esclarecimento especial a primeira e mais importante das funções supramencionadas: a redução do desequilíbrio vertical (*closing the vertical fiscal gap*). As transferências buscam compatibilizar as receitas e as despesas atribuídas aos governos subnacionais. Isto porque a atribuição constitucional de competências materiais e tributárias aos entes descentralizados deve seguir critérios de eficiência e racionalidade econômica, de modo que, no mais das vezes, o nível de governo no qual está concentrada a prestação bens e serviços públicos não é contemplado com receitas próprias suficientes para o atendimento destas tarefas (GOMES, 2007).

As transferências voluntárias ou discricionárias não têm por objetivo suprir este **desequilíbrio fiscal vertical**, função que é realizada pelas transferências

---

adotadas. O Brasil geralmente é classificado como Estado Federal e a Espanha como Estado Unitário. A Espanha, entretanto, possui todas as características de uma Federação: a) existência de um poder central e de poderes locais ou regionais (comunidades autônomas); b) existência de uma Constituição Federal; c) divisão de competências entre estes poderes locais e centrais; d) parlamento central bicameral (*Cortes Generales*).

[250] José Maurício Conti elenca as características fundamentais de um Estado na Forma Federativa: a) existência de, ao menos, duas esferas de governo; b) autonomia das entidades descentralizadas, que compreende as autonomias política, administrativa e financeira; c) organização do Estado expressa em uma Constituição; d) repartição de competências entre as entidades descentralizadas; e) participação das entidades descentralizadas na formação da vontade nacional; f) indissolubilidade (CONTI, 2001, p. 10).

obrigatórias, sejam aquelas com fulcro na lei ou com fulcro na Constituição Federal (por exemplo, os Fundos de Participação, a participação na arrecadação de tributos como o ICMS, o IPVA, o ITR). É função das transferências obrigatórias assegurar a autonomia dos entes federativos, que não podem ficar à mercê do governo central.

De fato, se a autonomia política, administrativa e financeira dos entes federados é um postulado da República Federativa do Brasil, ela deve ser assegurada por meio de transferências que independam da conveniência ou oportunidade do governo central, quais sejam as legais ou constitucionais, e não, por meio das transferências voluntárias, que estão sujeitas à discricionariedade do ente público repassador.

As transferências voluntárias são instrumentos para a descentralização de programas constantes do orçamento central, podendo, indiretamente, promover a correção de externalidades e a manutenção de padrões mínimos de serviços públicos.

Neste contexto, não procede a alegação de que a vedação à realização das transferências voluntárias seja inconstitucional, ou ainda, que a negativa em repassar recursos voluntariamente acarrete um conflito federativo, conforme entende o Supremo Tribunal Federal[251].

As transferências voluntárias são **transferências condicionais**, também denominadas transferências de propósito específico (*specific-purpose transfers*), **com contrapartida** e **limitadas**.

Transferência condicional *"é aquela em que o doador dos recursos determina em que tipo de gasto o dinheiro deve ser aplicado"*. Na transferência incondicional, há entrega de recursos aos Estados/Municípios, *"sem obrigá-los a aplicar a verba em qualquer tipo específico de despesa"* (MENDES, 2000, p. 435). Segundo art. 25, § 2º, da Lei de Responsabilidade Fiscal, é vedada a utilização de recursos transferidos voluntariamente em finalidade diversa da pactuada.

---

[251] O Supremo Tribunal Federal tem, entretanto, reconhecido a ocorrência de conflito federativo em situações nas quais a União, valendo-se de registros de supostas inadimplências dos Estados no Sistema Integrado da Administração Financeira – Siafi e no CAUC – Cadastro Único de Exigências para Transferências Voluntárias, impossibilita sejam firmados acordos de cooperação, convênios e operações de crédito entre eles e entidades federais (STF, AC 1915 REF-MC/RJ).

TRANSFERÊNCIAS VOLUNTÁRIAS

Na transferência com contrapartida, *"o montante transferido pelo doador é proporcional ao montante que o receptor aplica no gasto incentivado"* (MENDES, 2000, p. 435). A obrigatoriedade de contrapartida nas transferências voluntárias está prevista expressamente no art. 25, § 1º, IV, d, da Lei de Responsabilidade Fiscal. Em geral, as Leis de Diretrizes Orçamentárias da União têm definido percentuais mínimos de contrapartida em função de critérios populacionais e de desenvolvimento humano.

Por fim, a transferência limitada *"é aquela em que o doador estipula um valor máximo para a transferência"* (MENDES, 2000, p. 435).

Marcos Mendes, analisando as funções econômicas das diferentes espécies de transferências, segundo a classificação apresentada, reforça as conclusões anteriormente expostas de que **as transferências voluntárias não têm por função suprir as deficiências de recursos do ente receptor.**

Segundo Mendes, as transferências não-condicionais e sem contrapartida são aptas a *"minorar o problema de desequilíbrio vertical"*. Segundo o autor, o *"governo central, que pode arrecadar a maior parte dos tributos da forma mais eficiente, repassa parte dessa arrecadação aos estados e municípios"*. Estas transferências não são usadas somente para solucionar o problema do desequilíbrio vertical, *"mas também para transferir dinheiro das regiões mais ricas para as mais pobres de modo a reduzir o hiato na capacidade fiscal das duas regiões"* (MENDES, 2000, p. 457).

Uma transferência condicional e sem contrapartida deve ser aplicada *"quando o governo central estiver interessado em garantir um nível mínimo de prestação de um dado serviço público para todos os governos locais"* (MENDES, 2000, p. 437).

Uma transferência condicional com contrapartida e ilimitada é *"o instrumento adequado para lidar com o caso clássico da externalidade positiva (...)"*. Ou seja,

> "se há um bem público ofertado pelo governo local que gera significativos benefícios a não-residentes, então o governo central pode estimular o governo local a ampliar a oferta deste bem, a fim de gerar benefícios não só para os residentes, mas também para os não-residentes" (MENDES, 2000, p. 438).

As transferências voluntárias, portanto, não tem as características desejáveis para suprir o desequilíbrio vertical. Esta função é mais propriamente atendida pelas transferências obrigatórias com fundamento constitucional ou legal.

14.4. Descentralização Orçamentária: Requisitos

Apesar de existirem repasses financeiros voluntários de entes locais ou regionais para entes centrais, a regra, no federalismo brasileiro, é a utilização das transferências voluntárias como instrumento de descentralização negociada de programas constantes do orçamento central[252].

O orçamento do governo federal está estruturado em programas orientados para a realização de objetivos estratégicos definidos no Plano Plurianual. Programa, segundo o Manual Técnico de Orçamento (BRASIL, 2013), é:

> "o instrumento de organização da atuação governamental que articula um conjunto de ações que concorrem para a concretização de um objetivo comum preestabelecido, mensurado por indicadores instituídos no plano, visando à solução de um programa ou o atendimento de determinada necessidade ou demanda da sociedade"[253].

---

[252] Fábio Giambiagi e Ana Cláudia Além, na discussão dos fundamentos teóricos da descentralização num estado federado, apresentam dois modelos de descentralização fiscal. O modelo do principal agente e o modelo da eleição pública local. No modelo principal-agente, que se assemelha ao das transferências voluntárias, "existe uma espécie de 'contrato' entre o governo central e os governos subnacionais que recebem transferências do governo central, que estabelece quais bens e serviços devem ficar sob a responsabilidade da unidade nacional. Nesse caso, as autoridades locais têm que prestar contas ao governo central e não ao contribuinte local. O problema inerente a esse modelo é a falta de autonomia dos governos subnacionais". No modelo da eleição pública local, enfatiza-se o processo de tomada de decisões por parte dos cidadãos – que se reflete no processo eleitoral – e pressupõe um maior grau de autonomia dos governos subnacionais. Neste caso, sua responsabilidade fiscal é reforçada em decorrência da capacidade dos eleitores de premiar ou castigar o governo local – promovendo sua reeleição ou a eleição de seu sucessor, ou alternativamente, escolhendo um candidato da oposição – segundo sua avaliação quanto ao desempenho do dirigente em questões administrativas e ao fornecimento de bens e serviços públicos (GIAMBIAGI, ALEM, 2000, p. 308-309).

[253] Cada programa é integrado por um conjunto de ações, da qual resultam produtos (bens ou serviços), e podem ser de três espécies: projetos (conjunto de operações limitadas no tempo que concorrem para a expansão ou aperfeiçoamento da ação governamental), atividades (conjunto de operações que se realiza de modo contínuo e permanente que concorrem para a manutenção de uma ação de governo) e operações especiais (despesas que não se enquadram nas categorias de projeto ou atividade).

As transferências voluntárias permitem o aproveitamento da infraestrutura administrativa dos Estados e Municípios para a implementação destes programas e das suas ações orçamentários. O repasse voluntário dos recursos vem acompanhado da transferência de encargos, consoante o pacto realizado entre os entes[254], que geralmente se dá mediante convênios ou contratos de repasse.

As Portarias Interministeriais que sucederam a IN STN nº 01/1997 extenderam o conceito de convênio para tentar abarcar os ajustes entre o Estado e as entidades privadas sem fins lucrativos.

Segundo o art. 1º, § 2º, VI, da Portaria Interministerial nº 507/2011, convênio é[255]:

> "o acordo ou ajuste que discipline a transferência de recursos financeiros de dotações consignadas nos Orçamentos Fiscal e da Seguridade Social da União e tenha como partícipe, de um lado, órgão ou entidade da administração pública federal, direta ou indireta, e, de outro lado, órgão ou entidade da administração pública estadual, distrital ou municipal, **ou ainda, entidades privadas sem fins lucrativos, visando a execução de programa de governo, envolvendo a realização de projeto, atividade, serviço, aquisição de bens ou evento de interesse recíproco, em regime de mútua cooperação**" (grifo nosso).

Com o advento da Lei nº 13.019/2014, o convênio não é mais o instrumento adequado para a formalização de parcerias com entidades privadas sem fins lucrativos (*vide* capítulo 15).

O órgão repassador dos recursos financeiros é denominado **concedente** e o órgão receptor é denominado **convenente** (art. 1º, § 2º, incisos I e II, da Portaria Interministerial MP/MF/CGU nº 507/2011).

O contrato de repasse, por sua vez, é um instrumento de formalização da transferência voluntária, no qual intervém uma instituição financeira, que,

---

[254] Cabe distinguir a descentralização negociada de encargos/recursos da descentralização constitucional. A primeira exige a manifestação de vontade de ambos os entes federados, enquanto a segunda exige uma reforma constitucional, ajustando a distribuição dos encargos e os recursos financeiros dos entes federados.

[255] Convém lembrar que as transferências a entidades privadas não são consideradas transferências voluntárias, consoante o conceito legal contido no art. 25, *caput*, da Lei Complementar nº 101/2000, ainda que o instrumento de formalização seja o mesmo o convênio.

O DIREITO DOS GASTOS PÚBLICOS NO BRASIL

atuando como mandatária do repassador, recebe os recursos financeiros do orçamento e, à medida que o projeto ou atividade é executado, efetua o repasse dos recursos ao órgão receptor. Diferentemente do que ocorre com os convênios, em que o repasse dos recursos é prévio à execução do objeto, nos contratos de repasse, via de regra, o repasse é feito pela instituição financeira ao ente receptor após a execução de cada etapa do projeto ou atividade pactuado.

Com o veto ao art. 25, § 1º, II, do projeto de lei que resultou na Lei de Responsabilidade Fiscal, foi derrubada a exigência de convênio como requisito prévio à realização da transferência. Nada impede, entretanto, que esta exigência seja incluída na Lei de Diretrizes Orçamentárias ou em outro diploma normativo que regula a matéria.

De qualquer forma, é de todo conveniente que a transferência seja formalizada por meio de um instrumento tal como o convênio para dirimir eventuais conflitos que possam surgir na execução do objeto, na utilização dos recursos financeiros, na prestação de contas e na responsabilidade dos gestores públicos locais.

14.4.1. Não obrigatoriedade dos repasses

A descentralização por meio das transferências voluntárias não é obrigatória. A própria denominação das transferências (*"voluntárias"* ou *"discricionárias"*) é auto-explicativa. Neste sentido, o art. 1º, § 5º, da Portaria Interministerial MP/ /MF/CGU nº 507/2011 afirma que: *"a União não está obrigada a celebrar convênios"*.

Não há, portanto, direito subjetivo à percepção das transferências. A LOA não gera direitos subjetivos, ainda que conste da dotação orçamentária a modalidade de aplicação correspondente a transferências a Estados (MA 30), a Municípios (MA 40) ou a Consórcios Públicos (MA 71).

A modalidade de aplicação – MA é um parâmetro constante do orçamento público que indica se os recursos serão aplicados, direta ou indiretamente, pela União (art. 7º, § 7º, da Lei nº 12.309, de 09/08/2010 – Lei de Diretrizes Orçamentárias relativas ao Exercício de 2011). Não corresponde a uma norma de conduta, ou seja, a um "dever-ser", tendo, tão somente, caráter informativo. A propósito, o art. 55 da Lei nº 12.309/2010 – LOA 2011 (dispositivo replicado em outras LDOs) permite a alteração da modalidade de aplicação, desde que justificadamente, por meio de Portaria do dirigente máximo de cada órgão, ou, até mesmo, por meio de lançamento no Sistema SIAFI, na Unidade Orçamentária (art. 55, § 2º).

TRANSFERÊNCIAS VOLUNTÁRIAS

14.4.2. Ganhos de Eficiência

A existência de "ganhos de eficiência" é um requisito fundamental para a realização de transferências voluntárias. Se a execução direta pelo Governo Federal for mais eficiente que a execução pelo ente local, deve-se optar pela execução direta[256].

Por exemplo, uma ação federal que envolva a aquisição de veículos para transporte escolar com fins de doação aos Estados e Municípios tende a ser mais eficientemente executado na esfera federal, considerando os ganhos de escala obtidos com a aquisição centralizada.

Nesta linha, a descentralização por meio de convênios ou contratos de repasse somente poderá ser feita para entidades públicas que disponham de condições técnicas para executá-lo (art. 1º, § 3º, Portaria Interministerial MP/MF/CGU nº 507/2011)[257].

Estas afirmações encontram respaldo nos princípios da eficiência (art. 37, *caput*, CF/88) e da economicidade (art. 70, CF/88).

No orçamento-programa, são estabelecidos objetivos, metas, indicadores para mensurar o atingimento destas metas, centros de responsabilidade, bem como, os recursos financeiros destinados à implementação destes objetivos. A decisão de descentralizar ou não impõe verificar qual ente federado está apto a utilizar de forma mais eficiente e eficaz estes recursos financeiros, com vistas ao atingimento dos objetivos e metas da ação orçamentária descentralizada.

14.4.3. O acompanhamento do órgão repassador

A descentralização de um programa ou de uma ação orçamentária não exime o gestor da administração central de acompanhar e, até mesmo, retomar a execução do objeto convencionado, caso este não venha sendo executado a contento.

---

[256] Neste caso, a única questão que pode ser levantada é eventual anuência do Estado, Distrito Federal ou Municípiopara que a União execute diretamente um objeto que deverá ser utilizado/operado pelo ente subnacional. Na hipótese de não haver tal anuência.

[257] *In Verbis*: "A descentralização da execução por meio de convênios somente poderá ser efetivada para entidades públicas ou privadas para execução de objetos relacionados com suas atividades e que disponham de condições técnicas para executá-lo".

O DIREITO DOS GASTOS PÚBLICOS NO BRASIL

A propósito, o art. 7º, inciso V, da Instrução Normativa STN nº 01/ /1997 dispunha que era cláusula obrigatória dos convênios de natureza financeira

> "a prerrogativa da União, exercida pelo órgão ou entidade responsável pelo programa, de conservar a autoridade normativa e exercer controle e fiscalização sobre a execução, bem como de assumir ou transferir a responsabilidade pelo mesmo, no caso de paralisação ou de fato relevante que venha a ocorrer, de modo a evitar a descontinuidade do serviço".

Disposição semelhante consta da Portaria Interministerial MP/MF/CGU nº 507/2011, cujo art. 43, VII, obriga a incluir nos instrumentos de convênio ou contrato de repasse, cláusula prevendo a

> "a prerrogativa do órgão ou entidade transferidor dos recursos financeiros assumir ou transferir a responsabilidade pela execução do objeto, no caso de paralisação ou da ocorrência de fato relevante, de modo a evitar sua descontinuidade".

Esta "prerrogativa" deve ser entendida como um dever e não como uma mera faculdade. Ainda que a execução do objeto seja transferida a terceiros, a unidade orçamentária que recebe a dotação permanece com a responsabilidade pela execução das metas associadas, não podendo "lavar as mãos" quando os recursos transferidos são mal empregados e o objeto pretendido não é executado a contento.

Ademais, o art. 65, *caput*, da referida Portaria Interministerial esclarece que:

> "A execução será acompanhada e fiscalizada de forma a garantir a regularidade dos atos praticados e a plena execução do objeto, respondendo o convenente pelos danos causados a terceiros, decorrentes de culpa ou dolo na execução do convênio".

O art. 52, *caput*, por sua vez, dispõe que:

> "o concedente ou contratante deverá prover as condições necessárias à realização das atividades de acompanhamento do objeto pactuado, conforme o Plano de Trabalho e a metodologia estabelecida no instrumento, programando visitas ao local da execução com tal finalidade que, caso não ocorram, deverão ser devidamente justificadas".

No caso de realização de obras por convênio, o concedente deverá comprovar que dispõe de estrutura que permita acompanhar e fiscalizar a execução do objeto, de forma a garantir a regularidade dos atos praticados e a plena execução do objeto (art. 66, parágrafo único).

O art. 67, *caput*, determina que *"a execução do convênio ou contrato de repasse será acompanhada por um representante do concedente ou contratante, especialmente designado e registrado no SICONV".*

A importância do acompanhamento é tamanha que o Tribunal de Contas da União, no Acórdão nº 1.687/2009 – Plenário, chegou a determinar ao Ministério do Trabalho e Emprego (MTE) que:

> "9.3.5. somente formalize convênios na medida em que disponha de condições técnico-operacionais de avaliar adequadamente os planos de trabalho, **acompanhar a concretização dos objetivos previstos nas avenças**, bem como de analisar, em prazo oportuno, todas as prestações de contas, de acordo com os normativos que disciplinam a matéria" (grifo nosso).

Em razão disso, ao deliberar pela execução, o órgão concedente permanece com o dever de implementar a referida ação orçamentária, não podendo se escusar a prestar informações à sociedade e aos órgãos de controle acerca de como aqueles recursos estão sendo empregados.

Afinal, os programas, ações, objetivos e metas constantes do orçamento federal são de responsabilidade da Unidade Orçamentária para as quais foram consignadas tais dotações.

Neste linha, o Ministro-Relator do Acórdão TCU nº 1.687/2009 – Plenário, no seu voto condutor, dispõe que:

> "27. O processo de gestão das transferências voluntárias envolve claramente as etapas de celebração, de execução e de análise das prestações de contas de convênios, mas não se esgota aí. É também obrigação do gestor promover avaliações sistêmicas que testem a efetividade e o impacto das políticas públicas implementadas".

Ademais, os recursos transferidos permanecem sob a titularidade do ente repassador (p. ex. recursos federais), ainda que sob a administração de outro ente federado. Justamente em razão disso, a Constituição Federal atribuiu a competência ao Tribunal de Contas da União para fiscalizar a aplicação dos recursos repassados aos Estados, Distrito Federal e Municípios em razão de convênios, ajustes ou instrumentos congêneres (art. 71, VI, CF/88).

Na mesma linha, a Súmula nº 208 do Superior Tribunal de Justiça (STJ) determina que: *"Compete a Justiça Federal processar e julgar Prefeito Municipal por desvio de verba sujeita à prestação de contas perante órgão federal".* Ora, como as

O DIREITO DOS GASTOS PÚBLICOS NO BRASIL

transferências voluntárias estão sujeitas à prestação de contas perante o órgão repassador federal, eventual desvio na sua aplicação deverá ser processado no âmbito da Justiça Federal[258].

Reforça a tese de que os recursos permanecem sob a titularidade da União, a obrigação do convenente de restituir os saldos financeiros remanescentes à União, obrigação já presente no art. 7º, inciso XI, da Instrução Normativa STN nº 01/1997, e mantida pelo art. 73 da Portaria Interministerial MP/MF/CGU nº 507/2011[259].

14.5. Objeto das Transferências Voluntárias

As transferências voluntárias são cabíveis quando houver **interesse recíproco dos entes federados na execução de um determinado objeto**. Não havendo o mútuo interesse, evidenciado pelas competências constitucionais e legais dos entes envolvidos, viola-se o princípio da legalidade da administração pública (art. 37, *caput*, CF/88), segundo o qual só a administração só cabe realizar aquilo que a lei a permite. Neste sentido, **a administração pública só deve realizar despesas em temas/matérias relacionados à sua competência material ou concorrente**.

Não havendo comunhão de interesses, um dos entes estará atuando ilegalmente, seja exercendo uma atividade fora de sua competência, seja destinando recursos para atividades fora da sua competência.

O interesse recíproco está evidenciado nos temas de competência material comum dos entes federados, descritos no art. 23 da Constituição Federal.

---

[258] A Súmula nº 209 do STJ determina que é da Justiça Estadual a competência para processar e julgar o prefeito municipal em caso de desvio de verba transferida e incorporada ao patrimônio da municipalidade. Esta Súmula não pode ser aplicável às transferências voluntárias, mas tão somente às transferências constitucionais e legais. Os repasses voluntários não se incorporam sob a forma de recursos financeiros ao patrimônio municipal. Os bens adquiridos podem ser incorporados e o eventual saldo de recursos deve ser devolvido.

[259] "Art. 73. Os saldos financeiros remanescentes, inclusive os provenientes das receitas obtidas nas aplicações financeiras realizadas, não utilizadas no objeto pactuado, serão devolvidos à entidade ou órgão repassador dos recursos, no prazo estabelecido para a apresentação da prestação de contas. Parágrafo único. A devolução prevista no *caput* será realizada observando-se a proporcionalidade dos recursos transferidos e os da contrapartida previstos na celebração independentemente da época em que foram aportados pelas partes".

É o caso, por exemplo, da construção de moradias e outros programas habitacionais (art. 23, inciso IX, da CF/88).

O objeto, negociado entre os entes e formalizado mediante convênio ou instrumento congênere e detalhado em plano de trabalho, que integra o ajuste, deve guardar correlação com a ação orçamentária de onde se originaram os recursos transferidos.

Melhor dizendo, o objeto deve concretizar os objetivos da ação orçamentária que autorizou a utilização dos recursos, ainda que esta esteja prevista de forma genérica[260] na Lei Orçamentária Anual (*vide*, por exemplo, a ação relativa ao apoio a projetos de desenvolvimento do setor agropecuário, ou à construção e recuperação de obras de infraestrutura hídrica, ou, ainda, o apoio a empreendimentos produtivos no semi-árido).

As transferências voluntárias são transferências de propósito específico ou condicionais. Portanto, o objeto pactuado entre os entes deve ser executado fielmente pelo receptor (art. 25, § 2º, da Lei de Responsabilidade Fiscal), sob pena de impugnação das despesas por desvio de finalidade.

Nos termos do art. 52, IV, da Portaria Interministerial MP/MF/CGU nº 507/2011, na execução do convênio, é vedado ao convenente:

> "utilizar, ainda que em caráter emergencial, os recursos para finalidade diversa da estabelecida no instrumento [de convênio ou contrato de repasse], ressalvado o custeio da implementação das medidas de preservação ambiental inerentes às obras constantes do Plano de Trabalho" (anotamos)

O mesmo diploma prevê a instauração de Tomada de Contas Especial, procedimento destinado ao ressarcimento do dano ao erário submetido ao julgamento do Tribunal de Contas da União, em caso de não aprovação da prestação de contas do convênio por *"desvio de finalidade na aplicação dos recursos transferidos"* (art. 82, § 1º, II, b).

14.6. Síntese

As transferências voluntárias ou discricionárias são **instrumentos de descentralização negociada de recursos e encargos entre os entes federados.**

---

[260] São as chamadas ações ou projetos "Guarda-Chuvas".

Não devem estar inseridas no debate acerca do desenho do sistema de transferências intergovernamentais num estado federado. Se o Estado ou Município sofre desequilíbrio entre encargos e receitas, não são as transferências voluntárias que irão suprir o problema. Este é um problema das transferências constitucionais e das transferências legais, que independem da discricionariedade do ente repassador.

Os repasses voluntários não têm, portanto, a função de assegurar a autonomia financeira dos entes federados. Eles são instrumentos da descentralização negociada de ações orçamentárias do ente repassador.

O objeto das transferências deve guardar correlação com os objetivos das ações orçamentárias de onde se originaram os recursos. Uma vez ajustada a transferência, caberá ao órgão receptor cumprir fielmente o objeto pactuado, quando da execução das despesas necessárias à implementação do projeto ou atividade delimitada.

Só cabe a transferência voluntária para a execução de objetos de interesse comum entre os entes federados.

Ao órgão repassador cabe acompanhar e fiscalizar a execução do objeto pactuado, retomando-o, se não estiver sendo executado a contento pelo ente receptor. Perante a sociedade, o órgão repassador, ainda que descentralize a execução, permanece responsável pelo atingimento das metas relativas às ações constantes de seu orçamento.

A disciplina jurídica dos repasses voluntários difere da disciplina das transferências para entidades do setor privado, com ou sem fins lucrativos, sendo necessária, nesta hipótese, a edição de lei, diferente da lei orçamentária, para autorizar e legitimar o repasse.

15. Destinação de Recursos ao Setor Privado

> "Existe um verdadeiro 'vazio legislativo' no tocante às relações entre o Estado e as ONGs. A legislação atual não prevê a existência de mecanismos eficazes de controle prévio e de seleção pública das entidades que receberão recursos públicos, de regras detalhadas para elaboração e aprovação de plano de trabalho, de meios de fiscalização da execução do objeto conveniado, de sanções para agentes públicos e dirigentes de entidades que derem causa a malversação de recursos públicos, bem como de meios mais efetivos para a recuperação das verbas indevidamente utilizadas. (...) As deficiências estruturais do aparelho do Estado e o 'vazio legislativo' apontado, longe de dificultarem o acesso a recursos públicos e celebração de convênios com ONGs, têm se revelado nefastas no que se refere à fiscalização e verificação da efetividade das políticas públicas implementadas por essas parcerias. Esses aspectos prejudicam enormemente a boa reputação inicial do modelo, favorecendo as críticas de seus opositores" (Senado Federal, Relatório da CPI das ONGs, Outubro/2010).

A disciplina das transferências de recursos ao setor privado é um tema que vem ganhando cada vez mais importância no direito dos gastos públicos.

O volume de recursos públicos transferidos para o setor privado pela União teve um incremento relevante nos últimos 10 anos, tanto para as entidades com quanto para as entidades sem fins lucrativos. A tabela a seguir ilustra as despesas correntes realizadas por modalidade de aplicação, nos exercícios financeiros indicados, consoante dados obtidos dos Pareceres

O DIREITO DOS GASTOS PÚBLICOS NO BRASIL

do Tribunal de Contas da União sobre as Contas Gerais de Governo da República.

	2002	2003	2007	2008	2011	2012
Entidades sem fins lucrativos	1452	1606	3370	3247	3354	4818
Entidades com fins lucrativos	0,253	4,9	345	315	328	151

Tabela. Despesas correntes da União por modalidade de aplicação (em milhões de reais)

As transferências realizadas a entidades com fins lucrativos, apesar de terem sofrido um crescimento substancial, não representam um montante considerável de recursos. Estes repasses visam fomentar determinadas atividades econômicas.

No caso das parcerias realizadas com entidades do terceiro setor, estas transferências visam, em tese, viabilizar a prestação de serviços e a implementação de políticas públicas em parceria com o Poder Público. No início, as parcerias eram dedicadas, principalmente, à prestação de serviços nas áreas de saúde, educação e assistência social às camadas mais pobres da população. Recentemente, as relações entre o poder público e as entidades sem fins lucrativos se alargaram substancialmente, abrangendo diversas outras áreas (VALENTIN, 2011).

Ao mesmo tempo em que se expandiram os objetos das parcerias, também se multiplicaram os escândalos de desvio e malversação de dinheiro público e outras irregularidades perpetradas por meio de organizações não-governamentais (ONGs). A título de ilustração, no mandato presidencial de 2011--2014, pelo menos três Ministros de Estado (Trabalho, Turismo e Esporte) foram exonerados (ou tiveram que pedir exoneração) de seus cargos em decorrência desses escândalos relacionados a parcerias com ONGs.

O mecanismo de desvio de recursos públicos mediante parcerias com ONGs é relativamente simples. Envolve o direcionamento da escolha da entidade parceira, geralmente, com algum tipo de vínculo com partidos, agentes políticos ou movimentos sociais. A entidade recebe antecipadamente os recursos públicos, ou seja, antes da prestação do objeto pactuado, não o executa integralmente, e, por fim, paga uma comissão aos agentes políticos ou aos partidos. Por vezes, o esquema é facilitado pela definição de forma excessivamente genérica do objeto do ajuste, sem detalhamento adequado, o que dificulta o exercício do controle.

DESTINAÇÃO DE RECURSOS AO SETOR PRIVADO

A facilidade com que são celebrados convênios com ONGs tem multiplicado o número de entidades no Brasil, atingindo o número de 338.000, segundo informações da Associação Brasileira de ONGs[261].

15.1. Delimitação do problema

O foco do presente capítulo deverá ser a disciplina das parcerias celebradas celebrados entre o Poder Público e as entidades sem fins lucrativos para a execução de programas, projetos e ações de responsabilidade do poder público, implicando no repasse de recursos para essas entidades, que efetuarão a gestão dos recursos, que permanecem na condição de públicos.

As transferências para entidades com fins lucrativos (subvenções econômicas) não tem sido objeto de tanta preocupação do controle, seja pelo seu baixo montante relativo, conforme é possível observar na tabela supra, seja pelo fato de, geralmente, estarem autorizadas em lei, conforme preconiza o art. 26, *caput*, da Lei de Responsabilidade Fiscal. No caso dos contratos celebrados com empresas privadas, o desembolso de recursos públicos, a título de pagamento, está disciplinado pela Lei nº 8.666/1993 (normas gerais de licitação e contratos da administração pública) e pela Lei nº 4.320/1964[262].

Os repasses às entidades sem fins lucrativos decorrentes decontratos de gestão (organizações sociais) e de termos de parcerias (OSCIPs) não tem uma disciplina tão densa quanto à dos contratos, mas a relação jurídica entre as entidades e poder público está disciplinada por leis de caráter permanente, respectivamente, Lei 9.637, de 15/5/1998 e Lei 9.790, de 23/3/1999[263].

---

[261] São inúmeras as publicações da imprensa relatando escândalos de corrupção e desvios de dinheiro envolvendo Organizações Não-Governamentais. *Vide*, a propósito, a reportagem publicada na Revista Veja, em 29/10/2011 (http://goo.gl/ipjXVr) e no Portal G1, de 27/10/2011 (http://goo.gl/x7nXz).

[262] É bom lembrar que os pagamentos realizados para contratados não devem ser considerados como "destinação de recursos ao setor privado", uma vez que os recursos envolvidos perdem o caráter público após o seu desembolso. O pagamento, via de regra, é precedido da fase de liquidação da despesa, relacionada à verificação do adimplemento do contratação com relação à parcela correspondente do objeto contratado.

[263] Ainda assim, especialmente, a celebração e a execução de contratos de gestão e de termos de parceria tem sido objeto de importantes preocupações do controle externo.

O DIREITO DOS GASTOS PÚBLICOS NO BRASIL

Os convênios com ONGs, por sua vez, merecem atenção especial, pois não são disciplinados por lei de caráter permanente, mas por normas infralegais que podem ser alteradas conforme a conveniência do Poder Executivo Federal. *Vide*, a propósito, a Portaria Interministerial MP/MF/CGU nº 127, de 29/5/2008, revogada pela Portaria Interministerial MP/MF/CGU nº 507, de 24/11/2011[264], e o Decreto nº 6.170, de 25/7/2007.

Ademais, para a execução de um determinado objeto, a celebração de convênios com ONGs é uma alternativa muito mais fácil à contratação de empresa privada por meio de procedimento licitatório. A lei não tipifica como crime essa conduta, à semelhança do que ocorre com a dispensa indevida de licitação (art. 89, Lei nº 8.666/1993).

Os convênios com ONGs, em razão disso, são usados indevidamente no lugar de contratos com empresas privadas, selecionadas mediante processo licitatório público. Na maior parte dos casos, inexiste o interesse mútuo e recíproco na avença, pressuposto para a celebração de convênio.

Em 31/7/2014, foi publicada a Lei nº 13.019/2014, disciplinando as parcerias voluntárias entre o Poder Público e as chamadas Organizações da Sociedade Civil (OSC). A referida lei teve o início da sua vigência postergada para 360 dias após a publicação por força da Medida Provisória nº 658/2014.

15.2. Conceitos

Inicialmente, é importante fazer a distinção entre os diversos tipos de transferências que podem ser realizadas para as entidades privadas e os instrumentos de formalização destas transferências, tais como, os convênios.

---

[264] O art. 39, parágrafo único, da Portaria Interministerial MP/MF/CGU nº 127/2008, alterado pela Portaria 342/2008, admite, inclusive, uma espécie de "taxa de administração" em benefício da entidade. Segundo o referido dispositivo, até 15% do valor pactuado no convênio pode ser utilizado para a cobertura de despesas administrativas, desde que autorizadas e previstas no plano de trabalho. Ocorre que a existência desta taxa de administração desvirtua a própria natureza do convênio, que é um instrumento de cooperação visando o interesse recíproco. Ademais, as despesas administrativas não podem ser facilmente apropriadas ao objeto conveniado, facilitando as fraudes e o desvio de recursos públicos. Por exemplo, as despesas com funcionários alocados a outros projetos/atividades da entidade podem ser indevidamente apropriados como sendo do objeto pactuado. O dispositivo foi mantido no art. 52, parágrafo único da Portaria MP/MF/CGU nº 507, de 24/11/2011.

DESTINAÇÃO DE RECURSOS AO SETOR PRIVADO

As subvenções são transferências correntes, ou seja, repasses de recursos a entidades públicas ou privadas, destinadas ao custeio destas entidades, sem que corresponda contraprestação direta em bens ou serviços ao ente repassador (art. 12, §§ 1º a 3º, Lei nº 4.320/64).

As subvenções podem ser do tipo sociais ou econômicas.

As subvenções sociais se destinam a instituições públicas ou privadas de caráter assistencial ou cultural, sem finalidade lucrativa (art. 12, § 3º, inciso I, Lei nº 4.320/64). As subvenções sociais visam *"à prestação de serviços essenciais de assistência social, médica e educacional, sempre que a suplementação de recursos de origem privada a esses objetivos, revelar-se mais econômica"* (art. 16, *caput*, Lei nº 4.320/64).

As subvenções econômicas destinam-se a empresas públicas ou privadas de caráter industrial, comercial, agrícola ou pastoril (art. 12, § 3º, inciso II, Lei nº 4.320/64). Visam à cobertura dos déficits de manutenção de empresas públicas, à cobertura da diferença entre os preços de mercados e os preços de revenda, pelo Governo, de gêneros alimentícios ou outros materiais e ao pagamento de bonificações a produtores de determinados gêneros ou materiais (art. 18, Lei nº 4.320/64).

Apesar de ser uma transferência independente de contraprestação ao ente repassador, Heraldo da Costa Reis informa que as subvenções tem como contrapartida a prestação de serviços por parte dessas entidades, que as realizam mediante convênio ou lei, o que dependerá da natureza da atividade. Conclui que as subvenções são uma espécie de remuneração de serviços prestados mediante convênio ou lei à entidade governamental, e que, geralmente, é concedido às entidades sem fins lucrativos (REIS, 2008).

Os auxílios, por sua vez, são transferências de capital, ou seja, são repasses a entidades públicas ou privadas destinadas à realização de investimentos ou inversões financeiras (independentemente de contraprestação direta de bens e serviços ao ente repassador).

É importante diferenciar os repasses dos seus respectivos instrumentos de formalização, que estabelecem as obrigações das partes envolvidas na parceria entre o setor público e o chamado terceiro setor.

De fato, o convênio, tal como o contrato de repasse, é o instrumento de formalização do repasse instituindo obrigações para ambas as partes (concedente e convenente), visando a consecução de um objeto de interesse comum.

Não há uma definição legal de convênio, apesar de a lei (e a Constituição Federal) lhe fazer referência ocasionalmente (*vide*, p. ex., o art. 116 da Lei nº 8.666/1993).

A Portaria Interministerial MP/MF/CGU nº 507/2011, no seu art. 1º, § 2º, VI, define o convênio como sendo o:

> "acordo ou ajuste que discipline a transferência de recursos financeiros de dotações consignadas nos Orçamentos Fiscal e da Seguridade Social da União e tenha como partícipe, de um lado, órgão ou entidade da administração pública federal, direta ou indireta, e, de outro lado, órgão ou entidade da administração pública estadual, do Distrito Federal ou municipal, direta ou indireta, consórcios públicos, **ou ainda, entidades privadas sem fins lucrativos, visando à execução de programa de governo, envolvendo a realização de projeto, atividade, serviço, aquisição de bens ou evento de interesse recíproco, em regime de mútua cooperação**" (grifo nosso).

Como se pode observar, a referida Portaria Interministerial, repetindo o que fazia a Portaria Interministerial MP/MF/CGU nº 127/2008, incluiu os acordos e ajustes com entidades privadas sem fins lucrativos visando à execução de programa de governo. No art. 1º, § 1º, inciso I, da Instrução Normativa STN nº 01/1997, que disciplinava a matéria até 2008, o convênio era definido como:

> "instrumento, qualquer que discipline a transferência de recursos públicos e tenha como partícipe órgão da administração pública federal direta, autárquica ou fundacional, empresa pública ou sociedade de economia mista que estejam gerindo recursos dos orçamentos da União, visando à execução de programas de trabalho, projeto/atividade ou evento de interesse recíproco, em regime de mútua cooperação"

Reitere-se que não há nenhuma fundamentação ou autorização legal para que o Poder Executivo Federal fizesse a inclusão das entidades privadas sem fins lucrativos no conceito supramencionado, ainda que para fins de execução de programas de trabalho de interesse recíproco. De fato, o cabeçalho da Portaria Interministerial MP/MF/CGU nº 507/2011 faz referência, tão somente, ao art. 87, parágrafo único, inciso II, da CF/88 e ao Decreto nº 6.170/2007.

Ao fazer tal inclusão, confundindo os conceitos de instrumento de formalização e de repasse, o Governo Federal concedeu tratamento uniforme às transferências voluntárias e aos repasses ao setor privado, procurando legitimar estes últimos.

O art. 84, *caput*, da Lei nº 13.019/2014, ainda não em vigor, dispõe que os convênios deverão ser restritos às relações entre os entes federados.

DESTINAÇÃO DE RECURSOS AO SETOR PRIVADO

Por sua vez, o contrato de repasse é definido no art. 1º, § 2º, IV, da Portaria MP/MF/CGU nº 507/2011, como sendo o *"instrumento administrativo por meio do qual a transferência dos recursos financeiros processa-se por intermédio de instituição ou agente financeiro público federal, atuando como mandatária da União"*.

Os termos de parceria, celebrados com Organizações da Sociedade Civil de Interesse Público (OSCIPs), são instrumentos de formalização definidos em lei, consoante art. 9º da Lei nº 9.790/1999:

> "Art. 9º Fica instituído o Termo de Parceria, assim considerado o instrumento passível de ser firmado entre o Poder Público e as entidades qualificadas como Organizações da Sociedade Civil de Interesse Público destinado à formação de vínculo de cooperação entre as partes, para o fomento e a execução das atividades de interesse público previstas no art. 3º desta Lei".

Por sua vez, o art. 10 da referida lei, dispõe sobre os requisitos do termo de parceria, tais como, a especificação de programa de trabalho no objeto pactuado, a estipulação de metas e resultados a serem atingidos, bem como os respectivos prazos de execução ou cronograma, dentre outras[265].

---

[265] "Art. 10. O Termo de Parceria firmado de comum acordo entre o Poder Público e as Organizações da Sociedade Civil de Interesse Público discriminará direitos, responsabilidades e obrigações das partes signatárias.

§ 1º A celebração do Termo de Parceria será precedida de consulta aos Conselhos de Políticas Públicas das áreas correspondentes de atuação existentes, nos respectivos níveis de governo.

§ 2º São cláusulas essenciais do Termo de Parceria:

I – a do objeto, que conterá a especificação do programa de trabalho proposto pela Organização da Sociedade Civil de Interesse Público;

II – a de estipulação das metas e dos resultados a serem atingidos e os respectivos prazos de execução ou cronograma;

III – a de previsão expressa dos critérios objetivos de avaliação de desempenho a serem utilizados, mediante indicadores de resultado;

IV – a de previsão de receitas e despesas a serem realizadas em seu cumprimento, estipulando item por item as categorias contábeis usadas pela organização e o detalhamento das remunerações e benefícios de pessoal a serem pagos, com recursos oriundos ou vinculados ao Termo de Parceria, a seus diretores, empregados e consultores;

V – a que estabelece as obrigações da Sociedade Civil de Interesse Público, entre as quais a de apresentar ao Poder Público, ao término de cada exercício, relatório sobre a execução do objeto do Termo de Parceria, contendo comparativo específico das metas propostas com os resultados

O DIREITO DOS GASTOS PÚBLICOS NO BRASIL

Não é qualquer entidade privada sem fins lucrativos que pode se qualificar como OSCIP, haja vista os requisitos previstos nos arts. 1º a 8º, da Lei nº 9.790//1999, dentre os quais, o fato de estarem regidas por normas estatutárias que determinem

> "a observância dos princípios da legalidade, impessoalidade, moralidade, publicidade, economicidade e da eficiência" e "a adoção de práticas de gestão administrativa, necessárias e suficientes a coibir a obtenção, de forma individual ou coletiva, de benefícios ou vantagens pessoais, em decorrência da participação no respectivo processo decisório" (art. 4º, incisos I e II).

O contrato de gestão, por sua vez, é definido no art. 5º da Lei nº 9.637/1998 *"o instrumento firmado entre o Poder Público e a entidade qualificada como organização social, com vistas à formação de parceria entre as partes para fomento e execução de atividades relativas às áreas relacionadas no art. 1º"*. As áreas a que se refere o art. 1º da Lei são o ensino, a pesquisa científica, o desenvolvimento tecnológico, a proteção e preservação do meio ambiente, a cultura e a saúde.

Há diversos requisitos para que uma entidade privada seja qualificada como Organização Social, e, assim, poder celebrar contrato de gestão com o Poder Público, dentre os quais aqueles previstos no art. 2º da Lei, tais como, a comprovação do registro do seu ato constitutivo, dispondo sobre a natureza social de seus objetivos relativos à respectiva área de atuação, a finalidade não lucrativa, a obrigatoriedade de publicação anual no Diário Oficial da União dos relatórios financeiros e do relatório de execução do contrato de gestão e a proibição de distribuição de bens ou de parcela do patrimônio líquido em qualquer hipótese, inclusive em razão de desligamento, retirada ou falecimento de qualquer associado ou membro da entidade[266].

---

alcançados, acompanhado de prestação de contas dos gastos e receitas efetivamente realizados, independente das previsões mencionadas no inciso IV;

VI – a de publicação, na imprensa oficial do Município, do Estado ou da União, conforme o alcance das atividades celebradas entre o órgão parceiro e a Organização da Sociedade Civil de Interesse Público, de extrato do Termo de Parceria e de demonstrativo da sua execução física e financeira, conforme modelo simplificado estabelecido no regulamento desta Lei, contendo os dados principais da documentação obrigatória do inciso V, sob pena de não liberação dos recursos previstos no Termo de Parceria".

[266] "Art. 2º São requisitos específicos para que as entidades privadas referidas no artigo anterior habilitem-se à qualificação como organização social:

DESTINAÇÃO DE RECURSOS AO SETOR PRIVADO

Além disso, a entidade deverá contar com um Conselho de Administração, contando, inclusive, com representantes do Poder Público, na forma determinada pelos artigos 3º e 4º da Lei nº 9.637/1998.

A Lei nº 13.019/2014 definiu dois instrumentos de formalização de parcerias voluntárias com as Organizações da Sociedade Civil (OSC): o termo de fomento e o termo de colaboração. A parceria compreende qualquer modalidade prevista nesta lei, envolvendo ou não a transferência de recursos financeiros, entre a Administração Pública e a Organização da Sociedade Civil, para a realizações de ações de interesse recíproco em regime de mútua cooperação.

I – comprovar o registro de seu ato constitutivo, dispondo sobre:

a) natureza social de seus objetivos relativos à respectiva área de atuação;

b) finalidade não-lucrativa, com a obrigatoriedade de investimento de seus excedentes financeiros no desenvolvimento das próprias atividades;

c) previsão expressa de a entidade ter, como órgãos de deliberação superior e de direção, um conselho de administração e uma diretoria definidos nos termos do estatuto, asseguradas àquele composição e atribuições normativas e de controle básicas previstas nesta Lei;

d) previsão de participação, no órgão colegiado de deliberação superior, de representantes do Poder Público e de membros da comunidade, de notória capacidade profissional e idoneidade moral;

e) composição e atribuições da diretoria;

f) obrigatoriedade de publicação anual, no Diário Oficial da União, dos relatórios financeiros e do relatório de execução do contrato de gestão;

g) no caso de associação civil, a aceitação de novos associados, na forma do estatuto;

h) proibição de distribuição de bens ou de parcela do patrimônio líquido em qualquer hipótese, inclusive em razão de desligamento, retirada ou falecimento de associado ou membro da entidade;

i) previsão de incorporação integral do patrimônio, dos legados ou das doações que lhe foram destinados, bem como dos excedentes financeiros decorrentes de suas atividades, em caso de extinção ou desqualificação, ao patrimônio de outra organização social qualificada no âmbito da União, da mesma área de atuação, ou ao patrimônio da União, dos Estados, do Distrito Federal ou dos Municípios, na proporção dos recursos e bens por estes alocados;

II – haver aprovação, quanto à conveniência e oportunidade de sua qualificação como organização social, do Ministro ou titular de órgão supervisor ou regulador da área de atividade correspondente ao seu objeto social e do Ministro de Estado da Administração Federal e Reforma do Estado".

Segundo o art. 2º, inciso VII, da Lei nº 13.019/2014, o termo de colaboração é definido como:

> "instrumento pelo qual são formalizadas as parcerias estabelecidas pela administração pública com organizações da sociedade civil, selecionadas por meio de chamamento público, para a consecução de finalidades de interesse público propostas pela administração pública, sem prejuízo das definições atinentes ao contrato de gestão e ao termo de parceria, respectivamente, conforme as Leis nºs 9.637, de 15 de maio de 1998, e 9.790, de 23 de março de 1999".

Segundo o art. 2º, inciso VIII, da Lei nº 13.019/2014, o termo de fomento foi definido como:

> "instrumento pelo qual são formalizadas as parcerias estabelecidas pela administração pública com organizações da sociedade civil, selecionadas por meio de chamamento público, para a consecução de finalidades de interesse público propostas pelas organizações da sociedade civil, sem prejuízo das definições atinentes ao contrato de gestão e ao termo de parceria, respectivamente, conforme as Leis nºs 9.637, de 15 de maio de 1998, e 9.790, de 23 de março de 1999;"

Portanto, a diferença entre o termo de colaboração e o termo de fomento está em quem propõe a parceria, no primeiro caso, a Administração Pública, no segundo, a Organização da Sociedade Civil (OSC).

A Organização da Sociedade Civil (OSC) foi definida pela Lei como uma:

> "pessoa jurídica de direito privado sem fins lucrativos que não distribui, entre os seus sócios ou associados, conselheiros, diretores, empregados ou doadores, eventuais resultados, sobras, excedentes operacionais, brutos ou líquidos, dividendos, bonificações, articipações ou parcelas do seu patrimônio, auferidos mediante o exercício de suas atividades, e que os aplica integralmente na consecução do respectivo objeto social, de forma imediata ou por meio da constituição de fundo patrimonial ou fundo de reserva;"

Importante lembrar que a Lei nº 13.019/2014 ainda não está em vigor.

15.3. Tratamento jurídico diferenciado em relação às transferências voluntárias

Conforme já foi objeto do capítulo anterior (item 14.2.), a Lei de Responsabilidade Fiscal preconizou um tratamento jurídico diferenciado entre as transferências voluntárias e a destinação de recursos ao setor privado, con-

DESTINAÇÃO DE RECURSOS AO SETOR PRIVADO

forme se pode observar dos seus artigos 25 e 26. As transferências voluntárias só abarcam repasses e relações jurídicas entre os entes federados (art. 25, *caput*, LRF).

As relações entre entes federados tem fundamento constitucional (art. 23, CF/88), apoiadas na concepção de um federalismo cooperativo. Na Constituição de 1967, havia uma previsão expressa da celebração de convênios entre os entes federados, no art. 13, § 3º: *"Para a execução, por funcionários federais ou municipais, de suas leis, serviços ou decisões, os Estados poderão celebrar convênios com a União ou os Municípios".* Ademais, o art. 10, § 1º, b, do Decreto-lei nº 200/ /1967, previa a possibilidade de descentralização de atividades *"da Administração Federal para a das unidades federadas, quando estejam devidamente aparelhadas e mediante convênio".* Na Constituição vigente, o art. 23 estabelece um rol de competências comuns entre os entes federados e, no seu parágrafo único, prescreve que *"Leis complementares fixarão normas para a cooperação entre a União e os Estados, o Distrito Federal e os Municípios, tendo em vista o equilíbrio do desenvolvimento e do bem-estar em âmbito nacional"* (alterada pela EC nº 53/2006).

É importante ressaltar que o tratamento diferenciado se deve a própria natureza diferenciada das entidades. Afinal, os entes federados são entes políticos, regidos pelo direito público, com competências previstas na própria Constituição Federal e a cooperação está prevista no rol de competências materiais comuns.

Ainda que possa haver o uso irracional dos recursos públicos, tanto nas relações entre entes federados, quanto nas parcerias com as entidades privadas sem fins lucrativos, os entes federados se submetem permanentemente a um imenso arcabouço normativo de direito público e às instituições de controle, aos quais as entidades privadas sem fins lucrativos não estão sujeitas em caráter permanente. Portanto, os entes federados não podem ser tratados juridicamente de forma idêntica às entidades privadas sem fins lucrativos.

A ênfase nesta diferenciação se deve ao fato de os diplomas infralegais que disciplinam os convênios celebrados pela União com os Estados, Municípios e Distrito Federal ao mesmo tempo disciplinarem os convênios com entidades sem fins lucrativos[267].

---

[267] Isso até o início da vigência da Lei nº 13.019/2014 (previsto para 360 dias a partir de 31/7/2014), que acolheu esta tese promovendo a diferenciação de tratamento jurídico entre as transferências voluntárias e as parcerias voluntárias.

O tratamento aqui preconizado implica na exigência de uma lei formal que discipline a celebração do ajuste e do repasse de recursos públicos entre o Poder Público e a entidade privada sem fins lucrativos, conforme se pode extrair dos artigos 25 e 26 da LRF.

Nada obstante o tratamento diferenciado na celebração do ajuste, alguns preceitos aplicam-se indistintamente a ambos os tipos de repasses:

a) a não obrigatoriedade dos repasses ainda que previstos em lei orçamentária ainda que para entidades nominalmente identificadas[268] (item 14.4.1.);
b) exigência de "ganho de eficiência" como requisito essencial para a realização dos ajustes e repasses (item 14.4.2.);
c) acompanhamento e fiscalização do órgão repassador, que permanece com a "responsabilidade" pela execução do objeto pactuado (item 14.4.2.);
d) objeto de interesse recíproco (comunhão de interesses) entre os concedente e o convenente (item 14.5.).

15.4. Obrigatoriedade de lei para autorizar a celebração de convênios ou contratos de repasses com ONGs envolvendo repasses de recursos públicos

Os termos de parceria, os contratos de gestão, celebrados com OSCIPs ou Organizações Sociais, tem fundamento legal e a disciplina está realizada nas Leis nºs 9.790/1999 e 9.637/1998. Há uma autorização legal para a sua celebração, ainda que a legislação possa se omitir quanto à questão da seleção da entidade parceira. O mesmo ocorre com os contratos celebrados com empresas privadas com fins lucrativos, que estão disciplinados pela Lei nº 8.666/1993, Lei Geral de Licitações e Contratos, e pelas demais leis que dispõem sobre a matéria. As contratações devem ser feitas mediante

---

[268] Neste sentido, Kiyoshi Harada, discorrendo sobre as subvenções sociais, manifesta-se que "a inclusão das despesas de subvenção social na Lei Orçamentária Anual representa simples autorização legal de despesa não gerando direito subjetivo material ao beneficiário dessa inclusão", citando diversos precedentes do Supremo Tribunal Federal (RE nº 34.518-DF, RE nº 75.908-PR).

DESTINAÇÃO DE RECURSOS AO SETOR PRIVADO

procedimento licitatório ou de contratação direta, que estão disciplinados em lei.

O mesmo não ocorre com os convênios e contratos de repasse celebrados com entidades sem fins lucrativos (até o início da vigência da Lei nº 13.019//2014).

O princípio da legalidade da administração pública, na sua vertente reserva legal, impõe que as decisões fundamentais da administração sejam tomadas pelo legislador. Diante disso, os atos, ajustes, acordos, contratos celebrados pela administração pública fazem parte destas decisões fundamentais e devem estar autorizados (e tipificados) por lei formal. Convém lembrar que, **no Estado Democrático de Direito, à diferença do Estado Liberal, o princípio da legalidade não está restrito às intervenções estatais na liberdade individual**.

Como regra, os convênios com ONGs, mormente aqueles que impliquem transferências de recursos para fins de execução de ações e programas públicos, não tem fundamentação legal. Diferentemente dos convênios entre entidades públicas, que encontram fundamento na lei e na Constituição Federal (*vide*, por exemplo, os arts. 37, XXII, 39, § 2º, 71, VI e 241 da CF/88 e o art. 25 da LRF).

Conforme mencionado, não é possível dar o mesmo tratamento jurídico às entidades públicas e privadas sem fins lucrativos. Da mesma forma, não é possível utilizar o mesmo fundamento legal ou constitucional das transferências voluntárias para os repasses para o setor privado, ainda que a execução de programas de governo em regime de mútua cooperação.

Nem cabe também à LDO fazer o papel de autorizar a celebração dos referidos convênios, contratos de repasse ou transferências a título de auxílios ou contribuições, pois, apesar de não estar sujeita ao princípio da exclusividade orçamentária, a LDO tem vigência limitada ao final do exercício financeiro a que se refere e os convênios, visando à execução de um objeto, geralmente se estendem por mais de um exercício financeiro. **A LDO não tem o papel de criar institutos jurídicos de direito financeiro.**

Convém mencionar, ainda, que é difícil caracterizar o interesse recíproco entre as partes para justificar a celebração de um convênio entre entidades privadas. A mera inclusão do objeto social da entidade não é suficiente para a caracterização do interesse recíproco.

Observe-se que, mesmo no tocante aos convênios entre entidades públicas, a configuração do interesse recíproco é difícil, limitada às matérias de competência material concorrente, consoante art. 23 da Constituição Federal (item 14.5.).

O DIREITO DOS GASTOS PÚBLICOS NO BRASIL

No mais das vezes, a celebração de convênios com ONGs é uma forma de burlar o procedimento licitatório e a contratação de uma empresa, pois não há a caracterização adequada do interesse recíproco.

Ao arrepio do Direito, as entidades privadas sem fins lucrativos recebem um tratamento do governo federal muito mais benéfico do que as entidades privadas com fins lucrativos. A seleção do parceiro não passa por um processo licitatório formal, competitivo, e disciplinado em lei, com fase de habilitação (jurídica, técnica, econômico-financeira e fiscal). Na celebração do convênio, não prestam garantia contratual e, ainda, recebem recursos públicos de forma antecipada, sem que tenha havido a liquidação prévia prevista no art. 62 da Lei nº 4.320/1964: *"O pagamento da despesa só será efetuado quando ordenado após sua regular liquidação"*.

A exemplo do que ocorre com os contratos administrativos, com os termos de parceria, com os contratos de gestão, há diversas questões que mereceriam a regulação por lei e não por ato infralegal do Poder Executivo, que pode alterá-lo arbitrariamente, desvirtuando o interesse recíproco.

Neste contexto, **o princípio da legalidade não impõe somente a autorização legal para a celebração do convênio com as ONGs, mas também uma disciplina mínima que envolva a seleção do parceiro e seus requisitos, as cláusulas necessárias ao instrumento de convênio, a execução do convênio, a forma como devem ser feitos os repasses, o controle e a prestação de contas. A Lei nº 13.019/2014 cumpriu este papel, mas ainda não está em vigor.**

15.5. Convênios do Sistema Único de Saúde

As parcerias realizadas pelo poder público com as entidades do setor privado, com ou sem fins lucrativos, com vistas à prestação assistencial no Sistema Único de Saúde (SUS), tem um tratamento especial, dentre as demais parcerias.

Ocorre que a própria Constituição Federal, ao criar e traçar as diretrizes do SUS, dispõe que

> "As instituições privadas poderão participar de forma complementar do sistema único de saúde, segundo diretrizes deste, mediante contrato de direito público ou convênio, tendo preferência as entidades filantrópicas e as sem fins lucrativos" (art. 199, § 1º, CF/88).

Ademais, a própria Lei nº 8.080/90, a Lei Orgânica da Saúde, concede autorização à direção municipal do SUS, para *"celebrar contratos e convênios com entidades prestadoras de serviços privados de saúde, bem como controlar e avaliar sua execução"*, desde que atendidos os preceitos do art. 26 da referida Lei.

DESTINAÇÃO DE RECURSOS AO SETOR PRIVADO

A Lei prescreve que a remuneração dos serviços, contratados ou conveniados, deverão ser estabelecidos pela direção nacional do SUS e aprovados pelo Conselho Nacional de Saúde (art. 26). Trata-se da chamada "Tabela de Procedimentos do SUS".

Estes serviços contratados devem submeter-se às normas técnicas e administrativas e aos princípios e diretrizes do SUS, mantido o equilíbrio econômico-financeiro do contrato (art. 26, § 2º, Lei nº 8.080/1990).

Portanto, o que se observa é que já existe autorização legal e até mesmo previsão constitucional para a participação de entidades privadas, com ou sem fins lucrativos, na prestação assistencial do SUS, nas condições de remuneração estabelecidas pela direção nacional do SUS e segundo as normas, princípios e diretrizes do Sistema Único de Saúde.

Convém lembrar, ainda, que o art. 16 da Lei nº 4.320/1964, serve de fundamento legal para a concessão de subvenções sociais não somente para a área da saúde, mas também para a área da assistência social e da educação.

15.6. A Lei nº 13.019/2014

A Lei nº 13.019, de 31/7/2014, foi publicada no decorrer da elaboração desta obra. Inicialmente, o início da vigência da lei estava previsto para ocorrer após 90 dias da sua publicação, mas a Medida Provisória nº 658/2014 adiou a vigência da lei para 360 dias após a sua publicação.

A lei trata das parcerias voluntárias, envolvendo ou não a transferência de recursos financeiros, celebradas pelo Poder Público com as Organizações da Sociedade Civil (OSC), visando a realização de ações de interesse recíproco em regime de mútua cooperação.

Apesar de ser chamada de "Marco Legal do Terceiro Setor", a lei não disciplina exaustivamente a relação do Poder Público com o Terceiro Setor, uma vez que não atinge os contratos de gestão celebrados com as Organizações Sociais, que permanecem regulados pela Lei nº 9.637/1998. No tocante ao termo de parceria, a lei altera a Lei nº 9.790/1999, acrescentando como requisito para a entidade se qualificar como OSCIP 3 anos, no mínimo, de funcionamento regular e o atendimento dos requisitos da lei quanto aos objetivos sociais e as normas estatutárias.

Segundo o texto legal, a Lei nº 13.019/2014 seria uma lei nacional, estabelecendo normas gerais para as parcerias celebradas pela União, Estados, Distrito Federal e Municípios com as OSCs.

O DIREITO DOS GASTOS PÚBLICOS NO BRASIL

Entretanto, não há fundamento constitucional para que a União edite normas gerais sobre a matéria, diferentemente do que ocorre com as normas gerais de licitações e contratos (art. 22, XXVII, CF/88).

Cumpre observar que este foi, indevidamente, na exposição de motivos do Projeto de Lei do Senado nº 641/2011, que deu origem à lei, para definir a sua aplicabilidade para todos os entes federados.

A lei também não pode ser considerada como veículo de normas gerais em matéria de direito financeiro, uma vez que o art. 163, inciso I, da CF/88, preconiza que estas devem ser veiculadas por meio de Lei Complementar.

Entretanto, nada impede, e é até mesmo recomendável, que a Lei nº 13.019/2014 seja aplicada subsidiariamente às parcerias celebradas pelos entes subnacionais, na ausência de disciplina legal na esfera do ente federado em questão. Isso à semelhança do que ocorre com a Lei nº 9.784/1999, Lei de Processo Administrativo Federal, aplicada subsidiariamente aos entes subnacionais, conforme diversos precedentes do Superior Tribunal de Justiça – STJ[269].

Uma das principais inovações da lei foi atender ao disposto nos itens 15.3. e 15.4., mencionados supra. Além de disciplinar por lei formal a relação entre o Poder Público e as Organizações da Sociedade Civil, manteve-se uma relação diferenciada em relação aos convênios celebrados entre os entes federados. Segundo o art. 84, *caput*, da lei, os convênios serão instrumentos de formalização restritos às parcerias firmadas entre os entes federados. Desta forma, a lei implicitamente acolhe a tese anteriormente exposta de que o conceito de convênio previsto no art. 1º, § 2º, VI, da Portaria Interministerial MP/MF/CGU nº 507/2011, inclui indevidamente as parcerias com entidades sem fins lucrativos (item 15.2.).

A lei determinou a obrigatoriedade de chamamento público (um procedimento que até o momento não estava previsto em lei, mas tão somente em normas infralegais) como procedimento prévio à celebração da parceria (art. 29). Entretanto, o legislador previu exceções à semelhança do que ocorre

---

[269] *Vide*, a propósito, o AgRg no Resp nº 1092202/DF, no qual ficou assentado que "No âmbito estadual ou municipal, ausente lei específica, a Lei Federal nº 9.784/99 pode ser aplicada de forma subsidiária, haja vista tratar-se de norma que deve nortear toda a Administração Pública, servindo de diretriz aos seus órgãos". Outros precedentes: AgRg no Resp nº 1111843/DF, AgRg no Ag nº 1196717/DF e Resp nº 1019012/DF.

DESTINAÇÃO DE RECURSOS AO SETOR PRIVADO

com a licitação. Foram estabelecidas hipóteses de dispensa de chamamento público (art. 30) e de inexigibilidade (art. 31). O chamamento público está disciplinado nos artigos 23 a 32 da lei.

Um outro ponto importante da lei foi deixar expresso os deveres do administrador do órgão ou entidade pública a celebrar a parceria, determinando que este deva (art. 8º):

a) considerar a capacidade operacional do órgão ou entidade para instituir os processos seletivos;
b) avaliar as propostas de parceria com o rigor técnico necessário;
c) fiscalizar a execução em tempo hábil e de modo eficaz;
d) apreciar as prestações de contas na forma e nos prazos da lei e da legislação específica.

Para o exercício de tais deveres, a lei prevê a criação de alguns órgãos colegiados:

a) o Conselho de Política Pública (art. 2º, IX), como instância consultiva na respectiva área de atuação, na formulação, implementação, acompanhamento, monitoramento e avaliação de políticas públicas;
b) a Comissão de Seleção (art. 2º, X), para processar e julgar os chamamentos públicos;
c) a Comissão de Monitoramento e Avaliação (art. 2º, XI), destinado a monitorar e avaliar as parcerias voluntárias.

A lei disciplinou de forma pormenorizada os requisitos para a celebração das parcerias (arts. 33 a 38), as vedações à celebração de parcerias (arts. 39 a 41), as contratações realizadas pelas OSCs com recursos públicos (art. 43), as despesas vedadas com recursos da parceria (art. 44), as despesas que podem ser realizadas com recursos públicos (art. 46), bem como a movimentação financeira e aplicação dos recursos pelas OSCs (arts. 51 a 54).

Foram dedicadas uma seção ao monitoramento e à avaliação da parceria (arts. 58 a 60) e uma seção às obrigações do gestor (arts. 61 a 62). Segundo o art. 59, a administração deve emitir relatório técnico de monitoramento e avaliação, independentemente da prestação de contas a ser encaminhada pela OSC, no qual deverá ser feita, dentre outras coisas, uma análise das metas alcançadas e do impacto social obtido e uma análise dos documentos comprobatórios das despesas realizadas. O relatório deverá ser homologado pela Comissão de Monitoramento e Avaliação.

O DIREITO DOS GASTOS PÚBLICOS NO BRASIL

Importante mencionar que a lei faz distinção entre o administrador público, pessoa física titular do órgão ou entidade e competente para firmar a parceria, e o gestor, agente público designado formalmente com poderes de controle e fiscalização. Dentre as obrigações do gestor (art. 61), a lei estabelece que este deve acompanhar e fiscalizar a execução da parceria, deve informar ao superior hierárquico a existência de fatos que possam comprometer as atividades e as metas, bem como indícios de irregularidades na gestão de recursos, e deve emitir um relatório conclusivo de análise da prestação de contas, com base no relatório de monitoramento a que se refere o art. 59.

Também foi disciplinada de forma detalhada a prestação de contas (arts. 63 a 72), na qual *"se analisa e se avalia a execução da parceria quanto aos aspectos de legalidade, legitimidade, economicidade, eficiência e eficácia, pelo qual seja possível verificar o cumprimento do objeto da parceria e o alcance das metas e dos resultados previstos"* (art. 2º, XIV). Acerca deste ponto, é importante ressalvar que tanto os gestores do órgão ou entidade pública que celebrou a parceria, quanto os dirigentes da OSC são jurisdicionados ao Tribunal de Contas da União e podem vir a ter suas contas julgadas pela Corte de Contas Federal (art. 5º, I, da Lei nº 8.443/1993 c/c art. 70, parágrafo único, da CF/88).

A lei foi mais rígida ao estabelecer sanções à OSC (art. 73), tais como, a advertência, a suspensão temporária para participar de chamamento público e o impedimento de celebrar parceiras com o Poder Público e a declaração de inidoneidade. Além disso, definiu a responsabilidade de pareceristas técnicos que tenham concluído indevidamente pela capacidade técnico-operacional das OSCs (art. 75), bem como pelo atesto indevido da realização de determinadas atividade ou pelo cumprimento de metas estabelecidas na parceria (art. 76). Por fim, foram tipificados diversos atos de improbidade administrativa (que importam em dano ao erário) relacionados às parcerias voluntárias (art. 77).

A lei outorgou poderes à Administração Pública para agir nas hipóteses de não execução ou de má-execução da parceria visando assegurar o atendimento de serviços essenciais à população. Nestas hipóteses, a administração poderá, por ato próprio e independente de autorização judicial, a fim de realizar ou manter a execução das metas ou atividades pactuadas (art. 62):

a) retomar os bens públicos em poder da organização da sociedade civil parceira, qualquer que tenha sido a modalidade ou título que concedeu direitos de uso de tais bens;

DESTINAÇÃO DE RECURSOS AO SETOR PRIVADO

b) assumir a responsabilidade pela execução do restante do objeto previsto no plano de trabalho, no caso de paralisação ou da ocorrência de fato relevante, de modo a evitar sua descontinuidade, devendo ser considerado na prestação de contas o que foi executado pela organização da sociedade civil até o momento em que a administração assumiu essas responsabilidades.

Estes poderes evidenciam que, mesmo quando celebrada a parceria, a Administração Pública ainda permanece com a responsabilidade pela prestação dos serviços, ainda que indireta ou subsidiária. Reforça-se, portanto, a obrigação de fiscalização, acompanhamento e avaliação do objeto pactuado.

15.7. Síntese

A Lei de Responsabilidade Fiscal preconiza um tratamento diferenciado entre as transferências voluntárias e a destinação de recursos ao setor privado. Em atenção ao princípio da legalidade da administração pública, na sua vertente reserva legal, e o art. 26, *caput*, da LRF, impõe-se a existência de lei formal autorizando a celebração de convênios ou contratos de repasse com entidades sem fins lucrativos, visando a execução de programas, projetos, atividades e ações de responsabilidade do poder público, que impliquem no repasse de recursos às referidas entidades.

Na área da saúde, existem fundamentos legais e constitucionais para a celebração de convênios para a prestação assistencial do SUS. Para as áreas da assistência social e educação, o art. 16 da Lei nº 4.320/1964 oferece tal fundamento para a concessão de subvenções sociais.

O princípio da legalidade não impõe somente a autorização legal para a celebração do convênio com as ONGs envolvendo repasses de recursos públicos, mas também uma disciplina mínima que envolva a seleção do parceiro e seus requisitos, as cláusulas necessárias ao instrumento de convênio, a execução do convênio, a forma como devem ser feitos os repasses, o controle e a prestação de contas.

Durante a elaboração desta obra, foi editada a Lei nº 13.019, de 31 de julho de 2014, ainda em *vacatio legis*, que passou a disciplinar as parcerias voluntárias entre o Poder Público e as chamadas "Organizações da Sociedade Civil", tendo criado os seguintes instrumentos de formalização das parcerias: o termo de fomento e o termo de colaboração.

Ainda que o texto normativo disponha expressamente sobre a edição de normas gerais sobre a matéria, por falta de competência legislativa para tal, seu âmbito de aplicação pessoal deve ficar restrito à União. Nada impede, e é até mesmo recomendável, a sua aplicação subsidiária aos entes subnacionais, na ausência de legislação local específica.

Com base na Lei nº 13.019/2014, o convênio deverá ser exclusivamente um instrumento de formalização de parcerias entre entes federados e não entre o Poder Público e o Terceiro Setor.

Parte 4
Autonomia do Gasto Público

16. Da Vinculação entre o Gasto e o Orçamento

> "Sin desconocer la conexión existente entre ambos institutos jurídicos e incluso la convicción de que las fases del procedimento del gasto público se desarrollan en paralelo com algunas actuaciones que integram el procedimiento presupuestario, creemos que el instituto jurídico del gasto público es susceptible de uma ordenación jurídico material que trasciende el ámbito jurídico-formal em que, substancialmente, se desenvuelve el régimen jurídico del Presupuesto" (José Juan Bayona de Perogordo)

Nos compêndios de orçamento público e direito financeiro, costuma-se salientar a estreita vinculação entre o gasto público e a lei orçamentária (e suas alterações), levando-se em conta o princípio da legalidade orçamentária (item 8.1.). Os autores costumam ressaltar, ainda, ao aspecto político da decisão de gastar.

Regis Fernandes de Oliveira, por exemplo, sustenta que a decisão de gastar é, fundamentalmente, uma decisão política. O administrador elabora um plano de ação, descreve-o no orçamento, aponta os meios disponíveis para o seu atendimento e efetua o gasto. A decisão política viria inserta no documento solene de previsão de despesas (OLIVEIRA, 2006).

Nada obstante, Regis de Oliveira reconhece que, em virtude das vinculações de receitas presentes na Constituição (tais como, para a manutenção e desenvolvimento do ensino ou para as ações e serviços públicos de saúde), *"o que era uma atividade discricionária, que ensejava opções ao político na escolha e destinação das verbas, passa a ser vinculada"* (OLIVEIRA, 2006, p. 315).

Aliomar Baleeiro, por sua vez, apontava que (BALEEIRO, 1995, p. 73):

> "Por disposições expressas da Constituição (...), as despesas, quaisquer que sejam devem ser previamente autorizadas pelo Poder Legislativo ao Poder Executivo. Essa autorização é dada no conjunto de dotações do orçamento ou por meio de créditos adicionais (...). **Em princípio, nenhuma autoridade, sem exceção sequer do presidente da República, pode ordenar ou efetuar despesa sem autorização do Poder Legislativo, ou acima dos limites desta, nem também desviar para fins diversos, ainda que úteis e indispensáveis, os créditos concedidos para aplicações específicas**" (grifo nosso).

Francisco José Carrera Raya[270], ao descrever os efeitos jurídicos do orçamento sobre os gastos, salienta a acomodação da ação de governo do Poder Executivo ao orçamento público (RAYA, 1995, p. 33):

> "La Ley de Presupuestos del Estado es una norma que, en materia de gastos públicos, genera unos efectos jurídicos determinados, a saber: la autorización al Gobierno para gastar em las atenciones que se especifican em la Ley Presupuestaria y durante el plazo de vigência de la misma. **Dicha autorización constituye, pues, uma limitación jurídica dirigida al Poder Ejecutivo, que necesariamente deberá acomodar su acción de gobierno dentro del marco presupuestario**" (grifo nosso).

A eficácia jurídica do orçamento em matéria de gastos públicos, segundo Raya, se caracteriza por uma tríplice ordem de limitações (RAYA, 1995):

a) autorização para gastar uma quantia assinalada;
b) autorização para gastar segundo uma finalidade ou destino indicado;
c) autorização para gastar durante um período de tempo determinado.

Acerca desta vinculação entre orçamento e gasto público, o artigo 167 da Constituição Federal Brasileira dispõe que são vedados *"o início de programas ou projetos não incluídos na lei orçamentária anual"* (inciso I), *"a realização de despesas ou a assunção de obrigações diretas que excedam os créditos orçamentários ou adicionais"* (inciso II), *"a abertura de crédito suplementar ou especial sem prévia autorização legislativa e sem indicação dos recursos correspondentes"* (inciso V) e *"a transposição, o remanejamento ou a transferência de recursos de uma categoria de progra-*

---

[270] Professor da Universidade de Málaga.

DA VINCULAÇÃO ENTRE O GASTO E O ORÇAMENTO

mação para outra ou de um órgão para outro, sem prévia autorização legislativa" (inciso VI).

Tal é a importância da lei orçamentária na visão dos juristas que, em sessão plenária do STF, o Ministro Carlos Ayres Britto, no voto na ADI 4048-MC/DF chegou a afirmar que *"abaixo da Constituição, não há lei mais importante para o país [do que a lei orçamentária], porque a que mais influencia o destino da coletividade"* (anotamos).

Entretanto, esta vinculação, ao menos no Brasil, deve ser relativizada. Com efeito, as despesas *off-budget*, tais como, o gasto tributário e benefícios creditícios, ou as despesas operacionais das empresas estatais não se submetem às limitações da lei orçamentária anual.

No tocante às despesas sujeitas à legalidade orçamentária, o gestor dos órgãos e das entidades da administração pública, direta e indireta, dispõe, ainda, de grande margem de liberdade na execução da despesa pública, ainda que respeite as limitações impostas pelo orçamento.

A lei orçamentária anual é apenas um dos condicionantes do gasto público, ainda assim, apenas quanto à despesa orçamentária. Esta constatação justifica o estudo do direito dos gastos públicos como um ramo autônomo do direito orçamentário.

O principal defensor desta autonomia é o Professor espanhol José Juan Bayona de Perogordo, o qual sustenta que (PEROGORDO, 2001, p. 28):

> "Sin desconocer la conexión existente entre ambos institutos jurídicos e incluso la convicción de que las fases del procedimiento del gasto público se desarrollan en paralelo con algunas actuaciones que integran el procedimento presupuestario, **creemos que el instituto jurídico del gasto público es susceptible de uma ordenación jurídico material que trasciende el ámbito jurídico-formal en que, substancialmente, se desenvuelve el régimen jurídico del Presupuesto**. Por conseguiente, la ordenación jurídica del gasto público no se realiza en el marco del Derecho presupuestario no los princípios jurídicos de que éste le son aplicables a aquél, sino que, como veremos, uno de los desafios doctrinales y jurídico-positivos de nuestros días consiste em la búsqueda y afianzamiento de unos específicos princípios de justicia del gasto público" (grifo nosso).

A seguir, são apresentados os principais argumentos que evidenciam a reduzida importância, teórica e prática, do orçamento na disciplina da execução da despesa pública considerada em sentido amplo. Em suma, o direito dos gastos públicos não pode ser reduzido a um subconjunto do direito orçamentário.

16.1. Normas de caráter permanente disciplinando o gasto público

O orçamento, sujeito ao princípio da anualidade (ou da periodicidade, em alguns países), consiste de normas de caráter temporário, vigentes até o final do exercício financeiro. No Brasil, os créditos especiais e extraordinários poderão ter vigência até o final do exercício financeiro seguinte, caso o ato de autorização tiver sido promulgado nos últimos quatro meses do exercício (art. 167, 2º, CF/88). O orçamento, portanto, é um conjunto de normas de natureza temporária.

Além da lei orçamentária propriamente dita, existem diversas regras e princípios de caráter permanente que incidem sobre a realização da despesa pública. Apenas a título de exemplificação, podemos citar a Lei nº 4.320/1964 (normas gerais de finanças públicas), a Lei nº 8.666/1993 (normas gerais de licitações e contratos), a Lei de Responsabilidade Fiscal (Lei Complementar nº 101/2000) e os princípios constitucionais da legalidade, legitimidade e economicidade.

A Lei nº 4.320/64 regula, por exemplo, o procedimento geral de realização da despesa pública (empenho, liquidação, pagamento) e procedimentos especiais, tais como, o regime de adiantamento (suprimento de fundos). A Lei nº 8.666/1993 regula o procedimento licitatório, o qual pode ser considerado como uma fase da realização da despesa. Além disso, dispõe que normas sobre pagamentos das despesas referentes aos contratos: a) pagamento das obrigações obedecendo a ordem cronológica das exigibilidades (art. 5º), o prazo de 5 dias úteis para pagamentos até determinado valor (art. 5º, § 3º) e o desconto das multas contratuais dos pagamentos eventualmente devidos (art. 86, § 3º). A Lei de Responsabilidade Fiscal regula a geração da despesa (arts. 15 a 17), os limites da despesa com pessoal (arts. 18 a 23), a limitação de empenho e movimentação financeira (art. 9º), dentre outros institutos relacionados à despesa pública.

No capítulo 8, restou demonstrado que a legalidade orçamentária é apenas uma das espécies de legalidade a que se sujeitam os gastos públicos. E as demais normas que disciplinam a despesa pública no Brasil foram relacionadas no capitulo referente às fontes do direito dos gastos públicos (capítulo 6).

No Direito Português, Antônio L. de Souza Franco ilustra a existência de várias espécies de normas que incidem sobre a execução orçamentária: *"a execução do orçamento deve respeitar as leis em geral (legalidade genérica) e o próprio orçamento (legalidade específica)"* (FRANCO, 2002, p. 429).

DA VINCULAÇÃO ENTRE O GASTO E O ORÇAMENTO

Ademais, esclarece que (FRANCO, 2002, p. 434):

> "A execução orçamental subordinada obedece ainda ao princípio da economicidade, que integra (...) dois princípios (ou antes: regras): o da mais racional utilização possível das dotações orçamentais aprovadas e o da melhor gestão de tesouraria".

Acerca da execução do orçamento das despesas, Souza Franco destaca que (FRANCO, 2002, p. 432):

> "em primeiro lugar é preciso também que a despesa seja legal, ou seja, que esteja permitida por lei e que se faça nos precisos termos da lei que a autoriza".

Ademais, *"é necessário que a despesa esteja inscrita numa classe de verba expressamente prevista no Orçamento e que o seu montante não exceda cumulativamente o que aí está previsto, ou seja, que tenha cabimento orçamental"* (FRANCO, 2002, p. 432).

O cabimento orçamental é, segundo Souza Franco, uma forma específica de legalidade: conformidade entre um ato gerador de despesa e o orçamento.

Em outra passagem, Souza Franco destaca que (FRANCO, 2002, p. 434):

> "A estes princípios de legalidade, substantiva ou processual, é aditado todavia um princípio novo: o da economicidade e da prévia justificação das despesas, quanto à sua eficácia (técnica), eficiência (económica) e economia (...)".

No artigo 42º da Lei de Enquadramento Orçamental[271] (Lei nº 91/2001, de 20 de agosto) são estabelecidos os princípios da execução orçamental, dentre os quais, o princípio da segregação de funções e os princípios da economia, eficiência e eficácia.

Ademais, o artigo 42º dispõe que:

> "Nenhuma despesa pode ser autorizada ou paga sem que, cumulativamente:
> a) o facto gerador da obrigação da despesa respeite as normas legais aplicáveis;
> b) a despesa em causa disponha de inscrição orçamental, tenha cabimento na correspondente dotação e obedeça ao princípio da execução do orça-

---

[271] Em Portugal, dentre outras funções, a Lei de Enquadramento Orçamental estabelece "as regras e os procedimentos relativos à organização, elaboração, apresentação, discussão, votação, a lteração e execução do orçamento do Estado, incluindo o da segurança social, e a correspondente fiscalização e responsabilidade orçamental" (artigo 1º).

O DIREITO DOS GASTOS PÚBLICOS NO BRASIL

mento por duodécimos, salvas, nesta última matéria, as excepções previstas na lei;

c) a despesa em causa satisfaça o princípio da economia, eficiência e eficácia".

Na Espanha, José Juan Ferreiro Lapatza aponta a coexistência no ordenamento jurídico de normas permanentes e normas temporárias que regulam a execução orçamentária (LAPATZA, 2004):

> "El gasto público está, a sua vez, normalmente disciplinado en nuestro ordenamiento, por una parte, por normas estables, permanentes, que regulan el contenido, la formación, la ejecución y el control de la ejecución del presupuesto, y por otra parte, por el propio presupuesto, que periódicamente determina, con carácter de norma jurídica, las cantidades a gastar y las finalidades del gasto".

A propósito, uma importante norma constitucional e, portanto, estável, disciplinadora do gasto público na Espanha é aquela que dispõe que: *"El gasto público realizará una asignación equitativa de los recursos públicos, y su programación y ejecución responderán a los criterios de eficiencia y economia"* (art. 31.2. da Constituição Espanhola).

Resta evidente, portanto, que o gasto público está sujeito a uma série de normas (regras ou princípios) de caráter permanente e, portanto, diversa das insculpidas nas leis de natureza orçamentária.

16.2. Títulos genéricos das ações orçamentárias – ações do tipo "guarda--chuva"

As leis orçamentárias da União alocam recursos para as unidades orçamentárias por meio de programas[272], os quais são desdobrados em ações orça-

---

[272] Segundo James Giacomoni, "o elemento básico da estrutura do orçamento-programa é o programa. Bastante empregado no âmbito do planejamento e da administração, o programa pode ser genericamente conceituado como o campo em que se desenvolvem ações homogêneas que visam o mesmo fim" (GIACOMONI, 2005, p. 164). O art. 2º, alínea a, da Portaria MPOG nº 42/99 define o programa como "o instrumento de organização da ação governamental visando à concretização dos objetivos pretendidos, sendo mensurado por indicadores estabelecidos no plano plurianual".

434

DA VINCULAÇÃO ENTRE O GASTO E O ORÇAMENTO

mentárias, que podem ser de três tipos: projetos, atividades e operações especiais.

Cada ação orçamentária apresenta um título, que indica a finalidade e o produto da ação, um subtítulo, geralmente utilizado para indicar sua localização física, além de informações sobre metas, indicadores de mensuração e o valor da dotação propriamente dita, detalhada por fontes de recursos, grupo natureza de despesa e modalidade de aplicação.

Ocorre que é muito comum encontrar na LOA títulos e subtítulos genéricos, violando a regra da especificação orçamental[273], o que deixa grande margem de liberdade ao gestor da unidade orçamentária na destinação efetiva dos recursos. Ademais, as ações com títulos genéricos violam o art. 5º, § 4º, da LRF, que veda a consignação de crédito com finalidade imprecisa na lei orçamentária anual.

Estas ações são comumente denominadas ações ou programas de trabalho do tipo "guarda-chuva".

Acerca do tema, o Instituto Liberal[274] divulgou a "Nota 44 – O orçamento da União e a Constituição de 1988" abordando a questão e traçando o seguinte diagnóstico:

> "os títulos atribuídos aos projetos/atividades, que deveriam retratar com precisão as ações específicas para atingimento dos objetivos em cada área de atuação (com destaque para o aspecto de localização da ação), a fim de permitir o seu efetivo acompanhamento pela sociedade, são, na sua grande maioria, expressões genéricas, verdadeiros 'guarda-chuvas' sob os quais uma gama imensa de ações pode ser executada. No orçamento do atual Ministério da Integração Regional encontramos o projeto "Apoio a Projetos Prioritários", e no orçamento do Ministério dos Transportes encontramos o subprojeto 'Eliminação de Pontos Críticos'. Isso se deve a uma atitude consciente do Poder Executivo, sob o argumento da necessidade de 'flexibilidade administrativa'".

---

[273] Segundo Souza Franco, a regra orçamental da especificação impõe que o orçamento "deve especificar ou individualizar suficientemente cada receita e cada despesa" (FRANCO, 2002, p. 353). Segundo descreve o autor português, a regra encontra fundamento na necessidade de clareza e nos próprios objetivos da instituição orçamentária, os quais seriam defraudados sem tal exigência (FRANCO, 2002).

[274] Cf. Site do Instituto Liberal. http://goo.gl/z2dzhf.

O DIREITO DOS GASTOS PÚBLICOS NO BRASIL

Estes títulos genéricos não permitem que a sociedade e os órgãos de controle conheçam de antemão o objeto que será executado com os recursos, dificultam o controle do gasto público e facilitam a utilização dos recursos de forma irracional.

Nesta linha, o Instituto Liberal concluiu que[275]:

> "as dotações orçamentárias sob títulos genéricos, ou de difícil compreensão, constituem grandes 'avenidas' por onde transitam o exercício discricionário do poder e a disputa de interesses, que constituem ingredientes básicos para a corrupção no uso dos recursos oriundos da 'sociedade contribuinte'".

Portanto, estes títulos genéricos das ações orçamentárias constituem mais um argumento no sentido de relativizar a força normativa do orçamento em relação à despesa pública. Na execução destas dotações orçamentárias, os princípios constitucionais do gasto público tem um campo de aplicação fértil.

É importante salientar que ainda que as ações orçamentárias apresentem títulos mais específicos, há sempre uma razoável margem de liberdade, ainda que em menor grau, para a decisão de gastar, exigindo a incidência de outros princípios ou regras para garantir a boa e regular utilização dos recursos públicos financeiros.

16.3. A Retificação e Alteração do Orçamento pelo Poder Executivo

Um terceiro argumento que ilustra a reduzida importância do orçamento na disciplina da despesa pública diz respeito à faculdade de alterar e retificar a lei orçamentária anual conferida ao Poder Executivo, independente de autorização legislativa, ainda que sujeita a determinados limites e condições.

James Giacomoni aponta que, no âmbito federal, existem três mecanismos de retificação e alteração ao longo do exercício financeiro (GIACOMONI, 2005):

a) a autorização para a abertura de créditos suplementares contida na LOA;

---

[275] Cf. http://goo.gl/z2dzhf.

DA VINCULAÇÃO ENTRE O GASTO E O ORÇAMENTO

b) os créditos extraordinários abertos por Medida Provisória;
c) as alterações nas categorias classificatórias.

Estes três mecanismos independem de autorização legislativa durante a fase da execução orçamentária, ou seja, podem ser realizadas por ato do Poder Executivo sem aprovação prévia do Congresso Nacional.

No primeiro caso, a LOA pode conter autorização para a **abertura de créditos suplementares**, consoante art. 165, § 8º, da Constituição Federal c/c art. 7º, inciso I, da Lei nº 4.320/64.

Como uma das fontes para a abertura de crédito suplementar é a anulação parcial ou total de dotações orçamentárias ou créditos adicionais (art. 43, § 1º, III, da Lei nº 4.320/64), fala-se em uma "margem de remanejamento" contida na LOA, ou seja, o Poder Executivo, independentemente de autorização legislativa, poderia remanejar os recursos de uma dotação orçamentária para outra, dentro do limite estabelecido na LOA.

Em alguns municípios, tal limite chega a ser de até 50% de toda a despesa fixada, o que amplia excessivamente a discricionariedade do Poder Executivo, motivo pelo qual esta margem recebe muitas críticas por tornar o orçamento "uma peça de ficção".

No segundo caso, o art. 167, § 3º, da Constituição Federal, dispõe que

> "A abertura de crédito extraordinário somente será admitida para atender a despesas imprevisíveis e urgentes, como as decorrentes de guerra, comoção interna ou calamidade pública, observado o disposto no art. 62".

A referência ao art. 62 indica que o **crédito extraordinário** deve ser aberto por Medida Provisória, nos entes que dispõem deste diploma legislativo, nas suas respectivas Constituições ou Lei Orgânicas. Entretanto, a Constituição Federal é expressa ao condicionar a abertura do crédito extraordinário ao atendimento de despesas imprevisíveis e urgentes. No mesmo sentido, dispõe o art. 41, III, da Lei nº 4.320/64.

A Presidência da República, por diversas vezes, editou medidas provisórias abrindo créditos extraordinários sem o atendimento aos requisitos da urgência e imprevisibilidade da despesa. Várias medidas provisórias foram editadas, por exemplo, em função da demora do Congresso Nacional em aprovar a Lei Orçamentária e também com vistas ao atendimento de despesas decorrentes da falta de planejamento da Administração Pública (*vide*, por exemplo, a Medida Provisória nº 276/2006, que autorizou a abertura de créditos extraordinários no âmbito da chamada operação "tapa-buraco" nas rodovias federais).

O Supremo Tribunal Federal já chegou a suspender os efeitos de medida provisória que abria créditos extraordinários, entendendo que[276]:

> "nenhuma das despesas a que faz referência a norma impugnada se ajusta aos conceitos de imprevisibilidade e urgência exigidos pelo § 3º do art. 167 da CF, destinando-se ela, ao contrário, 'à execução de investimentos e de despesas de custeio imprescindíveis ao desenvolvimento de ações do Governo Federal.' Concluiu-se que estaria caracterizada, na hipótese, uma tentativa de contornar a vedação imposta pelo inciso V do art. 167 da CF, visto que a Medida Provisória 402/2007 categoriza como de natureza extraordinária crédito que, em verdade, não passa de especial, ou, então, suplementar, tipos que dependem de prévia autorização legislativa".

Em terceiro lugar, Giacomoni cita que existem **as alterações nas categorias classificatórias da Lei Orçamentária Anual**. As Leis de Diretrizes Orçamentárias da União permitem que certas categorias programáticas, tais como, a modalidade de aplicação, fontes de recursos e identificador de uso sejam alterados, durante a execução orçamentária, por ato do Poder Executivo. A título de exemplo, o autor cita que, na LDO 2000 (GIACOMONI, 2005):

a) as fontes de recursos podiam ser alteradas por Portaria do Ministro do Planejamento, Orçamento e Gestão (MPOG);

b) a modalidade de aplicação, por Portaria do dirigente máximo de cada órgão a que estiver subordinada a unidade orçamentária;

c) o identificador de uso, exclusivamente pela Secretaria de Orçamento Federal, mediante publicação no Diário Oficial da União.

Esses mecanismos de alteração e retificação do orçamento público evidenciam o grau de discricionariedade de que dispõem os gestores públicos (neste caso, os administradores de alto escalão) na realização da despesa pública. Neste caso, a discricionaridade está na possibilidade de modificação do orçamento e suas condicionantes, sem a necessidade de autorização legislativa. Estes mecanismos reduzem a importância do orçamento sancionado e seu impacto como condicionante da despesa pública.

---

[276] Cf. ADI 4094/MC – DF, Rel. Min. Carlos Ayres Britto, Informativo STF nº 527, de 3 a 7 de novembro de 2008.

DA VINCULAÇÃO ENTRE O GASTO E O ORÇAMENTO

16.4. Desorçamentação (*Off-Budget Expenditures*)

Nos itens anteriores, relativiza-se a importância do orçamento público na disciplina das despesas públicas sujeitas à legalidade orçamentária, tendo em vista a existência de um conjunto de normas de caráter permanente que regula a despesa pública (diversas, portanto, do orçamento público) e a margem de discricionariedade concedida ao administrador público por meio das chamadas ações "guarda-chuvas", bem como, pela faculdade de alteração e retificação do orçamento pelo poder executivo.

Em relação às despesas *"off-budget"* (item 2.7.), no Brasil, a lei orçamentária anual não exerce qualquer papel normativo[277]. O montante destas despesas é expressivo, o que evidencia que importante parcela das despesas públicas em sentido amplo não é controlada pelo orçamento público.

A seguir, são analisadas as principais despesas *off-budget*: as despesas operacionais das estatais, os gastos tributários e os benefícios creditícios. As despesas realizadas pelas entidades paraestatais também são consideradas *off-budget*, mas não serão objeto de análise deste capítulo.

16.4.1. Despesas operacionais das estatais

O conteúdo da Lei Orçamentária Anual, no Brasil, está regulado pelo art. 165, § 5º, da Constituição Federal:

> "A lei orçamentária anual compreenderá:
> I – o orçamento fiscal referente aos Poderes da União, seus fundos, órgãos e entidades da administração direta e indireta, inclusive fundações instituídas e mantidas pelo Poder Público;
> II – o orçamento de investimento das empresas em que a União, direta ou indiretamente, detenha a maioria do capital social com direito a voto;
> III – o orçamento da seguridade social, abrangendo todas as entidades e órgãos a ela vinculados, da administração direta ou indireta, bem como os fundos e fundações instituídos e mantidos pelo Poder Público".

---

[277] Allen Schick, discorrendo sobre as "off-budget expenditures", das quais fazem parte as "tax expenditures" e os "government loans", afirma que estes são um dos fatores que importam na perda do controle das despesas pelo orçamento. O autor argumenta que: "In order for the budget to be an instrument of financial control, it has to be the process by which financial decisions are made and enforced. Off-budget expenditures violate this condition and thereby impair budgetary control" (SCHICK, 2007).

O DIREITO DOS GASTOS PÚBLICOS NO BRASIL

Conforme é possível depreender do citado dispositivo, a LOA deve abranger, tão somente, as despesas de investimento das empresas estatais.

No âmbito federal, a Lei de Diretrizes Orçamentárias tem determinado que deverão constar do orçamento de investimentos das estatais todos os investimentos realizados, independentemente da fonte de financiamento utilizada. Além disso, a LDO define o que é despesa de investimento para fins de inclusão na LOA. *Vide*, por exemplo, o art. 54, § 1º, da Lei nº 12.309/2010 (LDO 2011) e o art. 54, § 1º, da Lei nº 12.017/2009 (LDO 2010).

As empresas estatais dependentes[278] têm suas despesas correntes e/ou de capital inseridas no orçamento fiscal ou da seguridade social. Isso decorre do tratamento conferido às empresas estatais dependentes pela Lei de Responsabilidade Fiscal idêntico aos órgãos da administração direta e às autarquias e fundações públicas (art. 1º, § 3º, I, b, Lei Complementar nº 101/2000). As empresas, cujos orçamentos estejam incluídos no Orçamento Fiscal e no da Seguridade Social, para evitar dupla contagem não deverão ser incluídas no Orçamento de Investimentos das Estatais (*vide*, por exemplo, o art. 54, § 5º, da Lei nº 12.309/2010 – LDO 2011 e o art. 54, § 5º, da Lei nº 12.017/2009 – LDO 2010).

As despesas correntes (incluídas as despesas operacionais) das empresas estatais não dependentes, por outro lado, não estão incluídas na LOA, no orçamento de investimentos das estatais, a despeito dos elevados montantes de recursos envolvidos.

A Tabela a seguir retrata os dispêndios correntes de três das principais empresas estatais federais não dependentes: a Petróleo Brasileiro S.A. (Petrobras), a Centrais Elétricas Brasileiras S.A. (Eletrobras) e a Empresa Brasileira de Correios e Telégrafos (ECT).

No exercício de 2010, por exemplo, as despesas correntes da Petrobras (aprox. 129 bilhões de reais) foram superiores à despesa total fixada para qualquer um dos Ministérios da Administração Federal com exceção do Ministério da Previdência Social[279].

---

[278] Empresa controlada que receba do ente controlador recursos financeiros para pagamento de despesas com pessoal ou de custeio em geral ou de capital, excluídos, no último caso, aqueles provenientes de aumento de participação acionária.

[279] *Vide* Anexo II – Despesa dos Orçamentos Fiscal e da Seguridade Social por órgão orçamentário da Lei nº 12.214, de 26 de janeiro de 2010 (LOA 2010) – União.

DA VINCULAÇÃO ENTRE O GASTO E O ORÇAMENTO

No mesmo período, as despesas correntes da Eletrobrás foram superiores ao orçamento de vários órgãos orçamentários da União, tais como, a Câmara dos Deputados, o Senado Federal, o Tribunal de Contas da União, o Supremo Tribunal Federal, o Superior Tribunal de Justiça, a Justiça Federal, a Justiça Militar da União, a Justiça Eleitoral, o Ministério da Agricultura, Pecuária e Abastecimento, o Ministério da Ciência e Tecnologia, o Ministério do Desenvolvimento, Indústria e Comércio Exterior, o Ministério das Minas e Energia, o Ministério das Comunicações, o Ministério da Cultura, o Ministério do Meio Ambiente, o Ministério do Desenvolvimento Agrário, o Ministério do Esporte, o Ministério do Turismo, o Ministério da Pesca e Aquicultura, dentre outros.

No âmbito das empresas estatais federais, existe uma espécie de "orçamento" denominado "Plano de Dispêndios Globais" (PDG), que inclui tanto as despesas correntes, quanto as de capital das estatais federal.

O PDG consiste de

> "um conjunto de informações econômico-financeiras das empresas estatais, sistematizadas, que tem por objetivo avaliar o volume de recursos e de dispêndios anuais desses entes, compatibilizando-o com as metas de política econômica governamental"

e é elaborado pelo Departamento de Coordenação e Governança das Empresas Estatais (DEST), órgão integrante da estrutura administrativa do Ministério do Planejamento, Orçamento e Gestão (MPOG)[280].

Nada obstante, o PDG é aprovado por Decreto Presidencial e, portanto, não se submete ao controle prévio parlamentar. Ademais, sua "força normativa" não é tal qual a da Lei Orçamentária Anual, inexistindo dispositivo legal ou constitucional que, expressamente, proíba as estatais de efetuarem despesas correntes em valores superiores às constantes do PDG e que comine sanções em caso de descumprimento desta norma[281].

---

[280] Cf. Art. 2º do Anexo 1 do Decreto 7.063, de 13/1/2010.

[281] O Art. 2º, inciso I, do Decreto nº 7.628/2011 dispõe que as estatais deverão cumprir as metas de resultado primário previstas no seu Anexo II. O art. 3º, inciso I, do Decreto nº 3.735/2001 dispõe que as estatais deverão encaminhar, mensalmente, ao DEST informações para o acompanhamento do programa de dispêndios globais.

O DIREITO DOS GASTOS PÚBLICOS NO BRASIL

No PDG 2012[282], consta o Anexo I com o Demonstrativo de Usos de Fontes de Recursos para cada uma das estatais e o Anexo II com as metas de resultado primário para o exercício de 2012. No demonstrativo de usos e fontes (Anexo I), são fixadas as despesas correntes, mas não há qualquer vinculação entre as despesas realizadas com programas, objetivos ou metas físicas. Desta forma, o PDG é muito diverso do moderno orçamento-programa.

Considerando um conceito amplo de despesa pública, **o enorme volume de recursos despendido por empresas estatais não dependentes, excluído da lei orçamentária anual, é mais um elemento que reforça a tese inicialmente exposta no sentido de que é fraca a vinculação entre orçamento e gasto público.**

Empresa Estatal	Natureza da Despesa	2007	2008	2009	2010
Petróleo Brasileiro S.A. – Petrobras[283]	Dispêndios Correntes (s/ tributos)	90.830,2	220.788,9	110.140,9	129.527,3
	Investimentos	22.310,4	33.196,2	41.819,0	47.382,1
Centrais Elétricas Brasileiras S.A. - Eletrobras[284]	Dispêndios Correntes (s/ tributos)	8.352,6	11.276,4	9.036,1	9.763,1
	Investimentos	8,1	31,3	54,0	95,5
Empresa Brasileira de Correios e Telégrafos – ECT[285].	Dispêndios Correntes (s/ tributos)	8.142,9	9.420,4	10.488,7	11.127,7
	Investimentos	206,9	214,3	234,8	242,0

Tabela: Dispêndios correntes e Investimentos de estatais federais (em milhões)

---

[282] O PDG 2012 foi aprovado pelo Decreto nº 7.628/2011.

[283] Cf. Dados das Demonstrações Financeiras e dos Orçamentos – DEST/MPOG – http://www.planejamento.gov.br/.

[284] Cf. Dados das Demonstrações Financeiras e dos Orçamentos – DEST/MPOG – http://www.planejamento.gov.br/.

[285] Cf. Dados das Demonstrações Financeiras e dos Orçamentos – DEST/MPOG – http://www.planejamento.gov.br/.

16.4.2. Renúncias de Receitas e Benefícios Creditícios

Nos últimos anos, tem crescido de importância das renúncias de receitas (gasto tributário) e dos benefícios creditícios concedidos a particulares que não estão condicionadas às normas constantes do orçamento público (itens 2.7.1. e 2.7.2.).

O Tribunal de Contas da União, adotando um conceito amplo de "renúncias de receitas" que abrange os benefícios tributários, os tributários-previdenciários e os creditícios estimou que, no exercício de 2011, o montante destes benefícios alcançou **187,3 bilhões reais**, um valor expressivo, superior às despesas orçamentárias executadas com saúde, educação e assistência social somadas em 2011[286].

Acrescendo-se os subsídios financeiros e creditícios relativos às operações de crédito realizadas pelo Tesouro Nacional ao BNDES, assim como às equalizações de taxas de juros que integram o Programa de Sustentação do Investimento (PSI/BNDES), a renúncia total no exercício de 2011 supera o montante de **R$ 210 bilhões**.

Benefícios efetivados em 2011		Despesas Orçamentárias em 2011	
Benefícios Tributários	R$ 132,6 bilhões	Saúde	R$ 64 bilhões
Benefícios Tributário-Previdenciários	R$ 20 bilhões	Educação	R$ 54 bilhões
Benefícios financeiros e creditícios	R$ 34,7 bilhões	Assistência Social	R$ 45 bilhões
Total	R$ 187,3 bilhões	Total	R$ 163 bilhões

No exercício financeiro de 2012, o montante estimado das "renúncias de receitas" em sentido amplo foi de R$ 216,5 bilhões, sendo R$ 146 bilhões, relativos aos benefícios tributários, R$ 26,6 bilhões de benefícios tributários-previdenciários e R$ 43,9 bilhões relativos aos benefícios financeiros e creditícios. O montante total das renúncias em sentido amplo é supe-

---

[286] Cf. Parecer sobre as Contas Gerais de Governo relativas ao exercício de 2011.

rior às despesas orçamentárias realizadas nas funções de saúde e educação (R$ 143,8 bilhões)[287].

No exercício financeiro de 2013, o montante estimado das "renúncias de receitas" em sentido amplo foi de R$ 281 bilhões, superior à soma das despesas orçamentárias executadas em 2013 em saúde, educação e assistência social (R$ 226 bilhões). Do total de "renúncias em sentido amplo", os benefícios tributários correspondem a R$ 175,5 bilhões, os benefícios tributário-previdenciários correspondem a R$ 42,7 bilhões e os benefícios financeiros e creditórios correspondem a R$ 63,2 bilhões[288].

Importante mencionar que os benefícios financeiros, conforme definidos no Acórdão TCU nº 1.718/2005 – Plenário, são despesas orçamentárias. Entretanto, nos relatórios consultados, os seus montantes não estão isolados, mas agregados aos benefícios creditícios.

De qualquer forma, mesmo desconsiderando este item agregado, o volume estimado de despesas *off-budget* é elevado (R$ 218 bilhões no exercício de 2013) em comparação com as despesas orçamentárias, evidenciando que relevante parcela das despesas públicas *lato sensu* não estão sujeitas às limitações constantes da lei orçamentária anual.

16.5. Descumprimento reiterado do Orçamento de Investimento das Estatais

Conforme foi mencionado, as despesas correntes (operacionais) das empresas estatais não estão sujeitas à legalidade orçamentária. Segundo o art. 165, § 5º, II, da CF/88, apenas as despesas de investimentos deverão constar da lei orçamentária anual, no orçamento de investimentos.

Constam dos Relatórios e Pareceres prévios sobre as Contas do Governo da República, elaborados pelo Tribunal de Contas da União, dos últimos exercícios financeiros, ressalvas acerca do descumprimento do art. 167, inciso II, da Constituição Federal pelas principais empresas estatais federais.

---

[287] Cf. Relatório e Parecer Prévio sobre as Contas de Governo da República – Exercício de 2012.

[288] Cf. Relatório e Parecer Prévio sobre as Contas de Governo da República – Exercício de 2013.

DA VINCULAÇÃO ENTRE O GASTO E O ORÇAMENTO

As ressalvas referem-se à realização de investimentos sem a cobertura orçamentária e a extrapolação das dotações orçamentárias para determinadas fontes de financiamento. Em função destas ressalvas nas Contas Gerais de Governo, o Tribunal de Contas da União tem encaminhado recomendações às empresas e aos Ministérios supervisores[289].

---

[289] No exercício de 2010, o TCU promoveu as seguintes recomendações em função de extrapolações de dotações constantes do orçamento de investimento das estatais:
"III. à Presidência da República e aos Ministérios da Fazenda, das Comunicações e de Minas e Energia, supervisores das empresas Banco do Nordeste do Brasil S.A. – BNB, Banco Nacional de Desenvolvimento Econômico e Social – BNDES, IRB – Brasil Resseguros S.A., Empresa Brasileira de Correios e Telégrafos – ECT, Companhia Energética do Piauí – Cepisa, Eletrobrás Participações S.A. – Eletropar, Fafen Energia S.A., Petrobras Netherlands B.V. – PNBV, Petrobras Química S.A. – Petroquisa, Petróleo Brasileiro S.A. – Petrobras, Transportadora Brasileira Gasoduto Bolívia-Brasil S.A. – TBG, Companhia Docas do Estado de São Paulo – Codesp, que orientem suas supervisionadas no sentido de, na execução do Orçamento de Investimento, observarem a vedação constante do inciso II do art. 167 da Constituição Federal.
IV. às empresas Banco do Nordeste do Brasil S.A. – BNB, Banco Nacional de Desenvolvimento Econômico e Social – BNDES, IRB – Brasil Resseguros S.A., Empresa Brasileira de Correios e Telégrafos – ECT, Companhia Energética do Piauí – Cepisa, Eletrobrás Participações S.A. – Eletropar, Fafen Energia S.A., Petrobras Netherlands B.V. – PNBV, Petrobras Química S.A. – Petroquisa, Petróleo Brasileiro S.A. – Petrobras, Transportadora Brasileira Gasoduto Bolívia-Brasil S.A. – TBG, Companhia Docas do Estado de São Paulo – Codesp, que, no âmbito do Orçamento de Investimento, abstenham-se de executar suas despesas acima das respectivas dotações autorizadas, em observância à vedação constante do inciso II do art. 167 da Constituição Federal;
V. às empresas IRB – Brasil Resseguros S.A., Eletrobrás Termonuclear S.A. – Eletronuclear, Eletrobrás Participações S.A. – Eletropar, Eletrosul Centrais Elétricas S.A., Fafen Energia S.A., Eólica Mangue Seco 2 – Geradora e Comercializadora de Energia Elétrica S.A. – Mangue Seco 2, Companhia Petroquímica de Pernambuco – Petroquímicasuape e Furnas – Centrais Elétricas S.A., que, na execução do Orçamento de Investimento, observem o montante aprovado para as respectivas fontes de financiamento, em obediência à vedação constante do inciso II do art. 167 da Constituição Federal".

O DIREITO DOS GASTOS PÚBLICOS NO BRASIL

Exercício Financeiro	Ressalvas/Recomendações
2011	Ressalva VII - Execução de despesa sem suficiente dotação no Orçamento de Investimento das empresas estatais: Boa Vista Energia S.A. (BVEnergia), Caixa Econômica Federal (Caixa), Centrais Elétricas de Rondônia S.A. (Ceron), Cobra Tecnologia S.A., Companhia de Entrepostos e Armazéns Gerais de São Paulo (Ceagesp), Innova S.A., Liquigás Distribuidora S.A. (Liquigás), Petrobras Biocombustível S.A. (PBIO), Petrobras Netherlands B.V. (PNBV), Petróleo Brasileiro S.A. (Petrobras), Transportadora Associada de Gás S.A. (TAG), Transportadora Brasileira Gasoduto Bolívia-Brasil S.A. (TBG), em desacordo com o disposto no inciso II do art. 167 da Constituição Federal. Ressalva VIII - Extrapolação do montante de recursos aprovados, no Orçamento de Investimento, para as fontes de financiamento "Recursos de Geração Própria", "Recursos para Aumento de PL – Controladora", "Operações de Crédito de Longo Prazo – Internas" e "Outros Recursos de Longo Prazo - Controladora" nas empresas estatais Boa Vista Energia S.A. (BVEnergia), Centrais Elétricas de Rondônia S.A. (Ceron), Cobra Tecnologia S.A., Companhia Energética de Alagoas (Ceal), Companhia Integrada Têxtil de Pernambuco (Citepe), Companhia Petroquímica de Pernambuco (Petroquímicasuape), Empresa Brasileira de Infra-Estrutura Aeroportuária (Infraero), Eólica Mangue Seco 2 - Geradora e Comercializadora de Energia Elétrica S.A. (Mangue Seco 2), Furnas - Centrais Elétricas S.A., Petrobras Transporte S.A. (Transpetro), Porto Velho Transmissora de Energia S.A. (PVTE), Refinaria Abreu e Lima S.A. (RNEST), Transportadora Associada de Gás S.A. (TAG) e Transportadora Brasileira Gasoduto Bolívia-Brasil S.A. (TBG).
2010	Ressalva III - Execução de despesa sem suficiente dotação no Orçamento de Investimento. Ressalva IV - Extrapolação da dotação autorizada, no Orçamento de Investimento, nas fontes "Recursos de Geração Própria", "Recursos para Aumento de PL – Controladora" e "Outros Recursos de Longo Prazo – Outras Estatais".
2009	Ressalva VI - Execução de despesa sem suficiente dotação no Orçamento de Investimento das Empresas Estatais Ressalva VII - Extrapolação da dotação autorizada no Orçamento de Investimento nas fontes "Recursos de Geração Própria", "Recursos para Aumento de PL – Controladora" e "Outros Recursos de Longo Prazo – Outras Estatais".
2008	Não incluído como ressalva nas contas, mas houve extrapolação da dotação orçamentária no Orçamento de Investimentos pelas empresas Centrais de Abastecimento de Minas Gerais S.A. – Ceasaminas, Centrais Elétricas Brasileiras S.A. – Eletrobras, Petrobras Netherlands B.V. – PNBV, Petróleo Brasileiro S.A. – Petrobras e Transportadora Associada de Gás S.A. – TAG.
2007	Não consta ressalva expressa nas contas, mas verificou-se que 10 empresas apresentaram ações com nível de realização superior à dotação aprovada: ATIVOS S.A. - Securitizadora de Créditos Financeiros Braspetro Oil Services Company – BRASOIL CEAGESP - Companhia de Entrepostos e Armazéns Gerais de São Paulo Centrais de Abastecimento de Minas Gerais S.A. – CEASAMINAS COBRA Tecnologia S.A. Companhia de Eletricidade do Acre – ELETROACRE Empresa de Pesquisa Energética – EPE Petrobras Distribuidora S.A. – BR Petrobras Transporte S.A. – TRANSPETRO Petróleo Brasileiro S.A. – PETROBRAS

DA VINCULAÇÃO ENTRE O GASTO E O ORÇAMENTO

Convém mencionar que a maior empresa do Brasil, a Petróleo Brasileiro S.A. – Petrobras, desrespeita reiteradamente o Orçamento de Investimentos das Estatais, conforme retrata o Relatório e Parecer Prévio sobre as Contas da República – exercício de 2008:

> "as empresas Centrais de Abastecimento de Minas Gerais S.A. – Ceasaminas e Petróleo Brasileiro S.A. – Petrobras são reincidentes na execução incorreta de seu orçamento, visto que tal situação também ocorreu em 2007. No caso da Petrobras, o excesso também foi registrado em 2004, 2005 e 2006".

É possível questionar se as dotações orçamentárias do Orçamento de Investimentos das Estatais possuem um caráter meramente indicativo, ou seja, se constituiriam efetivamente normas que limitam os gastos de investimentos das empresas estatais às rubricas orçamentárias, considerando que, em grande parte dos casos, os investimentos são realizados com a utilização de recursos próprios das empresas ou de operações de crédito e não com recursos do Tesouro[290].

Se tiverem caráter indicativo, o orçamento não exercerá nenhum caráter normativo, também, em relação às despesas de investimento das estatais. Por outro lado, se considerarmos que o art. 167, II, da Constituição Federal é aplicável ao orçamento de investimentos das estatais, o fato é que o dispositivo vem sendo reiteradamente descumprido por várias estatais, dentre as quais a Petrobras, principal estatal brasileira, o que evidencia que o vínculo entre o orçamento e o gasto das estatais só existe no plano da validade, mas não no plano da eficácia.

---

[290] Vitor Bento, discorrendo sobre a desorçamentação das despesas públicas em Portugal, afirma que (BENTO, 2000, p. 26): "Por uma questão de respeito pelas regras de funcionamento de um regime democrático, de salvaguarda do interesse público e de respeito para com os vindouros, é de todo o interesse que todas as transações que comprometam a utilização dos recursos públicos sejam submetidas ao controlo democrático – quer prévio – a aprovação dos respectivos orçamentos, consubstanciando a autorização em nome dos cidadãos-contribuintes – quer subsequente, na apreciação das respectivas Contas". Argumenta que só é legítima a exclusão de uma determinada entidade do orçamento quando haja todas as razões para crer que as referidas entidades são verdadeiramente autossuficientes e não constituem um encargo, actual ou prospectivo, para os contribuintes (BENTO, 2000).

16.6. Síntese

O direito dos gastos públicos não pode ser visto como um subconjunto do direito orçamentário, uma vez que o orçamento constitui apenas um dos condicionantes do gasto público, ainda assim, somente dos gastos sujeitos à legalidade orçamentária. O fenômeno da desorçamentação (montantes expressivos de despesas não sujeitas à legalidade orçamentária), a existência de normas de caráter permanente que disciplinam a despesa pública, a possibilidade de alteração e retificação do orçamento pelo poder executivo e a margem de discricionariedade concedida pelas dotações orçamentárias com títulos genéricos relativizam a importância do orçamento na disciplina da despesa pública.

17. Conclusões

Este estudo teve por objetivo identificar as regras e os princípios jurídicos que disciplinam a despesa pública no Brasil. Em especial, o estudo buscou identificar os critérios jurídicos para verificar a conformidade ou não de uma despesa com o ordenamento jurídico pátrio, com vistas a servir de subsídio ao gestor público e ao controle.

Neste mister, uma das primeiras tarefas foi apresentar um conceito de despesa pública ou gasto público adequado à realidade jurídico-financeira do país. Verificou-se a necessidade de ampliação do conceito tradicional de despesa pública para abranger as despesas realizadas por entidades da administração indireta, entidades paraestatais e entidades de colaboração não sujeitas à legalidade orçamentária. Ademais, considerou-se a existência de normas que disciplinam o gasto público de forma agregada (legalidade agregada), impondo que a despesa pública também seja considerada sob este aspecto, não apenas a despesa singularmente considerada. Além disso, a ampliação da despesa pública é necessária para incluir operações *"off-budget"*, tais como, os benefícios fiscais e os benefícios creditícios, que se sujeitam aos princípios da administração pública e aos princípios da legalidade, legitimidade e economicidade, ainda que a disciplina seja escassa.

Para os propósitos deste estudo, a despesa pública não pode ser considerada um ato isolado. Há um processo de positivação ou concretização da despesa pública, que pode ser expresso num modelo de quatro estágios ou níveis de abstração. O nível mais elevado de abstração corresponde ao dos objetivos fundamentais da República, dos direitos fundamentais e das competências dos entes federados, dos órgãos e entidades públicas. Um segundo nível é o dos programas e políticas públicas, formulados(as) para atender estes objetivos fundamentais e concretizar os direitos fundamentais. Um terceiro nível é o dos atos e contratos administrativos, que operacionalizam as políticas e os programas públicos. E, por fim, um quarto nível corresponde ao nível das despesas públicas propriamente ditas, as quais estão condicionadas pelos atos e contratos administrativos.

Este modelo revela o contexto em que a despesa pública está inserida, facilitando a análise da sua juridicidade. Entretanto, quanto maior a distância entre os níveis, mais difícil se torna esta comparação e análise. Do ponto de vista do controle financeiro exercido pelos Tribunais de Contas, uma verificação importante é em que medida a despesa pública busca atingir os objetivos e metas das políticas ou programas públicos.

A adoção de um conceito amplo de gasto público resulta numa diversidade de regimes jurídicos da despesa pública, a qual se deve, por um lado, pela diversidade de organismos estatais e paraestatais existentes no Brasil contemporâneo, bem como, pelas novas parcerias realizadas pela Administração Pública e o setor privado e o terceiro setor, e, por outro lado, pela diversidade de operações que podem ser enquadradas como despesa pública em sentido amplo além dos gastos diretos, tais como, as transferências voluntárias, a despesa fiscal (gasto tributário) e os benefícios creditícios.

Para identificar as regras e princípios que regulam o instituto da despesa pública, faz-se necessário identificar suas fontes formais e suas fontes de conhecimento. No Direito Brasileiro, as fontes formais são a Constituição Federal, as Leis Complementares, o Plano Plurianual, a Lei de Diretrizes Orçamentárias, a Lei Orçamentária Anual, as Leis Ordinárias, Normas Infralegais, os Tratados e Convenções Internacionais e as Súmulas Vinculantes do STF. Dentre as fontes de conhecimento, merecem destaque, no âmbito federal, as respostas às consultas realizadas ao TCU e os Pareceres do AGU.

Neste conjunto de fontes, a Constituição tem o papel de estabelecer os objetivos fundamentais da República, os direitos fundamentais, as competências dos entes federados e os princípios aplicáveis à despesa pública. As leis complementares em por função principal estabelecer normas gerais de direito financeiro (e consequentemente do direito dos gastos públicos) disciplinando as matérias que a Constituição expressamente requereu a complementação por esta espécie legislativa. O plano plurianual, além de orientar a elaboração, orienta a aplicação/interpretação da lei orçamentária anual uma vez que define os macroobjetivos, diretrizes, os programas e as metas que devam ser atingidas no quadriênio. A Lei de Diretrizes Orçamentárias também exerce

CONCLUSÕES

um papel de disciplinar os gastos públicos, ainda que de forma indireta, não se restringindo a orientar a elaboração da LOA. Sua vigência não se esgota com o encaminhamento do projeto de LOA ao Congresso Nacional. Ademais, a LDO também auxilia a interpretação/aplicação da LOA. A LOA, por sua vez, é a lei que estabelece as autorizações de gasto, para aquelas despesas/entidades sujeitas à legalidade orçamentária. As autorizações de gasto estão sujeitas à limitações/condicionamentos de caráter temporal, quantitativo e funcional. As leis ordinárias tem o papel de estabelecer os direitos subjetivos às prestações pecuniárias, de estabelecer as competências dos órgãos ou entidades públicas (servindo de base para a realização dos gastos) e de disciplinar as relações entre o Poder Público e os entes de colaboração, dentre outras funções. As normas infralegais servem para disciplinar a operacionalização da despesa pública, não podendo criar ou estabelecer direitos subjetivos a prestações pecuniárias. Os tratados e convenções internacionais podem gerar obrigações de gasto ao Poder Público, mas a eficácia destas obrigações condicionadas à deliberação do Congresso Nacional, nos termos do art. 49, I, da CF/88.

O núcleo comum de princípios jurídicos aplicáveis à despesa pública, em todas as suas manifestações, incluindo o gasto tributário e os benefícios creditícios, é composto por princípios de status constitucional, abrangendo os princípios fundamentais, os princípios constitucionais gerais, os princípios da administração pública e os princípios setoriais do direito dos gastos públicos. Abrangem, ainda, os princípios da responsabilidade fiscal, tais como, o planejamento, a transparência, o controle e a responsabilização. Dentre as funções dos princípios, destaca-se a função interpretativa e a função supletiva ou subsidiária. Os chamados "princípios orçamentários" também podem ser aplicáveis à despesa pública orçamentária, ainda que estejam orientados principalmente à etapa de elaboração do orçamento público.

O princípio da legalidade aplicado à despesa pública não se restringe à legalidade orçamentária e pode ser observado sob diferentes planos ou aspectos: a legalidade orçamentária, a legalidade procedimental, a legalidade global e a legalidade específica. A legalidade orçamentária corresponde à observância das normas de natureza orçamentária, em especial, à observância das limitações quantitativas, temporais e finalísticas da autorização orçamentária para a realização da despesa contida na LOA. A legalidade procedimental corresponde à aderência ao procedimento legal previsto para a realização da despesa pública, que pode ser visto num sentido amplo, abrangendo o processo de contratação pública, quando este for aplicável. A legalidade agregada ou global corresponde à aderência às normas legais que disciplinam a despesa pública sob o ponto de vista agregado. Tais normas buscam proteger a equidade intergeracional e a sustentabilidade das finanças públicas e do crescimento econômico, ou seja, objetivos a longo prazo. A legalidade específica (ou reserva legal de prestações pecuniárias estatais) exige lei formal como condição necessária para o estabelecimento de direitos subjetivos a prestações pecuniárias estatais, mormente quando se confere um tratamento diferenciado entre os cidadãos e quando não há contraprestação do beneficiário.

O princípio da legitimidade incide sobre as políticas públicas, sobre os atos de gestão e, por consequência, sobre a despesa pública. À semelhança do princípio do devido processo legal, o princípio da legitimidade é um pólo para onde converge um feixe de princípios como, o da moralidade, do interesse público, da utilidade, da justiça e equidade, da isonomia, da razoabilidade, do consentimento coletivo, dentre outros. A legitimidade não se identifica com a legalidade, e a ilegalidade importa em ilegitimidade, mas necessariamente não o contrário. Do ponto de vista do controle e do gestor público, a legalidade deve ser vista como uma presunção de legitimidade. Entretanto, é possível que a utilização da legitimidade como parâmetro de controle de constitucionalidade de leis que estabeleçam benefícios não razoáveis ou imorais a determinados grupos de pessoas e às custas do Tesouro Público. O princípio da legitimidade concede abertura para que valores, princípios, objetivos previstos na Constituição se reflitam também na gestão de recursos públicos e na despesa pública.

Os resultados do gasto público podem ser expressos por suas dimensões de desempenho: economicidade, eficácia, eficiência e efetividade. A economicidade está relacionada à aquisição dos insumos da ação administrativa nas melhores condições. A eficácia diz respeito ao grau de atingimento dos objetivos propostos. A eficiência diz respeito à relação entre os produtos e os insumos. A efetividade diz respeito ao impacto da ação governamental no públicoalvo. Em razão disso, a economicidade é a que se aplica ao gasto público em sentido estrito e as demais se referem a todo o processo de concretização da despesa pública.

As dimensões de economicidade, eficácia e eficiência foram contempladas como princípios jurídicos explícitos pela Constituição Federal, o mesmo não acontecendo com a efetividade, possivelmente, em razão de esta estar mais sujeita a fatores exógenos à ação administrativa.

CONCLUSÕES

Todos os 4 E's seriam aplicáveis às diversas etapas do ciclo da política pública. É na tomada de decisão que a eficiência deve prevalecer na escolha da melhor alternativa formulada. Na identificação do problema, deve-se realizar estudos que permitam que as intervenções estatais sejam mais efetivas. A implementação deverá se pautar pela eficácia, atingimento dos objetivos propostos, e pela economicidade na aquisição dos insumos. Por fim, a avaliação deverá revelar os 4 E's da política pública, propiciando informações que retroalimentem o ciclo da política pública, de forma a corrigir os erros e formular novas alternativas que sejam mais eficientes e efetivas.

A expressão "qualidade do gasto público", embora seja usual e citada por diversos autores, no Brasil e no exterior, é ambígua e dispensável, podendo ser perfeitamente substituível pelos resultados da gestão pública ou por uma de suas dimensões: economicidade, eficiência, eficácia ou efetividade.

O princípio da transparência do gasto público é a projeção do princípio da transparência pública à despesa pública, sendo uma decorrência do princípio democrático e do Estado de Direito. Apresenta-se decomposto nos subprincípios da publicidade, motivação e participação popular, seguindo a visão de Wallace Paiva Martins Júnior.

A transparência do gasto público apresentou uma grande evolução desde o advento da Constituição Federal de 1988, com a Lei nº 9.755/1998, com a Lei de Responsabilidade Fiscal, com a Lei da Transparência e a Lei de Acesso à Informação. Entretanto, ainda há um grande caminho a percorrer, proporcionando informação útil ao cidadão para que este influa, decisivamente, na administração pública. Os dados primários obtidos dos sistemas de informação da administração pública podem não ser úteis ao cidadão, podendo ser exigida análise, interpretação, consolidação ou tratamento dos dados para que estes sirvam ao propósito da cidadania. A avaliação dos resultados dos programas públicos e a sua divulgação é, neste contexto, essencial. Da mesma forma que a divulgação das informações pertinentes ao gasto tributário e os benefícios creditícios.

Uma das finalidades da transparência e seus subprincípios é justamente propiciar o exercício do controle, especialmente, o controle social. Um destes controles a posteriori impõe o dever de prestar contas e o dever de colaboração perante o Tribunal de Contas. A justificação da despesa é a motivação aplicada à despesa pública.

Os métodos de interpretação e integração do direito dos gastos públicos não diferem em sua essência dos métodos utilizados para a interpretação e integração da legislação comum. Entretanto, algumas particularidades na interpretação/integração do direito dos gastos públicos se justificam, tal como, em qualquer ramo do direito.

Desta forma, preconiza-se que a interpretação das normas seja feita considerando-se o princípio do bom emprego dos recursos públicos e dos demais princípios jurídicos e o contexto da despesa pública. No caso das dotações orçamentárias, propõe-se a interpretação segundo a lei de diretrizes orçamentárias, que define as classificações orçamentárias, a estrutura e organização da LOA e dispõe sobre as metas e prioridades da administração pública para o exercício financeiro em questão.

No caso de dotações que identifiquem entidades privadas sem fins lucrativos como beneficiárias, deve-se interpretá-las a luz do princípio da impessoalidade, desconsiderando tal identificação (Interpretação conforme a Constituição).

As normas que instituam direitos subjetivos a prestações pecuniárias devem ser interpretadas literal ou restritivamente, sob pena de violar o princípio da reserva legal (item 8.4.).

No tocante à integração de lacunas, propõe-se, em atenção ao art. 4º da LICC, é utilização hierarquizada dos princípios jurídicos na colmatação das lacunas, partindo-se dos princípios setoriais do gasto público, passando pelos princípios da administração pública, até chegar aos princípios constitucionais fundamentais. Desta forma, parte-se dos princípios menos abstratos para os princípios mais abstrados, procurando-se a solução, em último caso, nos princípios gerais de direito.

A Constituição Federal impõe a obrigatoriedade de aplicação de recursos mínimos em ações e serviços de saúde, na manutenção e desenvolvimento do ensino e a obrigatoriedade de inscrição orçamentária e pagamento dos precatórios judiciais. Trata-se do "gasto constitucional" na visão de Regis Fernandes de Oliveira.

Da mesma forma, pode-se falar no "gasto legal", aquele que tem sua força obrigatória decorrente de lei. É o caso das despesas de pessoal e encargos sociais, o serviço da dívida pública, os benefícios da previdência social e os benefícios assistenciais (BPC e bolsa-família).

Em ambos os casos, os referidos gastos não estão sujeitos à limitação de empenho prevista no art. 9º, § 2º, da Lei de Responsabilidade Fiscal.

Seja no tocante ao gasto legal, quanto ao gasto constitucional, o que se pode concluir é que a fonte da obrigatoriedade não é o orçamento público. A obrigatoriedade advém da Constituição Federal e de leis, tais como as que

CONCLUSÕES

estabelecem direitos subjetivos a prestações pecuniárias do Estado, o que constitui mais um fator no sentido de desvincular a disciplina do gasto público do direito orçamentário.

As transferências voluntárias são despesas públicas em sentido estrito, podendo consistir de transferências correntes ou de capital. São instrumentos de descentralização negociada de recursos financeiros e encargos para os entes subnacionais. A disciplina jurídica das transferências voluntárias abarca desde normas constitucionais, tais como, a que estabelece a vedação de transferências voluntárias para pagamento de despesas de pessoal, ativo e inativo, dos entes subnacionais, até normas infralegais, que disciplinam de forma mais detalhada a concessão, celebração, execução, acompanhamento e prestação de contas dos recursos transferidos.

A LRF e a LDO tem importante papel na disciplina das transferências voluntárias. A LRF define o conceito de transferências voluntárias e impõe requisitos para o repasse, dentre os quais, aqueles estabelecidos pela LDO do referido exercício financeiro. Além disso, na LRF, a suspensão do recebimento de transferências voluntárias é prevista como principal "sanção institucional" para o descumprimento dos preceitos contidos na referida lei.

Merecem destaque, no âmbito da disciplina jurídica das transferências voluntárias, os seguintes pontos:

a) a não obrigatoriedade dos repasses voluntários;
b) a exigência de ganhos de eficiência na implementação do objeto, em decorrência da descentralização financeira;
c) a exigência de acompanhamento do órgão repassador, que permanece com o dever de implementar as ações descentralizadas, cabendo a ele assumir execução do objeto, quando for o caso;
d) as transferências só são cabíveis no caso de objeto de interesse recíproco dos entes federados, evidenciado pelas competências legais ou constitucionais do concedente e do convenente;
e) os objetos das transferências voluntárias devem concretizar os objetivos e metas da ação orçamentária descentralizada;
f) os recursos financeiros transferidos não podem ser utilizados em outra finalidade que não a pactuada.

A destinação de recursos ao setor privado não se confunde com as transferências voluntárias, uma vez que, segundo o art. 25, *caput*, da LRF, estas

455

estão restritas aos repasses entre entes federados. A destinação de recursos ao setor privado merece um tratamento jurídico diferenciado das transferências voluntárias, especialmente, com o advento da Lei de Responsabilidade Fiscal (arts. 25 e 26). Esta diferenciação deve ser ressaltada uma vez que as normas infralegais costumam disciplinar de forma semelhante os repasses para os entes federados e os repasses para as entidades sem fins lucrativos, por meio de convênios ou contratos de repasse.

As parcerias realizadas pelo poder público com as entidades do setor privado, com ou sem fins lucrativos, com vistas à prestação assistencial no Sistema Único de Saúde (SUS), tem um tratamento especial, dentre as demais parcerias, já encontrando fundamento na Constituição Federal e na Lei nº 8.080/1990. O art. 16 da Lei nº 4.320/1964 também oferece fundamento legal para a concessão de subvenções sociais às entidades prestadoras de serviços de assistência social e educacional.

A celebração de parcerias entre o poder público com Organizações Não-Governamentais, com repasse de recursos públicos, exige lei formal que autorize e discipline tal transferência, sob pena de violação do princípio da legalidade da administração pública, na sua vertente reserva legal.

Nada obstante, à semelhança do que ocorre com os contratos administrativos, com os termos de parceria, com os contratos de gestão, o princípio da legalidade impõe ainda uma disciplina mínima do convênio em questão que abarque a seleção do parceiro e seus requisitos, as cláusulas necessárias ao instrumento de convênio, a execução do convênio, a forma como devem ser feitos os repasses, o controle e a prestação de contas.

Durante a elaboração desta obra, foi editada a Lei nº 13.019, de 31 de julho de 2014, ainda em *vacatio legis*, que passou a disciplinar as parcerias voluntárias entre o Poder Público e as chamadas "Organizações da Sociedade Civil", tendo criado o termo de fomento e o termo de colaboração, como instrumentos de formalização de parcerias. Ainda que o texto normativo disponha expressamente sobre a edição de normas gerais sobre a matéria, por falta de competência legislativa para tal, seu âmbito de aplicação pessoal deve ficar restrito à União. Nada impede, e é até mesmo recomendável, a sua aplicação subsidiária aos entes subnacionais, na ausência de legislação local específica. Com base na lei, o convênio deve ser exclusivamente um instrumento de formalização de parcerias entre entes federados e não entre o Poder Público e o Terceiro Setor.

O direito dos gastos públicos não pode ser visto como um subconjunto do direito orçamentário, uma vez que o orçamento constitui apenas um dos

CONCLUSÕES

condicionantes do gasto público, ainda assim, somente dos gastos sujeitos à legalidade orçamentária. O fenômeno da desorçamentação, a existência de normas de caráter permanente que disciplinam a despesa pública, a possibilidade de alteração e retificação do orçamento pelo poder executivo e a margem de discricionariedade concedida pelas dotações orçamentárias com títulos genéricos relativizam a importância da lei orçamentária na disciplina do gasto público.

18. REFERÊNCIAS

18.1. Bibliografia

ABAD, Mariano *et al*. **Notas de Introducción al Derecho Financiero**. Madrid: Tecnos, 1992. 277 p.

ACKERMAN, Susan Rose. **La Corrupción y Los Gobiernos – causas, consecuencias y reforma**. Trad. Alfonso Colodrón Gómez. Madrid: Siglo XXI, 2001. 366 p.

AFONSO, José Roberto Rodrigues. Memória da Assembléia Nacional Constituinte de 1987/88: as Finanças. Públicas. **Revista do BNDES**, v. 6, p. 21 – 48, junho/1999.

AGUIAR, Afonso Gomes. **Direito Financeiro: lei nº 4.320 – comentada ao alcance de todos**. 3ª ed. Belo Horizonte: Fórum, 2004. 468 p.

ALBUQUERQUE, Claudiano Manuel de; MEDEIROS, Márcio Bastos; FEIJÓ DA SILVA, Paulo Henrique. **Gestão de Finanças Públicas: fundamentos e prática de planejamento, orçamento e administração financeira com responsabilidade fiscal**. Brasília: Paulo Henrique Feijó da Silva Editor, 2006. 483 p.

ALMEIDA, Francisco Carlos Ribeiro de. A renúncia de receita como fonte alternativa de recursos orçamentários. **Revista do Tribunal de Contas da União**. Brasília, v. 32, nº 88, abr/jun. 2001.

ALMEIDA, Francisco Carlos Ribeiro de. **Introdução à Auditoria**. Apostila do Curso de Formação AFCE-CE. Brasília: Instituto Serzedello Corrêa/ /TCU, 2000.

ALMEIDA, Marcelo Cavalcanti. **Auditoria – um curso moderno e completo**. São Paulo: Atlas, 1996. 417 p.

ALMEIDA JR., Mansueto F. de. **Adeus Déficit Nominal Zero**. Disponível em http://mansueto.wordpress.com. Acesso em 1.11.2013.

ALVES, Maria Fernanda Colaço; SODRÉ, Antônio Carlos de Azevedo. Transferências Intergovernamentais Voluntárias – relação entre emendas parlamentares e corrupção municipal no Brasil. **RAC**, Curitiba, v. 14, nº 3, p. 414-433, maio/junho 2010.

ALVES NETO, José. **Princípios Orçamentários – uma análise no contexto das constituições e leis orçamentárias federais**. 2006. 53 f. Monografia (Especialização em Contabilidade e Orçamento) – Universidade de Brasília, Brasília, 2006.

ARNIN, Hans Herbert von. **Wirtschaftlichkeit als Rechtsprinzip**. Berlin: Duncker u. Humbolt, 1988. 122 p.

ASSONI FILHO, Sérgio. **Transparência Fiscal e Democracia**. Porto Alegre: Núria Fabris, 2009. 268 p.

ÁVILA, Humberto. **Teoria dos Princípios – da definição à aplicação dos princípios jurídicos**. 8ª ed. São Paulo: Malheiros, 2008. 182 p.

AZZONE, Giovanni. **Controllo di gestione nelle amministrazioni pubbliche – decisioni e accountability per ministeri, enti locali e università**. Milano: Etas, 2008. 326 p.

BAHL, Roy. **Intergovernmental Transfers in Developing and Transition Countries: principles and practice**. World Bank, 1999. Disponível a partir de: http://www.worldbank.org. Acesso em 1/1/2012.

BALEEIRO, Aliomar. **Uma introdução à ciência das finanças**. 14ª ed. Rio de Janeiro: Forense, 1995. 493 p.

BAZILLI, Roberto Ribeiro; MIRANDA, Sandra Julien. **Licitação à luz do direito positivo**. São Paulo: Malheiros, 1999. 316 p.

BENTO, Vitor. A desorçamentação das despesas públicas. **Revista do Tribunal de Contas**. Lisboa, nº 34, p. 23-35, jul./dez. 2000.

BEZERRA, Ricardo Alfredo Ribeiro. **Incentivos para a promoção da qualidade do gasto público – fortalecendo o vínculo entre recursos e resultados**. Brasília: SOF//MPOG, 2008. Disponível em http://www.orcamentofederal.gov.br. Acesso em 1/11/2013.

BICKLEY, James M. **Federal Credit Reform – implementation of the changed budgetary treatment of direct loans and loans guarantees**. Washington: Congressional Research Service, 2006. Disponível em http://goo.gl/QQBQcn. Acesso em 1/12/2014.

BISHOP, Matthew. **Economics: an A-Z guide**. London: The Economist, 2003. 340 p.

BORGES, Alice Gonzalez. Serviços sociais autónomos – natureza jurídica. In: MODESTO, Paulo (org). **Nova Organização Administrativa Brasileira**. 2ª ed. Belo Horizonte: Fórum, 2010. p. 259-273.

BORJA, Rodrigo. **Enciclopedia de La Política**. 2ª ed. México: Fondo de Cultura Económica, 1998. 1040 p.

BORJAS, Maria de la Luz Mijangos. Conceptos generales del derecho financiero. In: BONFAZ, Chapoy; BEATRIZ, Dolores (org). **Panorama de derecho mexicano – derecho financiero**. Mexico: Mc Graw Hill, 1997. p. 1-7.

BOTE, Valentín *et al*. **Transparencia Pública**. Madrid: Lid Editorial Empresarial, 2007. 186 p.

BOUVIER, Michel; ESCLASSAN, Marie-Christine; LASSALE, Jean-Pierre. **Finances Publiques**. 8ª ed. Paris: LGDJ-EJA, 2006. 882 p.

BRASIL. Congresso Nacional. **Comissão Mista de Planos, Orçamentos Públicos e Fiscalização. Manual de Elaboração e Apresentação de Emendas – Orçamento da União para 2013**. Brasília: COFF/CD e CONORF/SF, 2012. 156 p.

BRASIL. Ministério da Fazenda. Secretaria do Tesouro Nacional. **Manual Técnico de Contabilidade Aplicada ao Setor Público: Aplicado à União, Estados, Distrito Federal e Municípios a partir da elaboração e execução da lei orçamentária de 2009**, vol. II. Brasília: STN, 2008. 120 p.

BRASIL. Ministério do Orçamento, Planejamento e Gestão. **Manual da Legislação Federal sobre Convênios da União – orientações aos municípios**. Brasília: MPOG, 2009. Disponível em: http://www.convenios.gov.br. Acesso em 1/9/2010.

BRASIL. Ministério do Orçamento, Planejamento e Gestão. Secretaria de Orçamento Federal. **Manual Técnico de Orçamento – MTO 2011**. Brasília: MPOG, 2010. 189 p.

BRASIL. Ministério do Orçamento, Planejamento e Gestão. Secretaria de Orçamento Federal. **Manual Técnico de Orçamento – MTO 2014**. Brasília: MPOG, 2013. 183 p.

BRASIL. Ministério do Orçamento, Planejamento e Gestão. Secretaria de Planejamento e Investimentos Estratégicos. **Orientações para elaboração do Plano Plurianual 2012-2015**. Brasília: MPOG, 2011. 72 p.

BRASIL.Ministério do Orçamento, Planejamento e Gestão. **Perfil das Empresas Estatais – 2011**. Brasília: MPOG, 2012. 296 p.

BRASIL. Tribunal de Contas da União. **Relatório e Parecer Prévio sobre as Contas da República – exercício de 2009**. Brasília: TCU, 2010. 463 p.

BRUNET, Julio Francisco Gregory; BERTE, Ana Maria de Aveline e BORGES, Clayton Brito. **Estudo Comparativo das Despesas Públicas dos Estados Brasileiros: um índice de qualidade do gasto público**. Brasília: ESAF, 2007. Monografia premiada com o terceiro lugar no XII Prêmio Tesouro Nacional – 2007. Qualidade do Gasto Público. Porto Alegre.

BUGARIN, Paulo Soares. **O princípio constitucional da economicidade na jurisprudência do Tribunal de Contas da União**. Belo Horizonte: Fórum, 2004. 237 p.

CARNEIRO NETO, Durval. Os conselhos de fiscalização profissional: uma trajetória em busca de sua identidade jurídica. In: MODESTO, Paulo (org). **Nova Organização Administrativa Brasileira**. 2ª ed. Belo Horizonte: Fórum, 2010. p. 275-320

– Processo, jurisdição e ônus da prova no direito administrativo – um estudo crítico sobre o dogma

da presunção de legitimidade. Salvador: Juspodium, 2008. 395 p.

CARRAZZA, Roque Antônio. **Curso de Direito Constitucional Tributário**. 21ª ed. São Paulo: Malheiros, 2005. 946 p.

CARVALHO, André Castro. **Infraestrutura sob uma perspectiva pública: instrumentos para o seu desenvolvimento**. 2013. 549 f. Tese (Doutorado em Direito) – Faculdade de Direito, Universidade de São Paulo, São Paulo, 2013.

— **Vinculação de Receitas Públicas**. São Paulo: Quartier Latin, 2010. 291 p.

CARVALHO FILHO, José dos Santos. **Manual de Direito Administrativo**. 15ª ed. Rio de Janeiro: Lumen Juris, 2006. 985 p.

CASSIOLATO, Martha; GUERESI, Simone. **Como elaborar Modelo Lógico – roteiro para formular programas e organizar avaliação**. Brasília: IPEA, 2010. 35 p.

CATARINO, João Ricardo. **Princípios de Finanças Públicas**. Coimbra: Almedina, 2011. 272 p.

CHAGAS, Anderson Erlani Oliveira de. **Avaliação de Desempenho da Gestão da Dívida Pública, com Enfoque na Atuação da Secretaria Federal de Controle Interno (SFC)**. 2010. 31 f. Monografia (Especialização em Orçamento Público) – Instituto Serzedello Correa, Brasília, 2010.

CHAVES, Francisco Eduardo Carrilho. **Controle Externo da Gestão Pública – a fiscalização pelo legislativo e pelos Tribunais de Contas – teoria e jurisprudência**. Niterói: Impetus, 2007. 355 p.

CONTI, José Maurício. **Direito Financeiro na Constituição de 1988**. São Paulo: Oliveira Mendes, 1998. 131 p.

— **Federalismo Fiscal e Fundos de Participação**. São Paulo: Juarez de Oliveira, 2001. 160 p.

CONTI, José Maurício; SCAFF, Fernando Facury (org). **Orçamentos Públicos e Direito Financeiro**. São Paulo: RT, 2011. 1342 p.

CONTI, José Maurício (org). **Orçamentos Públicos: A lei 4.320 Comentada**. São Paulo: RT, 2008. 347 p.

CORREIA NETO, Celso de Barros. **Orçamento público: uma visão analítica**. Brasília: Secretaria de Orçamento Federal, 2008. Prêmio SOF de Monografias. Disponível a partir de <http://www.esaf.fazenda.gov.br/>. Acesso em: 10/09/2013.

COOTER, Robert; ULEN, Thomas. **Law & Economics**. 5ªed. Boston: Pearson, 2008. 567 p.

CRUZ, Flávio da; PLATT NETO, Orion Augusto. **Contabilidade de Custos para Entidades Estatais – metodologia e casos simulados**. Belo Horizonte: Fórum, 2007. 173 p.

DALLARI, Adilson Abreu. Orçamento Impositivo. In: CONTI, José Maurício; SCAFF, Fernando Facury (org). **Orçamentos Públicos e Direito Financeiro**. São Paulo: RT, 2011. P. 309-327.

DECOMAIN, Pedro Roberto. **Tribunais de Contas no Brasil**. São Paulo: Dialética, 2006.

REFERÊNCIAS

DELPINO, Luigi; GIUDICE, Federico del. **Diritto Amministrativo**. 25ª ed. Napoli: Simone, 2008. 826 p.

DEUBEL, André-Noël Roth. **Políticas Públicas – formulación, implementación y evaluación**. Bogotá: Ediciones Aurora, 2012. 218 p.

DIAS, Fernando Álvares Correia. **O controle institucional das despesas com pessoal**. Brasília: Senado Federal, 2009. 34 p.

DIAS, Reinaldo; MATOS, Fernanda. **Políticas Públicas – principios, propósitos e processos**. São Paulo: Atlas, 2012. 221 p.

DINIZ, Érica; AFONSO, José Roberto. **Benefícios Fiscais Concedidos (e mensurados) pelo Governo Federal**. Rio de Janeiro: FGV/IBRE, 2014. 25 p. Disponível a partir de http://portalibre.fgv.br. Acesso em 1/12/2014.

DINIZ, Maria Helena. **Compêndio de Introdução à Ciência do Direito**. São Paulo: Saraiva, 2003. 535 p.

DI PIETRO, Maria Sylvia Zanella. **Parcerias na Administração Pública: concessão, permissão, franquia, terceirização, parceria público-privada e outras formas**. 5ª ed. São Paulo: Atlas, 2005. 443 p.

– Direito Administrativo. 14ª ed. São Paulo: Atlas, 2002. 695 p.

EPPING, Volker; LENZ, Sebastian; LEYDECKER, Philipp. **Grundrechte**. 3ª ed. Berlin-Heidelberg: Springer, 2007. 450 p.

FERNANDES, Jorge Ulisses Jacoby. **Tribunais de Contas do Brasil – jurisdição e competência**. Belo Horizonte: Ed. Fórum, 2003. 890 p.

FERNANDEZ, Luis Omar; D'AGOSTINO, Hernán Miguel. **Manual de Finanzas Públicas**. Buenos Aires: La Ley, 2007. 413 p.

FILELINI, Alfredo. **Economia do Setor Público**. São Paulo: Atlas, 2000. 202 p.

FONROUGE, Carlos M. Giuliani. **Derecho Financiero**, vol. I. 6ª ed. Buenos Aires: Depalma, 1997. 651 p.

FMI. **El gasto público improductivo: un enfoque pragmático para el análisis de las medidas de política**. Washington: Departamento de Finanzas Públicas, 1996. 48 p.

FRANCO, Antônio Luciano de Souza. **Finanças Públicas e Direito Financeiro**, vol. I. 4ª ed. Coimbra: Almedina, 2002. 495 p.

FREITAS, Juarez. **A interpretação sistemática do direito**. 4ª ed. São Paulo: Malheiros, 2004. 309 p.

FREITAS, Urandi Roberto Paiva; CASTRO NETO, Armando Affonso de. LÔU, Isaac Coimbra. Relação entre Gastos Públicos e Crescimento Econômico – uma análise com dados em painel para o Nordeste. **Conj. & Planej.**, Salvador, nº 162, p. 50-57, jan/mar. 2009. Disponível em http://www.sei.ba.gov.br. Acesso em 10/10/2013.

FUCS, José. As mágicas contábeis do Governo para tentar esconder o desequilíbrio das contas. **Revista Época**, São Paulo, 9/11/2013. Lições de Economia, p. 50-55.

FURTADO, José de Ribamar Caldas. O controle de legitimidade do gasto público. **Biblioteca Digital Fórum de Contratação e Gestão Pública,** Belo Horizonte, ano 5, n. 54, jun. 2006. Disponível a partir de http://www.editoraforum.com.br. Acesso em: 3/3/2010.

GARCÍA, José Pascual. **Régimen Jurídico del Gasto Público – presupuestación, ejecución y control.** 4ª ed. Madrid: Boletín Oficial del Estado, 2005. 917 p.

GIACOMONI, James. **Orçamento Público.** 13ª ed. São Paulo: Atlas, 2005. 311 p.

– Receitas Vinculadas, Despesas Obrigatórias e Rigidez Orçamentária. In: CONTI, José Maurício; SCAFF, Fernando Facury (org). **Orçamentos Públicos e Direito Financeiro.** São Paulo: RT, 2011. p. 329-356.

GIAMBIAGI, Fábio; ALÉM, Ana Cláudia. **Finanças Públicas – teoria e prática no Brasil.** 2ª ed. Rio de Janeiro: Campus, 2000. 475 p.

GOMES, Emerson Cesar da Silva. A disciplina jurídica das transferências voluntárias. In: CONTI, José Maurício; SCAFF, Fernando Facury (org). **Orçamentos Públicos e Direito Financeiro.** São Paulo: RT, 2011. p. 803-820.

– **Fundamentos das transferências intergovernamentais.** Jus Navigandi, Teresina, ano 12, n. 1580, 29 out. 2007. Disponível em: http://jus.uol.com.br/revista/texto/10589. Acesso em: 30 nov. 2010.

– O Financiamento da Educação Básica no Brasil. In: ABMP; TODOS PELA EDUCAÇÃO (org). **Justiça pela Qualidade na Educação.** São Paulo: Saraiva, 2013. p. 266-287.

– **Responsabilidade Financeira – uma teoria sobre a responsabilidade no âmbito nos tribunais de contas.** Porto Alegre: Núria Fábris, 2012. 344 p.

GONZÁLEZ, Alfredo Bullard. Esquizofrenia Jurídica – el impacto del análisis económico del derecho en el Perú. **Themis,** nº 44, p. 17-35, 2002. Disponível em http://dike.pucp.edu.pe/doctrina/civ_art56.pdf. Acesso em 1/12/2014.

GRAU, Eros Roberto. **Ensaio e Discurso sobre a Interpretação/Aplicação do Direito.** 2ª ed. São Paulo: Malheiros, 2003. 230 p.

GRUBER, Jonathan. **Finanças Públicas e Política Pública.** Trad. Antônio Zoratto Sanvincente. 2ª ed. Rio de Janeiro: LTC, 2009. 444 p.

HARGUINDÉGUY, Jean-Baptiste. **Análisis de Políticas Públicas.** Madrid: Tecnos, 2013. 259 p.

HENRIQUES, Élcio Fiori. **Os Benefícios Fiscais no Direito Financeiro e Orçamentário: o gasto tributário no direito brasileiro.** São Paulo: Quartier Latin, 2010. 284 p.

HOLMES, Stephen; SUNSTEIN, Cass R. **The cost of rights – why liberty depends on taxes.** New York: W.W. Norton & Company, 1999. 255 p.

HOWLETT, Michael. **Designing Public Policies – principles and instru-**

ments. New York: Routledge, 2011. 160 p.

HOWLETT, Michael; RAMESH, M.; PERL, Anthony. **Política pública: seus ciclos e subsistemas – uma abordagem integradora.** Trad. Francisco G. Heidemann. Rio de Janeiro: Elsevier, 2013. 238 p.

IUDÍCIBUS, Sérgio de. **Teoria da Contabilidade.** 8ª ed. São Paulo: Atlas, 2006. 354 p.

JUSTEN FILHO, Marçal. **Comentários à Lei de Licitações e Contratos Administrativos.** 11ª ed. São Paulo: Dialética, 2005. 666 p.

KELSEN, Hans. **Teoria Pura do Direito.** Trad. João Baptista Machado. 6ª ed. São Paulo: Martins Fontes, 1999. 427 p.

KENNEDY, Peter E. **Macroeconomia em contexto: uma abordagem real e aplicada ao mundo econômico.** São Paulo: Saraiva, 2011. 417 p.

KHAIR, Amir Antônio. **Lei de Responsabilidade Fiscal – guia de orientação para as prefeituras.** Brasília: MPOG/BNDES, 2000. 144 p.

LAPATZA, José Juan Ferreiro. **Derecho Financiero,** vol. I. Madrid: Marcial Pons Ediciones Juridicas y Sociales, 2004. 333 p.

LEITE, Harrison Ferreira. **Autoridade da lei orçamentária.** Porto Alegre: Livraria do Advogado, 2011. 276 p.

LUCA, Gianni de. **Contabilità di Stato e degli Enti Pubblici.** 18ª ed. Napoli: Simone, 2008.

MACHADO, Hugo de Brito. **Curso de Direito Tributário.** 26ª ed. São Paulo: Malheiros, 2005. 493 p.

MAGALHÃES, Carla Sofia Dantas. **Regime Jurídico da Despesa Pública: do direito da despesa ao direito à despesa.** 2011. 137 f. Dissertação (Mestrado em Direito) – Escola de Direito, Universidade do Minho, Minho, 2011.

MAIA, Alexandre *et al.* **A importância da melhoria da qualidade do gasto público no Brasil – propostas práticas para alcançar este objetivo.** 2009. Disponível em http://www.consad.org.br. Acesso em 1/11/2013.

MANDL, Ulrike; DIERX, Adriaan; ILZKOVITZ, Fabienne. **The effectiveness and efficiency of public spending.** Brussels: European Comission, 2008. 32 p.

MARTÍN, Francisco Alvira; LÓPEZ, José Garcia; LOBO, Luisa Delgado. **Sociedad, Impuestos y Gasto Público – la perspectiva del contribuyente.** Madrid: CIS, 2000. 236 p.

MARTINS, Cláudio. **Compêndio de Finanças Públicas.** 2ª ed. São Paulo: J. Bushatsky, 1976. 236 p.

MARTINS, Guilherme d'Oliveira; MARTINS, Guilherme Waldemar d'Oliveira; MARTINS, Maria d'Oliveira. **Lei de Enquadramento Orçamental – anotada e comentada.** 2ª ed. Coimbra: Almedina, 2009. 381 p.

MARTINS, Maria d'Oliveira. **Lições de Finanças Públicas e Direito Financeiro.** 2ª ed. Coimbra: Almedina, 2012. 276 p.

MARTINS JUNIOR, Wallace Paiva. **Transparência administrativa – publicação, motivação e participação**

popular. São Paulo: Saraiva, 2004. 393 p.

MAURER, Hartmut. **Direito Administrativo Geral**. Trad. Luís Afonso Heck. Barueri: Manole, 2006. 955 p.

MEIRELLES, Hely Lopes. **Direito Administrativo Brasileiro**. 19ª ed. São Paulo: Malheiros, 1994. 671 p.

MELLADO, Luis Miguel Téllez. **Gestión de Control Público**. Santiago: Puntolex, 2007. 396 p.

MELLO, Celso Antônio Bandeira de. **Curso de Direito Administrativo**. 18ª ed. São Paulo: Malheiros, 2005. 973 p.

MELLO, Oswaldo Aranha Bandeira de. **Princípios Gerais de Direito Administrativo**, vol. I. 3ª ed. São Paulo: Malheiros, 2007.

MENDES, Marcos José. Federalismo Fiscal. BIDERMAN, Ciro; ARVATE, Paulo (org). **Economia do Setor Público no Brasil**. Rio de Janeiro: Elsevier, 2004. pp. 421-461.

MENDES, Marcos. **Eficiência do Gasto Público – o governo focado na solução das falhas de mercado**. Disponível a partir de http://www.portal.rn.gov.br. Acesso em 1/12//2014.

MENDES, Marcos (org.). **Gasto Público Eficiente – 91 propostas para o desenvolvimento do Brasil**. Rio de Janeiro: Top Books, 2006. 475 p.

MENDES, Marcos José. **Sistema Orçamentário Brasileiro: planejamento, equilíbrio fiscal e qualidade do gasto público**. Brasília: Consultoria Legislativa do Senado Federal, 2009. Disponível a partir

de http://www.esaf.fazenda.gov.br/. Acesso em 1/10/2013.

MENDES, Renato Geraldo. **O proceso de contratação pública – fases, etapas e atos**. Curitiba: Zenite, 2012. 412 p.

MILESKI, Hélio Saul. **O controle da gestão pública**. São Paulo: RT, 2003.

MODESTO, Paulo. Legalidade e autovinculação da Administração Pública – pressupostos conceituais do contrato de autonomía no anteprojeto da nova lei de organização administrativa. In: MODESTO, Paulo (org). **Nova Organização Administrativa Brasileira**, 2ª ed. Belo Horizonte: Fórum, 2010. p. 115-174.

MOLINA, Pedro Manuel Herrera. **Metodología del Derecho Financiero y Tributario**. Madrid: Instituto de Estudios Fiscales, 2003. Disponível a partir de http://www.ief.es. Acesso em 1/12/2012.

MONTORO, André Franco. **Introdução À Ciência Do Direito**. 28ª ed. São Paulo: RT, 2009. 686 p.

MORATAL, Gérman Orón. **La configuración constitucional del gasto público**. Madrid: Editorial Tecnos, 1995. 138 p.

MORLACCHI, Annamaria. **Scienza delle Finanze e Diritto Finanziario**. XX ed. Napoli: Simone, 2010. 426 p.

MOTA, Francisco Glauber Lima. **Contabilidade Aplicada à Administração Pública**. 6ª ed. Brasília: Vestcon, 2003. 592 p.

MUSGRAVE, Richard A.; MUSGRAVE, Peggy B. **Public Finance in Theory** and Practice. 5ª ed. New York: McGraw-Hill, 1989. 611 p.

NAGATA, Bruno Mitsuo. A limitação da discricionariedade em matéria orçamentária pelos princípios da legalidade, legitimidade e economicidade. In: CONTI, José Maurício; SCAFF, Fernando Facury (org). **Orçamentos Públicos e Direito Financeiro**. São Paulo: RT, 2011. p. 357-383.

NAGEL, José. Normas gerais sobre Fiscalização e Julgamento a Cargo do TCU. **Revista do Tribunal de Contas da União**, Brasília, nº 74, p. 31-48, out/dez. 1997.

NASCIMENTO, Edson Ronaldo. DEBUS, Ilvo. **Entendendo a Lei de Responsabilidade Fiscal**. Ministério da Fazenda: Brasília, 2002. 171 p.

NUNES, Selene Peres Peres. A geração da despesa. NUNES, Selene Peres Peres (org). **Manual Básico de Treinamento para Municípios – programa nacional de treinamento)**. 2ª edição. Ministério do Planejamento, Orçamento e Gestão: Brasília, 2002. pp. 117-144.

OLIVEIRA, Regis Fernandes de. **Curso de Direito Financeiro**. São Paulo: RT, 2006. 600 p.

ORTEGÓN, Edgar; PACHECO, Juan Francisco; ROURA, Horácio. **Metodología General de Identificación, preparación y evaluación de proyectos de inversión pública**. Santiago: CEPAL/ILPES, 2005. 243 p.

OTERO, Paulo. **Legalidade e Administração Pública – o sentido da vinculação administrativa à juridicidade**. Lisboa: Almedina, 2003. 1102 p.

PEREIRA, Paulo Trigo *et al.* **Economia e Finanças Públicas**. 4ª ed. Lisboa: Escolar, 2012. 579 p.

PEREIRA, Paulo Trigo. **Portugal – dívida pública e défice democrático**. Lisboa: FFMS, 2012. 127 p.

PEREIRA, Thiago Rabelo; SIMÕES, Adriano; CARVALHAL, André. **Mensurando o Resultado Fiscal das Operações de Empréstimo do Tesouro ao BNDES – custo ou ganho líquido esperado para a União?** Rio de Janeiro: IPEA, 2011. 43 p.

PEROGORDO, Juan José Bayona de; ROCH, María Teresa Soler. **Derecho Financiero**. 2ª ed., vol. 1. Alicante: Librería Compas, 1989. 717 p.

PEROGORDO, José Juan Bayona de. **El derecho de los gastos públicos**. Madrid: Instituto de Estudios Fiscales, 1991. 353 p.

PIRES, João Batista Fortes de Souza. **Contabilidade pública – orçamento público – lei de responsabilidade fiscal – teoria e prática**. 6ª ed. Brasília: Franco e Fortes, 2001.

PROCOPIUCK, Mário. **Políticas Públicas e Fundamentos da Administração Pública – análise e avaliação, governança e redes de políticas, administração judiciária**. São Paulo: Atlas, 2013. 355 p.

RAMOS, Giselda Gondin. **Princípios Jurídicos**. Belo Horizonte: Ed. Fórum, 2012. 611 p.

RAYA, Francisco José Carrera. **Manual de Derecho Financiero**, vol. I (derecho financiero y teoría de los ingresos públicos). Madrid: Tecnos, 1994. 278 p.

– **Manual de Derecho Financiero**, vol. III (derecho presupuestario). Madrid: Tecnos, 1995. 180 p.

REIS, Heraldo da Costa. Subvenções, contribuições e auxílios. **Revista de Administração Municipal – Municípios**, Rio de Janeiro, v. 54, n. 268, p. 56, out./dez. 2008.

REZENDE, Fernando; CUNHA, Armando. **Disciplina Fiscal e Qualidade do Gasto Público – fundamentos da reforma orçamentária**. Rio de Janeiro: FGV, 2005. 156 p.

ROCHA, Fabiana; GIUBERTI, Ana Carolina. Composição do gasto público e crescimento econômico: uma avaliação macroeconômica da qualidade dos gastos dos Estados brasileiros. **Econ. Apl.**, Ribeirão Preto, v. 11, nº 4, Dez/2007. Disponível em http://www.scielo.br. Acesso em 1/10/2013

ROCHA, Joaquim Freitas da. Sustentabilidade e Finanças Públicas Responsáveis – urgência de um direito financeiro equigeracional. In: **Estudos em homenagem ao Professor José Joaquim Gomes Canotilho**, vol. I. Coimbra: Coimbra Editora, 2012. p. 619-632.

RÖHL, Klaus F.; RÖHL, Hans Christian. **Allgemeine Rechtslehre**. 3ª ed. Köhl: Carl Heymanns Verlag, 2008. 697 p.

ROLDÁN, Luis Martínez; SUÁREZ, Jesús A. Fernández. **Curso de Teoría del Derecho**. 4ª ed. Barcelona: Ariel Derecho, 2006. 230 p.

RÜTHERS, Bernd. **Rechtstheorie**. 4ª ed. München: C.H. Beck, 2008. 618 p.

SANCHEZ, Yolanda Gómes. **El tribunal de cuentas – el control económico-financiero externo en el ordenamiento constitucional español**. Madrid: Marcial Pons, 2001

SARLET, Ingo Wolfgang; TIMM, Luciano Benetti (org.). **Direitos Fundamentais – orçamento e reserva do possível**. 2ª ed. Porto Alegre: Livraria do Advogado, 2010. 412 p.

SCHICK, Allen. Budgeting for Entitlements. **OECD Journal on Budgeting**, nº 2, vol. 9, p. 1-13, 2009. Disponível em http://www.oecd.org/gov/budgeting/45362078.pdf. Acesso em 1/6/2014.

– Off-budget expenditure: an economic and political framework. **OECD Journal on Budgeting**, nº 3, vol. 7, p. 1-32, 2007. Disponível em http://www.oecd.org/dataoecd/42/28/43411741.pdf. Acesso em 1/6/2012.

– **The Federal Budget – politics, policy, process**. 3ª ed. Washington: Brookings Institution Press, 2007. 333 p.

SCPOGANIZ, Rubens. **Poder de Compra Estatal – requisitos e estratégias para o desenvolvimento e qualificação de fornecedores de pequeno porte**. 2003. 90 f. Dissertação (Mestrado em Engenharia de Produção) – Universidade Federal de Santa Catarina, Florianópolis, 2003.

SECCHI, Leonardo. **Políticas Públicas – conceitos, esquemas de análise, casos práticos**. 2ª ed. São Paulo: Cengage Learning, 2013. 158 p.

SERRA, José. A Constituição e o Gasto Público. In: **Planejamento e Políticas Públicas**, Rio de Janeiro, nº 21, Jun/1989. p. 93-106.

SILVA, Lino Martins da. **Contabilidade Governamental – um enfoque administrativo**. 7ª ed. São Paulo: Atlas, 2004.

SILVA, José Afonso da. **Aplicabilidade das Normas Constitucionais**. 6ª ed. São Paulo; Malheiros, 2004. 263 p.

– **Comentário Contextual à Constituição**. Malheiros: São Paulo, 2005.

– **Orçamento-programa no Brasil**. São Paulo: RT, 1973. 380 p.

SILVA JR., Jocelino Mendes da. **A Implementação da Lei Complementar nº 131/2009 (Lei da Transparência) pelos Estados do Norte do Brasil – uma análise da sua eficácia como instrumento de controle social e de cidadania**. 2010. 58 f. Monografia (Especialização em Direito Público) – Universidade Anhanguera – Uniderp, Palmas, 2010.

SOARES, Guido Fernando Silva. **Curso de Direito Internacional Público**, vol. 1. São Paulo: Atlas, 2002. 437 p.

SOUZA, Ruy de. **Ciência das Finanças**. Belo Horizonte: Faculdade de Direito da Universidade de Minas Gerais, 1953.

STAENDER, Klaus. **Lexikon der öffentlichen Finanzwirtschaft**. 6ª ed. Heidelberg: C. F. Müller, 2004. 507 p.

STIGLITZ, Joseph E. **Economics of the public sector**. 3ª ed. New York: W.W. Norton& Company, 2000. 823 p.

SUNFELD, Carlos Ari. **Fundamentos de Direito Público**. 4ª ed. São Paulo: Malheiros, 2006. 186 p.

TALLAR, Carlos Hanssen. **La función jurisdiccional de la Contraloría General de la República – el juicio de cuentas**. Santiago: LexisNexis, 2007. 220 p.

TANZI, Vito. **The Quality of Public Sector**. 1999. Disponível em http://www.imf.org. Acesso em 8/8/2012.

TAVARES, José; MAGALHÃES, Lídio de. **Tribunal de Contas – legislação anotada com índice remissivo**. Coimbra: Almedina, 1990. 351 p.

TEIXEIRA, Ivandi Silva; TEIXEIRA, Regina Cleide. SOUSA, Rejane Assunção. **Qualidade dos serviços: um diferencial competitivo**. 2010. Disponível em http://www.aebd.br. Acesso em 1/11/2013.

TEMER, Michel. **Elementos de Direito Constitucional**. 14ª ed. São Paulo: Malheiros, 1998. 212 p.

TORRES, Ricardo Lobo. **Curso de Direito Financeiro e Tributário**. 3ª ed. Rio de Janeiro: Renovar, 1996. 357 p.

– **Tratado de Direito Constitucional Financeiro e Tributário**. vol. V (o orçamento na constituição). 2ª ed. Rio de Janeiro: Renovar, 2000.

TROTABAS, Louis; COTTERET, Jean-Marie. **Droit budgétaire et comptabilité publique**. 5ª ed. Paris: Dalloz, 1995. 416 p.

USA. Government Accountability Office. **Tax Expenditures: background and evaluation criteria and questions**. Washington: GAO, 2012. 35 p.

VILLEGAS, Héctor B. **Curso de finanzas, derecho financiero y tributário**. 7ª ed. Buenos Aires: Depalma, 2001. 977 p.

VILLELA, Luiz; LEMGRUBER, Andrea; JORRATT, Michael. **Los presupuestos de gastos tributários: conceptos y desafios de implementación**. Washington: BID, 2009. 70 p.

VIÑUELA, Enrique García. **Teoría del Gasto Público**. Madrid: Minerva Ediciones, 1999. 260 p.

VIVES, Francesc Vallès. **El control externo del gasto público – configuración y garantía constitucional**. Madrid: Centro de Estudios Políticos y Constitucionales, 2003. 546 p.

WIESNER, Herbert; LEIBINGER, Bodo; MÜLLER, Reinhard. **Öffentliche Finanzwirtschaft**. 12ª ed. Tübingen: Decker, 2008. 283 p.

YURRITA, Miguel Ángel Collado. Derecho Financiero. In: Sanchís, Luis Prieto (org). **Introducción al Derecho**. Cuenca: Universidad de Castilla – La Mancha, 1996, p. 105-118.

18.2. Sítios da Internet

http://www.worldbank.org – Banco Mundial

http://www.constituteproject.org – Constitute Project (Google)

http://www.contaspublicas.com.br – ONG Contas Públicas

http://www.ccrek.be – Corte de Contas da Bélgica

http://www.bundesrechnungshof.de – Corte de Contas Federal da Alemanha

http://www.simone.it – Dicionário Jurídico Italiano

http://www.folha.com.br – Folha de São Paulo

http://www.imf.org – Fundo Monetário Internacional

http://www.planejamento.gov.br – Ministério do Planejamento, Orçamento e Gestão

http://www.nao.gov.uk – National Audit Office

http://www.estadao.com.br – O Estado de São Paulo

http://www.convenios.gov.br – Portal dos Convênios (Governo Federal)

http://www.portaldatransparencia.gov.br – Portal da Transparência (Governo Federal)

http://www.veja.com.br – Revista Veja

http://www.tesouro.fazenda.gov.br – Secretaria do Tesouro Nacional (STN)

http://www.orcamentofederal.gov.br/ – Secretaria de Orçamento Federal – SOF

http://www.stf.jus.br – Supremo Tribunal Federal

REFERÊNCIAS

http://www.tcu.gov.br – Tribunal de Contas da União

18.3. Legislação Citada

Brasil
Constituição Federal de 1967
Emenda Constitucional nº 1/1969
Constituição Federal de 1988
Emenda Constitucional nº 19/1998 – Reforma Administrativa
Emenda Constitucional nº 25/2000 – Limites do Poder Legislativo Municipal
Emenda Constitucional nº 29/2000 – Aplicação Mínima em Saúde
Emenda Constitucional nº 53/2006
Emenda Constitucional nº 62/2009 – Regime Especial dos Precatórios
Emenda Constitucional nº 86/2015 – Orçamento Impositivo

Lei nº 4.320/1964
Lei nº 5.172/1966 – Código Tributário Nacional
Lei Complementar nº 82/1995 – Lei Camata
Lei Complementar nº 96/1999 – Lei Camata II
Lei Complementar nº 101/2000 – Lei de Responsabilidade Fiscal
Lei Complementar nº 104/2001 – Altera o CTN
Lei Complementar nº 123/2006 – Estatuto da Microempresa e da EPP
Lei Complementar nº 131/2009 – Lei da Transparência
Lei Complementar nº 141/2012 – Regulamenta a EC nº 29/2000
Lei nº 12.017/2009 – LDO 2010

Lei nº 12.309/2010 – LDO 2011
Lei nº 12.708/2012 – LDO 2013

Decreto-lei nº 4.048/1942 – Criação do SENAI
Decreto-lei nº 8.621/1946 – Criação do SENAC
Decreto-lei nº 9.403/1946 – Criação do SESI
Decreto-lei nº 200/1967 – Reforma Administrativa
Decreto-lei nº 201/1967 – Responsabilidade de Prefeitos e Vereadores

Lei nº 8.029/1990 – Extinção e Dissolução de Entidades da Administração Federal
Lei nº 8.080/1990 – Lei Orgânica da Saúde
Lei nº 8.112/1990 – Estatuto dos Servidores Públicos Civis da União
Lei nº 8.315/1991 – Criação do SENAR
Lei nº 8.429/1992 – Lei de Improbidade Administrativa
Lei nº 8.443/1992 – Lei Orgânica do Tribunal de Contas da União
Lei nº 8.666/1993 – Lei Geral de Licitações e Contratos
Lei nº 8.706/1993 – Criação do SEST e SENAT
Lei nº 8.906/1994 – Estatudo da Ordem dos Advogados do Brasil
Lei nº 9.394/1996 – Lei de Diretrizes e Bases da Educação (LDB)
Lei nº 9.504/1997 – Normas para as Eleições
Lei nº 9.527/1997 – Altera a Lei nº 8.112/1990
Lei nº 9.637/1998 – Organizações Sociais

Lei nº 9.755/1998 – Homepage Contas Públicas

Lei nº 9.784/1999 – Lei do Processo Administrativo Federal

Lei nº 9.790/1999 – OSCIPs e Termos de Parceria

Lei nº 10.028/2000 – Lei dos Crimes Fiscais

Lei nº 10.520/2002 – Lei do Pregão

Lei nº 12.401/2011 – Assistência Terapêutica e Incorporação de Tecnologias no SUS

Lei nº 12.462/2011 – Regime de Diferenciado de Contratações Públicas (RDC)

Lei nº 12.527/2011 – Lei de Acesso à Informação

Lei nº 12.662/2012 – Lei Geral da Copa

Lei nº 12.688/2012 – Altera o RDC

Lei nº 12.871/2013 – Programa "Mais Médicos"

Lei nº 13.019/2014 – Parcerias Voluntárias

Medida Provisória nº 2.225-45/2001 – Altera a Lei nº 8.112/1990

Medida Provisória nº 628/2013 – Programa "Mais Médicos"

Decreto nº 15.783/1922 – Regulamento do Código de Contabilidade Pública

Decreto nº 93.872/1986 – Unificação de Recursos do Caixa do Tesouro Nacional

Decreto nº 343/1991 – Concessão de Diárias no Serviço Público Civil da União

Decreto nº 347/1991 – Utilização do SIAFI e SIAPE no Poder Executivo Federal

Decreto nº 2.829/1998 – Normas para elaboração do PPA 2000-2003

Decreto nº 6.170/2007 – Transferências mediante convênios e contratos de repasse

Decreto nº 7.386/2010 – Estrutura do Ministério da Fazenda

Decreto nº 7.641/2011 – Transferências de Recursos da União

Decreto nº 7.724/2012 – Regulamenta a Lei de Acesso à Informação (LAI)

Portaria MPOG nº 426, de 6/12/2007

Portaria Interministerial MP/MP/CGU nº 127, de 29/5/2008

Portaria Interministerial MP/MP/CGU nº 507, de 24/11/2011

Portaria MF nº 357, de 15/12/2012

Portaria Interministerial MS/ME nº 1.369, de 8/7/2013

Instrução Normativa STN nº 1, de 15/1/1997

Instrução Normativa STN nº 1, de 4/5/2001

Portugal

Constituição Portuguesa

Lei de Enquadramento Orçamental (LEO) – Lei nº 91/2001

Lei de Organização e Processo do Tribunal de Contas (LOPTC) – Lei nº 98/1997

Espanha

Constituição Espanhola

Ley General Tributária (LGT) – Lei nº 58/2003

Ley General Presupuestaria (LGP) – Lei nº 47/2003

Alemanha

Grundgesetz – Lei Fundamental Alemã
Haushaltsgrundsätzegesetz – Lei de
Princípios Orçamentários
Bundeshaushaltsordung – BHO

18.4. Acórdãos e Deliberações de Tribunais

Tribunal de Contas da União

Decisão nº 40/1992 – Plenário
Decisão nº 379/1993 – Plenário
Decisão nº 557/1993 – Plenário
Decisão nº 389/1994 – Plenário
Decisão nº 411/1994 – Plenário
Decisão nº 477/1994 – Plenário
Acórdão nº 92/1996 – Plenário
Decisão nº 19/1997 – Plenário
Decisão nº 246/1997 – 1ª Câmara
Decisão nº 907/1997 – Plenário
Decisão nº 461/1998 – Plenário
Acórdão nº 38/1999 – Plenário
Decisão nº 299/1999 – Plenário
Decisão nº 210/2000 – Plenário
Decisão nº 501/2000 – Plenário
Decisão nº 1.049/2000 – Plenário
Acórdão nº 328/2001 – 1ª Câmara
Acórdão nº 523/2001 – Plenário
Decisão nº 929/2001 – Plenário
Decisão nº 1.092/2001 – Plenário
Decisão nº 143/2002 – Plenário
Acórdão nº 767/2003 – Plenário
Acórdão nº 889/2003 – Plenário
Acórdão nº 1.640/2003 – Plenário
Acórdão nº 1.765/2003 – Plenário
Acórdão nº 338/2004 – Plenário
Acórdão nº 341/2004 – Plenário
Acórdão nº 421/2004 – Plenário
Acórdão nº 778/2004 – 1ª Câmara
Acórdão nº 782/2004 – 1ª Câmara
Acórdão nº 889/2004 – Plenário
Acórdão nº 1.390/2004 – Plenário
Acórdão nº 1445/2004 – Plenário
Acórdão nº 95/2005 – Plenário
Acórdão nº 374/2005 – 1ª Câmara
Acórdão nº 1.718/2005 – Plenário
Acórdão nº 998/2006 – 2ª Câmara
Acórdão nº 1.366/2006 – Plenário
Acórdão nº 1.370/2006 – Plenário
Acórdão nº 2.066/2006 – Plenário
Acórdão nº 2.077/2006 – 2ª Câmara
Acórdão nº 2.332/2006 – Plenário
Acórdão nº 2.649/2006 – 1ª Câmara
Acórdão nº 3.548/2006 – 1ª Câmara
Acórdão nº 1.241/2007 – 1ª Câmara
Acórdão nº 1.687/2009 – Plenário
Acórdão nº 60/2011 – Plenário
Acórdão nº 2.518/2012 – Plenário
Acórdão nº 3.071/2012 – Plenário

Supremo Tribunal Federal

Súmula Vinculante nº 6
Súmula Vinculante nº 15
Súmula Vinculante nº 16
Súmula Vinculante nº 17
Súmula Vinculante nº 20
AC 1915 REF-MC/RJ
AC nº 4.094/MC – DF
ADI nº 1.480 – MC
ADI nº 3026
ADI nº 4.048 – MC/Df
ADI nº 4094/MC
AI nº 360461 AgR/MG
MS nº 21.797
MS nº 28.469 – AgR – segundo/
/DF
RE nº 34.518/DF
RE nº 71.154/PR
RE nº 75.908/PR
RE nº 80.004/SE

RE nº 405.386/RJ
RE nº 466.343/SP

Superior Tribunal de Justiça
Súmula nº 208 – STJ
AgRg nº 1237139/PE

Ação Penal nº 480/MG
Resp nº 1145001/RS
MS nº 13.750/DF
Resp nº 1090707/SP
AgRg nos EDcl no Resp nº 727966/SP
Resp nº 37.275/SP

SUMÁRIO

APRESENTAÇÃO	7
PREFÁCIO	13
ÍNDICE DE SIGLAS	17

1.	INTRODUÇÃO	21
1.1.	Premissa: Caráter Jurídico do Gasto Público	25
1.2.	Premissa: Orçamento Público não cria direitos subjetivos	28
1.3.	Posição Enciclopédica do Direito dos Gastos Públicos	29
1.4.	Delineando os Institutos Jurídicos do Direito dos Gastos Públicos	34
1.5.	Estrutura do Trabalho	36

PARTE 1 – PROLEGÔMENOS — 39

2.	CONCEITO DE DESPESA OU GASTO PÚBLICO	41
2.1.	Conceito na Doutrina Pátria e Estrangeira	44
2.2.	Conceito legal de despesa pública	50
2.3.	Conceito de Gasto Público: uma primeira aproximação	50
	2.3.1. Aplicação de dinheiro público	50
	2.3.2. Agente ou autoridade pública	52
	2.3.3. Atendimento às necessidades públicas e Autorização legislativa	53
	2.3.4. Fato contábil modificativo diminutivo	53
2.4.	Gasto Público em sentido agregado e no sentido individual	55
2.5.	Aspecto Subjetivo: gasto público em sentido estrito e em sentido amplo	55
2.6.	Aspecto material: gasto público em sentido estrito e em sentido amplo	56

SUMÁRIO

2.7. *Off-budget Expenditures* 58
    2.7.1. Gasto Tributário 61
    2.7.2. Benefícios Creditícios ou Benefícios de Natureza Creditícia ... 64
2.8. Classificação do Gasto Público 73
2.9. Momento da Realização do Gasto Público 76
2.10. Síntese 79

3. CONTEXTO DO GASTO PÚBLICO 81
3.1. Conceito de Políticas Públicas 84
3.2. O Ciclo da Política Pública 89
    3.2.1. Identificação do Problema (Diagnóstico) 91
    3.2.2. Formulação de Alternativas 93
    3.2.3. Tomada de Decisão 94
    3.2.4. Implementação da Política 96
    3.2.5. Avaliação das Políticas Públicas 98
3.3. Caráter Instrumental do Gasto Público 102
3.4. Síntese 105

4. ASPECTOS EXTRAJURÍDICOS DOS GASTOS PÚBLICOS 107
4.1. Gasto Público e a Ciência Econômica 110
    4.1.1. A Economia do Setor Público 112
    4.1.2. Efeitos Econômicos do Gasto Público 114
4.2. Aspectos políticos do Gasto Público 117
    4.2.1. Crescimento dos Gastos Públicos no século XX 117
    4.2.2. Transferências Voluntárias num Estado Federado 120
    4.2.3. Gasto Público e os Ciclos Eleitorais 121
4.3. Gasto Público e os Sistemas de Tecnologia da Informação 123
4.4. Aspectos Administrativos do Gasto Público 129
4.5. Síntese 132

PARTE 2 – BASES PARA A CONSTRUÇÃO DO DIREITO
DOS GASTOS PÚBLICOS NO BRASIL 133

5. OS REGIMES JURÍDICOS DOS GASTOS PÚBLICOS 135
5.1. Diversidade de Organizações Estatais e Paraestatais 135
    5.1.1. Administração Direta 137
    5.1.2. Administração Indireta: Autarquias e Fundações Públicas 138
    5.1.3. Administração Indireta: Empresas Estatais 141

SUMÁRIO

5.1.4.	Entidades Paraestatais: Serviços Sociais Autônomos	144
5.1.5.	Conselhos de Fiscalização Profissional	149
5.1.6.	Ordem dos Advogados do Brasil	151
5.2.	Regime Jurídico do Gasto Tributário	156
5.3.	Regime Jurídico dos Benefícios Creditícios	161
5.4.	Síntese	165

6.	FONTES DO DIREITO DOS GASTOS PÚBLICOS	167
6.1.	Constituição Federal	170
6.2.	Lei Complementar	174
	6.2.1. Lei nº 4.320/1964	176
	6.2.2. Lei Complementar nº 101/2000 – Lei de Responsabilidade Fiscal	178
	6.2.3. Lei Complementar nº 141/2012 – Aplicação Mínima de Recursos em Saúde	180
6.3.	Plano Plurianual (PPA)	181
6.4.	Lei de Diretrizes Orçamentárias (LDO)	184
	6.4.1. Funções constitucionais e legais da lei de diretrizes orçamentárias	185
	6.4.2. A LDO disciplinando o gasto público	187
6.5.	Lei Orçamentária Anual – LOA	191
6.6.	Leis Ordinárias	192
	6.6.1. Lei nº 8.666/1993	193
6.7.	Normas Infralegais	194
6.8.	Pareceres do Advogado-Geral da União e Consulta ao Tribunal de Contas da União	198
6.9.	Súmulas Vinculantes do STF	203
6.10.	Tratados e Convenções Internacionais	205
6.11.	Síntese	210

7.	PRINCÍPIOS JURÍDICOS DA DESPESA PÚBLICA	211
7.1.	Princípios da Despesa Pública no Direito Estrangeiro	217
7.2.	Princípios Fundamentais e os Princípios Constitucionais Gerais	220
7.3.	Princípios da Administração Pública	223
7.4.	Princípios setoriaisdo direito dos gastos públicos	227
7.5.	"Princípios Orçamentários"	228
7.6.	Princípios da Responsabilidade Fiscal	231

SUMÁRIO

7.7. O Princípio da Segregação de Funções | 236
7.7.1. Segregação de Funções no Direito Estrangeiro | 239
7.8. Síntese | 240

8. LEGALIDADE DO GASTO PÚBLICO | 243
8.1. Legalidade Orçamentária | 249
8.1.1. Que tipo de despesas estão sujeitas à legalidade orçamentária? | 249
8.1.2. Ampliação do escopo da legalidade orçamentária | 251
8.1.3. Caráter normativo e informativo das classificações orçamentárias | 253
8.2. Legalidade Procedimental | 257
8.3. Legalidade Global ou Agregada | 263
8.4. Legalidade Específica ou Reserva Legal das Prestações Pecuniárias | 268
8.5. Síntese | 276

9. LEGITIMIDADE DO GASTO PÚBLICO | 277
9.1. Direito Estrangeiro | 279
9.2. Doutrina Nacional | 285
9.3. Nossa posição | 292
9.4. Síntese | 295

10. O RESULTADO DO GASTO PÚBLICO | 297
10.1. Panorama do Direito Estrangeiro | 299
10.2. As dimensões do Resultado | 303
10.3. Os 4 E's e o Processo de Concretização do Gasto Público | 310
10.4. Qualidade do Gasto Público | 311
10.4.1. Conceito de Qualidade | 314
10.4.2. Qualidade do Serviço Público e Qualidade do Setor Público | 316
10.5. Síntese | 317

11. TRANSPARÊNCIA, PRESTAÇÃO DE CONTAS E CONTROLE | 319
11.1. Conceito de Transparência do Gasto Público | 320
11.2. Evolução da Transparência do Gasto Público no Brasil | 322
11.3. O Longo Caminho a Percorrer | 328
11.4. Transparência das Renúncias de Receitas e dos Benefícios Creditícios | 330
11.5. Os perigos da Transparência Ativa | 331
11.6. Dever de Prestar Contas e Sujeição ao Controle | 333

SUMÁRIO

15.4. Obrigatoriedade de lei para autorizar a celebração de convênios
ou contratos de repasses com ONGs envolvendo repasses
de recursos públicos 418
15.5. Convênios do Sistema Único de Saúde 420
15.6. A Lei nº 13.019/2014 421
15.7. Síntese 425

PARTE 4 – AUTONOMIA DO GASTO PÚBLICO 427

16. DA VINCULAÇÃO ENTRE O GASTO E O ORÇAMENTO 429
16.1. Normas de caráter permanente disciplinando o gasto público 432
16.2. Títulos genéricos das ações orçamentárias – ações do tipo
"guarda-chuva" 434
16.3. A Retificação e Alteração do Orçamento pelo Poder Executivo 436
16.4. Desorçamentação (*Off-Budget Expenditures*) 439
    16.4.1. Despesas operacionais das estatais 439
    16.4.2. Renúncias de Receitas e Benefícios Creditícios 443
16.5. Descumprimento reiterado do Orçamento de Investimento
das Estatais 444
16.6. Síntese 448

17. CONCLUSÕES 449

18. REFERÊNCIAS 459
18.1. Bibliografia 459
18.2. Sítios da Internet 470
18.3. Legislação Citada 471
18.4. Acórdãos e Deliberações de Tribunais 473

SUMÁRIO

11.7. Justificação da Despesa 335
11.8. Dever de Colaboração com o Tribunal de Contas 338
11.9. Síntese 339

12. INTERPRETAÇÃO E INTEGRAÇÃO 341
12.1. Interpretação no Direito dos Gastos Públicos no Brasil 342
    12.1.1. Regras de Interpretação previstas no CTN 347
    12.1.2. Regras de Interpretação 350
12.2. Integração de Lacunas no Direito dos Gastos Públicos no Brasil 358
12.3. Síntese 360

PARTE 3 – TEMAS SELECIONADOS DO DIREITO DOS GASTOS PÚBLICOS 363

13. DESPESAS OBRIGATÓRIAS 365
13.1. Despesas obrigatórias – O gasto constitucional 369
13.2. Despesas "quase-obrigatórias" – O gasto legal 375
    13.2.1. Pessoal e Encargos Sociais 376
    13.2.2. Serviço da Dívida Pública 377
13.3. Crítica ao Orçamento Semi-Impositivo (PEC nº 22-A/2000) 378
13.4. Síntese 384

14. TRANSFERÊNCIAS VOLUNTÁRIAS 385
14.1. Legislação aplicável às transferências voluntárias 390
14.2. Conceito Legal de Transferências Voluntárias 393
14.3. Funções das Transferências Voluntárias 394
14.4. Descentralização Orçamentária: Requisitos 398
    14.4.1. Não obrigatoriedade dos repasses 400
    14.4.2. Ganhos de Eficiência 401
    14.4.3. O acompanhamento do órgão repassador 401
14.5. Objeto das Transferências Voluntárias 404
14.6. Síntese 405

15. DESTINAÇÃO DE RECURSOS AO SETOR PRIVADO 407
15.1. Delimitação do problema 409
15.2. Conceitos 410
15.3. Tratamento jurídico diferenciado em relação às transferências
    voluntárias 416